历史文脉系列

简明西方哲学史

JIANMING
XIFANG
ZHEXUE SHI

袁 鸣 ◎编著

北京工业大学出版社

图书在版编目（CIP）数据

简明西方哲学史 / 袁鸣编著. —北京：北京工业大学出版社，2013.9
（历史文脉系列）
ISBN 978-7-5639-3616-8

Ⅰ. ①简… Ⅱ. ①袁… Ⅲ. ①西方哲学—哲学史 Ⅳ. ① B5

中国版本图书馆 CIP 数据核字（2013）第 166941 号

简明西方哲学史

编　　著：	袁　鸣
责任编辑：	王轶杰
封面设计：	宋双成
出版发行：	北京工业大学出版社
	（北京市朝阳区平乐园 100 号　100124）
	010-67391722（传真）bgdcbs@sina.com
出 版 人：	郝　勇
经销单位：	全国各地新华书店
承印单位：	三河市元兴印务有限公司
开　　本：	787 mm×1092 mm　1/16
印　　张：	25
字　　数：	403 千字
版　　次：	2013 年 9 月第 1 版
印　　次：	2021 年 1 月第 2 次印刷
标准书号：	ISBN 978-7-5639-3616-8
定　　价：	58.00 元

版权所有　翻印必究
（如发现印装质量问题，请寄本社发行部调换 010-67391106）

前言

"哲学"一词来自古希腊语,字面意义是"爱智慧"。不同哲学家对哲学的对象有不同的定义,例如柏拉图的"理念"、亚里士多德的"实体"、黑格尔的"绝对精神"等。

哲学问题是人类心灵思考的永恒问题,历史上和现实中的哲学家提出了一个又一个的答案,但一个接着一个被推翻、被修改、被重写。虽然没有一个哲学家的结论能够经受历史的检验,没有一种直到现在还被普遍认可的哲学真理,但是,哲学家们为解决哲学问题而提出的论辩证明至今仍给人以启发,成为人类精神的宝贵财富。从哲学史的观点看问题,问题的提出比答案更有意义,解决问题的过程比得到的结论更有价值。学习哲学史是培养创造性思维的训练方式,也是启迪批判性思维的试验过程。

本书讲述了西方哲学在几千年的发展过程中,形成的独具特色的自然观、历史观、人性论、认识论和方法论,全面展示了人类抽象思维从低级向高级,人类认识由浅入深的发展历程。

本书围绕西方哲学史每一历史时期各哲学学派和哲学思潮及其代表人物思想来展开有重点性的梳理、阐发、探讨、分析,力求准确地诠释和通俗地表达西方哲学思想的意蕴,并充分注意西方哲学的多样性与丰富性,全面展示其哲学本体论、价值论、人生论、认识论和方法论等各个侧面。阅读本书无疑将扩大视野,有助于加深人们对西方哲学和西方世界的了解。

由于时间仓促,加之水平有限,本书错漏之处自是难免,诚望批评指正。

古希腊哲学

早期古希腊哲学 002

一、泰勒斯与米利都学派…………………002
二、毕达哥拉斯及其哲学思想……………004
三、赫拉克利特及其哲学思想……………010
四、爱利亚学派……………………………013

中期古希腊哲学 020

一、苏格拉底及其思想……………………020
二、柏拉图及其著作、思想………………033
三、亚里士多德及其哲学思想……………056
四、小苏格拉底学派………………………070

晚期古希腊哲学 074

一、伊壁鸠鲁与伊壁鸠鲁学派……………074
二、斯多阿学派……………………………078
三、新柏拉图学派…………………………084

中世纪哲学

早期中世纪哲学 098

一、奥古斯丁与宗教哲学…………………098
二、连接古代哲学与中世纪哲学的桥梁——博伊西斯…104
三、披着基督教外衣的新柏拉图主义者——爱留根纳…106

中期中世纪哲学 110

一、经院哲学的产生与发展……………………110
二、实在论与唯名论的争论……………………111
三、官方哲学的最高权威——阿奎那…………116

晚期中世纪哲学 124

一、罗吉尔·培根及其哲学思想………………124
二、司各特及其哲学思想………………………127
三、奥康的威廉及其哲学思想…………………131
四、路西德及阿威罗伊主义……………………133

近代哲学

文艺复兴时期哲学 140

一、文艺复兴的内涵……………………………140
二、但丁的人文主义思想………………………151
三、文艺复兴在意大利的兴起…………………159
四、文艺复兴在欧洲其他地区的传播…………165
五、宗教改革运动………………………………174
六、清教运动及其影响…………………………188
七、西欧自然科学的兴盛………………………194

中后期近代哲学　　　　　　　　　　201

一、培根及其哲学思想……………………201
二、笛卡儿及其哲学思想…………………208
三、伽森狄及其哲学思想…………………217
四、斯宾诺莎及其哲学思想………………223
五、洛克的哲学思想………………………229
六、贝克莱及其哲学思想…………………236
七、休谟与《人性论》……………………245
八、启蒙运动的兴起………………………258
九、法国革命前夕的启蒙运动思想家……263
十、启蒙运动在欧洲各国的发展…………284
十一、谢林及其哲学思想…………………293
十二、黑格尔的哲学思想…………………312
十三、费尔巴哈及其哲学思想……………315

现代哲学

20 世纪前的现代哲学　　　　　　　　　322

一、叔本华及其哲学思想…………………322
二、海涅的哲学思想………………………330
三、巴尔扎克及其作品、思想……………335
四、尼采及其哲学思想……………………346
五、马克思及其哲学思想…………………363

20世纪的现代哲学　　　365

一、柏格森的哲学思想……………………365
二、弗洛伊德的哲学思想…………………369
三、海德格尔的哲学思想…………………373
四、罗素的哲学思想………………………377
五、胡塞尔的哲学思想……………………382
六、20世纪西方历史哲学的发展…………385
七、20世纪基督教哲学的发展……………389

 # 古希腊哲学

古希腊哲学亦称古希腊罗马哲学。公元前6世纪的希腊奴隶社会经济比较发达，在东方埃及和巴比伦的影响下，文化也得到了迅速的发展。西方哲学在这里脱胎于宗教神话，独立发展。

古希腊哲学家试图以自然本身的原因来解释自然的存在、变化和发展。早期，他们讨论本原问题。代表人物有泰勒斯、毕达哥拉斯、赫拉克利特等。中期，哲学家在总结从前各派哲学思想的基础上，创立哲学体系，使古希腊哲学系统化。这一时期的代表人物有苏格拉底、柏拉图和亚里士多德。到了晚期，伊壁鸠鲁派、斯多阿学派、新柏拉图学派等派别形成一个共同特点——伦理化。此时，古希腊哲学正衰落，主要体现为不以追求智慧为核心，而以追求幸福为目的。

古希腊是西方哲学史的诞生地，西方哲学史上各式各样的思想学说都可以在古希腊哲学中找到自己的起源。

早期古希腊哲学

一、泰勒斯与米利都学派

泰勒斯（约前624—前547），古希腊时期的哲学家、思想家、科学家，西方哲学思想的开创者，创立了希腊最早的哲学学派——米利都学派。自发唯物主义的代表，较早的科学启蒙者。在天文学、哲学、数学等方面都有着巨大的建树，被称为"科学之祖"。

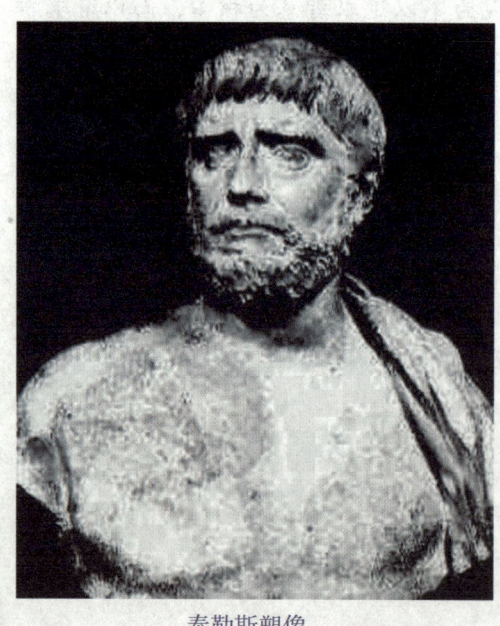

泰勒斯塑像

（一）泰勒斯生平

泰勒斯生于小亚细亚的米利都，他的家庭属于奴隶主贵族阶级，他从小就受到了良好的教育。

泰勒斯生活的那个时代，整个社会还处于愚昧落后的状态，人们对许多自然现象是理解不了的。泰勒斯却总想着探讨自然中的真理。

泰勒斯早年也是一个商人，曾到过不少东方国家，学习了古巴比伦观测日食月食和测算海上船只距离等知识，了解到英赫·希敦斯基或犹太人。探讨万物组成的原始思想，知道了埃及土地丈量的方法和规则等。他还到美索不达米亚平原，在那里学习了数学和天文学知识。以后，他从事政治和工程活动，并研究数学和天文学，晚年转向哲学，他几乎涉猎了当时人类的全部思想和活动领域，获得崇高的声誉，被尊为"古希腊七贤（据传说，古希腊七贤包括：普林纳即小亚细亚的毕阿斯；斯巴达的契罗；林都斯即罗得岛的克莱俄布卢；科林斯的佩里安德；米蒂利尼即列斯保岛的庇塔库斯；雅典的梭伦和米利都的泰勒斯）之首"，实际上，在七贤之中，只有他是一位学识渊博的学者。

（二）泰勒斯的主要哲学思想

泰勒斯的哲学观点用一句话来总结就是"水生万物，万物复归于水"，他认为世界本原是水。古希腊七贤每人都有一句特别有名的格言，而他的格言就是："水是最好的"。

泰勒斯向埃及人学习观察洪水，很有心得。他仔细阅读了尼罗河每年涨退的记录，还亲自查看水退后的现象。他发现每次洪水退后，不但留下肥沃的淤泥，还在淤泥里留下无数微小的胚芽和幼虫。他把这一现象与埃及人原有的关于神造宇宙的神话结合起来，便得出万物由水生成的结论。

泰勒斯画像

对泰勒斯来说，水是世界初始的基本元素。埃及的祭司宣称大地是从海底升上来的，泰勒斯则认为地球就漂在水上。

泰勒斯还有一个很重要的观点就是"万物有灵"。根据这一学说，连石头也是有灵魂的生物。泰勒斯向他哲学上的对立面毕达哥拉斯反复强调说：整个宇宙都是有生命的，而又正是灵魂才使一切生机盎然。这一说法在当时非常流行。

泰勒斯曾用磁石和琥珀做实验，发现这两种物体对其他物体有吸引力，便认为它们内部有生命力，只是这生命是肉眼看不见的。由此，泰勒斯得出结论：任何一块石头，看上去冰冷坚硬、毫无生气，却也有灵魂蕴含其中。直到公元前300年，斯多阿学派哲学家还用泰勒斯的实验来证实世间万物因有生命而相互吸引。

（三）米利都学派

泰勒斯创立了古希腊第一个朴素唯物主义哲学学派——米利都学派。米利都是古希腊殖民地小亚细亚的伊奥尼亚地区的著名城邦，公元6世纪时这里迅速发展，为米利都学派的诞生奠定了基础。

除了泰勒斯，米利都学派著名的代表人物还有阿那克里曼、阿那克西米尼。这些米利都学派的哲学家对自然现象进行了许多观察、研究，在数学、天文等方面都有一些发现。由于他们不满足于传统的神话创世说，便开始以抽象思维的方式探讨宇宙的本原问题。

米利都学派认为，形成世界万物最基本的、最原始的东西是一种物质性的东西。这种观点具有朴素和直观的特征，以自然本身解释万物的形成，是一种原始的、自发的唯物主义。米利都学派对世界本原的探讨、研究，冲击了原始的神创论，为以后欧洲唯物主义发展开辟了道路。然而，这一学派还没有摆脱原始宗教的束缚。

二、毕达哥拉斯及其哲学思想

毕达哥拉斯（约前580—约前500），古希腊数学家、哲学家。最早悟出万事万物背后都有数的法则在起作用的，是生活在2500年前的毕达哥拉斯。

（一）毕达哥拉斯生平

大约在公元前580年，毕达哥拉斯出生在米利都附近的萨摩斯岛（今希腊东部的小岛）——爱奥尼亚群岛的主要岛屿城市之一，此时群岛正处于极盛时期，在经济、文化等各方面都远远领先于希腊本土的各个城邦。

毕达哥拉斯的父亲是一个富商，九岁时他被父亲送到提尔，在闪族叙利亚学

者那里学习，在那里他接触了东方的宗教和文化。以后他又多次随父亲作商务旅行到小亚细亚。公元前551年，毕达哥拉斯来到米利都、得洛斯等地，拜访了数学家、天文学家泰勒斯、阿那克西曼德和菲尔库德斯，并成为了他们的学生。在此之前，他已经在萨摩斯的诗人克莱非洛斯那里学习了诗歌和音乐。

公元前550年，30岁的毕达哥拉斯因宣传理性神学，穿东方人服装，蓄上头发从而引起当地人的反感，从此萨摩斯人一直对

毕达哥拉斯

毕达哥拉斯有成见，认为他标新立异，鼓吹邪说。毕达哥拉斯被迫于公元前535年离家前往埃及，途中他在腓尼基各沿海城市停留，学习当地神话和宗教，并在提尔一神庙中静修。

抵达埃及后，国王阿马西斯推荐他入神庙学习。从公元前535年到公元前525年这十年中，毕达哥拉斯学习了象形文字和埃及神话历史和宗教，并宣传希腊哲学，受到许多希腊人尊敬，有不少人投到他的门下求学。

毕达哥拉斯在49岁时返回家乡萨摩斯，开始讲学并开办学校，但是没有达到他预期的成效。公元前520年左右，为了摆脱当时君主的暴政，他与母亲和唯一的一个门徒离开萨摩斯，移居西西里岛。在克罗托内，他广收门徒，建立了一个宗教、政治、学术合一的社团。

在这个社团中，有男有女，地位一律平等，一切财产都归公有。社团的组织纪律很严密，甚至带有浓厚的宗教色彩。每个学员都要在学术上达到一定的水平，加入组织还要经历一系列神秘的仪式，以求达到"心灵的净化"。

他们要接受长期的训练和考核，遵守很多的规范和戒律，并且宣誓永不泄露

学派的秘密和学说。他们相信依靠数学可使灵魂升华，与上帝融为一体，万物都包含数，甚至万物都是数，上帝通过数来统治宇宙。这是毕达哥拉斯学派和其他教派的主要区别。

学派的成员有着共同的哲学信仰和政治理想，他们吃简单的食物，进行严格的训练。学派的教义鼓励他们自制、节欲、纯洁、服从。他们开始在大希腊（今意大利南部一带）赢得了很高的声誉，产生过相当大的影响，也因此引起了敌对派的嫉恨。

后来他们受到民主运动的冲击，社团的活动场所遭到了严重的破坏。毕达哥拉斯被迫移居他林敦（今意大利南部塔兰托），并于公元前500年去世，享年80岁。许多门徒逃回希腊本土，在弗利奥斯重新建立据点，另一些人到了塔兰托，继续进行数学哲学研究以及政治方面的活动，直到公元前4世纪中叶。毕达哥拉斯学派持续繁荣了两个世纪之久。

（二）毕达哥拉斯的贡献——"凡物皆数"

最早把数的概念提到突出地位的是毕达哥拉斯学派。他们很重视数学，认为"凡物皆数"，用数来解释一切。宣称数是宇宙万物的本原，研究数学的目的并不在于使用而是为了探索自然的奥秘。他们从五个苹果、五个手指等事物中抽象出了五这个数。这在今天看来很平常的事，但在当时的哲学和实用数学界，这算是一个巨大的进步。在实用数学方面，它使得算术成为可能。在哲学方面，这个发现促使人们相信数是构成实物世界的基础。

毕达哥拉斯学派认为，"1"是数的第一原则，万物之母，也是智慧；"2"是对立和否定的原则，是意见；"3"是万物的形体和形式；"4"是正义，是宇宙创造者的象征；"5"是奇数和偶数，雄性与雌性结合，也是婚姻；"6"是神的生命，是灵魂；"7"是机会；"8"是和谐，也是爱情和友谊；"9"是理性和强大；"10"包容了一切数目，是完满和美好。

毕达哥拉斯把音程的和谐与宇宙星际的和谐秩序相对应，把音乐纳入他的以数为中心、对世界进行抽象解释的理论之中。他对弦长比例与音乐和谐关系的探讨已经带有科学的萌芽。后来的毕达哥拉斯学派认为，由太阳、月亮、星辰的轨道和地球的距离之比，分别等于三种主要的和音，即八音度、五音度、四音度。始于毕达哥拉斯的五度相生律在音乐方面具有重大意义。

毕达哥拉斯学派认为从数量上看，夏天是热占优势，冬天是冷占优势，春天是干占优势，秋天是湿占优势，最美好的季节则是冷、热、干、湿等元素在数量上和谐的均衡分布。

毕达哥拉斯学派从数学的角度，即数量上的矛盾关系列举出有限与无限、一与多、奇数与偶数、正方与长方、善与恶、明与暗、直与曲、左与右、阳与阴、动与静等十对对立的范畴，其中有限与无限、一与多的对立是最基本的对立，并称世界上一切事物均还原为这十对对立。

毕达哥拉斯本人以发现勾股定理（西方称毕达哥拉斯定理）著称于世。勾股定理是初等几何中的一个基本定理。所谓勾股定理，就是指在直角三角形中，两条直角边的平方和等于斜边的平方。这个定理有十分悠久的历史，几乎所有文明古国（希腊、中国、埃及、巴比伦、印度等）对此定理都有所研究。但毕达哥拉斯对勾股定理的证明方法已经失传。著名的希腊数学家欧几里得在巨著《几何原本》（第Ⅰ卷，命题47）中给出一个很好的证明。

此外，毕达哥拉斯对数论作了许多研究，将自然数区分为奇数、偶数、素数、完全数、平方数、三角数和五角数等。在毕达哥拉斯学派看来，数为宇宙提供了一个概念模型，数量和形状决定一切自然物体的形式，数不但有量的多寡，而且也具有几何形状。在这个意义上，他们把数理解为自然物

毕达哥拉斯雕像

体的形式和形象，是一切事物的总根源。因为有了数，才有几何学上的点，有了点才有线面和立体，有了立体才有火、气、水、土这四种元素，从而构成万物，所以数在物之先。自然界的一切现象和规律都是由数决定的，都必须服从"数的和谐"，即服从数的关系。

毕达哥拉斯还通过说明数和物理现象间的联系，来进一步证明自己的理论。他曾证明用三条弦发出某一个乐音，以及它的第五度音和第八度音时，这三条弦的长度之比为6∶4∶3。他从球形是最完美几何体的观点出发，认为大地是球形的，提出了太阳、月亮和行星作均匀圆运动的思想。他还认为十是最完美的数，所以天上运动的发光体必然有十个。

毕达哥拉斯还有一套这样的理论：地球沿着一个球面围绕着空间一个固定点处的"中央火"转动，另一侧有一个"对地星"与之平衡。这个"中央火"是宇宙的祭坛，是人永远也看不见的。这十个天体到中央火之间的距离，同音节之间的音程具有同样的比例关系，以保证星球的和谐，从而奏出天体的音乐。

毕达哥拉斯和他的学派在数学上有很多创造，尤其对整数的变化规律感兴趣。例如，把全部因数（除其本身以外）之和等于本身的数称为完全数（如6，28，496等），而将本身小于其因数之和的数称为盈数；将大于其因数之和的数称为亏数。

在几何学方面，毕达哥拉斯学派证明了"三角形内角之和等于两个直角"的论断；研究了黄金分割；发现了正五角形和相似多边形，还证明了正多面体只有五种——正四面体、正六面体、正八面体、正十二面体和正二十面体。

（三）毕达哥拉斯的哲学思想

在早年的治学时期，毕达哥拉斯经常到各地演讲，以向人们阐明经过他深思熟虑的见解，除了"数是万物之源"的主题外，他还常常谈起有关道德伦理的问题。他对议事厅的权贵们说："一定要公正。不公正，就破坏了秩序，破坏了和谐，这是最大的恶。起誓是很严重的行为，不到关键时刻不要随便起誓，可是每个官员应能立下保证，保证自己不说谎话。"

在谈到治家时，毕达哥拉斯认为对儿女的爱是不能指望有回报的，但做父亲

的应当努力用自己的言行去获得子女由衷的敬爱。父母的爱是神圣的,做子女的应当珍惜。子女应是父母的朋友,兄弟姐妹之间也应该彼此互敬互爱。当提到夫妻关系时,他说彼此尊重是最重要的,双方都应忠实于配偶。

毕达哥拉斯谈到过自律的问题。他说,自律是对人个性的一种考验,对儿童、少年、老人、妇女来说,能自律是一种美德,但对年轻人来说,则是必要的。自律使你身体健康,心灵洁净,意志坚强。毕达哥拉斯从如何培养自律讲到教育的重要性,他认为人的自律只能在理性和知识的指导下才能培养起来,而知识只能通过教育才能获得,所以教育的重要性是不容忽视的。

毕达哥拉斯形象地描述了教育的特性——"你能通过学习从别人那里获得知识,但教授你的人不会因此失去了知识。这就是教育的特性。世界上有许多美好的东西。好的禀赋可以从遗传中获得,如健康的身体,娇好的容颜,勇武的个性;有的东西很宝贵,但一经授予他人就不再归你所有,如财富,如权力。而比这一切更宝贵的是知识,只要你努力学习,你就能得到而又不会损害他人,并可能改变你的天性。"

诚然,作为一种唯心主义的世界观,毕达哥拉斯和他的学派的科学探索无法找到正确的方向,甚至在某种程度上给后来的自然哲学以及科学的发展带来了很大的消极影响。但是,这些失误,并不能掩盖毕达哥拉斯在自然科学形成和发展过程中起到的积极作用。列宁告诉我们,毕达哥拉斯是"科学思维的萌芽同宗教神话之类幻想间的一种联系"。

(四)毕达哥拉斯的观念和诫命

毕达哥拉斯的观念主要包括这样一些内容:人类幸福只能是人格社会的产物,是新人格,是新生态和谐共进的结果;幸福不是宗派神学的禁欲体验,也不是礼教理学的享乐感受,更不是金钱地位的无限欲望,而是信念和向往实现的人格满足;重视人的价值,要求提高人的思维能力及创造性潜力,鼓励积极作为的人生态度,提倡积极开拓的精神;人人能够信仰真理;以真诚的民主来反映现代社会人高智慧的社会存在;提高人在群体公共事物中的智慧能力,在个人、家

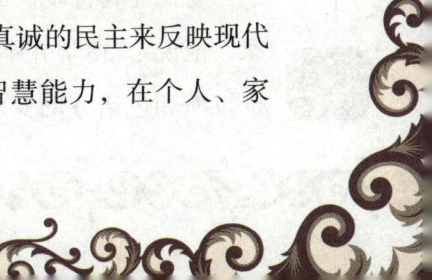

庭、团体、组织、国家乃至联合国的制度中，让人与人相互之间的关系和谐发展；宗教改革、文艺复兴和法制复兴的终极目标是人的归正。

毕达哥拉斯的诫命包括这样一些内容：禁食豆子；东西落下了，不要用手拣起来；不要去碰白公鸡；不要掰开面包；不要迈过门闩；不要用铁拨火；不要吃整个的面包；不要坐在斗上；不要吃心；不要在大路上行走；房里不许有燕子；锅从火上拿下来的时候，不要把锅的印迹留在灰上，而要把它抹掉；不要在光亮的旁边照镜子；当你脱下睡衣的时候，要把它卷起，把身上的印迹抹平。毕达哥拉斯的所有这些诫命，其实属于原始的禁忌观念。

三、赫拉克利特及其哲学思想

（一）赫拉克利特

赫拉克利特（约前540—前480）是一位富传奇色彩的古希腊哲学家，后世也称他为晦涩哲人。他出生在伊奥尼亚地区的爱菲斯城邦的王族家庭里。他本来应该继承王位，但是他将王位让给了他的兄弟，自己跑到女神阿尔迪美斯庙附近隐居起来。据说，波斯国王大流士曾经写信邀请他去波斯宫廷教导希腊文化。

赫拉克利特是一个离群索居者，他蔑视民众，敌视民主政治。在生活和思想上，他都独辟蹊径。他把他的思想写进了一本《论自然》的书中，他的思想尖锐独特，写作风格形象生动，表达简洁明快，并且由于其格言式的简短句型——或许是故意而为——而晦涩难懂。不管怎么说，他遗留下的一百多个著作残篇给人的印象就是如此。赫拉克利特上了年纪之后就完全与世隔绝，他隐居山间，以食植物为生，过着一种遁世者的生活——或许他是西方的第一位遁世者。

（二）赫拉克利特的哲学思想

赫拉克利特蔑视那种纯粹的博学多识，他旁敲侧击地讥讽几位比他早的思想家，他说："博学并不能训练人的头脑，如果能的话，它早就使赫西俄德、毕达哥拉斯和色诺芬尼变聪明了。"他认为，问题的关键在于，能够找到解开宇宙之谜的钥匙。

赫拉克利特也认识到世界多样性的背后存在统一性。但是，他不像巴门尼德斯那样，认为存在是稳固不变的，变化和杂多只是一种错觉。不过，他也并不与此相反，认为万物皆处于永恒的流变之中。在这一点上，他常常被人误解，既被后来的评论者误解，也被他的同时代人如巴门尼德斯误解，巴门尼德斯关于存在的学说正好与赫拉克利特相反。赫拉克里特有一句名言"人不能两次踏入同一条河流"（因为这期间新而又新的水不断地往前流动，我们自己在第二次踏进河流时也发生了变化）；而且他的另一句名言"万物流变，无物常存"，虽然并不是出自他遗留下的著作残篇中，但是，古代和现代的学者都一致认为，这句话的确出自赫拉克利特之口。他也许曾深刻地体会到时间以及永恒变化的奥秘。不过，他的思想的伟大之处并不仅在于此，还在于他在不间断的河流背后发现了一种统一性，即一种统一性原则，多样性中有统一性，统一性中有多样性。在赫拉克里特看来，世界的运行是由"逻各斯"支配的，"逻各斯"不是被创造的，而是永恒存在的。这个词能不能被准确地翻译呢？它可被理解为"话语"、"理性的方语"、"原则"、"规律"，后来也或多或少地被理解为一种抽象的"世界原则"。它的真正意义是不确定的，尤其因为赫拉克利特自己并没有给它下一个清晰的定义或在语言上澄清他的这一概念。或许他只是为他所指的那个东西起了一个名字，就此而

赫拉克利特塑像

011

言，他是个"纯朴"的思想家。

　　似乎赫拉克利特也认为存在一种原始物质，但是，他所理解的原始物质并不是米利都人所称的水或气，他称之为"原始火"。根据永恒的宇宙法则，万物都是从火中产生的，也都消灭而复归于火。他所说的火并不是字面意义上的火，而是具有一般的引申义，或许我们可称为一种原始能量。在他眼里，这种"原始火"似乎又是一种神性的东西，并且也居于人的灵魂之内。

　　从这种原始能量中持续不断地发展而来的世间万物遵循着一个伟大的原则，既对立统一原则。一切发展都是对立的力量相互作用的结果。"神就是昼与夜、寒与暑、盈与缺、战争与和平"。在观念与观念、人与人、男与女、阶级与阶级、种族与种族之间的斗争中，形成了一个和谐的世界整体。在这个意义上，"战争是万物之父，是万物之王"。一切事物都与其对立面共存亡。所以，那种渴望结束战争永享和平的观念是错误的，因为创造性的对立关系一旦消逝，那么就会出现彻底的死寂和停滞状态。故而，当一个人的所有愿望和目的都已达到，这对他来说也是不利的，因为正是由于疾病，才使人感受到健康的愉悦；正是由于存在恶，才显出善的珍贵；正是由于饥饿，才使人产生吃饱后的满足感；正是由于人生的辛劳，我们才享受到生活的安逸。

　　赫拉克利特关于对立面的相互依存和相互作用的学说首次为辩证发展理论奠定了基础，这一学说在他死后又在黑格尔的辩证法和马克思的辩证唯物主义那里获得了新生，这或许是人类思想史上解决生成之谜的一种最成功的尝试。（需要注意的是，"辩证法"一词具有双重含义，在古希腊人那里，它的原义是指在谈话和辩论中的论证艺术，也引申为"对话"：在现代的发展理论中，它是指对立的力量在持续不断的相互作用下产生事物的发展和进步——在这里，"对话"不是在各执一词的哲学家们之间展开的，而是在现实世界的相互对立的力量之间展开的。）

　　如果我们把"逻各斯"理解为支配万物的世界理性，而人也是它的一部分，我们死后，我们的灵魂也将复归于它，就如同"一束火光在黑夜中消失一般"，那么，赫拉克利特也许就因此背弃了古希腊的多神教信仰，而倾向于对一神教的信仰。如果赫拉克利特对此没有自觉的意识。那么，他的那句话——"对于神，

一切都是美的、善的和公正的；人们则认为一些东西公正，另一些东西不公正"——或许就已经显露了他的这一倾向。

赫拉克利特和他的前辈及同时代人一样，不仅关注外部物质世界及其假设的形成原因，而且还关注人的灵魂深处——他不无自豪地说："我们探究了我们自己"——并且把人及其行为纳入到一个形而上学的语境之中。在希腊哲学家中，只有柏拉图和亚里士多德的思想在深度和广度上能够与赫拉克利特比肩。

赫拉克利特的思想产生的影响不仅仅在于由此产生的一个学派，他的影响还一直持续到我们这个时代。他的"逻各斯"概念后来被应用到了基督教神学之中；他的对立统一的学说在黑格尔那里得以复兴；斯宾塞的进化论也与他有着不解之缘；他的战争是万物之父的思想在尼采和达尔文那里又回响了起来。这个哲学史上的晦涩的神秘人物遗留下的著作残篇变成了永不枯竭的知识源泉。

赫拉克利特全身塑像

四、爱利亚学派

爱利亚位于今天的萨莱诺以南的意大利西海岸，这里是古希腊在意大利的殖民地，古希腊时期，在这里曾形成了一个哲学学派，人们按其发源地称之为爱利亚学派。其最主要的代表人物是以下四位。

（一）克塞诺芬尼

克塞诺芬尼的出生地位于被希腊人占据的小亚细亚西海岸。作为一名游吟诗人和歌手，他走遍了希腊的许多城市，数十年后，他在爱利亚定居下来并成

克塞诺芬尼

为了那里的哲学学派的创始人。他留存下来的著作残篇虽然都是一些哲理教育诗的片断，但也揭开了利用哲学对古希腊宗教展开大胆的猛烈攻击的序幕。他那个时代的许多人性化了的——或许太人性化了的——神灵的名字在他看来都不值得尊敬。

克塞诺芬尼指责荷马和赫希俄德，因为他们把人类所认为的一些如偷盗、欺骗和通奸之类的可耻行为毫无根据地硬加在了那些神灵的身上。在他写的部分保留下来的教育诗中，他取笑那种把神人格化的观念：人把神想象成和人一样需要出生，具有人的形体，要穿衣服，会从一个地方移动到另一个地方，等等。但是，如果牛、马和狮子也有手并且也能够用它们的手制作它们的神的画像和塑像的话，那么它们毫无疑问也会把它们的神塑造成牛、马和狮子的形象，这就像人类把自己的神塑造成人的形象一样。黑人把他们的神的形象塑造成黑色并且是仰鼻子，色雷斯人则把他们的神的形象塑造为红头发和蓝眼睛。事实上，人类从来也不知道而且永远也不会知道神到底是什么样子。对克塞诺芬尼来说，有一点是肯定的：不存在众多的神，因此也不会存在一种神统治另一种神的情况。至高至善者是唯一的，神是无所不在的，神在形象上和思想上不可与尘世的人作比较。在克塞诺芬尼看来，至高无上的神与宇宙整体是一致的，因此我们可以把他的学说称为泛神论。不过他保留下来的断简残编也允许人们作其他的解释。

如此看来，克塞诺芬尼或许是希腊哲学家中第一位具有理性的逻辑头脑并与既有的形形色色的宗教迷信进行斗争的人。他的将至高无限者与宇宙整体等同划一的思想使他成为一个学说的创始人，这个学说认为，在五彩缤纷的现象世界背后存在一种永恒不变的东西——这一思想在他的后继者那里得到了不断完善。

（二）巴门尼德

约公元前515年，巴门尼德出生于爱利亚并且后来成为了那里的一位受人尊敬的公民，或许他曾经是克塞诺芬尼的学生。他是爱利亚学派最重要的思想家。在古代，他是最受人尊敬的哲学家之一。他继承了克塞诺芬尼关于永恒不变存在物的思想并对这一思想进行了系统的发展。我们不能确定的是，在巴门尼德的思想中，哪些是从克塞诺芬尼那里继承下来的，哪些或许是后人加到他头上的。柏拉图给他的一篇对话取名为《巴门尼德篇》。在这篇对话中，柏拉图让已经年老的巴门尼德与他的学生芝诺（当时约40岁）和少年苏格拉底展开了讨论。

在一篇保留下来的教育诗的片断（约150行六音步诗）中，描写了巴门尼德从黑夜王国前往光明之国（真理之国）去拜见一位女神的旅行。真理和知识与现象和纯粹的观念之间形成了对照。真正的知识只有通过纯粹理性的认识才能获得。诗中认为，只会存在存在物，而不会存在非存在物（只会有物存在，而不会无物存在）。既存在存在者又存在非存在者（既有物存在又无物存在）是不可想象的。所谓存在物就是一种填字补空间的东西，巴门尼德否认存在一种空无的空间的可能性。若设想一种运动，那么其前提条件就必须是存在非存在物——

巴门尼德

因为若一个物体从一个地方移动到另一个地方，只有当那另一个地方在这之前是空无的空间即无物存在时才有可能。若设想一种发展和变化，其情况也是如此——因为在"生成"某物之前，必须首先"无物存在"。由此，巴门尼德得出了一个大胆的结论，他认为，既不存在变化也不存在运动，而只有一种恒久不变的东西存在。因为存在物充满了一切空间，所以也不会存在独立于存在物之外的思想。毋宁说，思想和存在物是同一的。我们觉得世界总是在不断地变化和运动，这实际上只是一种错觉；这是一切错误的根源。——在这里和在所有前苏格拉底哲学家那里一样，对断简残编的各种解释都是不可靠的和容易引起争议的。

（三）爱利亚的芝诺

爱利亚的芝诺，出生于爱利亚城。古希腊爱利亚学派哲学家。据说是巴门尼德的得意门生和义子。芝诺的鼎盛期约在公元前468年。

芝诺的著作，现仅剩下四则残篇。有关他的资料主要来自亚里士多德和注释家辛普里丘。其中最重要的学说是否认运动的"四个悖论"，它涉及运动和静止、连续和非连续性的矛盾。此外，他还有几个关于否定"多"的论证。例如，他提出如果"存在"是多，它必定既是无限小又是无限大，其数量必定既是有限的又是无限的，它一定存在于空间中，而此空间又必定存在于彼空间中，依此类推，以至无穷。他认为这些都是不可能的。所以"存在"必定是单一的。

芝诺的论证维护了巴门尼德的学说，对古希腊哲学的发展有重大影响。亚里士多德说他是论辩法即辩证法的创始人。他所提出的问题实质上是事物的内在矛盾问

芝诺

题，对辩证法的发展起了推动作用。他的论证方法及辩论技巧，是后来智者们的思想渊源，促进了逻辑和理论思维的发展。正因为如此，亚里士多德称赞他发现了辩证法，黑格尔也称之为概念辩证法的创始人。

（四）麦里梭

麦里梭的鼎盛年约在公元前444年，是巴门尼德的学生。他与芝诺一样，对老师的存在论进行了逻辑论证。从文献上看，麦里梭的思想明显属于爱利亚学派，然而关于他是否是巴门尼德的学生，抑或是不是爱利亚学派的成员，由于缺少充分的根据，许多学者采取存疑的态度。

麦里梭也对巴门尼德的某些观点进行了修改，尤其是把"存在"的空间特性从有限（有定形）改变为无限（无定形）。麦里梭也不像芝诺那样断然否认感性事物的运动与众多，而是认为感性事物的运动与众多并不会影响"存在"本身的不动不变和自身同一。

麦里梭的哲学观念包括以下几个方面：

第一，关于存在的时间性。巴门尼德曾说："存在不是过去存在，不是将来存在，因为他一直是现在这样存在。"麦里梭则认为："存在过的东西，过去和将来都永远存在。因为如果它是产生出来的，就必然得出：在它产生之前没有任何东西存在。但若没有任何东西存在，也就绝不能有任何东西以任何方式从无中产生。"他还从反面说："任何有开端和终结的东西既不是永恒的，也不是无限的。"在希腊文中"永恒"的原初意义是指生命的延展、延续。巴门尼德曾用此词，否定存在有变化生成，以此否定过去之在和将来之在，以肯定现在之在。

麦里梭把永恒解释为无限，即永远如此，以此用"时间上的永久"来表示"永恒"。此后，"永恒"成为了西方哲学中的重要观念。从时间特性来言说存在，这是其与巴门尼德的不同。

第二，关于存在是无限的。巴门尼德曾将存在喻作"球形"，认为存在是有限（有限度）的。承认存在像球形，有限度的，就得承认存在有体积，空间，就得承认存在之外还有他者（他物），就得承认多与虚空（无）。而这会导致其观念的反面。

麦里梭认为："既然它（存在过的东西）不是产生的，那么它现在、过去、将来都永远存在，没有开端和终结，而是无限的。因为它若是产生的，就会有开端（它必须是在某个时间开始产生的），也会有终结（既然它有开始，就会有终结）。但由于它既没有开端，也没有终结，那么它一定是过去和将来永远存在，没有起点和终点。因为，任何东西若不是完全存在，它就不可能存在。"这就是说，麦里梭从存在的永恒特性——时间上的永久性，来论证存在无始无终，因而在时间上是无限的。

麦里梭还从空间上论证了存在是无限的。他说："如果它是无限的，那么它就是一；因为如果它是二，（这些东西）就不会是（空间上）无限的，而是各自会在彼此之间形成边界。""如果它不是一，它就会与其他东西相连而形成边界。"这个论证的重要之处在于：将无限作为"存在是一"的前提，用残篇五、六合成一个充分必要条件的假言推理证明：只有承认存在是无限的，它才是唯一的；如果它不是无限的，它就不是唯一的；反之，它如果不是唯一的，那么它就不是无限的。

麦里梭由此用无限的存在代替了巴门尼德关于存在如环形的设喻，达到彻底否定虚空的目的。他说："也没有任何虚空；因为虚空就是无；所以无的东西是不能存在的。它也不能运动，因为它不能向任何方向移动，它是充实的。因为如果有虚空，它就会向虚空移动；但由于虚空不存在，所以存在不能向任何地方移动……必须在充实和不充实之间作出如下区分：如果一个东西还能容纳某些东西或为它留有地盘，它就不是充实的；只有当它不能容纳任何东西，也不为任何东西留有地盘时，它才是充实的。所以，如果没有虚空，存在必须是充实的。如果它是充实的，它就是不动的。"巴门尼德认为存在如球形，便为虚空留下了可能，因为球体的存在之外还可以有虚空。麦里梭从无限出发，从论证前提上杜绝了存在为多及可能发生运动的可能性。看来，他既将巴门尼德的观念继承了，也在某种意义上修正了巴门尼德的论证。

第三，关于无限才是完满的。巴门尼德曾以有限来论证存在的完满性。他说："存在被强有力地锁在有限范围内，它没有开始和终结，因为生成和毁灭已经被真正的信念赶得很远了。存在自身停留在同一个地方，永远停留在那里，因

为强大的必然性（命运）将它牢牢地锁在有限这一范围内，使它在各个方面都一样。因为它如果是无限的，就是不合法的。它是没有缺陷的，但如果它是无限的，它就是有缺陷的。"

麦里梭打破此说，认为无限才是完善的，强有力的。他说："如同它永远存在一样，它也一定是无比完善的。""所以它是永恒的，无限的，是一，是完全一样的。""它既不会消失，也不会增大或变更[内在的]排列，也不会感到痛苦或悲伤。因为如果它有这些感受，它就不再是一了……它也不感到痛苦；因为它要是处在痛苦中，它就不是完全的了；一个感到痛苦的东西不能永远存在。它也没有和健康的东西同样的力量。如果它痛苦，它就和原先不同；因为感到痛苦就是增加或减少了某些东西，从而不再和原先相同了。健康的东西不会感到痛苦，否则健康——即存在的东西——便会消失，而非存在的东西就会产生。至于悲伤，也可以运用与痛苦同样的推理。"

对于麦里梭的哲学观点，人们普遍认为：首先，麦里梭修正了巴门尼德关于存在有限的观点，从存在的永恒无限性出发来论证存在的其他性质。从这种永恒无限性，他证明了存在的单一性。"任何事物如果不是整个存在，那么它就不可能永远存在"，"如果它是无限的，它就应当是单一的；如果它是二，那么就不可能是无限的，而会受到另一个的限制"。

其次，麦里梭修正了巴门尼德关于存在有体积的观点。他的论证是："如果它存在，它就必定是单一的，作为唯一的东西，它必定没有形体。如果它有体积，那么它就会存在着部分，并且就不再是单一的了。"

麦里梭的思想的另一特色是否认虚空的存在，并以此为前提证明存在的不动性。因为虚空就是无，而无就是不存在。既然没有虚空，存在就不能运动，因为一切都是充实的，没有可供它移动的空间。这种观点，从反面启发了原子论者。

中期古希腊哲学

一、苏格拉底及其思想

苏格拉底（约前469—前399），古希腊著名的思想家、唯心主义哲学家、教育家，他和他的学生柏拉图，以及柏拉图的学生亚里士多德被并称为"古希腊三贤"，更被后人广泛认为是西方哲学的奠基者。

（一）苏格拉底的生平

苏格拉底生于雅典，他的父亲是个雕刻师，母亲是助产婆。除了参加战争，他一生从来没有离开过他出生的城市雅典，在战场上，他表现出了机智勇敢和吃苦耐劳的精神。苏格拉底相貌平平，根据保存下来的一尊半身胸像判断，他的外貌既不像一个传统的希腊人，也不像一个哲学家。他身强体壮，头颅硕大，圆形脸颊，鼻子扁平，他的整个形象倒是更像一个手工业者，这也与他的出身相符。他很早就放弃了从父亲那里学会的职业，并且也离开了他的家庭——他的妻子对他的责备也是众所周知的——为的是能够专心致力于他的教育活动，他觉得，对他来说这是一种前无古人的天职。

他日复一日地活动于雅典的街道和广场之间，几乎是衣衫褴褛。在他的周围聚集了各色各样的门徒，其中有些青年来自当地的名门望族。他教学生从来都不收报酬，他靠学生和朋友的热情款待为生。他的教育完全采用对话的形式，是一种问与答的游戏。苏格拉底不仅仅向他的学生提问题，他还喜欢随意与过路的社会各阶层的人攀谈。他常常以善意的问题开场，然后就不停地追问下去，一点也不让步，并逐渐把谈话转移到一般的哲学问题上去，诸如：什么是善？我们如何获得真理？哪一种宪法最好？他一直追问下去，直到对方理屈词穷承认自己无知

为止，这也就是苏格拉底要达到的目的。

　　了解一下雅典当时的政治状况对于理解苏格拉底后来的人生遭遇是非常必要的。雅典政体是民主的，但是，说起希腊的民主，我们时刻都不应忘记一个事实，希腊的大部分国民——如雅典居民的一半以上——都是不受法律保护的奴隶。这些奴隶的劳动果实就是其他人富裕生活的基础。我们在书中读到的那些由希腊作家们所描写的不同的政体形式事实上只关系到一小部分自由公民的利益。那时，没有人想过对奴隶制的合理性产生怀疑。知道了这一点，我们就可以说，雅典的民主是以一种极端的形式实施的，因此，这种民主已经违背了民主的基本原则。在贵族派的眼里，这种国家形式就是违背民主原则的。尤其是在持续近30年的波罗奔尼撒战争期间，当雅典的各派势力联合起来对抗他们的敌人斯巴达人时，占统治地位的民主派与那些暗地里主张实施斯巴达式的贵族政治的人之间展开了一场残酷的党派之争。虽然苏格拉底并没有积极地参与政治，但是，他还是被看作贵族派的代言人，更确切地说，被看作是为贵族派提供思想工具的人。

　　当雅典战败之后，民主政府暂时垮台。但是，当民主派经过颠覆活动复辟以后，苏格拉底的悲剧命运也就不可挽回了。他因为"亵渎神明"而被推上了法庭，这种指控其实根本就是站不住脚的。苏格拉底被判处死刑，他饮鸩而死，这在当时是处决犯人的习惯做法。他拒绝请求赦免，有人为他提供逃跑的机会，也

苏格拉底雕塑

法国著名画家雅克·路易·达维德的《苏格拉底之死》

被他拒绝了。他死的时候已经 70 岁，对他来说，离开雅典去过流亡生活好像已经没有意义了。

法国著名画家雅克·路易·达维德的作品《苏格拉底之死》，描绘了哲学家苏格拉底死时的情景。被囚于狱中的苏格拉底，被判刑后饮鸩自杀，在这惊心动魄的瞬间，苏格拉底镇静自若，左手高举，表明信仰不变！周围哀恸的人们增添了画面的悲剧性。

关于苏格拉底的死，柏拉图在《斐多篇》中为我们做了感人至深的描述：

我们停下脚步，相互谈论着刚才说过的话并思虑再三。然后，我们又愤愤不平地说起那件令人伤心的不幸的事情，我们都觉得，仿佛我们将要成为失去父亲的孤儿，我们将要孤苦伶仃地度过今后的人生。苏格拉底洗浴之后，有人把他的孩子带到了他的面前——他有两个小儿子和一个大儿子——和他有亲缘关系的妇女也来了，他与她们说话时，克里同也在场，苏格拉底把他想委托她们做的事情交代完之后，他就让妇女和孩子们都离开了，但是，他又朝我们走过来。那时已近黄昏时分，太阳快要落下去了，因为他在里面已经待了很久。

苏格拉底回来之后便坐下来，还没有说多少话。看守就来了，他走到苏格拉底面前说：苏格拉底，我不会像抱怨别人那样抱怨你，当我通告别人，让他们遵照当局的命令喝下毒酒的时候，他们会记恨我并诅咒我。可是，在这一段时间里，我看出来了，你是我在这里面见到的最高贵、心底最善良和最优秀的人，现在我也相信，你不会记恨我——因为，或许你知道这是谁的错——而只会记恨他们。也许你也知道，我来要对你说什么，那么，你就多保重。别太难过，因为事情已经无法改变了。然后，看守哭了，转过身去走了。

苏格拉底望着看守的背影说：你也多保重，我会按照你的意思做。苏格拉底又对我们说：多好的一个人啊！他一直待我很好，有时还和我聊天，他真是最好的人。他多么真诚地为我而痛苦啊！好吧！克里同，开始吧！让我听从他的话，要是毒汁已经榨出，那就把它拿过来吧！要是还没有榨出，那就让人着手准备吧！然后，克里同说：不过，苏格拉底，我们认为，太阳好像还没有落山，而且我们也听说，即使得到通告，其他人也是在很晚以后才会喝下去的，而且还要吃饱喝好之后，甚至还有人提出要求，让人给他带来美女做最后的享乐。你不要那么过分着急，你还有时间。苏格拉底说：克里同，你说的那些人当然会那么做，因为他们以为那样就能得到什么好处，但是，我当然不会那样做。因为，我不认为稍微晚一点喝我就能得到什么好处，如果我贪生怕死，那只会使我显得十分可笑。好！就按我说的去做吧！不要再有什么别的想法了！

然后，克里同就示意站在他身旁的那个男孩，男孩就走了出去，过了一会儿，他又带了一个人进来，那个人就是给苏格拉底送毒汁的，他手里端着已装满毒汁的杯子。当苏格拉底见到他进来时，就对他说：那么好吧，最好的人，就请你告诉我该怎么做吧！那个人对苏格拉底说：很简单，你喝下去以后就来回走走，当你觉得两腿发软的时候，就躺下来，那时毒药就已经起作用了。然后，他就递给苏格拉底那个杯子。苏格拉底接过杯子，一点也没有发抖，他神色坦然，面不改色，和平时一样。苏格拉底非常直率地望着那个人，问他：能不能再多赠给我一些这样的喝的？那个人说：苏格拉底，我只准备了这么多，我觉得，这些就足够了。苏格拉底说：我懂了。不过我想，向神祈祷总还是允许的吧，通向神界的路程肯定是幸福的，我在这里祈祷，我想我会如愿以偿的。

说完，苏格拉底就扬起脖子一饮而尽，他镇定自若，情绪很好。直到那一刻，我们大多数人都是强忍着没有哭，但是，当我们看到他已经喝下那毒汁以后，我们就再也忍不住了。我们的泪如泉涌，夺眶而出，我们禁不住掩面失声痛哭起来。我们不是为他而哭，而是为我们自己的命运而哭，为我们失去这样一位高贵的朋友而哭。克里同走到比我们更远一点的地方，因为他也已经忍不住声泪俱下了。阿波罗多洛斯原先就一直在哭，这时他更加悲痛地大声抽泣起来，这使得在场的人除了苏格拉底之外都更加伤心欲绝。苏格拉底对我们说：你们这些奇怪的人究竟怎么了！正因为这个我才让女人们都离开了，我不想让她们身陷这同样的错误，因为，我经常听人说，当有人正在死去的时候，在场的人应该保持肃静。那么，你们也保持肃静吧，要坚强些！

　　听了这一席话之后，我们都自感羞愧，并强忍住内心的悲痛不再哭出声来。苏格拉底在屋子里来回地走着，当他觉得两腿发软的时候，他就平躺下来，因为那个看守就是这样对他说的。然后，那个给他送来毒汁的看守又进来了，他不时地用手摸着苏格拉底。检查着他的脚和腿。过了一会儿，他就用力按着苏格拉底的脚，并问他是否还有感觉。苏格拉底回答说：没有。然后，他又按着苏格拉底的膝盖并一直往上，并指给我们看，苏格拉底的身体是如何变得越来越凉和越来越僵硬的。之后，他又摸了一下苏格拉底并说，如果药性到了心脏，那么一切就结束了。当苏格拉底的下半身已经完全变凉了以后，他自己就掀开了盖在身上的床单，因为他躺下的时候就盖上了。然后，他说，这也是他的临终遗言：呵，克里同，我还欠阿斯克莱朴斯一只公鸡呢，别忘了替我清偿债务。克里同说：我们会做的，你想想看，还有什么要说的。当克里同问这话的时候，苏格拉底就再也没有回答了，接着，他的身体抽搐了一下，看守又给他盖上了床单。这时他的眼睛已经翻白。克里同见到此状，他就为苏格拉底合上了双眼和嘴。我们的朋友就这样死去了，他被大家公认为是一个久经考验的最高贵、最富有智慧和正义感的人。

（二）苏格拉底的思想及影响

在德尔斐的神谕中，这位始终自称对一切都一无所知的人却被认为是希腊人中最为智慧的人，他的出现是哲学史上意义最为深远的革命之一。他的健全的理性告诉他，那些什么也证明不了并且最后只会破毁一切准则的诡辩游戏是毫无意义的。他感到，在他的内心深处有一个声音在召唤着他，这个声音会阻止他做出错误的事情。他称其为"神"。

他的思想中是有矛盾冲突的。一方面，他是一个非常虔诚的人，他认为人的最重要的义务就是敬神，他不知如何解释人内心中那个总是挥之不去的良知的声音。另一方面，他又认为，如果人认识不到什么是善和正义，那么他就不可能向善和做正义的事情；而当人认识到什么是正义，他也就不可能不去做正义的事情。因为，每个人都会去做对自己最有利的事情，而合乎道德的善是对每个人都有利的，所以，要想使人向善，我们就只需教导人们何为真正的善。把道德和知识合二为一是苏格拉底的思想创新。苏格拉底试图通过让人们认识到自己的无知，从而唤醒人们的自我审查和反省。他借用写在希腊神殿上的话号召人们：

苏格拉底用谈话法进行教学

"认识自己！"如果人们能够通过自我审查和反省认识到他们当前的生活是缺乏道德的和盲目的，那么他们就会去寻找并渴望道德理想。

苏格拉底所关注的从来都是活生生的站在他面前的人，而不是概念化的抽象的人。我们必须认识到，苏格拉底是一个对人类满怀热爱和信任的教育者，而不是一个通常意义上的教师。他是一种巨大的摇撼力量，是一阵再也无法平息下来的骚动不安。苏格拉底的人格力量对他周围的人产生的影响是巨大的，这一点可以通过柏拉图在《会饮篇》中借苏格拉底的学生阿基比亚德斯之门说出的话得到证实："我们都完全被他的谈话吸引住了……我们甚至想对你们发誓，以保证我们说的是真的，这个人的言谈让我们着迷，他的音容笑貌至今仍然浮现在我们的脑海里。当我们听他说话时，我们的心跳得比跳激烈的舞蹈时还要快，我们激动得热泪盈眶；而后我们也看到，在场的其他许多人也都和我们一样……"

如果我们再用柏拉图的话来形容苏格拉底的人物特征，那么就必须说明一点，在柏拉图的对话中，讲话的苏格拉底是不是真正的苏格拉底，对此人们一直争论不休。某些研究者认为，我们几乎不可能真正了解苏格拉底这个人，柏拉图著作中的那个苏格拉底可能只是柏拉图自己思想的传声筒而已。

我们真正确切地了解苏格拉底的情况是如此之少，这使得我们不禁要问：虽然这个人物品德如此高尚，并且为了自己的信念而甘愿牺牲生命，虽然我们几乎不可能了解他的真实的哲学思想，但是，为什么一个如此模糊的历史人物能够产生不可估量的历史影响呢？应该指出的是，正是由于苏格拉底的殉难与《圣经》中时常提及的耶稣以及早期基督教殉教者的死亡有些相似之处，所以苏格拉底能够长久地活在人们的记忆里。不过，我们真正想说明的是，苏格拉底之所以能够对后世产生影响，更多的是因为他那种历经千年而经久不衰的独特的人格魅力，而并不是因为他的思想，他的人格和他这个人一起被写进了人类的历史，自那以后，便成为一种影响越来越深远的文化力量，这就是人们普遍倡导的基于自身内部的坚定独立的高尚的道德品质。这就是"苏格拉底的神圣信条"，做一个内自由的人，为了自己而向善。

苏格拉底在同别人谈话、辩论、讨论问题的时候，往往采取一种特殊的形式。他不像别的智者那样，称自己知识丰富，而是说自己一无所知，对任何问题都不懂，只好把问题提出来向别人请教。但当别人回答他的问题时，苏格拉底却对别人的答案进行反驳，弄得对方矛盾百出。最后通过启发，诱导别人把苏格拉底的观点说出来，但苏格拉底说这个观点不是自己的，而是对方心灵中本来就有的，只是由于肉体的阻碍，才未能明确显现出来。他的作用，不过是通过提问帮助对方把观点明确而已。苏格拉底把最后这个至关重要的环节，形象地称为"精神助产术"。

苏格拉底"精神助产术"教育思想在世界教育史上占有十分重要的地位，人们把它视为启发式教育。苏格拉底终生倡导"精神助产术"，比他早约80年，孔子提出了启发式教学思想。之后，孟子、朱熹、王夫之都对此作了重要发挥。助产术与启发式教学思想历经数千年仍然有着强大的生命力，原因在于它们符合教学规律，体现了教学过程中教与学的辩证法，即既注重发挥教师的主导作用，又注重激发学生的主观能动性；正确处理了"渔和鱼"的辩证关系，侧重了学生自学能力、创新能力、综合运用知识能力的培养；恰到好处地把握"引与发"的辩证关系，主张教师应在"引"字上下功夫。有学者提出的"过程启发式教学模式"就是对苏格拉底、孔子教学思想的重要发展。

苏格拉底助产术问答图

"精神助产术"是苏格拉底在讲学和辩论时常采用的方法，他希望通过对话或提问来揭露对方在认识上的矛盾，从而引出每个人心目中的真理。助产术主要分成两个步骤：第一步是讽刺。他经常与各种人谈话，讨论人们所感兴趣的人生问题。他在与别人谈话中，装作什么也不懂，向别人请教，让人家发表意见。他这样做是为了引导人们发现自己认识中的矛盾，意识到自己思想的混乱，怀疑自己以前的知识，迫使自己积极思考，寻求问题的答案。第二步是产婆术。这一步的作用在于让对方发现自己认识的混乱并否定原有认识，从而引导他走上正确的道路，逐步得到真理性的认识，形成概念。就整个过程而言，它是一种"提问—回答—反诘—修正—再提问……"循环反复的过程。丹麦哲学家克尔恺郭尔把苏格拉底的助产术归纳为两条规则：

一是使自以为知者知其不知。关于苏格拉底如何使他的对话者从自以为知者到知其不知，苏格拉底的弟子色诺芬在《回忆苏格拉底》所载苏格拉底同尤苏戴莫斯关于"正义"的对话中，"助产术"的运用最为典型。尤苏戴莫斯志在成为政治家，苏格拉底有意找他讨论"正义"问题。

苏：能否区别正义与非正义？

尤：能够。

苏：虚伪属于正义还是非正义？欺骗、做坏事、奴役人属于正义还是非正义？

尤：非正义。

苏：奴役非正义的敌人、欺骗敌人、偷窃敌人的东西，也属于非正义吗？

尤：不是。

苏：是不是可以这样归纳：虚伪、欺骗用在敌人身上，属于正义行为，用在朋友身上属于非正义行为。

尤：对。

苏：假如在士气低落时，谎称援军来了，儿子生病不肯服药，父亲骗他，把药当饭给他吃，这种行为是正义的还是非正义的？

尤：是正义的。

苏：你是说，就是对朋友也不是在无论什么情况下都应该坦率行事的吗？

尤：的确不是，如果你允许的话，我宁愿收回我已经说过的话。

这个例子说明，苏格拉底提出问题让谈话对象回答，提出与对方的结论相悖的例子，使其自己发现结论的谬误，这是一种"伪证"的办法。

二是使自以为不知者知其所知。苏格拉底从别人可能比自己聪明、比自己知道得多的假设出发，主动找人谈话。当谈话对象从自以为知到知其所不知时，他却没有失去对参与谈话者能够解决问题的信心，一步一步加以引导，从而最终推出答案，使学生从自以为不知到知其所知。拿他与学生讨论什么是"美德"为例，当学生通过与苏格拉底的讨论得知"美德"并不是他原以为的"美德"而感到非常沮丧时，他继续鼓励学生"如有可能，我将接近这个概念"。在对方不知道"美德"这个概念时，他把话题转入到比"美德"问题更简单的"图形"，使谈话对象触类旁通；当对方意识到美德是"对高贵事物的向往和获得这种事物的能力"时，他又把话题转入到"善"与"恶"。他就这样按照问题本身的逻辑，自然地转入"善"与"恶"的话题，达到"美德即知识"的结论。

"助产术"教育思想蕴含着丰富的内涵，它具有优点及局限。

优点主要有以下三个方面：

第一，它被称为最早意义上的"发现法"。苏格拉底在谈话时常采用讨论的方式，通过问答、交谈

苏格拉底和一群年轻人讲话或争辩

或争论法来表明自己的观点,不直接向学生传授具体的知识。他先向学生提出问题,回答错了,不直接指出错在哪里和为什么错,而只是提出暗示性的补充问题,激发学生思考,共同寻找问题的答案。从这个意义上说,"助产术"是最早的"发现法"。"发现法"的提出一方面可以激发学生积极主动地思考问题,不再是被动地接受教育,同时也有利于老师与学生交流思想、探讨问题。

第二,"助产术"有利于调动老师和学生的主观能动性。"助产术"既要求学生积极、主动地学习,又要求老师在旁边对学生加以引导、鼓励和协助。就像在助产的过程中一样,如果只有产婆单方面的引导,或者只有产妇一方使力都不能顺利产下孩子。同样的道理,在教育过程中,缺少教师或学生任何一方的努力都不能产下"真理",因为苏格拉底认为真理就像母胎里的孩子,藏在于每个人的心中,获得真理的过程就是真理生产的过程。

第三,"助产术"有利于开发学生的潜能。苏格拉底认为,哲学家和教师的任务并不是要臆造和传播真理,而是要做一个新生思想的"产婆"。真理存在于每个人的心灵中,但并不是每一个人都能在自己身上发现真理。教师的任务是帮助人们去发现存在于人们内心的真理,帮助人们发现自身的潜在能力。他"产婆"式的教育方法,就是为了唤醒学生的潜能,促使学生从内部产生一种精神力量。

局限主要有以下三个方面:

第一,"助产术"具有一定的机械呆板性。在苏格拉底的实际教学当中,他不问对象,不问时间和地点,总是运用那一套问答法,一个程序地问下去,这样就完全忽视了学生的个别差异性。而且他不管这种方法对某人、某时、某地是否合适,只强调过程,不管其效果如何。所以,很难说这是一种灵活多变的好方法。

第二,它多少带有点灌输的倾向。虽然在苏格拉底与学生的谈话过程中都是通过提问,暗示的方法在进行,但我们不难发现,在整个过程中都是他主动问,谈话对象被动回答,好像是被苏格拉底事先设计好的问题和答案牵着鼻子走,直到学生回答出了苏格拉底心目中预设的答案。这也可以说,学生是在经受不住苏格拉底喋喋不休的发问与连珠炮式的提问的重压下,只能一迭连声地称是。这样

的提问并没有多少启发意义，与直接灌输并无两样。

第三，用罗素的话来讲，苏格拉底的"助产术"只适合于提问某些问题，而不适合另一些问题。这要从苏格拉底对知识的理解谈起。苏格拉底认为知识不是由感性经验所得到的对事物的个别的和特殊的认识。他说："如果我们眼睛看着事物或者试想靠感觉的帮助来了解它们，我们的灵魂完全瞎了。还是求援于心灵世界，并且在那里去寻求存在的真理好些。"苏格拉底认为知识是与生俱来的，是上帝创造的，它藏于人的内心。很显然，苏格拉底只看到知识的一部分，而另一些经验性的知识，苏格拉底不承认是知识。对于那些经验性知识显然是不能用问答的方式推导出来的。罗素举例说，用显微镜看到的细菌传播疾病，很难认为，这种知识是可以用问答的方法就能从一个本来对此一无所知的人那儿推引出来的。苏格拉底的处理方法所适应的，是那些我们对已有足够的知识，而可以达到正确结论的事物。换言之，只要所争论的是逻辑的事情而不是事实的事情，那么讨论可能就是发现真理的一种好方法。也就是说，这种方法有利于增进逻辑的一贯性，当其目的是发现新事实时就行不通了。

苏格拉底的"助产术"教育思想自建立至今已有两千余年，在教学实践得到了广泛的运用。特别是在强调启发教育的今天，甚至出现了一股"助产热"风气，课堂提问被引入误区。造成这种现象的一个主要原因是教师对"助产术"的理解不够全面和深刻，从而在运用时仅仅停留于表面的简单模仿。在课堂提问时常常不知不觉就走入如下误区。提问次数太多，问题质量低，没有思考价值，不具启发性。提问的时机与场合不对，常在学生不愿回答的时候提问，该提问的地方不提问，不该提问的地方提问。大多是老师问，学生答，很少有学生主动发问的情节，甚至有时教师直接带出答案，再反问学生"是不是"、"对不对"。这类误区的实质与前文分析苏格拉底"助产术"的局限如出一辙。

苏格拉底的"助产术"教育思想给我们的启示是：

首先，提高问题的科学性，避免"满堂问"现象。提问不仅要讲究数量，还应讲究质量，而且质量更为关键。问题太多，或者太多牵引式的提问会把学生弄得团团转，变"填鸭式"为"牵羊式"。要提高问题的科学性，首先要讲究提问的有效性，做到有的放矢。针对学生关心的热点和思想上的难点提问，切不可"满堂问"。其次,提问应带有一定的启发性,能引起学生的思考,有一定的深度和价值,从而激活学生思维,引发求知欲望。苏格拉底在教育学生时只是一味地问学生问题,不管问题的质量,也不问效果,这一点相对于中国孔子的"善问"精神不可不说是一大缺陷。就"问"而言孔子就有发问、重问、设问、追问、反问,更多的是学生主动问、主动求知。

其次,应根据具体的教学内容设计问题的方式和内容。问什么、怎么问是由教什么决定的,而不是想怎么问就怎么问。盲目地问不但达不到教学的目的,而且容易使学生的思维更加混乱,甚至有可能被引入歧途,这是非常危险的。究竟怎样根据教学的内容来决定问题的形式,要依具体情况而定。例如,对于教授"什么是红色"这类经验性的知识,运用苏格拉底法是推导不出结论来的,只有通过实践与观察才能获得。如果是教授数学、哲学等逻辑推理类知识则最好采用启发式提问,引导学生自己推理,这样一方面可以激发学生的学习兴趣,另一方面还可以训练学生的逻辑思维。总之,对于那些需要引导学生去发现新事物、新真理,或需要观察实际和阅读掌握一定资料才能获得的知识时,苏格拉底式提问不适合,最好让学生在观察与实践中获得。当我们为了引导、激发学生内心已存在的知识时,苏格拉底提问法就不失为一种好方法。如果我们不对教学内容加以区分,完全照搬苏格拉底"助产术"进行辩论,学生的思想不会更清晰而是更加混乱。

最后,当学生在问题面前"卡壳"时,最好用旁敲侧击的办法引导学生,而不能像苏格拉底那样自己说出答案,然后问学生是不是,这样的提问与灌输并无两样。应对学生在问题面前卡壳的办法有很多种。例如,将问题变成浅显的小问题,使学生更容易理解,也可以引导学生或小组或班级进行深入讨论甚至争辩等等,这些都是解决学生被卡壳的好办法。在苏格拉底与学生谈话时,他要么直接给出学生答案,要么用反问的形式迫使学生不得不承认他的观点。这显然是在牵着学生的鼻子走,束缚了学生思维,特别束缚了学生创造性思维的发展。

二、柏拉图及其著作、思想

柏拉图（约前427—前347），古希腊伟大的哲学家，他和老师苏格拉底、学生亚里士多德并称为古希腊三大哲学家，也是西方哲学的奠基人之一。

（一）柏拉图的生平

"我们年轻的时候也和其他人一样心里怀着一个志向：一旦我们长大成人，我们就会立即投身政界。但是，后来的生活经历却改变了我们的这个决定。我们那时的社会状况被许多人所厌恶，所以就发生了一次颠覆活动。有51人领导了这次革命……但是其中的30人在整个政府中拥有无限的权力。他们中间有几个是我们的亲戚和熟人，这些人马上就开始设法拉我们入伙……当时我们少不更事，所经历的事情也就不为怪了。那时我们想，他们将要把国家从不公道的生活状况中拯救出来并能使之走上正义之途，所以我们就急切地注意着他们的一举一动。于是我们就看到，这些人不久之后就又重蹈覆辙了。别的不说，他们竟然交给我们一个任务，让我们和我们的一个年老的朋友苏格拉底——我们会毫不犹豫地说，他是那个时代最正直的人——连同其他人一起强行把一个市民处死，目的是……想让他（苏格拉底）与他们同流合污。但是，他并没有服从他们的意愿，而是宁愿担风险也不去参与他们的那种罪恶勾当。当我们看到这些事情以及其他一些诸如此类的但也并非鸡毛蒜皮的事情以后，我们就感到厌恶之极，于是我们就决定从这种罪恶的统治之中退隐而出。不久之后，那30个政客以及他们的政权就被推翻了。于是，我们对政治的兴趣又慢慢地复萌了……可是又发生了一件事情，几个有权势的人把我们的朋友苏格拉底送上了法庭，他们拿最恶毒的（当然也是莫须有的）罪名指控他，他们把他推上法庭的理由是，他亵渎神明。他们判处了他死刑……当我们看到这一切，看到那些当权者所施行的统治，看到当时的法律状况和社会风气，尤其是随着年龄的增长我们也越来越看透了这喧嚣尘世，因而也就更清楚地认识到，搞政治是多么不容易，因为若没有朋友和可以信

赖的同党就根本不可能成功……而且国家的立法腐败和社会风气败坏也日益严重……虽然我们始终都没有停止过思考这些问题，希望能找到解决之道，使国家的状况有所改善，并且总是期待着能够施展抱负的机会，但是最终我们认识到，国家的现状整个说来是糟糕透顶，因为它的法律现状几乎已经到了无可救药的地步，除非能够有一个神奇的新机构来挽救它。于是我们经过再三考虑终于得出一个结论：必须崇尚真正的哲学，因为只有真正的哲学才能为社会和个人生活带来正义之见；必须使哲学家成为政治家，或者使政治家奇迹般地成为哲学家。要不然，人类的不幸就不可能终止。"

以上是柏拉图的一段自述，引自他的一封信札，从中我们可以获得一个有关他的生活的大概印象，并且也可以了解到他的哲学思想和政治思想的一些动机。柏拉图是雅典贵族的后裔。20岁的时候，柏拉图遇上了苏格拉底并成为他的弟子，柏拉图放弃了他在文学方面的志向并从而专心研究哲学。他做苏格拉底的弟子长达8年，苏格拉底被判刑并被处死，这件事对柏拉图的心灵震动很大，于是他就背井离乡，先到了麦加拉城，后来他又去周游各地，据说他还到过埃及并了解了那里的宗教和丰富的知识以及他们的僧侣制度。或许他还到过东方，并且了解了印度的智慧——他的某些著作印证了这一点。但是不管怎么说，他曾经在希腊的殖民地意大利和西西里逗留了很长时间，在那里，他与毕达哥拉斯学派有过密切的接触，这对他后来的思想产生了一定的影响。有一段时间，他曾经在叙拉古的专制君主迪奥尼修的宫廷

柏拉图塑像

做客，他试图说服迪奥尼修接受他的政治观念，但是未能如愿。公元前387年，柏拉图在故乡的一个花园里创立了一所学校，据说这所被称为"柏拉图学园"的学校在柏拉图死后仍然存在一百年之久。在这里，柏拉图为来自四面八方的学生授课，他不要任何报酬。为了实现自己的政治抱负，他曾经两次离开雅典前往叙拉古，但都是无功而返，除此之外他一直待在他的学园授课，他活到90岁的高龄，临死之前还在忙于工作。

（二）柏拉图的著作

柏拉图的老师苏格拉底只是通过对活和讲演的形式对他周围的人产生影响因而他自己并没有给后人留下片言只字，但是柏拉图给我们留下了大量的著作。可以确定的是，这些著作的大部分都出自柏拉图本人之手，其中也包括几封书信，同样可以确定的是，对柏拉图来说，口头传授也比书面表达更为重要。他对于从事写作的人没有说过表示尊敬的话，这种态度在许多如柏拉图这样的杰出著作家身上也并不少见。他直截了当地说，他从来都不相信能够用书面文字来表达他的思想内涵，文字的东西可能会遭受猜忌或不被理解。对此，他说："我们没有著作，而且以后也不会有，因为这不像别的事情，如果学会了就可以说出来，而它是突然之间产生的，就像被一个跳跃着的火花点燃了，这是心灵的闪光，从此以后它就会自我保存。"对于我们后人来说，毕竟他的著作还是我们了解他的哲学思想的唯一源泉，而且这些几乎是违背他自己的遗愿而写出的著作也仍然是那么超凡脱俗。这些著作的写作时间前后持续达50年之久，在个别问题的处理上，柏拉图的观点并没有发生很大的变化，但是在大部分问题上他的观点经常地发生明显改变。

柏拉图的著作几乎都是以对话的形式写成的，他在苏格拉底死后不久写下的著作基本上都是这种形式。其中，我们也很难区分得出，哪些话是苏格拉底本人曾经说的，哪些话是柏拉图假借苏格拉底之口来表达自己的观点。

以柏拉图的名义流传下来的有34篇，其中一部分被认为是伪作。我们把柏拉图最重要的著作列述如下：

（1）《申辩篇》——记述苏格拉底在针对自己的法庭上所做的辩护演说。

（2）《克力同篇》——关于对法律的尊重。

（3）《普罗泰戈拉篇》——讨论诡辩本，论德性及其一致性和可教性。

以上三篇被列为柏拉图的早期著作。

（4）《高尔吉亚篇》——其中讨论的中心问题还是德性，以及德行的是否可教性问题、智者派的自私的道德被证明是不充分的，修辞术也不能完全作为教育手段。道德的善是绝对的东西并可以用形而上学加以证明。政治、音乐以及诗艺都从属于道德的善。最后他还对灵魂在彼岸世界里的命运做了展望。

（5）《美诺篇》——论认识的本质是"回忆"，论数学的意义。

（6）《克拉底洛篇》——论语言。

以上三篇对话被列为柏拉图过渡时期的著作。显然，它们是柏拉图从意大利归来后写成的，因为它们明显地受到了毕达哥拉斯思想的影响，这时柏拉图还没有达到他思想的顶峰。

（7）《会饮篇》——追求美和善的动力就是爱欲（Eros）。这里也有对苏格拉

柏拉图和他的学生在阿卡德米学园

底的赞美，认为苏格拉底是完美的化身。

（8）《芝多篇》——论不朽。论灵魂的永恒和超验性。

（9）《国家篇》——论国家。这是柏拉图内容最丰富的著作。柏拉图成年以后花费了许多年才写成这本著作。从个人到社会，它几乎涵盖了柏拉图哲学的所有领域。

（10）《斐德罗篇》——这篇对话对于理解柏拉图的理念论和他的"灵魂划分"的思想尤为重要。

（11）《泰阿泰德篇》——关于知识的本质所做的认识论解释。

上述的第7至第11篇被认为是柏拉图成熟时期的著作。

（12）《蒂迈欧篇》——柏拉图的自然哲学。内容涉及一切自然现象的形成，从宇宙天体到地球生物。

（13）《克里蒂亚篇》——这一篇没有完成。其中记载了传说中比柏拉图生活的时代还早约一万年的岛国亚特兰蒂斯的衰落，至今人们对此仍然有许多猜测并一直在寻找它的遗迹。

（14）《政治家篇》——包含老年柏拉图的政治观点并与下一篇相衔接。

（15）《法律篇》——这是柏拉图晚期的最后一部伟大著作。它在柏拉图活着的时候并没有完成，而是由柏拉图的一个学生在柏拉图死后整理出版的。这一篇仍然讲论政治问题，它表明，柏拉图思想的真正目的自始至终就在于要建立一个合乎道德的国家并对其国民进行相应的教育。"法律"是柏拉图晚期哲学讨论的主要问题。

柏拉图之后，希腊人、罗马人以及后来的其他欧洲人都常常用对话的形式表达哲学思想。柏拉图式的对话当然也不是不假思索任意而为的，由诡辩学派所倡导并在苏格拉底那里日臻完善的对话艺术不可能不对柏拉图产生影响。与系统地表述思想相比，对话形式具有它自己的优点，它更加形象和生动。在对话中，不同的人物可以各执己见，他们既可以表示赞同也可以表示反对，并且也可以从不同的侧面去考察问一个问题。此外，对话形式还有一个优点，就是作者本人在对话结束时不必总是调解不同意见之间的分歧，并且他也不需要表明自己的最终立场。这既可以表示作者的犹豫不决和模棱两可的态度，也可以表示作者清楚地知道并且深信，人的思想永远都不可能达到完全的统一，意见分歧和思想对立都是再正常不过的事情了，柏拉图就属于后一种情况。柏拉图的对话语言极其优美，参与对话人物的性格突出观点鲜明，它们是世界文学宝库中的不朽之作。

（三）柏拉图思想的历史出发点

柏拉图的思想首先是在他那个时代的思想的激发下产生的。面对他那个时代的思想，柏拉图的态度是矛盾的，在这一点上，柏拉图与其他思想家也是一样的。他接受了所处时代的一些思想并对其加以发展，而对于另一些思想他是持反对态度的，并努力加以克服。就此而言，柏拉图思想的出发点既有积极的一面，又有消极的一面。柏拉图极力反对和克服的就是诡辩术。在他的对话中，他总是让智者们再三出场，他先让他们坦率地阐明他们自己的立场，然后他再对其加以反驳。在他看来，普罗塔哥拉的那句话——人是万物的尺度，不存在普遍的标准——是错误的。他说，这样一种学说必然会摧毁知识以及道德的基础。智者们的修辞术是一种说服他人的艺术，但是把它作为一种哲学的方法则不适合。

就像赫拉克里特所认为的那样，每一个事物都需要一个对立面，因此，每个哲学家也需要一个思想对手。柏拉图努力想使自己脱离智者派的影响，但是，他没有认识到，他自己也是站在智者派思想家们的肩上的。即使在最伟大的哲学家那里，我们也不可以期待他能够以完全公正的态度对待自己的对手。除了柏拉图从智者派那里继承下来并加以发展的辩证法之外，柏拉图与智者派主要有两点共同之处。首先，柏拉图也对流行的知识产生怀疑，他表示，人的感官知觉不可能感知事物的本来面目，而只能感知始终在变化着的事物的现象。如果我们通过将大量的感官知觉合并到一起并从而形成一种普遍的观念，这样其接近真实的可能性会大一些，但是，它仍然更多的是以一种说服（通过感官）为基础的，而并非以他们的清晰的意识为基础。其次，和智者派思想家们一样，柏拉图也怀疑流行的道德观念，而且他也对故步自封的元老制以及政治家们的所谓丰功伟绩持怀疑态度。如同流行的观念所缺乏的，它们也都缺乏一种能够赋予一个行为某种价值的能力，即能够清楚地意识到，为什么这个事情是好的和正确的。

至此为止，柏拉图与智者派还是意见一致的。但是，当涉及理智和道德问题

柏拉图与学生亚里士多德

时，他们之间就产生了明显的意见分歧。智者派思想家们说：对于思想和行为来说并不存在普遍的有约束力的标准。在柏拉图看来，哲学的任务恰恰就在于此，也就是说它要表明，这样的标准是存在的。它还要告诉人们该如何获得这种标准量器。其他的一切都只是一种准备（入门性的基础知识）。在这里，柏拉图发展了苏格拉底的思想，而且这也是他的哲学出发点的积极的一面。但是，柏拉图远远地超过了他的老师，苏格拉底曾说："我们自知自己一无所知。"对此柏拉图的意见是，在永恒的理念之中存在着我们思想和行为的标准，我们能够通过思想和预感来把握这种标准。

柏拉图的思想不仅与智者派的思想形成了鲜明的对比，而且它还与早期的思想家如德谟克里特的思想产生分歧。与德谟克里特不同，柏拉图认为，世界是一种宇宙理性的标志和产物，这样，他的世界观就与早期希腊诗人和哲学家带有悲观色彩的世界观形成了对照。在柏拉图那里，那个灰暗的宇宙背景被迫隐退了，因此，他的哲学就成了一种"光明的形而上学"。

（四）柏拉图的理念论

只有那些具备哲学思考的原动力的人才能够获得对理念的认识，柏拉图称这种原动力为"爱欲"。这个词原来在希腊语中代表情爱（或性欲），柏拉图为这个词赋了一种更高的超凡脱俗的意义。"爱欲"就是追求，是从感性上升到理性的，是尘世的人对永生的渴望，同时也是意欲唤醒他人心中的这种冲动的期盼。一个美丽的身体所能带来的愉悦是"爱欲"的最低层次，一切与美相关的活动都接近于这种冲动，尤其是被视为哲学的前奏的音乐，此外还有数学，因为数学教导人们撇开感性的东西而专注于纯粹的形式。

值得一提的是，我们通常所说的"柏拉图式的爱"这个概念指的是男女之间的纯粹精神的爱或纯粹的"友谊"。在这里肉体的欲望已经被消除了，但这是对柏拉图的一种误解。柏拉图只是说过这样的话："那些爱肉体更甚于爱灵魂的庸俗的情侣是不好的。"柏拉图根本就没有提到过要消除肉体的欲望。此外，柏拉图说这句话时指的也根本不是男女之间的爱，而是指的同性之间的爱，同性爱在当时也是很普通的事情，所以柏拉图提及此事也并不感觉难堪。

美的直观是一种准备，但是认识理念的真正工具则是抽象思维，柏拉图称之为辩证思维。为了达到目的，正确的方法就是必须使"爱欲"成为原动力。修辞法可以作为说服别人的工具，而辩证法则是一种艺术，它可以帮助人们在共同的探索中，在对话中，不断地接近普遍有效的真理。一方面，辩证的思想会从特殊上升到一般，从相对上升到绝对，另一方面，辩证的思想还会通过所有中间环节从一般下降为特殊和个别。

我们来看柏拉图的一篇文章——《理念与理象》。

你想象一下，有人在一个洞穴式的地下居所里。它的入口是朝上开着的，亮光可以从上面照进来。这些人从孩童时就被捆缚在这里面，他们只能待在原地，连头都不能转动。但是他们有光，这光是从他们上面和他们后面的远处燃烧着的火那里发出来的。在火光和这些被囚禁的人之间有一条从上面延伸下来的路，沿着这条路有一堵墙。有些人手里拿着各种器皿举过墙头并沿墙走过，很自然。有人在走过时会说话，而另一些人则沉默无语。

他说，你在述说一个奇特的景象和一些奇特的囚徒。

我们说，不，他们是和我们一样的人。你想想看，除了火光映照在他们对面墙上的影子之外，他们还能看到自己的和自己同伴的什么呢？那么，那些被人举着过去的东西呢？情况不也是那样吗？如果他们能够相互交谈，你不认为，他们会确信，他们看到并谈论着的那个东西就是真正被人拿过去的那个东西吧？又比如，如果一个过路人说话，声音在他们的地牢的岩壁上发出回音，你不认为，他们会确信，那是对面岩壁上的影子发出的声音吗？那么，请你设想一下，如果其中的一个人被解除了桎梏，并且他不得不突然站起来，转动脖子环视四周。开始走动，向有光亮的地方张望，这一切会让他感到痛苦的。他会由于目眩而看不见原先他只见到过其影子的实物。假如有人确切地告诉他，他过去所看见的一切纯粹都是虚幻的东西，而现在他接近了事物本身。他就站在具有高度实在性的事物面前，因而见到的东西也更真实了。你认为他听了这番话会说什么呢？如果有人甚至逼迫他去看那亮光本身，难道那光就不会刺痛他的眼睛吗？他会不会想逃跑。逃回他以前习惯见到的东西那里去，并且坚信。他过去看见的影子比刚才人们指给他看的实物更加真实？

以上就是柏拉图在《国家篇》里讨论人的生活和人的认识时，所做的著名的"洞穴比喻"，引文略有删节。我们的日常存在就类似于那个地牢，我们周围的环境就类似于那些岩壁上的影子。我们的灵魂上升到理念的世界就类似于那个囚徒突然站立起，环顾四周。那么，理念又是什么呢？"我们设想一种理念，在其中我们用同一个名字称呼一系列个别事物。"理念（希腊语原意指事物的形象）就是存在物的形状、类型和普遍性。但是理念不是一般的纯粹概念——这种概念是通过撇开事物的特殊性并从中归纳出其共同特征而获得的，它具有绝对的现实性，甚至可以说，它是唯一真实的（形而上的）现实。个别事物会消亡，但是，理念会作为事物的永恒的原始形象长存永驻。

究竟应不应该为一般的理念赋予个别事物更高的现实性，或者与之相反，仅仅认为个别事物是真实的，而认为一般的理念只存在于我们的头脑中，这是一个基本的哲学问题。对柏拉图来说，理念无论如何就是真正的现实。晚年的柏拉图喜欢将理念与毕达哥拉斯的数的概念联系到一起。

与苏格拉底不同，柏拉图将可见的自然也纳入他的思想体系之中。由于唯一真实的理念能被纯粹的思想所认识，所以，对柏拉图来说，研究物质存在只具有次等的意义。以研究物质存在为目的的自然科学永远都不可能达到确定性，而只能达到或然性。在这样一种观念的指导下，柏拉图在《蒂迈欧篇》中也写了一篇关于自然科学的文章。

对我们来说，与理念论紧密相关的首要问题就是：影像世界（可见的自然）究竟是如何实现其存在的呢，显而易见，由于美的直观也可以通达理念，所以自然物就是理念的映像与显现。那么，存在于一个更高的、"彼岸的"精神世界中的理念又是如何显现为感觉世界里的具体物质的呢？虽然这种显现不完全并有所减弱。在理念之外必定还存在另一种东西，或者说还存在一种反映理念的物质。柏拉图在《蒂迈欧篇》中称这另一种东西为（虚）空——他肯定是依循了德谟克里特的观点，或许称之为直观的形式更确切一些，不仅应该包括同时存在的，而且也应该包括先后存在的。柏拉图将这第二个原则称为普通意义上的"物质"（后来的亚里士多德也是如此），这也是可想而知的事情。

关于柏拉图的自然理论我们在这里就不深入探究了，但是，这里明显地存在着一个漏洞：因为，即使存在这两个原则，我们仍然不清楚，是什么力量促使本来沉睡着的理念现身为物质。因为柏拉图哲学不能弥补这两种原则之间的漏洞，因此可以说，他的哲学是二元论的。

为了弥补这个漏洞，另外还需要起中介作用的第三个原则，它介于两者之间，或者说高于两者之上。晚年的柏拉图越来越倾向于接受一种神的或世界精神的观念，但是，他并没有用具体的形式，而是用神话的形式阐释他的这种思想——因为柏拉图本来就特别喜欢用神话的形式阐发严密的思想。

（五）柏拉图的人类学与伦理学

在柏拉图看来，人的灵魂可划分为思想、意志（情感）和欲望三部分。思想存在于人的头部，情感存于人的胸部，欲望存于人的下身。但是，思想或曰理性是其唯一不朽的部分，它在进入人的身体时就与其他部分结合在一起了。

不朽的灵魂既无始也无终，其本质与世界灵魂很相似。我们所有的知识都是对过去事物的回忆，是对灵魂的体现。"既然心灵是不死的，并且已经投生了好多次，既然它已经看到了阳间和阴间的一切东西，因此它获得了所有一切事物的知识。所以人的灵魂能够把它之前所得到的关于美德及其他事物的知识回忆起来，是不足为奇的。因为既然一切东西都是血脉相通的，而灵魂也已经学会了一切，因此就没有理由说我们不能够通过对于一件事情的记忆——这个记忆我们称为学习——来发现一切其他的事物，只要我们有足够的勇气并且能够不知疲倦地探求。因为一切探求、一切学习都只不过是回忆罢了。"

这些句子容易让人产生猜测，人们会想，柏拉图可能对古代印度哲学有所了解。

在理念的王国中，至善的观念占据最高的地位，它在一定程度上是理念的理念。至善的最高目的就是将自己置于一切之上，这也是世界的最终目的。"我们想，你可能会说，太阳不仅赋予可见的东西一种能力，就是让它被看见，而且还赋予可见的东西以生成、成长和获得营养的能力，虽然太阳本身不是生成……同样，你会说，能够被认识的东西不仅从善那里获得其可认识性，而且还从善那里获得它的实在与本质，因为善本身并不是实在的，而是在地位和力量方面高于实在的东西。"

柏拉图的伦理学从至善的观念中得出结论，不死的灵魂是人身上的那种能够使人参与到理念世界中去的东西。人的目的就是通过使自己上升到超感觉的世界从而达到至善。肉体和感性是阻碍人们达到至善的桎梏，用柏拉图的话说就是："肉体是灵魂的坟墓"。

德行是灵魂的状态，在这种状态中灵魂接近于这个目标。因为可见的东西是不可见的东西的影像，所以，我们可以借助于可见的东西去把握理念，尤其是在艺术中。

就像在苏格拉底那里一样，只有当德行建立在可被认识的基础之上，德行才能真正成为德行。因此，德行也是可教的。柏拉图发展了苏格拉底的德行理论，他将一般的德行概念分解为四种主要德行，它们是智慧、勇敢、审慎和正义感。其中前面的三个与灵魂的组成部分相符合：智慧是理智的德性，勇敢是意志的德性。第三个德行，虽然（在德语中）被称为审慎，但是并没有完全表达出柏拉图的原意，希腊语中的意思是平衡（或内心的平静）。也就是说，在享乐与禁欲以及严厉与顺从之间能够保持中庸，在公共场合抛头露面的时候也应表现出高贵的尊严，既不要愚蠢地表现出过分亲密，也不要态度冷淡拒人于千里之外。最后，正义感包括其他正确的德行，它存在于灵魂的三个组成部分及与德行的恰当的关系中。

（六）柏拉图的国家理念

柏拉图是一个未能如愿以偿的政治家，政治问题以及国家的正确体制问题都是他终生为之殚精竭虑的问题。柏拉图的国家思想中的中心概念就是我们今天的"政治"这个词的雏形。正确的行为、德性、合乎道德、正义感等，这些柏拉图首先用于个人身上的概念现在又"被放大了尺寸"用在国家的身上。只有在国家中，这些概念才能被真正理解，也只有在国家中，这些概念才能完全实现其意义。可以想象的合乎道德的生活的最高形式就是在一个完善的国家里的合乎道德的社会生活。

柏拉图的国家学说中既有消极的批判性成分，也有积极的建设性成分。前者与柏拉图丰富的人生经历不无关系。在后者中，柏拉图描绘出一幅理想国的画卷。关于两者我们都截取其代表性的特征作简要陈述。

1. 对现存国家体制的批判

就像人有许多种类型一样，国家体制也有许多种类型。国家是由不同个性的人组成的，这些人当然会对国家的形式产生影响，所以国家体制是由人的个性特征所决定的。柏拉图考察了不同的国家形式以及国家中的人的类型。

寡头政治是这样一种制度，"它建立在对财产的过分尊重之上，有钱人拥有

柏拉图描绘的理想国：亚特兰蒂斯古大陆

政治权力，穷人则被排斥在执掌政权之外……"寡头政治有三大缺点：第一个缺点是"如果人们根据财产的多少来任用船长，那么，即使一个穷人更懂得航海技术，他也不会受到重用！这样，他们的航行就会遭遇危险……任何一种领导事务不都是同样的道理吗？在国家事务中也是这样吗？在国家事务中就更是如此了，因为政治事务是最困难最重要的事务。"第二个缺点是"这样的国家必定不是一个而是两个，一个是富人的，另一个是穷人的，尽管他们在同一个国家里生活，但是他们双方总是相互威胁着对方。"第三个缺点是"每个人都有机会挥霍掉他的全部财产……然后他仍然留在这个国家里……作为一个穷光蛋……你在一个国家里遇见乞丐的地方，那里也会藏着小偷、扒手、强盗以及其他诸如此类的职业惯犯。"

必定会出现一种类型的人，他们能够适应在这样的国家体制中生存。因为"凡是受到尊重的东西，大家就都会去效仿，不受尊重的东西，大家就弃之如敝屣。"人们不去追求智慧和正义，而是去追名逐利，聚敛钱财。这样就会产生一些贪得无厌游手好闲的人，这种人与恬淡寡欲合乎道德的人格理想相去甚远。

在这种以寡头政治为主的国家里，阶级之间的斗争就可能导致民主制的产生。"我们想，如果穷人获得胜利，他们把那些与自己敌对的人或处死或流放到异国他乡，其余的国家公民都有权参政议政并担当政务……民主制就是这样产生的。"民主的口号就是自由。"首先，人们是自由的，整个城邦都在享受着行动自由和无限制的言论自由，这里的每个人想干什么就干什么……""而且，在这样一个国家里，即使你精于权术，你甚至也不必被迫去执掌政权；如果你不喜欢服从命令，你也可以不服从；当别人去参战时，你可以不上战场；如果你不喜欢和平，当别人要和平时你也可以不要……就目前来说，难道这不是天赐的绝佳乐事吗？……诸如此类的……就是民主制的特征，它因而是一种令人满意的制度，这是一种斑驳陆离的无政府状态，不管平等与否，所有人都享有同样平等的权利……"

那些对这种制度感到心满意足的人会变成什么样呢？难道无节制的纵欲和普遍的人心涣散不会因此而充斥整个社会吗？如果人人平等自由，又该如何教育年轻人呢？"在这种情况下，老师在学生面前会战战兢兢，会去讨好学生，而学生却不把老师放在眼里……况且，年轻人会夸夸其谈，他们与前辈们平起平坐，分庭抗礼；而那些前辈们却尽力表现出平易近人和谈笑风生的样子，目的是不让年轻人觉得他们会因此而不高兴，或者认为他们是盛气凌人难以亲近的长者。""年轻人称羞耻感是一种愚蠢之举，他们把羞耻感抛诸脑后，他们把审慎的品德说成是没有男子汉气概……生活节制和勤俭持家的美德在他们眼里就是土里土气和寒酸……"

民主制后面接着就是君主政治。"因为僭主政治是对民主制的一种反动，这是显而易见的！"这又是如何发生的呢？"寡头政治所推崇的至善就是拥有巨大的财富，它也因此而得以实现。正是由于对财富贪得无厌，并且为了聚敛财富而忽视了所有其他事物，寡头政治从而就走向衰落……而民主制之所以走向衰落不也是因为它对自由的贪得无厌吗？""事实上，物极必反，一年四季是这样，植物是这样，身体的营养是这样，更何况国家呢……如事实所显示的那样，对于每个公民和国家来说，当自由达到极端的程度时，其结果就只能是极端的奴役。""人民通常都推举一个人作为他们的领袖，他们爱戴他并使他成为至高无上的君主。"其代价就是权力过分地集中于一人之手，而且过分膨胀的权力欲也会使得这个君主忘乎所以，他渴望权力就如同嗜血成性的猛兽。"难道不是这样吗？一个被恭顺的民众所拥护的人民领袖，面对臣民的流血牺牲他不仅表现得无

动于衷,而且他还不公正地陷害他们,把他们推上法庭,草菅人命……他们或被放逐,或被宣判死刑;他取消他们遗留下来的债务并将他们的田产重新分割,然后,必然的结果就是,要么他被自己的敌人杀死,要么他就成为一个如豺狼一般凶狠的暴君。"

2. 理想国

柏拉图认为,每个人身上都存在着欲望、意志和理性,只有当三者处于一种合理的关系中,公道才能得以实现。同样,一个国家也面临着三个与生俱来的任务:保障人民的基本营养,保护国家不受外敌侵犯,理性的领导。与此相适应,也存在三个自然的社会阶层:劳动者、战士(柏拉图称之为"守护者")以及统治者,在这里也一样,只有当三者的关系和谐一致,国家才能实现公道。就如同在个人一样,国家也必须由理性来统治,这种理性是由统治者来体现的。怎样才能实现这个目标呢?柏拉图的回答是:通过选择。

国家的首要任务就是,它必须为每个儿童提供同样的受教育机会,不管他是什么出身。体育和音乐是儿童期最基本的教育内容。体育运动可以锻炼人的体魄,能够赋予人勇气和坚强的意志。音乐可以塑造人的灵魂,能够使人性情温和宽厚。两者相结合就会塑造出和谐均衡的个性来。随后就是要学习数学以及初级的辩证法,然后,就是要学习正确的思维,此外,他还要经受疲劳与匮乏之苦,间或接受一些诱惑的考验,目的是锻炼和巩固他的坚强品格。到了20岁时,他们

柏拉图的著作《理想国》

要经过最高当局的严格选拔，留下来的人还要继续接受 10 年的教育，然后再进行一次筛选。然后，被选中的人再接受为期 5 年的哲学方面的智力教育。经历过所有这些考验的人到了 35 岁时还缺少一种东西，它对于他们将来执掌政权至关重要：这就是在实际生活中和生存斗争中的经验。在这方面他们还要接受 15 年的锻炼，与过去所经历的思维训练不同，这时他们要经受冷酷的现实的考验。然后，他们到了 50 岁，这时他们经过生活的洗礼而变得沉着冷静和意志坚定了，在理论和实践方面，他们经过精心全面的培养而成为非常成熟的人，所以他们这时就可以进入领导阶层去担当要职了，而且这也是自然而然发生的，不用再经过选拔，因为他们已经被确定为是最优秀的了。他们将成为柏拉图梦寐以求的"哲学王"或君子式哲学家，集权力与智慧于一身，这是多么美妙的理想啊！

可想而知，基于他的出身以及他与苏格拉底的关系，柏拉图自然会倾向于一种贵族国家的理想。他的国家理想是一种字面意义上的贵族统治：一种最优秀者的统治。但是这也是一种完全民主的统治制度，因为不存在世袭的优先权，大家都有均等的机会上升到最高地位。如果民主的特征就是大家机会均等，所有人都处于同一起跑线上，那么这种民主并不会顺理成章地得以实现。

若这样一个国家能够冲破种种艰难险阻终于得以成功建立，那么这个国家在其内部也会面临众多的危机。通过上述方式选拔出来的统治者肯定都是一些强者而非弱者，他们身上也会存在一般人性中都存在的本能欲望，其欲望的强度至少也不会低于其他人的平均水平。他们在国家之内拥有无限的权力，虽然已经接受过各种考验和教育，但是他们也无法抵制各种人生的诱惑，因此，在他们眼里，自己的利益比大众的利益更为重要。其欲望主要集中在两个方面：金钱和财产，女人和家庭——因为"食与色"乃人之本性。

必须从两方面抵制这种诱惑。针对武士和（未来的）统治者——因为统治者也是从武士中招募来的，所以他们都被柏拉图称为"护卫者"——柏拉图提出如下准则："首先，倘使能够避免，他们就不应该占据私有财产；他们的房屋也不能带有门锁或门闩，这样，当有人想进入他的房子时就不会觉得受到阻拦。他们只能得到作为一个武士所必需的物品，国民为他们提供的生活必需品刚好够他们一年四季的所需，而不会为下一年剩下结余。他们就像兵营里的士兵一样一同进餐，一

同居住。我们将会对他们说,他们会从上帝那里得到足够的金银,因此他们就不再需要尘世的金子。他们不应该拿尘世的金子去玷污上帝给他们的恩赐……不允许他们接触金锁或与这种合金有什么瓜葛,他们居住的房屋上也不应该有这种合金制作的东西,他们的衣服上也不能佩戴这种东西,而且他们也不能用由这种东西制成的器皿喝酒。这不仅对他们自己有好处,而且对国家也有益……但是,假如他们在某个时候拥有了自己的房屋、土地和金钱,那么他们就变成了房主和地主,而不再是国家的护卫者,就变成了粗暴的发号施令者,而不再是其他公民的同盟者;他们就会憎恨他人并且虎视眈眈地窥视他人,同样,他们自己也变成了被别人憎恨和窥视的对象,他们的生活也处于恐惧之中,比外敌入侵时还要恐惧。他们自己的人生面临灾难之时,国家的覆亡也就为期不远了。"

护卫者的共同性也扩展到妇女身上。护卫者将没有自己的妻子,"妇女是男人所共有的,一个妇女不会固定地与一个男人发生性行为。他们的孩子也是共有的,因此,父亲不会认识自己的孩子,孩子也不会认识自己的父亲。"一般来讲,男人选择女人应该遵循如下原则:"最优秀的男人应该与最优秀的女人尽可能多地性交,最劣等的男人与最劣等的女人应该尽可能少地性交。如果想保持种群的优秀,那么最优秀者的下一代就应该被抚养成人,而最劣等者的下一代则不予抚养。""结婚人数的多少由统治者们自由决定,这要考虑到战争和疾病以及其他因素,应尽可能地使男性的数量保持不变……"

广大的从业者允许拥有私人财产和建立个人的家庭,在这方面政府不应插手干涉。

我们注意到,在老年柏拉图的思想中,其早期国家理论中的某些观念的片面性已经有所减弱,他的整个观念与现实生活已经非常贴近。他提出的国家体制实际上是各种不同体制的混合体。

(七)柏拉图的教育思想

柏拉图高度估价教育的作用,认为教育是改造人性,陶冶德性,实现理想国的唯一手段。他认为,人们灵魂在理念世界中所获得的理性和美德,由于降生时和肉体结合受到剧烈刺激,出生后又为情欲所蒙蔽,因而失去了效用。只有通过教育才能使先天的理性和德性发展起来。少数金质的人理性纯全，道德完美，治国安邦；那些银质的人，勇敢忠贞，效命疆场。这样，理想的国家就可以实现。假若对教育的意义认识不足，则人们的天赋理性和德性都不能得到充分发展，执政的哲学家缺乏明达睿知，无法担当起治国的大任，卫国的武士意志薄弱，勇气不足，难于效命国家。这样，理想的国家只能是一句空话。

柏拉图依据其唯心主义理念论，把教育作为实现其理想国家的工具，这显然夸大了教育的作用。然而，他注意到教育对政治的影响，把两者紧密联系起来，这一观点是可贵的。

教育到底培养什么样的人？柏拉图把培养哲学家放在首位。因为，国家的好坏取决于他们。这就是说，如果他们的理性发达，道德淳美，就能使国家达于理想境地，日益兴旺发达。培养勇敢的武士，无疑也是教育的目的，但其地位绝不能与前者相提并论。

至于农、工、商劳动者的培养，在《理想国》中，柏拉图根本未列入教育目标之内，因为他们最缺乏理性，无法进行教育。后来在《法律》篇中，虽然有所涉及，但那只是实用知识技能的训练，不是发展理性，不能算是教育。由此可见，柏拉图把发展理性，培养执政的哲学家作为教育的最高目的，武士的培养次之，而农、工、商的训练则放在最轻微的地位。在教育目的上明显地反映出柏拉图教育思想的贵族性质。

教育既然关系到国家的兴衰存亡，因而，柏拉图吸取了斯巴达的经验，强调教育必须掌握在国家手中，由国家严格控制。他提出，应当由德高望重，理性发达的人担任教育首长，领导一切教育事宜，其他任何人不得干预，只有这样，才能保持教育的一致性和不变性。柏拉图对当时雅典由私人开办学校，随意处理教育问题的现象极为不满，认为那会导致祸乱，给国家带来不幸，因而必须予以纠正。

国家领导教育，学校必有定制。在西方教育史上，柏拉图第一个提出了从学龄前教育至高等教育无所不包的教育制度体系。

柏拉图重视学前教育。他说："一切事都是开头最重要，尤其是对于幼年的……因为在幼年的时候，性格正在形成，任何印象都留下深刻的影响"（柏拉图.柏拉图文艺对话集.朱光潜译,上海:上海文艺联合出版社,1954:54.)。柏拉图强调教育应从小抓起,甚至提出了胎教问题。依据他的规划,国家应厉行优生优育政策。执政者为人民选择婚配,最好的男子配最良的女子,以保证所生的后代属于优秀的种子。至于不良的男女的婚配,越少越好,以免生育不好的后代。婴儿出生后,那些不好的放在人们不知道的地方,而优秀的种子则送至国家教养机关,施以公共教育。3岁以前在育儿所,3～6岁的幼儿则集中到附设于神庙的公共游戏场中接受教育。游戏场以游戏为主,因为游戏是儿童天性所需要的。但游戏的内容、方法必须慎重选择,不应轻易变化,以免形成儿童"厌旧喜新"的心理。游戏场还进行音乐、唱歌、听故事等活动。柏拉图重视歌曲对儿童的教育影响,强调儿童的曲调应是欢快、奋发、高昂的,以便培养儿童坚毅、快乐、勇敢的性格。对儿童讲述的故事应慎重选择。柏拉图要求政府对创作故事的人及其作品进行严格审查。审查的标准"以不慢神为第一义",凡描写天神之间钩心斗角、相互倾轧、妒忌、说谎等故事,一律删去,而那些描述智慧、勇敢、友善的故事,则应列在目录上,劝导母亲和保姆们讲给孩子们听,以之陶冶他们的心灵,培养良好的道德品质。他说:"我们应该尽量使孩子们开始听到的一些故事必定是有道德影响的最好一课",因为"在那个年龄深入于心的一切意见,最容易看出是不容易磨灭和不容易改变的"(柏拉图.柏拉图论教育.郑晓沧,译.北京:人民教育出版社:3.)。

经过学前教育,从7岁开始男女分别入国家举办的文法学校、弦琴学校和体操学校接受初等教育,主要进行音乐和体育方面的教育,"体育是为了锻炼身体,音乐是为了陶冶心灵"(张焕庭.西方资产阶级教育论著选.北京:人民教育出版社,1964:502.),使身心得到和谐发展。

音乐教育含义较广,包含智育和美育。这就是说,既要学习读、写、算的初步文化知识,也要学习唱歌,演奏弦琴、诗歌。柏拉图极为重视狭义的音乐教育,因为"节奏和和声最能深入人心,留下深刻的影响,带来优美的一切"(柏拉图.柏拉图论教育.郑晓沧,译.北京:人民教育出版社:3,57.)。而庄严的乐曲、协和的旋律,能使人的精神和谐、性情温和、举止有节、仪态优美、心灵得到陶冶。体育以体操、角力、骑马、射箭等训练项目为主,借以强壮身体。此

外，还注重舞蹈，以训练优美的举止。音乐与体育必须配合，使身心相互促进，和谐发展。"一个强健的身体因为身体强健即可使心灵美好；反过来说，一个美好的心灵由于它的性能，能使身体臻于它所能达到的程度"。假若只接受音乐教育，沉溺于音乐之中，最后可能成为精神不振没有成就的懦夫；而仅仅从事体育，又会造成身体发达，遇事迟钝的人。因此，二者不可偏废。但从根本上说，身体与心灵相比，只能居于次位。因为高尚的品格能使身体得到完善，而身体上的完善却不能使品格高尚。心灵是身体的主宰，是最重要的，身体之所以需要健康，主要是不致因体弱而影响心灵的健全。

柏拉图主张女子应与男子一样接受平等教育。因为在能力上女子并不低于男子，凡是男子能做的事情，女子都可以做，不论是执政者还是卫国者，女子和男子一样都应成为候选人。因此，女子不仅应受到音乐的陶冶，也该接受军事体育的训练，和男子一样健身于体育场。女子与男子所不同的，只是女子体质较弱，在战争中担任较轻的工作。

18岁至20岁的青年，在高一级的学校——国立青年军事训练团中，接受军事体育训练，并结合军事需要学习算术、几何、天文、音乐等"四种自由艺术"，简称"四艺"。这些科目的学习主要是为了军事目的。如算术是"调兵列阵"、计算船只所必需；行军布阵，测量阵地需要几何学的知识；航海、行军作战需要观测天象和预测天气，需要天文学的知识；而音乐有助于鼓舞士气，提高斗志。总之，这个阶段的教育力图把大多数青年培养成为合乎规格的武士。

年满20岁的青年，才智上平凡无奇者即离开学校，编入军队，终生服役。少数理性优异者继续深造，接受更高一级的教育，直到30岁。

20～30岁这个阶级教育的主要任务，是发展智慧的美德，使之成为哲学家，以便担任政府的高级官吏。学习的科目除"四艺"外，主要是哲学。这时"四艺"的学习，其目的在于发展思维而不是为了实用。比如，学习数学不是为了军事上布置攻势，而是借助于对数目的冥想，领悟存在于理念世界的永恒真理。学习天文学不是为了行军作战、观测天象，而是为了观察浩大无穷的苍穹，理解宇宙创造者神明。柏拉图反复强调，数学和几何是学者必须知道的，必须深入钻研逐步达于精湛，只有这样，才有可能探寻理念的奥秘，并为学习哲学打下坚实基

础。柏拉图认为，哲学所研究的是最深刻的、最简要的绝对真理，它是最高的学科。它能融会贯通其他科目，找出事物间的关系，它能使人的智慧的发展日益完善，以至"最后能用纯理性来掌握'善'的本性"（柏拉图．柏拉图论教育．郑晓沧，译．北京：人民教育出版社：39．），成为哲学家。

30岁时再加选拔，极少数理性特优的人继续用五年时间专门学习哲学，直至35岁，然后担任政治军事方面的重要职务。其中只有个别人再经过15年的锻炼，50岁时理性和道德都臻于纯全，能用理智洞察宇宙的规律性，掌握治国的本领，即可任国家的最高领导——哲学王。现世的哲学王相当于理念世界的最高理念——善，他能看到"善"的本性，他是善，即为神的化身。由此可见，培养哲学王是柏拉图最高的教育目的。

柏拉图依据其理念论，认为认识的对象并不是我们感官所接触的现实世界。因为这个世界是变幻不定、生灭无常、不完全真实的，以它为对象所获得的知识常有矛盾和错误、模糊不清，是不可靠的和不真实的。它们不能称为知识，只能叫作"意见"。

由现实世界所获得的感性知觉既然不是知识，那么，什么是知识呢？柏拉图断定，知识是对理念世界的认识。因为理念世界是永恒不变的、绝对真实的、完美无缺的，所以只有认识理念世界，才能获得可靠的、真实的知识。比如，只认识到现实世界中具体的美的事物，而没有认识到理念世界中的美，这只能说有了美的意见，而不是有了美的知识；而只有认识到美的理念，才算有了美的知识。柏拉图把超感觉的理念当作认识的对象，这显然是唯心的。

如何认识理念呢？柏拉图认为必须学习。什么叫学习？柏拉图说，学习就是回忆。在柏拉图看来，作为人的组成因素之一的灵魂，是先于肉体而存在于理念世界之中的，对理念世界的一切早已有了认识。"灵魂在取得人形以前，就早已在肉体之外存在着，并且具有知识"（北京大学哲学系，外国哲学史教研室．西方哲学原著选读．上卷．北京：商务印书馆，1981：81—82．）。但灵魂投生到人体之后，由于肉体的玷污、情感的干扰，灵魂将知识全都忘记了。为了重新获得那些原有的知识，就需要学习。而所谓学习，就是把已经忘记了的知识回忆起来。柏拉图说："如果是我们在出世前获得了知识，出世时把它丢了，后来又通过使用各种感觉官能重新得到了原来具有知识，那么，我们称为学习的这个过程，实际上不就是恢复我们固有的知识吗？我们把它称为回忆对不对呢？完全对。……那些所谓学习的人后来只不过在回忆，而学习只不过是回忆"（北京大学哲学系，外国哲学史教研室．西方哲学原著选读．上卷．北京：商务印书馆，1981：81—82.）。

当然，在回忆先验知识的过程中，感觉官能并不是毫无作用的。柏拉图认为，人们是通过各种感官对具体的个别事物的感觉，回忆到事物本身（理念）的知识的，这正如我们看到朋友的画像就可以想起朋友，从相等的木头或石头就可以得到"相等"本身（理念）一样。因而，柏拉图承认："用视觉、听觉或者其他官能感觉到一件东西的时候，可以由这个感觉在心中唤起另一个已经忘记了的、与这件东西有联系的东西"（北京大学哲学系，外国哲学史教研室．西方哲学原著选读．上卷．北京：商务印书馆，1981：81—82.），这个东西就是理念。在这里，柏拉图虽然承认感觉在求取知识过程中的一定作用，但他并不认为这是从具体的、个别的感性经验上升到抽象的、一般的概念的过程，只不过把感觉当作回忆的一个条件、一种诱因而已。与此同时，柏拉图还竭力贬低感觉的意义，强调灵魂只有摆脱肉体，脱离感觉的干扰才能思考得好，获得智慧；而愈接近感觉，就愈陷入混乱，就愈得不到完全的知识。在他看来，最高级的知识——哲学（辩证法），应完全摒弃感觉，全凭理性去反省、去沉思、去追忆、去冥想，才能认识理念世界的一切，直到最高的理念——"善"。

如何完全抛开感性事物去反省、沉思、追忆、冥想呢？柏拉图认为主要依靠问答法。从概念出发，通过问答启发学生思考，了解概念（理念）之间的关系，进一步认识到善。从这一点上看，柏拉图的认知方法——回忆，实际上是苏格拉底的"知识助产术"的发展，是一种纯思辨的方法。

综上所述，我们可以看见，柏拉图的教育制度正好形成一个金字塔，而这个金字塔正是他的理念金字塔的反映。理性健全、天资聪颖的极少数人享受特殊的哲人教育，居于塔的顶端；为数稍多的理性不全、意志坚强的武士的教育处于中间；而缺乏理性、感情强烈的广大劳动群众的教育则在塔的底部。这个学校制度具有明显的贵族性。

（八）后人对柏拉图的评价与批判

柏拉图的著作是希腊哲学的顶峰，其涉及的范围如此之广，在这里难以尽数。过去的一切思想都在他这里汇聚到了一起，他不仅吸收了苏格拉底以及智者学派的某些思想成分，还承袭了较早时期的希腊自然哲学，起初他倾向于埃利亚学派的观点，认为世界的本原是不变的，后来他又认为世界是变化多样的，因而他又接近了赫拉克里特的观点，即认为一切皆流，万物皆变。

然而最为主要的是，柏拉图首次将迄今为止的希腊理性哲学与神秘教派和在毕达哥拉斯派那里就已经出现的对灵魂转世、净化以及解脱的信仰结合在了一起。像柏拉图那样认真严肃地对待永恒性问题的人并不多见。在他的伦理考察中，他始终坚持这样一个基本观点：假如人占有了整个世界，而他的灵魂却遭到损害，这对于人来说有何益处呢，因此，必然就会产生贬低感性生活的思想，如我们在印度奥义教中所看到的那样。这种来自东方的人生观被认为是"滴入希腊血液里的陌生血滴"。在这方面，弗里德里希·尼采对柏拉图展开了攻击，他称柏拉图是"败坏道德的、前基督教的骗人高手"，"这个雅典人在埃及人那里学到了一些东西，为此我们却付出了高昂的代价……"

事实上，柏拉图的著作一方面是对迄今为止的希腊哲学的总结，另一方面也是对它的发展，或者说他打破了迄今为止的希腊传统。因此，柏拉图的思想必然会与古希腊文化中的几个基本因素发生冲突：他不仅不承认那些雅典的大政治家是能够使人民过上合乎道德的生活的真正的教育者，而且还指责古希腊历史上的伟大艺术和文学成就，对他来说，这些感觉敏锐的艺术家和美的爱好者也是应该得到赞赏的，可是，当他在道德上必须做出二者择一的选择时，他就不得不忍痛割爱了。

柏拉图哲学对后世的影响是难以估量的，它在新柏拉图主义那里经历了第一次复兴，而新柏拉图主义在古典后期的几个世纪中是占主导地位的思想体系。柏拉图哲学还成为上升时期的基督教神学以及中世纪哲学的坚强同盟者，在近代初期，它又真正经历了一次复兴。在当代，哲学的兴趣重又转向了柏拉图哲学。柏拉图的伟大之处还在于他在心理学方面的深刻见解——他已经预先认识到了某些

现代精神分析的思想——和他的包罗万象的思想以及他那令人肃然起敬的人格。

柏拉图逝世后不久,他就在人们的心目中树立起了一个在和谐的精神力量中追求道德完善的开明智者的形象。亚里士多德这样赞颂他:"对于这样一个奇特的人,坏人连赞扬他的权利都没有,他们的嘴里道不出他的名字。正是他,第一次用语言和行动证明,有德性的就是幸福的人,我们之中无人能与他媲美。"

关于柏拉图,歌德这样写道:"柏拉图面对世界表现得像个圣灵,他只是乐于在这个世界上暂时停留……他潜入世界的纵深之处,与其说是要研究它,倒不如说是要完成他的使命。他向高处飞升,怀着渴望,意欲重新分享他的本源。他所表述的一切都关涉一种永恒的、善的、真的和美的东西,他所追求的就是唤起人们心中的这种东西。"

当然,这多少是把柏拉图理想化了,太过于把他看作是超出常人的威严崇高之人。可是,他的雕像向我们显示的倒是"一幅思想深邃的面容,上画有他那跌宕起伏、奋斗不息的一生留下的痕迹"。

三、亚里士多德及其哲学思想

亚里士多德(前384—前322),古希腊斯塔吉拉人,世界古代史上最伟大的哲学家、科学家和教育家之一,是柏拉图的学生,亚历山大的老师。马克思曾称亚里士多德是古希腊哲学家中最博学的人物,恩格斯称他是古代的黑格尔。

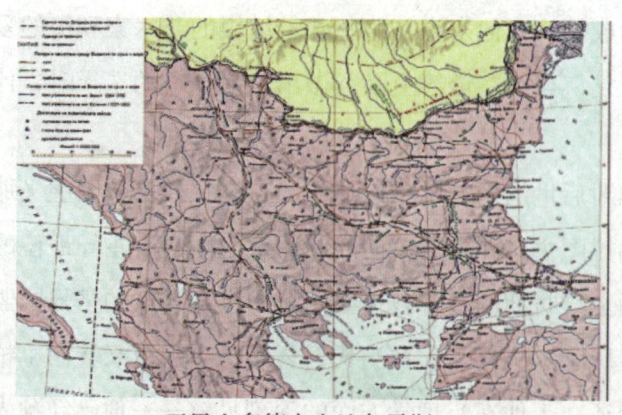

亚里士多德出生地色雷斯

（一）亚里士多德生平

亚里士多德在 18 岁时入柏拉图学园学习。亚里士多德认真学习了各种学科。他具有超常的天分，柏拉图也看出了这位得意弟子的卓越才能。亚里士多德工作缜密细致，为了共同的事业，他毫不畏惧地一再对自己的恩师柏拉图提出质疑。据说，年迈的柏拉图曾讲过："亚里士多德对我们的攻击就像小马驹对自己的母亲尥蹶子一样。"

亚里士多德在一部流传下来的早期未完稿中，对柏拉图的洞穴比喻做了另外的解释。在他笔下，对人的教育和非教育的比喻，成了令人难忘的对于哲学生活的描述，其高潮体现在对世界的认识上：

亚里士多德头像

如果有的人一直生活在地下，住在高级华丽、装饰着雕塑和油画的居所里，人们认为幸福的东西他们应有尽有；不过这些人从未到过地上；只是听说有一个更高级的、绝妙非凡的力存在着。现在，他们有一次通过地上的孔洞从藏身之处出来，到了我们所居住的地方；他们突然看见了大地、海洋和天空，领略到云的巨大和风的威力，他们望见了太阳，认识到了它的伟大壮丽和巨大作用，它的光芒透过天空射出时，便带来了白天；他们又看到，夜晚降临大地时，整个天空被繁星点缀，他们看到了时强时弱的月光变幻以及整个天体的升起和落下，还看到了它们永恒不变的运行轨迹：真的，他们看到这些景象时就会相信神灵的存在，是的，这一切就是神灵的杰作。

柏拉图去世时，亚里士多德在学园里已经度过了 20 年。柏拉图的外甥斯彪西波继任为学园的领导。大家都知道，此人不可与亚里士多德同日而语。但他年长些，经验丰富些，也不可小视。他和年迈的柏拉图一样，认为必须进一步深入研究毕达哥拉斯的思想。斯彪西波对伦理学问题和自然秩序并不怎么感兴趣。亚里士多德坚决拒绝哲学的数学化。柏拉图学园中的老师运用数学探讨哲学，按今天的看法来说，这其实是算数和几何。在亚里士多德看来，数学成了柏拉图学派探讨哲学时的研究对象。

亚里士多德对柏拉图的理念学说提出了批评。这一学说并不能解释运动的问题，即"劳作原则"问题。这就是说，映像，即世间的物产生于理念的问题。他在《形而上学》中写道：

理念学说带来的诸多问题中有一点特别无法令人接受，即人虽然可以设想在宇宙之外还存在着某种客观实体，可以把它们与感官所见等同看待，但这两者之间有一个区别，即宇宙永恒，而某种客观实体短暂。因为理念讲的是人本身、马本身以及健康本身，讲什么时都加上"本身"二字，这就像那些虽然相信神灵的存在，却又认为神具有人的形象，只把神灵当作永恒不死的人一样。同样，在理念上他们也把这些客观实体仅当作永远可见的东西。

这样的观点不被许多柏拉图主义者所接受。

由于观点相左，亚里士多德退出了柏拉图学园。他虽然离开了雅典，但仍和许多哲学同人保持着友好往来。阿塔纽斯的赫尔米亚请求亚里士多德前往特洛伊的阿索斯建立一所哲学学校。几个柏拉图学派的人也随同前往，他在那里教授了差不多两年。而后，亚里士多德与赫尔米亚的侄女皮提亚结了婚。一年后，波斯帝国攻陷了阿索斯城，赫尔米亚被杀，亚里士多德不得不离开这座城市，去了累斯博岛的米提利尼城。公元前342年，马其顿国王菲利浦任命他为王子亚历山大的私人教师。

亚里士多德当了几年亚历山大的老师。国王菲利浦死后，年轻的国王资助老师进行自然科学领域的研究。亚里士多德对政治不感兴趣。但如果亚历山大一世不仅聆听而且把他的建议放在心上的话，那他可能会很感欣慰。他在《论王权》中写道：

从事哲学对一个国王来说不仅没有必要，甚至会造成障碍；不过，他该听真正哲学家的话，并照他们说的去做。

斯彪西波于几年后去世。亚里士多德在公元前 335 年又回到雅典。学园没有选择他，而是任命克塞诺格拉底作为下一届的掌门人。于是，亚里士多德创立了逍遥学派——老师和学生边散步边讨论哲学。他们深入探讨人生事物。不久，亚里士多德就吸引了一批人。他发表了大量论文，说理缜密透彻，方法精确。跟亚里士多德学习哲学的人，不久就能进行精确的论证。

与柏拉图优美的文笔相比，亚里士多德的著述更像一位勤奋教授的论文，说理充实广博，却略显沉闷。他的作品有一种亚里士多德式的干涩幽默，我们也可以从他的论文中看出这一点。他在《尼各马可伦理学》中曾描述过一个人的"性格观念"，即他一如既往的生活方式是如何逐渐形成的。人的天性气质是由经验、历练和习惯而变得高尚，并逐渐形成。只有高尚的生活才能使人变得高尚。人的行为会自然而然地高尚，这是发自内心的，高尚已转化为人的血与肉。简言之，就是熟能生巧。在非生物界，习惯不会产生任何结果。亚里士多德风趣地说，人可以将一块石头多次抛向空中，可石头永远都不能学会飞翔。

我们还要感谢亚里士多德创立的古典逻辑学。所有哲学思辨都与"回避矛盾定理"有关。他说，同一件事不可能同时既是又非。亚里士多德对诡辩派的相对世界观提出了批评并指出，客观真实与某人以为的真实是有区别的。他的逻辑学包括"范畴"这一概念。希腊语中"范畴"的意思是"陈述"。范畴——物质、质量、数量、关系、地点、时间、行为、状况、拥有和痛苦——指的是物体可能的存在方式。人们用范畴来对客观的物进行分类。

除了范畴之外，亚里士多德还引入了演绎逻辑。"演绎推理"意思是"推理的艺术"。最初的演绎推理法很容易解释。从两个定理，即两个前提中可得出第三个定理，即结论。包含在两个前提中的概念是中间概念。比如，第一个定理说："所有的人都会死。"第二个定理说："苏格拉底是个人。"那么得出的结论必然是："苏格拉底也会死。"只有前提正确，才有可能得出有意义的见解。如果不正确的观点彼此相连，逻辑推导方式也可能在其形式的有效性方面被滥用。不过，亚里士多德要求仅仅运用正确的前提。

在亚里士多德众多的论述中，也有不少批驳爱利亚派、毕达哥拉斯派和诡辩派的文章。他写了许多关于修辞学和诗学的重要著作，还写了一部旁征博引涉及

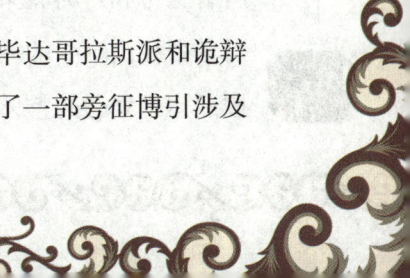

动物学的书，书中包括诸如"论神话动物"的珍奇异闻。他还收集了一百五十八个国家的法律，写过奥林匹亚胜利者的报道。同时，他还是一位诗人。亚里士多德将哲学分为理论和实践两部分。理论部分——希腊语中的"理论"一词可译为观察研究——包括物理学、形而上学和逻辑学，实践部分包括伦理学和政治。在哲学的所有领域里，都不允许违反逻辑学原理。

亚里士多德身材修长，衣着精美，他讨厌禁欲式的自我约束，也讨厌耽于享乐的生活。他常说，有的人活着，就好像他们会永生不死；而另一些人活着，就好像自己活不过明天似的。亚里士多德是一位严肃缜密的科学家，也是一位人类学的现实主义者和慷慨大度、与人为善的人。他向乞丐施舍，这让大家很奇怪。难道亚里士多德赞同懒散无为吗？对此他回应道："我们同情的不是乞丐的行为，而是他那个人。"当有人在公开场合粗鲁地对他进行人身攻击时，他不做任何辩解，继续走自己的路，他说："就是我不在场，他想骂还会骂的。"一个爱说话的人碰见了亚里士多德，便对他说个不停。之后还问道："我没有让你觉得无聊吧？"亚里士多德回敬说："我根本没注意到你。"

亚里士多德一生都对雅典的政治状况不满。他对批评无所顾忌："雅典人发明了稼穑和法律；不过他们只知道庄稼的价值，却不知道法律的价值。"

亚历山大一世死于公元前323年，政局随之混乱不堪。马其顿党人受到残酷迫害。一年以后，亚里士多德离开了雅典。他的生命受到威胁。据说，亚里士多德在离开雅典时说，他不会给雅典人第二次亵渎哲学的机会。几个月之后，62岁的亚里士多德在凯尔基斯死于胃病。亚里士多德给他所有的孩子以及赫尔弗利斯留下了丰厚的遗产。妻子皮提亚死后，亚里士多德与赫尔弗利斯共同生活，但没有娶她为妻。

（二）亚里士多德与科学

亚里士多德对科学的兴趣来自在学校所受的教育，他的兴趣独特。柏拉图将所有思考和行为联系起来并使之成为一个整体，而亚里士多德却善于从众多研究对象中找出唯一的一个客体进行全面的研究，决定其概念。但他的哲学不是严格按照体系划分的整体。

所有的知识源自经验与感知。亚里士多德写道：

所有的人天生向往科学。这表现在人对感知的爱上，他们为获得感知而爱感知，与其他感知相比，人尤其偏爱眼睛的感知。因为即使没有行为意图，也没有迈出做某一特定行为的一步，我们也认为，用眼所见比其他所有的感知方式都更值得追求。

但科学不相信用眼所得到的印象。对于现存物质的观察固然重要，但重要的是概念的

亚里士多德

形成。人看物必须用肉眼或精神之眼看到才行。存在的物必须是具体的、能够想象出来的东西。作为研究者的亚里士多德总是力求完满。事无巨细，哪怕看似毫无意义的东西，他都不会放过，所有的一切都能唤起他的兴趣，他受好奇心驱使，缜密细致地展开工作。

亚里士多德专心致志地从事着对整个宇宙的研究。对于用感官发现的所有特殊性的物，他首先进行观察，但并非仅以一个局外人的身份进行观察。他获得了大量感知的印象，但又绝不局限于此。他在获得大量感知印象的基础上，立即着手构建理论。亚里士多德想了解每个物到底是什么东西。然后，为了定义具体的物，定义这一客体的特性，他着手创建一套理论。

无论是思考一个唯一的客体还是思考整个宇宙的问题，亚里士多德的方法都一样。他不仅给出定义并构思，而且还先后观察了所有对象，在此基础之上形成了一套理论，这一切都从研究他身边的物开始。就这样，他在《物理学》《尼各马可伦理学》或《政治学》中，都对所有物的概念进行了详尽的论述。

看来，亚里士多德只喜欢对许多特殊性和表面上常常看起来互不相干的事物

进行哲学思考。所有人想到的、看到的，都成了他哲学表述的素材。但同时，亚里士多德也在所有特殊性中找到了构建普遍性概念的方法。在特殊性中认识普遍性，在繁杂的表象中进行归纳，从而抓住一切特殊性的本质，这正是他不引人注目的伟大之处。

亚里士多德总是借助经验和能说明问题的模仿来形成一种理论——要会利用所提供的一切经验，要在经验中认识相互关系、原则和普遍性。这只能在科学探索的层面上才有可能做到。知识的获得是个艰苦缓慢的进步过程，不能灰心放弃。就连起初看来模糊不清，最终历经千辛万苦才认识到的东西，也必须以科学谨慎的态度尽可能精确地加以证明。

创作作品的前提是被称为"技艺"的知识——指一种特殊能力。对于行为的完成和评价，则需要一种被亚里士多德称为"实践智慧"的实际知识。这种"实践智慧"就是聪明，指的是行为人所具有的认识普遍原理和行为原因的能力。同时，借助于这种实际知识，按照实践哲学最高级的原则。即在国家集体中过着有美德生活的原则。那些普遍原则便可用来解决特殊的单个或多个问题。在行为中，人依靠"实践智慧"，按照给他提供的各种可能，来实现自我并取得幸福。

亚里士多德感受到了科学的召唤。对知识的渴望使他的生活有了意义。物质财富并不重要。年轻的亚里士多德认识到：一个人要么从事哲学，要么就别活在世上，其他所有的一切都是无谓的琐事和胡闹。一个只注重外表光鲜而不求自身灵魂康宁的人，好像一匹带着金嚼头的驽马，虽然配有昂贵的挽具，却不能在田间劳作。有理性天赋的人应该从事哲学。因为只有哲学才是真理的科学，才能给人带来内心平和与真正的幸福。与柏拉图不同，亚里士多德认为科学不会使人孤独，它会通过一条牢固的纽带把师生联系起来，以无与伦比的方式，使双方的生活互为充实。

（三）亚里士多德的自然哲学观点

从今天的角度来看，不带偏见的观察者会把亚里士多德许多关于自然现象的研究纳入空想自然哲学的范围，它与前苏格拉底哲学家的观点只有程度上的差别。在《物理学》一书中，亚里士多德着重研究了不断变化并且可在运动中被认

识到的物。在科学方面，人应该学会了解自然并且认识自然界的内在原则。亚里士多德试图用哲学而不是实践论的方法去解释具有物理性的一切。他从经验上，也从理论上收集和梳理世间所有的现象，试图从特殊性中推导出普遍性，以这种方式认识世界现象。由经验获得的印象经过梳理，人可以从所看到的东西开始，进行抽象概括。首先是感官认识，看到一个物体或生物的形状——比如看到一个庞大的远古动物，长着长牙和人称为象鼻的可以卷东西的鼻子。这个生物代表着某一特定物种，显示出许多不同的特性。然后，人将所见到的特殊物体归入普遍概念，于是人把这个庞大的远古动物叫作大象。若非先看到了这个动物，人根本就不会形成这个动物的概念。亚里士多德的做法与思考着的经验论者一样。他记下为我们所认识之物的特点，然后将全部观察结果和一个概念联系起来，这就是综合法，它完全不同于仅凭经验才能认识的物质。这是人类思想的成就。

对自然哲学而言，最根本的是有目的性的思维。于是，亚里士多德解释道："上帝与自然不做没有目的之事。"所以，对世界上所发生的多种事物都能究其原因。这种因果原则适用于一切。每个物体和每个生命都有其内在目的性。所有存在之物都有其存在的原因，并会产生影响。存在之物为了某个"目的"，即为了一个目标而发展，因此具有目的性，也就是说：目标明确。在有机自然界内部，甚至形成了一种内在的目的性，这

亚里士多德塑像

是自然界所特有的。亚里士多德将其称为"圆极"。一株幼芽或一粒种子与其最终产物没有任何相似之处，但由于其内部作用的原因，最终可长成一株植物或者一棵大树。同样的道理，一条小小的毛虫，破蛹羽化后会长成一只色彩斑斓的蝴蝶——这是一个由内在原则所决定的进程。

因果关系中存在四种不同原因。质料因是重要的实物，指的是可供使用的物质。通过形式因，从这种物质中可以形成一个物。形式因和雕塑家的意图类似，雕塑家要按照自己的设想来雕塑石料。成品为谁服务，则取决于目的因。于是，任何一个生产出的产品都有其用途。动力因指的是生产过程的信息。艺术家必须使用某些特定的方法，使未来的作品成型。就是说，他在自身条件许可的范围内加工石料，按其设想雕塑成型。

在自然界发生的事情中，神力是主导原则，是第一要因。如果其他生物体内部有一个原则，那么它们就有了自己的"圆极"，于是就成了有灵魂的生命形式。自然本身就包含有方法，这些方法也是目的。自然界的目的是其自身所特有真正理性的东西，它形成于自然界，且早已包含于其中。

亚里士多德认识到，存在就是一种等级秩序。最底层的是无机自然界，它没有灵魂。其上一层是植物界，能够繁衍并进行光合作用，即能量交换。亚里士多德认为，在植物之上是动物界。动物的灵魂较之决定植物的内在原则要更为完善。动物对信号产生反应并能控制自身动作。人也具有这种能力。除此之外，人的灵魂还能够通过精神获得知识，它对本能并非简单地服从。人可以按照意愿做决定并有意识地按照理性行事。

甚至连星辰都有灵魂。星辰的灵魂无形而且纯粹。它永无止境地做着环形运动，负责宇宙的运行。空中只有环形运动，而地球上的自然界则只有线形、目的明确的变化和发展。由此，人的灵魂也是自然界这个大整体的一部分。它在大整体中找到了自己的位置和使命。灵魂是精神的载体，但同时它也决定着人如何养活自己，如何繁衍后代；决定着他的感官注意什么，是控制自己的欲望还是尽情享受、放荡不羁。但灵魂学说不是灵魂的形而上学。

灵魂是作为有机躯体形式的实体。这一躯体可能是有生命的。

躯体通过灵魂才得到其内在目的性，其作用体现在双重方式上：要么是科学，要么是直觉。灵魂要么清醒，要么处于睡眠状态。清醒与观察相对应，而睡眠则与占有相对应。

在亚里士多德眼中，灵魂是运动的原则，该原则受到三种方式的制约，即供养灵魂、感知灵魂和思考灵魂——在这里，可以看出存在事物的等级秩序。

如果供养灵魂单独存在，那么它会作为植物灵魂进入植物之中。在动物界，供养灵魂同时又是感知灵魂。人的灵魂能够供养、感知并且明理。

思考尤其是人类灵魂所特有的。思考在不折不扣地永远进行，它蕴藏着认识的可能性，而植物和动物的灵魂则不具备这种可能。

（四）亚里士多德的《形而上学》

《形而上学》是西方思想史上最有影响和最重要的哲学著作。《形而上学》讨论的是所谓"第一哲学"的问题。亚里士多德研究的是不凭感知来觉察的问题，而是凭人的理性推测才能推断出的问题。

在亚里士多德看来，有两种重要的动因决定着人的追求——一个是伦理学所讨论的对于幸福的追求，另一个是对于知识的追求。按照亚里士多德的定义来看，人是有理性天赋而且会说话的生物。如果人能充分施展大自然赋予的理性天赋，这对他来说最为合适。这一点可

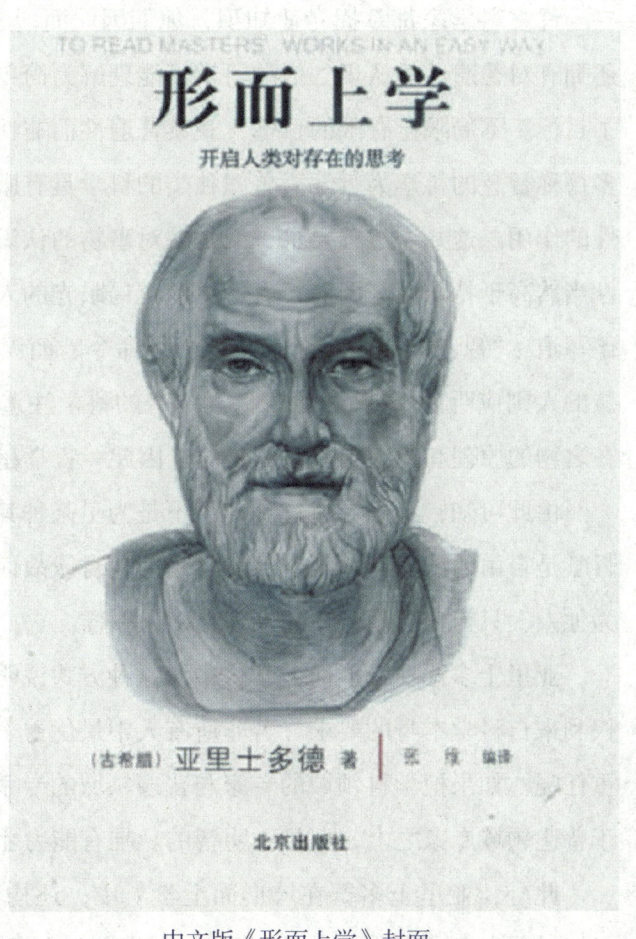

中文版《形而上学》封面

以通过认知之路做到。人获得知识与认识真理具有同样的意义,但智慧并不等同于真理。

各门独立的科学都掌握着部分真理。与此相反,"形而上学"是普遍的科学,其要求包罗万象。比如,生物学家在某一特别学科,即在他的研究领域是专家,哲学家也一样,是研究普遍性的专家。他根本不必为此从专业上掌握所有领域的科学。他的视野宽阔。他对知识的兴趣在于普遍性,即第一原则。

此外,哲学家具有智慧。亚里士多德总结了他那个时代理想的智者所应有的一般观点。智者应知识渊博,能举重若轻,对复杂事物进行归类。在任何方面,他的能力都比其他人强。他着眼于必须和可能的事物,从不分散精力。在复杂纷繁中,智者始终能够眼观全局。

许多科学家都掌握专业知识,他们因此而博学,但并不明智。智者也博学,还拥有对普遍性的认识。他的科学不能理解为简单的方法,这种科学在自身找到了目标。不局限于有限的目标,观察普遍性而非特殊性的科学才是智慧。亚里士多德称智慧的科学为哲学。单门独类的科学具有服务性的任务,而哲学则有统领性的作用。这并非过分要求,而是在对事物的认识中形成的必然结果,因为普遍性当然高于特殊性。因而,有着总揽全局眼光的人应该位居领导地位。亚里士多德写道:"智者不能受命于人,他必须命令、而无须服从他人,那些没有那么智慧的人则应听命于他。"源自科学本身的科学注重最高级意义上的获知,注重存在之物的原理和对因果关系的领悟。因此,哲学超越所有其他学科。

由此可知,我们寻找这种知识不是为了某种其他用途。在所有科学中,只有哲学是自由的。只有哲学这门科学是因自身缘故而存在,这就好比我们称那些不为他人,只为自己而存在的人为自由人一样。

亚里士多德在《形而上学》中以这种方式说明了哲学至高无上的权利。这一权利来自科学本身的要求。若非所有人中最优秀、最智慧的人,谁还能担当领导重任呢?如果把学科领域的专家与普遍领域的专家等同视之,或者甚至于将他置于普遍领域专家之上,那是不明智的。唯有能力才能决定领导质量。

此外,亚里士多德在《形而上学》中,还构建了第一原理的理论。他解释了运动是如何产生的。在他看来,有些东西在运动开始时自己并不动。在哲学史中，亚里士多德的这一运动概念曾多次被误译为"不动之动者"。亚里士多德与所有古希腊、古罗马思想家一样，不大认为有个拟人化的上帝在起作用。正确的说法应该是"不动之动"。第一原理绝对成立。"不动之动"永恒而杰出。纯粹"不动之动"的行为是绝对的喜悦。为了更便于理解，亚里士多德称这一原理为神性，它不可分、无所不能而且永恒不变：

显然，万物皆静与万物皆动的学说一样，都是错误的。因为如果一切都静止不动，那么对的便永远对，错的就永远错，可实际上，事物经常发生变化；正说话的人自己刚才就没有说话，他说过话以后，就不再是那个说话者了。相反，如果一切都在动，那么什么都不是真的；也就是说，一切皆错，而这已证明是不可能的。另外，所有发生的变化也都是一种存在；因为变化指的就是从一种东西变成另一种东西。但如果说，在任何时间里，一切都只能处于静止或运动状态，不存在永恒，那也是不可能的：因为有某种东西总能使被推动的东西动起来，因而，这个第一运动自己并不动。

所有的存在都受因果关系的制约，而每个原因都与这一原理相连。原因环环相扣，可以最后追溯到本身无须原因的第一原理。

如果有一样东西被推动，那么它就会呈现出另一种状态。如果说，当被推动的东西动了起来，且位置的变动是第一个行动的话，那么事物的状态也可能起了变化，而事物的本质并没有发生变化。也就是说，事物的位置确实发生了变化。但也有一种东西，它就算不被推动，自己也在动，并存在于真正的行动之中，这种东西永远不可能发生状态变化。位置的变动是第一变动，而在位置变动之中，环形运动又是第一运动；环形运动就是由"不动之动"所引起。因而，这种"不动之动"是一种必要的存在，只要它必要，那就是好的。从这个意义上来讲，它就是原理。天空和自然就有赖于这样的原理。

人该如何更好地认识这个原理呢？人喜欢那些他们理解了的和经历过的事情。感官所认知的东西令人感到舒适。而神灵则更善于思考。如同人的思想可能而且应该向着最好的方向努力一样，最高级的思想也必然属于至高无上者。在亚里士多德眼中，所想的事比思考本身更为神圣。不过，理性也可能止步不前，睡眠之中理智就不起作用，但在清醒状态下，人可能故意想坏主意，也就是说恶人

也在思考。因此，由于可能想干坏事，纯粹的思考活动本身并非最好。最好的思考行为指思考成为思考对象本身。亚里士多德写道：

只要理智出类拔萃，那么理智就会自己进行思考，思考就是思考之思考。

这话听起来很难，但解释起来却很容易：思考反映了自身的思维活动。

形而上学是一门以思考为最高目的的科学，亚里士多德有理由称其为普遍科学中最重要的科学，是一门需要耐心、持久和顽强的科学。和许多人类事物一样，要想把形而上学学到手并非易事，但为了领略获知的幸福，这不仅可能，而且也最值得去追求。

（五）亚里士多德的国家哲学

正如前边已经多次指出，处理人生问题的基础是友谊，这也是国家的重要基石。

对亚里士多德来说，国家是自然形成的集体，其基础并非国人所达成的共识。城邦是人的世界，是人所熟悉的空间，是人与人共同生活的地方。因此，可以这样理解亚里士多德对人类的定义：

人是天生适于国家集体的动物。所以即便人根本无须彼此相助，也会要求共同生活。然而，还是互利能使他们聚到一起，因为集体有助于使每个人生活得更美满。

个人及个人权利并非排在首位，国家比个人更为重要。在国家这个集体中，人组成了不同方式的共同体。共同体始于男女缔结的婚姻，它的延续是家族、宗族和村落。城邦包括所有这些由人组成的团体。我们在《政治学》中可以读到：最终，这些由好几个村庄群落构成的完整社会就是国家。这是一个似乎已实现了完全自给自足目标的团体，它为了生活而形成，为了生活得美好而存在。

集体中的生活使个人有了依靠，有了稳定感。国家的目标是让人在这个联合体中过上美好生活，人们共处时应以道德生活为标准，而集体对于合乎道德的生活方式来说必不可少。只有作为社会的人，人才是有道德的动物。国家法律规范日常生活中的人际关系。法律具有强迫性和必要性。亚里士多德多次指出，人作为高等生物特别有教养，特别正派，但要是没有法律和法规的约束，人就会变成穷凶极恶的动物。国家公民不同于奴隶，他们在集体中拥有领导地位。在现存的各种国家形式中，权利与义务的规定各有不同。

亚里士多德将一般规定与最高法律区分开来，前者解决公共福利的问题，后者则代表国家中各个集团的利益。他们的利益同时也就是不属于集团的其他人应负的责任："这就可以看出，按照公正的准则，所有以公共利益为目标的最高法律都是正确的。而那些只服务于当权者一己之私的最高法律则是错误的，是独裁专政式的最高法律。而国家却是自由人的集体。"好的法律规章并不表现在它有出色的法律条文，而表现在人民对法律的遵守上。人们所希望的国家形式有君主制、贵族统治和法治国家。亚里士多德认为，法治国家虽然并非最高理想，但它可能是最好的形式。在君主制国家中，国王是统治者，他关注国家的福祉，而不是扩大自身的权力。但这种国家形式可能蜕变为暴政，暴君独夫用独裁手段将国家霸占为私人财产，从而危害所有的人。贵族统治则由贵族掌权，干练的统治者组成的集团谋求整个国家的繁荣昌盛。但国家也可能落入权欲熏心的阴谋家集团之手，其领导权被这一集团所掌控。在寡头政治中，把持朝纲的是很有影响力的团体，但他们并不符合道德规范对国家政务人员的要求。法治国家与前两者不同，法律地位至高无上，国家不是由个人、团体，也不是由民众来统治的。最高法律得到了该国公民的认可和尊重。法制国家维护适度，没有人占便宜，也没有人吃亏。法律对所有公民都具有约束力。亚里士多德那时就已经认识到应设立立法、行政和司法三个部门。他奠定了现代国家分权制度的基础。

国家建制应该机构清晰，组织分明。在国家中，占主导地位的是等级原则。每个公民的能力及财产起着决定性的作用。穷人不能担任官职，这不是有意歧视财产较少的人。因为在亚里士多德的国家理论中，执政者不取薪酬，因而只有富有之家的男子能够肩负起领导国家的重任。法治国家介于两种不好的国家形式，即寡头政治与民主之间。亚里士多德坚决拒绝大众统治。如果民众掌权的话，极端就会得势，一切为政治规划和平衡稳定所付出的努力都将付之东流。统治者会唤起人的卑劣本能。掌管国家的不是能者，而是煽风点火和蛊惑人心的人。而后，民众也会夺取国家机关。

在有关国家哲学的研究上，亚里士多德尤其是个现实主义者。他总是试图遵循可能性，同时又不会忽略道德的尺度。重要的是，亚里士多德并不热衷于讨论什么是最好的国家形式。他相信，如果真的出现一位天资卓越的政治领袖，如果此人不是借助权力、财富和拥戴，而是因才华横溢而彰显的话，这些理论思考就显多余，人们应该让位于贤者。

这样一位卓越杰出之人就像人类中的神，法律对他无效，他自己就是法律。可以放逐他，但不能统治他。人们除了服从并服务于这位俊杰之外别无选择。

而后他会在各方面施展才华。不过，由于这样的天才少之又少，因而为了能使国家这艘大船在乱世之中渡过危难，必须以理性治国。

亚里士多德告诉我们，一切科学与艺术都以培育善为目标，所有的人都向往善。治国之术也是如此。那么，怎样才能做到善呢？亚里士多德认为，善等同于公正。公正就是为所有人的福祉服务。亚里士多德认识到，人的能力各不相同，并不是每个人都完全适合每个职位。军队统帅的天职就是做军队的统帅，士兵的任务就是当士兵。如果把素质不同的人同等对待，那就不公正。为了国家的利益，应该注意这种业已存在的差异。公正就是给予每个人应得的东西，公正不是搞平均主义，而是以适合他的方式对待他。这样，人才可能发挥自己的才智，同时又能成为国家的好公民。每一项任务都应该挑选一个更称职的人。亚里士多德举了一个十分明了的例子：

有一群受过同样良好训练的笛子演奏者，人们不必给出身高贵的演奏者最好的笛子。他们不会因此而演奏得更好。谁的演技超过他人，谁就应该得到最好的乐器。

如果一个国家能把统治者和官员按照他们各自特殊的才能安排到不同岗位上，这个国家将来定会繁荣昌盛，因为在这样的国家里，最优秀的公民担当了最重要的工作。但是，如同柏拉图的理想国一样，亚里士多德关于最好国家的理论也从未变为现实。

四、小苏格拉底学派

苏格拉底死后，他的众多弟子由于对老师观点理解不同等原因，形成了许多派别。因为柏拉图的思想博大精深，其所创立的学园在规模、成就和影响等方面都是别人所无法与之比拟的，所以哲学史上一般把苏格拉底的其他学生所创立的派别统称为"小苏格拉底学派"，以区别于柏拉图这个门派。在这些学派中，思想特色鲜明，对后世哲学有直接影响的有三个，即麦加拉学派、居勒尼学派和犬儒学派。

（一）麦加拉学派

麦加拉学派因其创建于西西里岛的麦加拉城而得名，按其思想特色，也被人们称作辩论派和辩证法家。它的创始人是欧几里得。欧几里得被看成是麦加拉学派思想方式的创始人。因为他和他的学派坚持普遍性的形式，并且曾经企图把一切特殊的东西当成无有（因为他们由于好辩而受到谴责），所以他们得到了诡辩派的称号。

欧几里得认为善即是存在，它是一种道德实在。虽然人们用诸如明智、神、理智等名字来称谓善，但它实际上就是"一"。一切与善相反的东西，他称之为非存在，认为应该统统摒弃。善也是不动的。正因为善是不动的"一"，所以只有思想才能认识，感觉在此不仅无能为力，而且是骗人的。

麦加拉学派在阐释苏格拉底的思想时深受爱利亚学派的影响，并且试图将两者结合起来。因此，它有两个鲜明的特色：一是把善等同于巴门尼德的存在，二是能言善辩，提出了不少著名的辩题。为了使人们对于一切特殊事物的意识陷于混乱，他们把辩证法发展到很高的程度。但是据说，他们固然是以很高的技巧来进行，可是以一种盛气凌人的态度来辩证，因此别人便说，他们不应当称为一个学派，而应当称为一个愤怒。他们特别

欧几里得

致力于发展辩证法,他们在这一方面是步爱利亚派和智者派(公元前5世纪中叶至公元前4世纪初,古希腊以教学为职业的哲学家们的称号)的后尘。麦加拉派对可感事物的不信任态度和论辩方式,对晚期古希腊的怀疑主义有很大影响。

(二)居勒尼学派

居勒尼学派的原则,简单地说是这样的:寻求快乐和愉快的感觉,是人的天职,人的最高的、本质的东西。快乐在这里是一个微不足道的字眼。人们习惯于认为有一种比快乐更高的东西,习惯于把快乐看成无内容的。人们追求特殊快乐是因为它自身,追求幸福则不是因为它自身,而是因为特殊快乐。他们认为肉体的快乐远胜于灵魂的快乐,所以,他们注重的是肉体而不是灵魂。一旦快乐来临,就应尽情享受。

居勒尼学派厌恶抽象思辨,注重实用。他们认为灵魂的状态可以为人把握,但产生这些状态的对象是不可知的。他们放弃了对自然的研究,因为自然显得是没有确实性的。没有什么事物在本性上是正义的、可敬的或卑劣的,一切只是约定和习惯的结果。正因为如此,他们崇尚感觉和感受,鼓吹善即快乐。

居勒尼学派是由阿里斯底波创立的。他与苏格拉底交往较多,也熟悉普罗泰戈拉的学说。他听到苏格拉底的教导,可能是在居勒尼,也可能是在奥林比亚赛会上,因为居勒尼人也和希腊人一样来参加这个赛会。在阿里斯提波理论中,最重要的是他的寻求快乐的思想。这一学派的快乐论,被晚期希腊伊壁鸠鲁的幸福主义所继承,虽然后者的哲学基础和快乐含义与前者不尽相同。

(三)犬儒学派

犬儒学派,是古希腊主张自然主义的哲学派别,小苏格拉底派别之一,又译为昔尼克学派。名称缘由有二:一是其创始人安提斯泰尼在名叫"快犬"的地方讲学,二是这一派的人们生活方式粗野、衣食简陋,被当时人称为"犬"。主要代表人物有安提斯泰尼、第欧根尼等。

犬儒派最初没有什么哲学的教养,其学说也没有成为一个系统,一门科学,是后来的斯多阿派把他们的学说提高为一个哲学学科。犬儒派的目标和居勒尼派

一样,都是要确定什么应当是意识及其认识与行为的原则。

犬儒派也把善设定为普遍的目的。那么,个人应当到哪里寻求善呢?居勒尼派是根据一定的原则,把个人的意识或感觉当作意识的本质;犬儒派则相反,他们以直接对人们具有普遍性的形式的个别性作为意识的本质。也就是说,把人们当作一个对一切个别性漠不关心的、自由的意识。犬儒派的主张和行为反映了一部分穷苦民众对现状的不满和对希腊"文明"的厌倦,从而以极端的消极手段来表示对社会的抗议。到了晚期犬儒,玩世不恭、恬不知耻的作风越来越泛滥,从而激起了人们普遍的厌恶。

犬儒学派并无任何科学上的重要性。它只构成了对共相的认识过程中所必然要出现的一个环节:意识认识它自己的个别性是完全不依赖于事物和享乐的。然而犬儒派把这个环节这样地固定化了,以至于把自由视为对所谓多余赘物的实际克制。

犬儒派的另一重要代表是西诺普人第欧根尼(约前400年—前325年)。其关于人应按照自然而生活的禁欲主义原则,得到了古希腊晚期斯多阿学派的发挥。

安提斯泰尼塑像(约前444—前365)

第欧根尼塑像(约前400—前325)

晚期古希腊哲学

一、伊壁鸠鲁与伊壁鸠鲁学派

伊壁鸠鲁（前341—前270）出生于萨摩斯，卒于雅典。伊壁鸠鲁的父母是移民到萨摩斯的雅典公民。在雅典接受了2年的军事训练后，伊壁鸠鲁到克罗封与家人团聚。据记载，他自14岁起学习哲学，就学于柏拉图学派的藩菲劳、德谟克利特学派的脑西芬尼等人，继承并修正和发展了德谟克利特的哲学，建立了一个思想统一的完整体系。大约35岁时，伊壁鸠鲁创办了自己的学校，人称"花园"。此后他一直在学校里从事学术工作，终年71岁。

伊壁鸠鲁本人在活着的时候写下了大量的著作，他一生撰写的著作据说多达300多卷，现在仅存残篇和三封书信。他的哲学体系包括三个部分：研究真理标准的准则学；研究自然及其生灭的物理学；研究人生及其目的的伦理学。在他看来，一个人要想获得灵魂的安宁，享受人生的幸福，就必须认识宇宙自然的本性。因而在他的哲学中，准则学和物理学是手段，伦理学则是目的。

（一）伊壁鸠鲁的物理学成就

伊壁鸠鲁认为，人们必须在表象中处理所不能直接感觉的东西。已经具有的这些表象、预想，应该把它们应用到某个东西上去，这个东西又是不能精确感觉的，但是它与那些表象、预想有某种共同之处。这样，人们就有可能根据这样一些图像去把握未知的、不能直接被感觉的东西。

从已知的东西推到未知的东西，这就是伊壁鸠鲁的"类比法"，是他的自然观原则。进一步讲，伊壁鸠鲁在自然观上接受了德谟克利特的原子论，认为世界万物都是由原子和虚空构成的。

这里需要特别指出的是，伊壁鸠鲁针对德谟克利特原子论的不足，提出了三点重要见解，即原子形状有限、原子有重量、原子有偏斜运动。比如德谟克利特认为原子有重量，但没有提到原子的重量特性；伊壁鸠鲁则明确主张原子有重量的区别，从而更合理地解释了原子运动的原因。他说，"原子除了形状、体积和重量以外，没有其他性质"；"原子以同等速度运动，因为虚空为最重的和最轻的原子准备了同样的道路"。

伊壁鸠鲁认为，对物理学的研究是为伦理学服务的。因为只有了解了自然万物的本性，才能具有科学的知识，只有具备了科学的知识，才能真正消除对神灵和死亡的恐惧，享受无疵的快乐。

伊壁鸠鲁雕像

（二）伊壁鸠鲁的准则学成就

准则学是伊壁鸠鲁哲学的导论或入门，它研究的是真理的标准以及获得认识的途径。所谓标准，真正说来，就是伊壁鸠鲁的逻辑学，他曾经称他的逻辑学为准则学；其内容在于规定、辩明那些构成检验真理的尺度的环节。在知识方面，他提出了三个阶段，真理的标准应当凭这三个阶段来规定：这些阶段首先是一般的感觉，其次是各种预想，这是理论的方面；然后是感情、冲动和欲念，这是实践的方面。

具体来说，这三类判定真理的标准有如下特性：第一，感觉是绝对真实的，"没有什么东西能驳倒感觉。一个感觉不能驳倒另一个同类的感觉，因为它们的有效性相等；一个感觉不能驳倒另一个异类的感觉，因为二者所判别的对象是不一样的。理性也不能驳倒它们,因为理性是完全来自感觉的"。第二,"预见是一种储藏于心灵中的把握真实的意见、观念或普遍思想"的能力,它是对外在东西的回忆。例如,这种东西是一个人,因而一旦听到"人"这个词,人们就会由此预见而想起他的形状。如果人们不先通过预见获悉事物的形状,就不能命名事物。第三,情感是内在的感觉,有快乐和痛苦两种状态。"它们存在于每个生物中,一个与生物相宜,另一个则与之敌对。选择什么和避免什么是通过它们决定的"。

这是三个非常简单的环节,从感觉形成一个图像,而图像是普遍方式的感觉。我们有许多感觉,例如蓝、酸、甜等;由这些感觉形成一些普遍的表象,我们具有这些普遍的表象;而如果又有一个对象重新出现于人们之前,于是,人们就认识这个图像是符合于这个对象的。这就是全部的标准。

虽然伊壁鸠鲁的准则学是感觉主义的,对理性的贬低和对感觉、情感的抬高必然导致众说纷纭的多准则或无准则,不过这种观点在当时是对现实社会人们对超感觉之物的迷信的一种打击。所以我们认为,伊壁鸠鲁的准则学为其快乐主义伦理学和疑神论的宗教观奠定了基础。

(三)伊壁鸠鲁的伦理学成就

伊壁鸠鲁提出了"快乐是幸福生活的始点和终点"的主张,认为快乐就是善,并且他以鲜明的一贯性坚持这种观点。他说:"快乐就是幸福的生活的开端与归宿"。第欧根尼·拉尔修引用过他在《生命的目的》一书中所说的话:"如果抽掉了嗜好的快乐,抽掉了爱情的快乐以及听觉与视觉的快乐,我们就不知道我们还怎么能够想象善。"但是,"当我们说快乐是终极的目标时,并不是指放荡的快乐和肉体之乐,就像某些由于无知、偏见或蓄意曲解我们意见的人所认为的那样。我们认为,快乐就是身体的无痛苦和灵魂的不受干扰。构成快乐生活的不是无休止的狂欢、美色、鱼肉及其他餐桌上的佳肴,而是清晰的推理、寻求选择和避免的原因、排除那些使灵魂不得安宁的观念。"

伊壁鸠鲁不同意他的前人区别积极与消极的快乐,或动态与静态的快乐。动态的快乐就在于实现了一种愿望,而在这以前的愿望是伴随着痛苦的。静态的快乐就在于一种平衡状态，它是那样一种事物状态存在的结果，如果没有这种状态存在，我们就会产生愿望。可以说当对饥饿的满足在进行的时候，它就是一种动态的快乐；但是当饥饿已经完全满足之后而出现的那种寂静状态就是一种静态的快乐。

伊壁鸠鲁的思想的确有不够深刻的缺陷，但是并不像人们长期误解的那样单纯鼓吹追求感官的快乐和欲望的满足。虽然他认为如果有人觉得感觉欲望可以给他带来最大的幸福，他尽可以去追求感觉欲望的满足，但是他还是强调精神上的快乐要高于感官的快乐。事实上，在伊壁鸠鲁的论述中，他认为追求第二种更为审慎一些，因为它没有掺杂别的东西，而且也不必依靠痛苦的存在作为对愿望的一种刺激。当身体处于平衡状态的时候，就没有痛苦；所以我们应该要求平衡，要求安宁的快乐而不要求激烈的欢乐。

尽管幸福或快乐与欲望有一定的关系，但是伊壁鸠鲁既不是一概肯定也不是一概否定欲望，他主张对欲望应作正确的认识和区分，然后进行取舍。人们必须认识到，有些欲望是自然的，有些欲望是虚浮的。在自然的欲望中，有些是必要的，有些则仅仅是自然的而已。从这种伦理观出发，伊壁鸠鲁明确提出了社会契约论的思想。在他看来，国家、法律、公正等，都不是外力强加的，也不是绝对永恒的，而是人们相互约定的。

（四）伊壁鸠鲁学派

伊壁鸠鲁的学说被他的历代弟子奉为必须遵守的信条。伊壁鸠鲁的学说广泛传播于希腊——罗马世界。伊壁鸠鲁学派作为最有影响的学派之一延续了四个世纪。罗马时期伊壁鸠鲁学派的著名代表有菲拉德谟和卢克莱修。卢克莱修写的哲学长诗《物性论》，系统地宣传和保存了伊壁鸠鲁的学说。3世纪以后，伊壁鸠鲁的学说成了基督教的劲敌。在中世纪，伊壁鸠鲁成了不信上帝、不信天命、不信灵魂不死的同义语。文艺复兴时期，由于卢克莱修《物性论》的发现和出版，扩大了伊壁鸠鲁学说对早期启蒙思想家的影响。17世纪P.伽森狄全面恢复了伊壁鸠鲁学说，它直接影响了17世纪至18世纪英、法唯物主义哲学和自然科学。伊壁鸠鲁的社会契约说是近代社会契约论的直接先驱，他的伦理思想对英国

J. 边沁、J.S. 密尔等的功利主义发生了影响。

伊壁鸠鲁的头号大弟子是梅特罗多洛。他大约生于公元前331年，卒于公元前278年，是兰萨库斯人。他在创建伊壁鸠鲁学派中发挥了重要作用，是"伊壁鸠鲁学派的四名重要创建人之一"。

梅特罗多洛写过一系列著作：《反物理学家》、《论感觉》、《反提漠克拉底》、《论崇高》、《论伊壁鸠鲁的体弱》、《反辩证法家》、《反智者》、《智慧之路》、《论变易》、《论财富》、《对德谟克利特的批评》和《论高贵的出身》。

梅特罗多洛自与伊壁鸠鲁相识以来就一直没有离开过伊壁鸠鲁，只有一次曾经回家乡探亲六个月。伊壁鸠鲁十分喜爱他，除了写信给他，还常在著作中提到他。但伊壁鸠鲁不是把他当做一名原创性的哲学家，而是当做一名能够在别人的帮助下达到真理的人。梅特罗多洛先伊壁鸠鲁而逝，享年53岁。伊壁鸠鲁在遗嘱中要弟子们"从今以后，我的学校的所有人每个月的第十二日都要集会纪念梅特罗多洛和我"。

早期伊壁鸠鲁学派的另一名代表人物也来自兰萨库斯，名叫波吕埃努。此人也是伊壁鸠鲁学校的四柱石之一。在成为伊壁鸠鲁主义者之前，他是一个大几何学家。但据西塞罗说，他接受了伊壁鸠鲁的观点以后，认为所有几何知识都是错的。

赫尔玛库是伊壁鸠鲁的继承人。伊壁鸠鲁逝世后，他接掌学校的领导与管理。他来自密提林，出身贫穷，曾经学过修辞学。他写过几本优秀的著作，流传很广。它们是：《论恩培多克勒》、《论数学》、《反柏拉图》、《反亚里士多德》。伊壁鸠鲁临死前委任他为学校的首领，并把所有的藏书交给他。他最后死于瘫痪。

二、斯多阿学派

当我们称赞某个政治家或运动员具有"斯多阿式"的沉着冷静和泰然自若的品质时，我们几乎并不知道，斯多阿这个词最早来源于雅典的一座公众建筑——彩色柱廊。就在这种"彩色柱廊"下，来自塞浦路斯的基底恩的芝诺在经过了动荡不安的生活之后建立了他自己的哲学学派，为了把他与思想敏锐的同名

人爱利亚的芝诺区分开来，人们称他为斯多阿学派的芝诺。

芝诺（前490—前425），可能是希腊人与东方人的混血儿。早期斯多阿学派的另外两位著名代表人物是克雷安德和克吕西普，我们很难确定，斯多阿学派的哪些思想应该分别归属于他们三人中的哪一个，因为最早的斯多阿学派文献只有一些断简残编被保存了下来。

斯多阿学派的芝诺

除了所谓的早期斯多阿学派之外，还有中期斯多阿学派（其主要代表人物是泼塞东尼奥）以及晚期斯多阿学派。中晚期的斯多阿学派代表人物要比早期的有名得多。特别是罗马人卢西乌斯·安纽斯·塞涅卜，他是罗马最多产且思想最丰富的作家之一，公元65年，他遵照皇帝的命令以自杀方式结束了自己的生命。还有皇帝马可·奥勒留及用希腊语写成的《沉思录》、奴隶出身的爱比克泰德及其《道德手册》，这两本书成为理解斯多阿学派的绝佳入门书。

马可·奥勒留皇帝12岁时就接受了斯多阿学派哲学的影响并且终生矢志不渝地坚持了这种哲学思想，不仅在个人生活方面，而且在政治活动中他都亲自去实践这种哲学。在他身上融合了斯多阿学派的那种勇敢、坚定不移和忠于职守的品格，这使他成为真正的伟大统治者。像他这样拥有至高无上的权力而同时又具有如此高度自制力的人在历史上几乎绝无仅有。"亚洲和欧洲只不过是世界的一角；整个海洋只不过是宇宙中的一个水滴！阿托斯山也不过是整个宇宙中的一杯泥土；而我们整个的现在只不过是永恒的时间长河中的短暂一刻！"一个能够发出如此感慨的统治者必然会有开阔的视野和宽阔的胸襟，从而使他避免了任何形式的心胸狭隘和片面性，使他有能力抵御权力欲、自大狂、独裁、娇溺和挥霍无度的诱惑，并且能够使他富有高度的责任感，不管是他的前辈还是后继者，在这方面很少有人能够与他比肩。他鄙视奢华和舒适的生活，身着简朴的士兵服装，他一生的部分时光都是在军营里度过的，为了帝国的江山社稷而履行自己的义务。

斯多阿学派哲学——至少它的最重要的部分，即伦理学——是直接承袭了犬儒主义者的苏格拉底学派的哲学的，不过在斯多阿学派那里，犬儒学派的那种过分偏激的思想就缓和多了，而这也是这种学说能够被广泛接受的前提，此外这也为知识本身腾出了更为重要的空间。

不管是承袭还是超越犬儒学派，这两方面在芝诺本人的生活中都表现得非常明显。在雅典，芝诺起初与犬儒主义者克拉特过从甚密（关于他也流传着许多类似狄奥根尼的奇闻轶事），但是过了一段时间之后，芝诺就认识到，这种学说对普通大众的生活来说并不适用，于是他就开始研究其他哲学家，他将犬儒主义与其他哲学家比如赫拉克利特的思想融合到了一起，并最终创建了自己的学派。此外，据斯多阿学派的弟子说，芝诺是自愿放弃生命的。

斯多阿学派将他们的思想体系划分为逻辑学、物理学和伦理学，这种划分产生了持久而深远的影响。其中伦理学占据最重要的地位，逻辑学和物理学构成了它的基础。

斯多阿学派在亚里士多德所创造的基础上对逻辑学做了进一步的发展。他们将逻辑学又划分为修辞学和辩证法，修辞学是独白的艺术；辩证法是与人交谈，即对话的艺术。在个体或全体能否认识实在这个问题上，他们是完全站在亚里士多德一边的。因为只有个体对象才能真实存在，于是他们就从中得出结论，一切认识必须从对个别事物的感觉出发，因而可以说他们是经验主义者。人的心灵在出生时就像是一块尚未被写上字的白板，只有与外物接触并获得经验后才能在上面留下印痕。他们将亚里士多德的10个范畴缩减成了4个。

斯多阿学派的物理学同样可以用几个关键词来加以概括。首先，它是唯物主义的，世界上的一切东西都是有形体的，有些形体较为粗糙，有些形体较为精细。其次，它是一元论的，宇宙原则只有一种，并不存在两种或更多种。再次，斯多阿学派接受了赫拉克利特的学说，即认为火是宇宙的原始基质，并对其加以发挥，认为宇宙中存在一种严格的内在规律性。他们将这种内在的决定性力量称为逻各斯、奴斯、灵魂、必然性、天命或上帝（宙斯）。最后，对他们来说，神与生生不息的宇宙是合二为一的，因此，他们的学说也可以被称为是泛神论。

这种主宰一切的神圣理性的观念在斯多阿学派那里究竟具有多大的重要性，我们可以从斯多阿学派的克雷安德的《宙斯颂》中看出，选录如下：

你这永恒的至高无上者，你这不可名状者，

你依照永恒的宇宙法则统治着世界，

你是威力无边的宇宙主宰。

宙斯啊，请接受我们的问候：因为所有尘世的人

都可以这样跟你说话，天父啊，我们都是你的子民，

大地上的所有生灵都是你的声音的余响。

我们要赞美你并永远颂扬你那无边的威力，

你的力量环绕着大地，世界顺从地追随着你，

你引向哪里，世界就恭顺地去向哪里。

你法力无边，你能使天空中响彻电闪雷鸣，

你能使世界山摇地动。

你操纵自然之魂，你让它培育世界万物。

你是宇宙之王，没有你

大地和海洋将毫无生气，没有你

太空与苍穹将一片死寂；

虽然因沉溺于感官享乐而产生亵渎神明之人，

但是你知道该如何驯服他们的野性，

你能矫正畸形，能使丑变美，

你能使万物皈依，能使恶向善。

在广袤的天地之间有一种永恒的主宰万物的法则，

在尘世的人之中，只有亵渎神明之人意欲悖逆它……

对于人这种理性动物来说，唯一重要的就是认识神圣的规律性并自觉地合乎规律地生活。因此，斯多阿学派的关键词就是顺应自然的生活。由于人的本性是理性动物，所以顺应自然的生活也就是顺应理性的生活。人唯一的德行就在于此，人唯一的幸福也在于此。这是同等重要的。

这样的德行也是唯一的善。与此相对的唯一的恶就是：非理性的因而也是非道德的生活。至于其他被人们高度重视的诸如生命、健康、财富、荣誉以及被人

们厌恶的诸如衰老、疾病、死亡、贫穷、奴役和耻辱等，这些对斯多阿学派来说既非善也非恶，而是无关紧要的。

因此，重要的是能够认识到何谓善，何谓恶，何谓无关紧要的。不管是在认识正确的价值方面，还是在努力按照所认识到的价值而行动方面，人们都会受到激情（或欲望）的阻碍。激情会迷惑理性，会令人们将无关紧要的或恶的东西误以为是有价值的东西，并且会驱迫人们去追逐那些东西。所以，人的任务就是不断地与这种激情作斗争。只有当激情被克服，只有当灵魂摆脱了激情的束缚，德行的目的才能达到。斯多阿学派将这种状态称为恬淡寡欲。

谁要是达到了这种状态，他就会成为智者。他是自由的，因为他认识到了事物的必然规律并遵从它而行事，所以他也是富足的、符合规则的、合乎道德的和幸福的，他摆脱了一切外在事物的羁绊，独立自主如同君王。其他所有的人，也就是大多数人都是愚人。

就此而言，斯多阿学派伦理学与犬儒学派伦理学还有一些相近之处。但是，斯多阿学派——受罗马的影响——觉得有义务并且也努力使他们的智者的理想与普通大众的理想协调一致起来。

这种愿望主要在两方面产生了影响：首先是在原始的理论方面，即对一切外在之物都持一种无动于衷的态度；其次是对这种理论的进一步发展，即认为某些事物是有一定的价值的，另一些事物则是无价值的或完全无足轻重的。

第二个方面则是更为重要的：犬儒学派基本上是自私自利的。犬儒主义者只注重个人的独立和内心自由而对其他人漠不关心。与他们不同的是，斯多阿学派不仅承认和赞扬智者之间的友谊，而且还提出了两个基本的社会要求：公正与仁爱——并且他们对两者的认识程度在当时来说可谓前无古人。他们的这种要求是针对所有人的，也就是说，他们把奴隶和野蛮人都包括在内。这确实是一种革命性的要求，因为在此之前人们所理解的人毫无疑问从来都只是希腊和罗马的自由公民。这种要求当然也是那个时代的政治与社会重组的结果，因为罗马帝国将那时被看作野蛮人的许多民族纳入了自己的版图，这些人也试图要求他们的公民权。而他们反过来又极大地促进了这种思想意识的发展，比如罗马法就受其影响很大。因此可以说，在古希腊罗马时期，斯多阿学派首次代表了一种广泛的博爱

思想和同样广泛的世界主义。

在前面引述的克雷安德的颂歌中，我们仍然能听得出斯多阿学派所达到的道德高度，继续引述如下：

哎，那个傻瓜！他总是那么贪婪地占有财富，
却对万能的造物主的准则一无所知，
即使有人告诉他什么会给他带来幸福的生活和理性，
他也都把这些劝告当作耳旁风。
于是他就像无头的苍蝇围着财富团团转，
为了荣誉而明争暗斗，对利润贪得无厌。
有人企图得到安宁，有人企图得到快乐，
大家都对那毫无价值的欲望热情似火。
可是宙斯啊，你这万物的主宰，
请你把人们从那无意义的追逐中解救出来，
请你驱散他们内心中的阴霾，天父啊。
让他们幡然醒悟吧，
让他们知道你是这世界的公正主宰；
我们将以你为荣并赞美你的丰功伟绩，
这对我们这些尘世之人总还相宜：
因为人和众神都没有资格获得那样高贵的赞美，
只有你这永恒宇宙的主宰才当之无愧。

斯多阿学派关于高傲和坚不可摧的人格尊严以及无条件地履行道德义务的思想与罗马上层阶级的思想观点紧密地融合在了一起。斯多阿学派思想通过罗马文化在欧洲得到了进一步的发展。

但是，斯多阿学派在世界历史上的意义在于它与基督教的密切关系，或许这比它的思想在欧洲的发展具有更大的意义。斯多阿学派与基督教有几个显而易见的共同之处：斯多阿学派倡导一种严格的和禁欲主义的道德，并且鄙视一切身

外之物。他们认为世界整体是体现在一个至高无上者之中的——可以称之为"天父"！他们提倡一种跨越种族和社会阶层的普遍的人间之爱。这一切都为基督教的诞生准备了土壤。尚在中世纪时，这种思想就已经广为传布，可以说塞涅卡就属于最早的基督徒。但是，当基督教开始征服罗马统治的世界时，斯多阿学派并没有立即站在它的一边。恰恰相反，比如斯多阿学派的马可·奥勒留就坚决地抵制基督教。在这场斗争中，斯多阿学派站在了传统的民间宗教一边，他们不想看到传统的民间宗教堂遭到破坏，对某些批评意见他们根本不予理睬。

有些教父对塞涅卡的著作也大为赞赏，从4世纪至中世纪，人们曾对一些虚构的塞涅卡与使徒保罗之间的往来书信信以为真。

随着宗教改革、人文主义和文艺复兴运动的发生，斯多阿学派思想也得到了复兴。鹿特丹的爱拉斯谟编纂了塞涅卡著作的经典版本，路德和兹文格利对塞涅卡也给予很高的评价。蒙田在他的一篇散文中说，他的思想是建立在普鲁塔克和塞涅卡的思想之上的。一场真正的"新斯多阿学派"思想运动是由弗兰德人耶斯特·利普斯（1547—1606）发起的。他试图证明，斯多阿学派与基督教是完全一效的。在17世纪，斯宾诺莎的伦理学中也显露出了斯多阿学派思想的痕迹。康德、席勒、歌德以及海因利希·克莱斯特也都接受了斯多阿学派的思想。

斯多阿学派所产生的最为令人惊异的影响则表现在17和18世纪的普鲁士国家观念中，这在今天已鲜为人知。当时在普鲁士人们称之为"尼德兰运动"，这个运动溯源于利普斯和持自然法权思想的尼德兰人雨果·格罗修斯。塞涅卡、爱比克泰德以及西塞罗的著作——因为它们接近斯多阿学派思想——都成为当时的普鲁士军官必须事先阅读的经典。此外，腓特烈大帝也在一首诗中称自己是"斯多阿学派哲学家"。

三、新柏拉图学派

新柏拉图学派是作为宗教救济的哲学而出现的，它由怀疑学派、伊壁鸠鲁学派、斯多亚阿学派发展而来。新柏拉图学派是公元3世纪到5世纪时最重要的哲学派别。它既是整个希腊哲学按照自身逻辑发展的必然结果，又是基督教哲学的

主要思想来源。通过新柏拉图学派，我们可以清楚地看到古希腊哲学理性精神的衰落和向神学转化的必然性，从而加深对哲学和宗教、理性和非理性之间复杂关系的认识。

新柏拉图学派传播范围较广，流行时间较长，内部区别较大。它是在广泛吸收古希腊和犹太有关思想的基础上形成的。具体说来，它的思想来源主要有：第一，传统的希腊哲学，尤其是柏拉图、亚里士多德和早期斯多阿学派。第二，以斐洛为代表的犹太神哲学。第三，以阿波罗尼为代表的毕达哥拉斯学派。第四，以普鲁塔克和纽曼洛斯等人为代表的折中性柏拉图主义者。此外，亚历山大里亚城早期基督教神学对新柏拉图学派的形成也有一定影响。

确立新柏拉图学派的人，是普罗提诺，他是这一体系的准备者阿曼纽斯的学生。普罗提诺是新柏拉图学派最著名的哲学家，更被认为是新柏拉图主义之父。他是晚期希腊哲学中无可争议的大师级人物，堪称整个古代希腊哲学伟大传统的最后一个辉煌代表。

普罗提诺的生平，就颇为人所知道的而论，是通过他的朋友兼弟子的蒲尔斐利·波菲利所写的一本传记而为人所知的。然而这部记载里面有许多奇迹式的成分，使人就连其中那些较为可信的部分也难于完全信赖了。普罗提诺认为自己此时此地的存在是无关重要的，所以他很不愿意谈到自己一生的历史事迹。可是，他说过他生于埃及；并且我们知道他青年时是在亚历山大港求过学的，他在这儿一直住到39岁，他的老师就是通常被人认为是新柏拉图主义的创立人安莫尼乌斯·萨卡斯。此后他参加了罗马皇帝高尔狄安第三对波斯人的远征，据说是意在研究东方的宗教。皇帝当时还是一个青年，不久就被军队谋杀了，这种事本来是当时的惯例。这件事发生于公元244年他在美索不达米亚作战的时候。于是普罗提诺便放弃了自己的东征计划而定居于罗马，并且不久便在罗马开始教学。他的听众中间有许多有势力的人物，他并曾受到了皇帝加里努斯的垂青。有一个时候他曾制订过一个计划，要在康巴尼亚建立起柏拉图的理想国，并要为此目的而建立一座新城市，就叫作柏拉图城。皇帝起初是赞许的，但最后撤销了他的支持。

普罗提诺一直到49岁都没有写过什么东西；但是此后他写了很多东西。他的著作是由蒲尔斐利编纂的，蒲尔斐利要比起普罗提诺更醉心于毕达哥拉斯主义，

普罗提诺雕塑

他使新柏拉图主义的学派变得更为超自然主义的了；倘使新柏拉图学派能够更忠实地遵循普罗提诺的话，本来是不至于如此的。

普罗提诺摆脱了现实世界中的毁灭与悲惨的景象，转而观照一个善与美的永恒世界。在这方面，他和他那时代所有最严肃的人调格是一致的。对他们大家来说，（无论他们是基督教徒也好，还是异教徒也好）实际的世界似乎是毫无希望的，唯有另一个世界似乎才是值得献身的。对于基督教徒来说，这"另一个世界"便是死后享有的天国；对柏拉图主义者来说，它就是永恒的理念世界，是与虚幻的现象世界相对立的真实世界。基督教的神学家们把这些观点结合在一道，并且还又包括了大量普罗提诺的哲学。印泽教长在他那部关于普罗提诺的非常有价值的著作里面，正确地强调了基督教所得之于普罗提诺的东西。他说，"柏拉图主义是基督教神学有机结构的一个主要部分，我敢说没有别的哲学能够与基督教神学合作而不发生摩擦"。他又说，"要想把柏拉图主义从基督教里面剔出去而又不至于拆散基督教，那是完全不可能的事"。他指出圣奥古斯丁曾把柏拉图的体系说成是"一切哲学中最纯粹最光辉的"，又把普罗提诺说成是"柏拉图再世"，并且如果普罗提诺生得再晚一点的话，只需"改动几个字句，就是一个基督徒了"。按照印泽教长的说法，圣托马斯·阿奎那"对于普罗提诺比对于真正的亚里士多德更为接近"。

因而普罗提诺作为塑造中世纪基督教以及天主教神学的一种影响来说，就有着历史的重要性了。历史学家在谈到基督教的时候，必须很仔细地认识到基督教所经历的种种重大的变化，以及基督教就在同一个时代里也甚至可能采取的各种不同的形式。共观福音书里所表现的基督教，几乎完全不懂得什么形而上学。在这一方面，近代美国的基督教很像原始基督教；柏拉图主义对一般美国人的思想感情是陌生的，大多数美国的基督徒也是更关心现世的责任以及日常世界的社会进步，而不是关心当人们对于尘世万念俱灰时那些能够慰藉人心的超世的希望。我并不是说教义方面的任何变化，而是说重点与兴趣上的一种差异。一个现代的基督教徒，除非他能认识到这种差异是多么地重大，否则便不能理解以往的基督教。既然我们的研究是历史性的，我们就得探讨以往一切世纪里的有势力的信仰，而在这些问题上我们便不可能不同意印泽教长所说过的有关柏拉图与普罗提诺的影响的那些话。

然而，普罗提诺并不仅仅是具有历史上的重要性而已。他要比任何其他的哲学家都更能代表一种重要的理论类型。一种哲学体系之是否重要，我们可以根据各种各样不同的理由来加以判断。首先而且最显著的理由就是，我们认为它可能是真的。到了今天，已经没有多少学哲学的人会觉得普罗提诺是真的了；印泽教长在这一点上是一个罕见的例外。但真实性并不是一个形而上学所能具有的唯一优点。此外，它还可以具有美，而美则是可以在普罗提诺里面找到的；普罗提诺有许多地方令人想到但丁神曲《天堂篇》中后一部分的诗篇，而几乎绝不会想到文学里任何别的东西。他一再地描述着光荣的永恒世界：

在我们精妙的幻想里，
传来了那首宁静的纯净悠扬的歌声；
永远在绿玉的宝座之前歌唱吧，
向着那坐在宝座之上的人而歌唱。

此外，一种哲学也可以是重要的，因为它很好地表达了人们在某种心情之下或某种境况之下所易于相信的东西。单纯的欢乐和忧伤并不是哲学的题材，而不如说是比较简单的那类诗歌与音乐的题材。唯有与对宇宙的思索相伴而来的那种欢乐与忧伤,才会产生出来种种形而上学的理论。一个人可以是一个快乐的悲观主义者,也可以是一个忧郁的乐观主义者。也许萨姆尔·巴特勒可以作为前一种人的一个代表;普罗提诺则可以作为后一种人的一个出色的代表。像在普罗提诺所生活的那样一个时代里,不幸是可以随时临头的;而幸福如其也可以获得的话,却必须要靠对于那些远远脱离感官印象的种种事物加以思索才能求得了。这样一种幸福之中总会有着一种紧张的成分;它与儿童的单纯幸福是迥乎不同的。而且既然它不是得自于日常生活的世界,而是得自于思想与想象;所以它就需要有一种能够轻视或者蔑视感官生活的能力。因此,凡是能享受本能的幸福的人,就不是能创造出种种形而上学的乐观主义的人;形而上学的乐观主义不同于对于超感世界的实在性的信仰。在那些在世俗的意义上是不幸的、但决心要在理论世界中寻求一种更高级的幸福的人们中间,普罗提诺占有着一个极高的地位。

他的纯理智方面的优点,是无论如何也不能加以轻视的。他曾在许多方面澄清了柏拉图的学说;他曾以最大可能的一贯性发展了由他和许多别人共同主张过的那种理论类型。他那反对唯物主义的论据是很好的;并且他关于灵魂与身体的关系的整个概念,也比柏拉图的或亚里士多德的要更加明确。他像斯宾诺莎一样,具有一种非常感人的道德纯洁性与崇高性。他永远是真诚的,从来也不尖刻或挑剔,他一贯是想要尽可能简捷明白地告诉读者他所认为是重要的东西。无论人们对于作为一个理论哲学家的普罗提诺作何想法,但是作为一个人来说,人们是不可能不爱他的。

普罗提诺对柏拉图怀有极大的敬意;他谈到柏拉图总是用尊称的"他"。一般说来,他对待"有福的古人们"总是非常尊敬的,但是这种尊敬却并不及于原子论者。当时还在活跃着的斯多阿学派和伊壁鸠鲁派是他所反对的,反对斯多阿学派仅只是由于他们的唯物主义,而伊壁鸠鲁派的哲学的每一部分他都反对。亚里士多德对他所起的作用要比表面上来得大,因为他借用亚里士多德的许多地方常常是不加声明的。另在许多论点上,我们也可以感觉出巴门尼德的影响。

普罗提诺笔下的柏拉图,并不像真实的柏拉图那样地充满了血肉。理念论、《斐多篇》和《国家篇》第六卷的神秘学说,以及《筵话篇》中关于爱情的讨论,这些就差不多构成了表现于《九章集》(这是普罗提诺著作的名字)中的全

部柏拉图。至于政治的兴趣、追求各种德行的定义、对数学的趣味、对于每个人物之戏剧性的而又多情的欣赏、而特别是柏拉图的那种风趣,则完全不见于普罗提诺的作品之中。柏拉图,正如卡莱尔所说的,"在天堂里是最能悠然自得的";反之,普罗提诺则永远是极力循规蹈矩的。

普罗提诺的形而上学是从一种神圣的三位一体,即太一、理智与灵魂,而开始的。但这三者并不是平等的,像基督教的三位一体中的三者那样;太一是至高无上的,其次是理智,最后是灵魂。太一是多少有些模糊的。太一有时候被称之为"神",有时候被称之为"善";太一超越于"有"之上,"有"是继太一而后的第一个。我们对太一不能加以任何的叙述语,我们只能说"太一存在"。(这令人想到了巴门尼德。)把"神"说成是"全"乃是错误的,因为神超越于全之上。神是通过万物而出现的。但太一是可以不假任何事物而出现的:"它既不存在于任何地方,而任何地方又都有它存在"。虽然有时候他把太一说成是"善",但他却告诉我们说,太一既先于"善"也先于"美"。有时候太一看起来很像亚里士多德的"神";他告诉我们说神并不需要自己的派生物,并且也并不关心被创造的世界。太一是不可定义的;就这一点而论,则沉默无言要比无论什么词句都有着更多的真理。

第二者普罗提诺称之为心智。我们很难找出一个英文字来表达这一概念。标准的字典翻译是"心灵",但是这并不能表示它的正确涵义,特别是当这个字用之于宗教哲学的时候。假如我们说普罗提诺把心灵置于灵魂之上,那我们就会造成一种完全错误的印象了。普罗提诺的英译者麦肯那用的是"理智—原则",但这个字也还是不妥当的,而且也并没有能提示它是适宜于宗教崇拜的一种对象。印泽教长用的是"精神",这或许是最可取的一个字了。但是这个字却漏掉了自从毕达哥拉斯以后一切希腊宗教哲学中都极重要的那种理智的成分。数学、观念世界以及关于非感觉的事物的一切思想,对毕达哥拉斯、柏拉图和普罗提诺来说,都具有着某种神圣的成分;它们构成了心智的活动,或者至少也是我们所能想象的最接近于心智的活动的东西。正是由于柏拉图的宗教里的这种理智的成分,才使得基督教徒——最突出的是约翰福音的作者——把基督等同于"道"。就这方面而论,则"道"应该译作"理性";这便使我们不能用"理性"这个字

来译心智了。我愿意跟着印泽教长用"精神"这个字，但附有一个条件即心智具有着一种理智的含义，那是通常为我们理解的"精神"所没有的。但我将经常使用心智这个字而不加以翻译。普罗提诺告诉人们说，心智是太一的影子；它之所以产生是因为太一在其自我追求之中必须有所见，这种见就是心智。这是一个很难理解的概念。普罗提诺说过，一个并不具有各个部分的"有"也可以认识其自身；在这种情形下，见者与被见者就是同一个东西。神是被柏拉图类比作太阳而加以想象的，而在神里面发光者与被照亮的东西就是同一个东西。按照这种类比来推论，则心智可以认为是太一看见其自身时所依恃的光明。我们有可能认识到我们由于固执己见而已经忘记了的"神圣的心灵"。要想认识神圣的心灵，我们就必须趁着我们自己的灵魂最与神相似的时刻，来研究我们自己的灵魂：我们必须撇开我们的肉体，以及塑造肉体的那一部分灵魂，以及"具有欲望与冲动和种种类似的虚幻无用的感觉"；这时剩下来的就是神圣的理智的影子了。

"那些被神明所充满、所鼓舞的人们至少具有一种知识，即他们身中有着某些更伟大的东西，虽说他们并不知道那些东西是什么；从推动着他们的运动里以及他们所发出的言论里，他们看到的并不是他们自身而是那推动着他们在运动的力量；因此当我们把握住纯粹心智的时候，我们对至高无上者的关系也必定是处于同样的状态；我们知道内在的神圣的心灵，是它创造了有以及属于有的其他一切；但是我们也知道还有另外的东西，知道它完全不属于有，而是一种比我们所知道的有关有的一切要更加高贵得多的一种原则；要更加完满得多，也更加伟大得多；它超乎于理智、心灵和感情之上；是它赋予了这些力量的，但绝不可把它和这些力量混为一谈"。这样，当我们"被神明所充满、所鼓舞"的时候，我们就不仅见到了心智，而且也见到了太一。当我们与神明这样相接触的时候，我们并不能以文字来推论或者以文字来表达这种所见；这些都是以后的事。"在与神明相接触的那一瞬间，是没有任何力量来做任何肯定的；那时候没有工夫这样做；根据所见来进行推理，乃是以后的事。我们只知道当灵魂突然之间被照亮了的时候，我们便具有了这种所见。这种光亮是从至高无上者那里来的，这种光亮就是至高无上者；当他像另一个神那样受到某一个人的呼吁而带着光亮来临的时候，我们就可以相信他在面前；光亮就是他来临的证据。这样，没有被照亮的灵

魂就始终没有那种所见；但是一旦被照亮之后，灵魂便具有了它所追求的东西。而这就是摆在灵魂之前的真正的目的：把握住那种光明，以至高无上者（而不是以任何其他原则的光明）来窥见至高无上者，——窥见那个其自身同时也就是获得这种所见的方法的至高无上者；因为照亮了灵魂的正是灵魂所要窥见的，正犹如唯有凭借着太阳自身的光明我们才能看到太阳一样。"

然而这要怎样才能成就呢？"要摒弃万事万物""天人感通"（在一个人的体外）的经验曾屡次地临到过普罗提诺：这曾发生过许多次：摆脱了自己的身体而升入于自我之中；这时期他一切都成了身外之物而只潜心于自我；于是我便窥见了一种神奇的美；这时候我便愈加确定与最崇高的境界合为一体；体现最崇高的生命，与神明合而为一；一旦达到了那种活动之后，我便安心于其中；理智之中凡是小于至高无上者的，无论是什么我都凌越于其上：然而随后出现了由理智活动下降到推理的时刻，经过了这一番在神明中的遨游之后，我就问我自己，我此刻的下降是怎么回事，灵魂是怎样进入了我的身体之中的，——灵魂即使是在身体之内，也表明了它自身是高尚的东西。这就把我们带到了三位一体之中的第三个成员而且是最低下的成员，即灵魂。灵魂虽然低于心智，但它却是一切生物的创造者；它创造了日、月、星辰以及整个可见的世界。它是"神智"的产物。它是双重的：有一种专对心智的内在的灵魂，另有一种对外界的灵魂。后一种灵魂是和一种向下的运动联系在一片的，在这种向下的运动里"灵魂"便产生了它的影象，——那便是自然以及感觉世界。斯多阿学派曾把自然等同于神，但普罗提诺则把自然视为是最低级的领域，是当灵魂忘却了向上仰望心智时从它里面流溢出来的某种东西。诺斯替派的观点，即可见的世界是罪恶的，可能就是受了它的启发，但是普罗提诺本人并没有采取这种观点。可见的世界是美丽的，并且是有福的精灵的住所；它的美好仅次于理智世界。在一篇论述诺斯替派见解（宇宙极其创造者是罪恶的）的非常有趣的争论性文章里，他承认诺斯替派的学说有些部分，例如对物质的憎恨，是可以推源于柏拉图的；但他认为凡是其他那些并非来自于柏拉图的部分，都不是真的。

他对诺斯替主义的反驳有两种。一方面，他说灵魂创造物质世界的时候，乃是由于对神明的记忆所使然，而并不是因为它堕落了的缘故；他认为感觉世界是

美好得正如一个可感世界所可能的那样。他强烈地感到，被感官所知觉的事物乃是美丽的：凡是真正知觉到了理智世界的和谐的人，只要是有一点音乐感的话，谁能不感到可感的声音之中的和谐呢？哪一位几何学家或算学家能不欣赏我们在可见的事物中所观察到的对称、对应与秩序的原则呢？想一想绘画的情形吧：凡是以肉体的感官看见了绘画艺术的作品的人，绝不是以唯一的一种方式在看见这件东西的；他们从眼前被勾画出来的事物里面认识到了深藏在理念之中的事物的表现，因而深深地被感动，并这样被唤起了对于真理的回忆——这正是"爱"所由以产生的经验。如果卓越地再现于一个面容上的美的形象，能把心灵催向那另外的一个境域里去；那么凡是看见了这些在感觉世界中处处都在洋溢着的可爱形象的人——这种巨大的秩序井然，就连遥远的星辰也都在体现着的这种形式——当然就不会有一个人是如此之冥顽不灵、如此之无动于衷，竟被这一切带入到回想之境，竟在想到从那种伟大之中所发出来的如此伟大的这一切时，而被敬畏之情所充满了的。凡是不能领会这些的，就只能是既不曾探测过这个世界，也不曾对于另一个世界有过任何的所见。

此外，反驳诺斯替派见解的还有另一种理由。诺斯替派认为，一切神明的东西都不与日、月、星辰相联系；日、月、星辰乃是被一种罪恶的精灵所创造出来的。在一切可以知觉得到的事物之中，唯有人的灵魂是多少具有一些善的。但是普罗提诺则深信天体乃是与神明相似的某些生物的身体，并且无可比拟地要优越于人类。按照诺斯替派的说法，"他们宣称他们自身的灵魂，即人类的最渺小的灵魂，乃是神明的、不朽的；但是整个的天体以及天上的星辰却与'不朽原则'并没有任何相通之处，尽管这些比起他们自己的灵魂来要更加纯洁得多、可爱得多"。普罗提诺的观点以《蒂迈欧篇》的权威为其依据，并且这种观点曾被某些基督教的教父（例如欧利根）所采用。它对人们的想象是具有吸引力的；它表达了天体自然而然所激起的感情，并且使得人类在物理世界之中也并不那么太孤零。大约在公元500年，一部新柏拉图学派的著作集在西欧流传，这个集子被认为是使徒保罗在1世纪时的一位名叫狄奥尼修斯的弟子所作。他是古希腊雅典最高法院的法官。然而，因为这些著作收录了由较晚的思想家普罗克洛所发挥的思想，学者们现在认为这些论文大概写于接近公元500年的叙利亚，而作者用的是

一个化名。因此，这些著作的作者被冠以"伪狄奥尼修斯"这个名字。伪狄奥尼修斯的论文试图系统地把基督教思想与新柏拉图学派联系起来。这些著作由《神圣名称》、《天国等级》、《教会等级》、《神秘神学》以及《书信十札》所组成。它们频频被译成拉丁文，而且有人为它们写了一些评注。在整个中世纪，伪狄奥尼修斯的影响是非常大的。关注完全不同的问题的哲学家和神学家们相当大量地使用了他的著作。神秘主义者对他关于存在物之等级的精巧理论大加利用，因为它为描述灵魂上升到上帝的过程提供了丰富的思想资源。阿奎那说明巨大的存在之链以及人类与上帝之间的类比关系时也运用了他的理论。最重要的是，他是最有力的新柏拉图学派思想来源之一，影响了对世界的起源、上帝的知识，以及恶的本性等问题的哲学思考。

伪狄奥尼修斯对世界和上帝的关系给出了一个说明，在其中他把新柏拉图学派的流溢论和基督教的创世说结合到了一起。他希望避免潜在于新柏拉图学派理论中的泛神论思想，因为新柏拉图学派认为，万物都是由上帝流溢出来的。与此同时，他又希望确立凡是存在的东西都来自上帝的思想。虽然他显然也没有认为上帝的创世活动是一种自由意志的活动的明确观念。但是伪狄奥尼修斯仍然论证说：世界是上帝天意的产物。上帝在他自己和人类之间设置了一个存在物的实质性的阶梯或等级，这些阶梯或等级被称为天使。从存在物的最低等级到最高等级——上帝处在顶峰——有各种存在的等级。因为这种连续的存在阶梯或链条，伪狄奥尼修斯确实接近于泛神论和一元论了。他有时把这种阶梯描述为一束光线，他还以此来反对关于事物的多元论观点。上帝是所有被造物的目标，他以他的善和他所激起的爱把万物吸引到他自身那里去。

伪狄奥尼修斯认为，人们可以以两种方式达到对上帝的知识：一种是肯定的方式，一种是否定的方式。当人们采用肯定的方式时，把通过研究被造物所发现的所有完满的属性归之于上帝。人们可以把善、光、存在、统一、智慧以及生命这些名目给予神圣的东西。伪狄奥尼修斯认为，在一种十分严格的意义上，这些属性是存在于上帝之中的，因为上帝毫无疑问就是善，是生命，是智慧，等等。与之相比，人类只能在较低的程度上具有这些属性。但不管怎么说，上帝毕竟是

更像人而不是更像比如石头那样的东西，因为对石头人们不能说它是善的、智慧的和有生命的。

虽然我们确实可以通过肯定的方式获得关于上帝的知识，但是伪狄奥尼修斯认为，否定的方式更为重要。伪狄奥尼修斯意识到：人们不可避免地会提出关于上帝的拟人化的观点，因此他着手从上帝那里除去所有被造物的属性。在他看来，很显然，上帝的特点正在于他没有有限被造物的那些属性。他一步一步地从上帝的概念中除去我们用来言说被造物的一切东西。以否定的方式，人们通过否定那些最不可能和上帝相容的东西——比如"迷醉和狂怒"——来考察上帝的本性。然后我们通过"排除"的方法，把各种范畴的属性从上帝的概念中除去。因为人们所知道的一切都是属于被造物世界的，所以"排除"的否定性方法，不是把人们引向一个关于上帝的清晰的概念，而是仅仅引向一种"无知的黑暗"。这种方法的唯一的肯定方面是：它能够确保人们知道上帝不是什么样子。因为上帝绝不是对象，那他就是超越于可知事物的。这种观点对后来的神秘主义者有很大的影响，这些神秘主义者相信，当人上升到接近上帝时，人类通常形式的知识就被过强的上帝之光所造成的失明所湮灭。

根据新柏拉图学派的思想，伪狄奥尼修斯否认恶的积极的存在。如果恶是某种积极的东西，有某种实体性的存在，人们就会被迫沿着它追溯到上帝，把上帝当作恶的原因，因为所有的存在物都源自上帝。对于伪狄奥尼修斯来说，存在和善是一个意思，因为凡是存在的东西都是善的，而且如果某物是善的，它显然首先必须存在。在上帝之中，善和存在是完全同一的，因此，凡是来自上帝的东西都是善的。但是，这种说法的推论，即恶和非存在是同义的并非必然为真，不过，存在的缺乏会造成恶，因为它意味着善的缺乏。恶人在他们拥有积极存在的所有意义上都是善的，只是在不论哪方面缺乏某种形式的存在的情况下才是恶的，特别是在运用他们意志的过程中。在物质自然中，丑陋和疾病被称为恶和道德领域里的行为被称为恶都是出于同样的理由，即，它们在形式上有缺陷或者缺乏某种存在。失明是光的缺乏，而非某种恶的力量的出现。

新柏拉图学派哲学的代表者，还有他的学生养布力科及叙利亚人普罗克洛、

罗马人贝提奥等。其中，普罗克洛先在亚历山大里亚学习，后投师到雅典柏拉图学园，曾任该校校长。他的哲学著作主要是对柏拉图作品的注释，尤以对《蒂迈欧》篇的注释最为著名，留传至今的著作有《神学要旨》和《柏拉图神学》。

公元529年，普罗克洛死后不到五十年，信奉基督教的罗马皇帝查士丁尼便将雅典的所有哲学学校都关闭。这一事件标志着新柏拉图学派的终结，也标志着整个古希腊哲学的历史终结。

中世纪哲学

中世纪哲学指的是欧洲5世纪至15世纪的哲学。5世纪后，西罗马帝国逐渐瓦解，欧洲向封建社会过渡。在日耳曼人征服罗马的过程中，基督教得到了保全，它成为中世纪封建社会占统治地位的意识形态。哲学和科学成了基督教神学的婢女或工具。神与人、天国与世俗、信仰与理性的关系问题是中世纪哲学探讨的主要问题。

中世纪哲学大致分为三个时期：早期中世纪哲学时间大约在公元400年至1000年；中期中世纪哲学时间大约在公元1000年至1300年，是经院哲学的全盛时期；晚期中世纪哲学时间大约在公元1300年至1500年，是经院哲学的衰落时期。

早期中世纪哲学

一、奥古斯丁与宗教哲学

奥古斯丁（354—430）生于当时罗马帝国统治的北非努米底亚省塔加斯特人。他曾是摩尼教的信徒，后来改信基督教。他曾在罗马、米兰等地研究和讲习神学。大约在40岁时，做了北非希坡教区的主教，一直到死。他的著作很多，主要有《忏悔录》、《上帝之城》、《教义手册》等。奥古斯丁在神学上的主要贡献是阐发和论证神学，使基督教神学趋于完善和系统化，以巩固教会在奴隶社会唯一独尊的地位。

（一）奥古斯丁的理性神学

奥古斯丁的神学世界观涉及上帝创世、三位一体、原罪、救赎等基本的神学理论。上帝创世说是他首先着重说明的神学信条。世界是从哪里来的？古希腊的一个传统思想是"无不能生有"。奥古斯丁则引证圣经，相信上帝在六天之中完成了从无到有的创造。但他又力求对上帝的创造作出理论的论证。他利用新柏拉图主义关于"从神流溢一切"的观点论证创世说，认为神包含一切，也产生一切，从神中首先流出的是万物的原型（理念），在时间的历程里，理念便实在化为万物。奥古斯丁还认为，时间并不是永恒的，而是有开始的。上帝在创造世界之前并没有时间，上帝创造世界时也创造了时间。时间和被创造的物质是同在

的，既然时间是有开端的，那么物质世界就是有开端的。在物质和时间之前是无，所以上帝在无中创造了世界。并且，由于时间和物质是有开端的，因此，它们就是有限的，那么在有限之外的上帝，必定是无限的、永恒的。这里的时间有开端的思想，是普罗提诺的思想，奥古斯丁试图用普罗提诺的哲学来证明神学教条，这是他的一个基本论证方法。奥古斯丁在这里假定了上帝的存在，上帝的超时间性和创造力，这个前提本身恰恰是不能成立的，荒谬的。然而，奥古斯丁在关于时间的论述里，提出了时间的相对性、时间和物质相联系等思想，这是具有一定的启发意义的。

奥古斯丁

奥古斯丁还具体地论述了三位一体学说。他说："父、子、圣灵，各位都是完全的，所以它是三位一体，而不是三重。"奥古斯丁特别强调，这种神性的三位一体与感性事物是截然不同的。在现实事物中，一件事物并不像三件事物一样多，而二件事物比一件事物多；但在至高的三位一体中，一位等于三位，而且它们本身是无限的。因此，各位在各位里面，大家在各位里面，各位在大家里面，大家在大家里面，并且大家合而为一。这样，奥古斯丁就论证了所谓三位的合一性和平等性。合一性和平等性说明了神的唯一性，同时又是无所不在的。三位一体是基督教的根本教义之一，其中包含了明显的自相矛盾。对此他说，三位一体"这若不能由理解把握着，就要用信仰怀抱着"。

罪恶问题也是奥古斯丁神学理论的一个重点问题。他认为，人类原初就具有一种罪恶的本性。在《忏悔录》中，他用自己的经验证明了这种罪恶本性的必然性和普遍性。他举例说，有一次，他的同伙伴偷了邻居的梨子，他追忆这次偷窃的动机，他家里本来有梨，而且更好吃；他偷来的梨不是要吃它，而是拿去喂了猪。这说明偷窃不是为了一种需要和享受，而是出于纯粹的堕落和罪恶。他说："罪恶是丑陋的，我们却爱它，我们爱堕落，我们爱我们的缺点，不是爱缺点的根源，而是爱缺点本身。"

奥古斯丁竭力证明人具有犯罪的本性，目的在于贬低人和抬高神。

奥古斯丁还从人的本性有罪出发，论述了他的神学自由观。他认为人是自由的，但人的自由具有二重性，人可以向善，也可以向恶。人类之初本来可以选择永恒的、神圣的自由，但他们没有选择，而是自由地选择了犯罪。自由战胜罪恶，人成了自由的奴隶，这不是真正的自由。真正的自由是神的自由。这种自由是舍感性而向善，趋向至善和神，这是快乐的。这种自由也受制于上帝对克服物欲的要求，但受制也是快乐。用追求上帝的善良愿望，克服人的自由意志，用崇敬上帝的约制，克服人的物质欲望，并达到自觉，这就是他的神学自由观。

奥古斯丁的原罪理论是其论证救赎的出发点。他认为，人既然有了罪，才使救赎成为可能。上帝具有善的本性，希望一切都善，所以上帝给人恩典，使人受神恩而得救。然而，人的得救有个条件，就是要完全克服肉

奥古斯丁忏悔录

欲，一心向善。奥古斯丁认为，救赎的过程，是精神克服物欲，把它升华而神化的过程，精神的神化不是由于人的主动性，而是神的感召。这样，奥古斯丁就把上帝的"道成肉身"，派基督来救人类的宗教说教，代之以精神克服物质、神性克服人性的理论，把宗教教义变成了神学思辨。

奥古斯丁还提出了预定论和命定论。预定论是说，谁可以得福，谁可以得祸，谁可以得救，谁可以毁灭，都是上帝预先安排的，是永恒的决定。预定论说明了上帝的先见之明。人本来是可以选择善的。但他在没有任何强迫的条件下，作了恶的选择，因此他的被罚是必定的。上帝的预定，决定了尘世的命定。人要安心从命，这是神意，不会有差错，也不可违抗。

奥古斯丁关于创世、三位一体、原罪、自由、救赎、预定、命定等观点是一套完整的宗教哲学理论。其中，三位一体是关于神的理论，创世说是关于神和世界关系的理论，原罪、自由、救赎、预定、命定是关于人的学说。他的神学理论的基本精神是，人应"爱上帝，鄙视自己"。这样他就给带着地上王国的锁链的奴隶们的脖子又加上了一条天上王国的锁链。

（二）奥古斯丁认为信仰高于理性

奥古斯丁从维护信仰出发，提出不但要诉诸权威，还要理解我们所相信的东西，这就提出了对神的存在的认识问题。在《忏悔录》中，他讲了达到认识"存在的本体"的认识过程。

从肉体到达凭借肉体而感觉的灵魂，进而是灵魂接收器官传递外来印象的内在力量，也是禽兽所具有的最高感性。更进一步，便是辨别器官所获得印象的判断力；但这判断力也自认变易不定。因此即达到理性本身，理性提挈我们的思想清除积习的牵缠，摆脱了彼此矛盾的种种想象，找寻到理性所以能毫不迟疑肯定不变优于可变，是受那一种光明的照耀……最后在惊心动魄的一瞥中，得见"存在本体"。这时我们才懂得"你形而上的神性，如何能凭所造之物而辨认洞见"。

奥古斯丁对认识过程所作的上述描写，实际上就是普罗提诺的净化灵魂、理性沉思和"出神"的认识理论，只不过奥古斯丁更强调"神性"在认识中的作用，具有更多的宗教味道罢了。

奥古斯丁竭力用哲学、理性来证明信仰的合理性，而当信仰和理性发生矛盾时，他宁肯抬高信仰而贬斥理性。在他看来，要认识首先就必须信仰，不信仰就不能理解，信仰高于理性，理性只在于加强信仰。他说，"我们当以信仰来开始我们所愿意了解的重要神学问题"。把信仰当成知识、行动的出发点和归宿，把《圣经》当成真理的标准，用对上帝的"信、望、爱"来反对对神的怀疑，这是以奥古斯丁为代表的神学家关于认识论问题的最终归宿。

（三）奥古斯丁的唯神史观

奥古斯丁的神学理论被用来说明社会历史的发展，形成了他的神学历史哲学。奥古斯丁在《上帝之城》一书里，把社会成员分为两个部分，一部分是上帝的信徒，要建立一个上帝之城；一部分是魔鬼的信徒，建立的是世上之城。神和魔鬼要进行一场激烈的斗争，神战胜魔鬼，基督二次降临，建立起上帝的国度。

奥古斯丁与魔鬼辩论《圣经》

奥古斯丁在这里把这社会现实的矛盾，归结为人和神的矛盾，认为人不能自己解决自己的问题，人的问题的解决，只能靠神的力量来完成。因此，宣扬人的渺小和神的伟大、永恒、无限权力，是奥古斯丁神学历史观的核心。《上帝之城》中的唯神史观是极其荒谬的，但出现在当时的罗马帝国又是很现实的。公元4世纪末和5世纪初的罗马帝国，奴隶起义风起云涌，日耳曼民族大迁移势不可挡，罗马城曾被抢劫一空。正当罗马帝国奄奄一息之际，奥古斯丁写了《上帝之城》。他的唯神主义历史观，既表现了神学家们想用教会来延缓奴隶制覆灭的幻想，又表现了想用宗教来统治世界的野心。

奥古斯丁在《上帝之城》中还认为，上帝建立天城是一个过程，并不是说可以立即实现。在还没有建立之前，世界仍然属于世俗历史的发展时期。在这个时期，上帝对人类的罪恶实行惩罚，奴隶被奴役就是上帝的旨意。他说：

罪是奴役制度之母，是人服从人的最初原因。它的出现不是越过最高的上帝的指导，而是依照最高的上帝的指导……因此，使徒警告奴仆要顺从他们的主人，并且要愉快地、善意地服侍主人：以此为目的，如果他们不能从他们的主人那里得到自由，那他们就把他们的奴役作为自己的一种自由，不用虚惊而用忠诚的爱来服侍主人，直至公道消失，这样，一切人的暴力和国家被废除，就只有上帝是一切了。在奥古斯丁看来，奴隶制度对神来说不一定是很合适的，但对奴隶进行奴役是十分必要的。奴隶被奴役是出于罪的本性。主人奴役仆人可能不公道，但作为神对人的惩罚又是公道的。现实的被奴役是为了将来的自由，现实的被剥夺是为了取得"不能被剥夺的东西"，取得神圣的通天的证书。可见，"上帝之城"存在的必要性，是为了证明奴隶制度存在的必要性与合理性。

奥古斯丁的神学哲学广泛涉及神学世界观、神学历史观、真理、道德等问题，是教父哲学理论的系统化。他的神学思想在基督教发展史上占有十分重要的地位。奥古斯丁死后，在行将到来的欧洲封建社会里，这些理论立即被封建主阶级所接受，成为他们的思想统治工具。

二、连接古代哲学与中世纪哲学的桥梁——博伊西斯

（一）博伊西斯生平

博伊西斯（约475或480—约524或525），古罗马哲学家、政治家和音乐理论家。是欧洲中世纪开始时一位罕见的百科全书式思想家，在逻辑学、哲学、神学、数学、文学和音乐等方面都作出了卓越的贡献，有"最后一位罗马哲学家"、"经哲学第一人"、"奥古斯丁之后最伟大的拉丁教父"之称。

博伊西斯出身于古罗马贵族世家。祖父当过地方行政长官。父亲曼柳斯曾任古罗马执政官。博伊西斯年轻丧父，受到罗马显贵西马丘斯的保护和资助。后来娶西马丘斯的女儿鲁斯蒂恰娜为妻。有关博伊西斯的生平文献很少，根据史料推断，他本人早年可能在亚历山大学习，也可能去过雅典，受到正统的希腊文化教育，有渊博的学识。约在510年任东哥特王国执政官，逐渐成为国王宠臣。约于520年当上首席执政官，掌管元老院的部分事务。他的两个儿子不久也当上了执政官。据可靠史料记载，他在522年遭监禁。当时罗马政治家阿尔比纳斯犯有背叛国王罪，博伊西斯为他在元老院做辩护演说，被西奥多里克国王指控为谋反罪，在帕维亚被捕入狱，囚于附近一城堡中。两年后与阿尔比纳斯等人一起被处决。

博伊西斯

（二）博伊西斯的著作、思想及成就

博伊西斯主要以政治家和哲学家留名青史。在政治上他有过辉煌时期，死后被认为是殉道者。在哲学上他最早将亚里士多德《工具论》中的《范畴篇》和

《解释篇》等著作译为拉丁文传到西欧，还对其中一些著作做了注释，并声称要翻译并注释所有能找到的亚里士多德和柏拉图两人的著作。

博伊西斯代表作有在狱中写就的5卷本《哲学的安慰》和对希腊学者波菲利的哲学著作《导论》所作的注释。这些论著充分反映了他的宗教思想与道德哲学观点，被译为多种文字广泛流传。他的哲学是古希腊罗马哲学到中世纪经院哲学的过渡，在西方哲学史上占有重要地位。

博伊西斯基本上追随着亚里士多德的思想路线，反对柏拉图的理念论把一般看作独立存在的实体。他没有直接回答波菲利的问题，只是指出，有两种方法形成一个观念：一是任意地构造，如我们把性质根本不同的人和马结合起来，形成一个半人半马怪物的观念，这种观念是错误的；二是抽象方法，如，因为一切物体都包含着"线"，然后，我们把"线"同物体割裂开来，抽象地考虑它，这样就形成"线"的观念，这种观念是真实的。但是"线"的观念本身不是非精神的实在。他认为，我们平时的种和属的观念是后一种类型的观念。我们把个别具体的人之间的共同性抽象出来，用思想加以考察就形成了人种的观念；同理，把不同种的相似性抽象出来，就形成了属的观念。所以，种和属是无形体，它们与可感觉的事物相联系，存在于可感觉的事物之中。但如果认为种和属如同个别事物一样有形地单独存在就错了。但在思想上我们可以单独地思考它们，好比一条弧，我们可以对它形成凹线和凸线这两个观念。

博伊西斯的观点有唯物论倾向。但他没有真正弄明白，客观上一般与个别究竟怎样联系而存在。他甚至说，种和属只是人心中的观念，我们在思考种属观念时，实际并未思考任何具体东西，现实中没有东西同它们相符合。博伊西斯的观点为后来的唯名论者所继承和加以发展。

博伊西斯在逻辑学上创造了大量拉丁文术语，确定了属加种差的定义和发生定义，并试用了一些逻辑符号。他发展了命题逻辑，将假言命题分为简单的和复合的，提出了10个假言三段式（A则B，A，所以，B；A则B，非B，所以，非A，等等）。其逻辑著作对中世纪教士的训练起了支配作用。

作为古罗马学者，他的神学论著亦有一定影响。他除讨论了"三位一体"涉及的教义学说外，还对"自然"的各种含义做了详细论述，其《哲学的安慰》集中表达了他以认识神为获得至善境界,以哲学沉思为莫大安慰的思想。

近现代有关博伊西斯的研究打破了盛赞的传统,对他的论著内容、影响乃至真伪以及他个人的经历提出许多质疑,指出其知识陈旧,内容缺乏创造性等不足。不过人们还是一致肯定了他在中世纪文化中所产生的巨大影响。博伊西斯的众多著作为传播希腊罗马文化,为普及百科知识,在长达千年的历史上起了重要作用。

三、披着基督教外衣的新柏拉图主义者——爱留根纳

爱留根纳

爱留根纳(约810—877)是"加洛林朝文化复兴"时期最著名的学者,爱尔兰人,约于843年应皇帝秃头查理的邀请到巴黎讲学,后被秃头查理任命为宫廷学校的校长。他通晓希腊文,曾将伪狄奥尼修斯的著作译成拉丁文,定名为《大法官书》。他的代表作是《论自然的区分》,此外还有《论预定》等。他建立了中世纪第一个完整的哲学体系,成为这一时期独具一格的哲学家,被称为"中世纪哲学之父"。黑格尔认为,这个时期真正的哲学是从爱留根纳开始的。

(一)理性与信仰

教父哲学虽然在对待理性的态度上有不同的立场,但在信仰高于理性、理性必须服从信仰这一点上,教父们却是完全一致的。在基督教哲学的历史上,爱留根纳第一个明确地提出信仰应当服从理性。对于哲学在探求真理方面的作用,他

给予了极高的评价："为了达到真正的、完善的知识，最勤奋、最可靠地探求万物的终极原因的途径就在于希腊人称为哲学的那门学科之中"。爱留根纳并不否认圣经和教父们的权威，但他认为对圣经只能作讽喻的解释，例如把圣父理解为创造的实体，理解为一切事物的本质性，把圣子理解为上帝创造万物所遵从的理智，把圣灵理解为创造的生命或生命力，这样才能把上帝理解为三位一体。理性和启示都是真理的来源，具有同等的权威，因而是不能互相矛盾的。爱留根纳重申了教父哲学的命题"真哲学就是真宗教，真宗教就是真哲学"，但把强调的重心移向了哲学和理性。如果哲学与宗教、理性与信仰之间出现了矛盾，我们就应当服从理性。"即使权威产生自真正的理性，但反过来说，真正的理性从不产生自权威。因此，一切权威，只要它没有被理性确证，就是相当软弱的，真正的理性依靠其内在的威力不需要任何权威的支持"。

当然，爱留根纳的目的并不在于否定信仰，而在于使信仰具有理性，使信仰与理性取得一致。但他推崇理性、推崇思维的精神，在整个基督教哲学中却是难能可贵的。

（二）论自然的区分

关于自然的区分的思想是爱留根纳全部哲学思想的核心。在《论自然的区分》一书中，爱留根纳一开始就对"自然"作出了规定。"自然是一般名称，指的是全体存在的与不存在的"，是"心灵所能了解的或者超越心灵力量所能及的全部事物"。显然，这里的自然是一个包罗万象的最广泛的概念。爱留根纳首先区分了四种自然：

一是创造而非被创造的自然，它包括存在和不存在的一切的原因，指的就是上帝。

二是被创造又能创造的自然，它是众多的创造的原因，指的是存在于上帝之中的诸理念，其统一就是逻各斯。

三是被创造而不能创造的自然，它是由于在时间和空间中产生出来而被认识的，指的是世界上的万事万物，是上帝理念的表现。

四是不创造又不被创造的自然，作为一切事物的终极目的，指的仍是上帝。

这样，万物产生自上帝，又复归于上帝。上帝创造万物，无非是说上帝现存于万物之中，上帝是一切存在的本质。整个自然在上帝这里达到了统一。这种思想无疑为后世的泛神论洞开了门户。

（三）存在与不存在

在爱留根纳的自然包括所有的存在与不存在。为了更深入地理解自然，爱留根纳又提出了五种区分存在与不存在的方式。

第一种方式：理性以它为根据，要求一切可以清晰辨认的或超越感觉的，都可以隶属于存在的范围，而与此相反，那存在由于本性卓绝，不仅超于物质即感性之外，而且超于纯思维以及理性之外，却又表现为不存在。所以，一方面，上帝是包罗万象的存在；另一方面，就上帝超越理性来说，他又是不存在。事物就我们能够认识其属性而言，是存在；就我们对它们是什么以及为什么存在毫无所知而言，它们又是不存在。

第二种方式：作为物质世界和每一区分的界限的每一个层次，连同它的紧接的较低层次，都可以通过令人惊奇的理解方式，视为存在和非存在。对某一层次的肯定，就是对另一层次的否定；反过来也是一样。肯定人是有理性的、有死的、可以看见的创造物，就是否定天使是这样的创造物；肯定天使是在上帝和事物的原因范围里边的真实的思维运动，就是否定人具有这样的思维运动。

第三种方式：凡是根据在时间和空间里产生出来被形成了的物质原因本身而被认识的，习惯上被称之为存在；反之，凡是仍然内含于自然深处，尚未成为被形成的物质，或者还不在时间和空间里，并且还没有由于某种机会成为可见的，习惯上被称之为不存在。实现了的原因作为可见的现实就是存在，隐蔽的、尚未实现的原因则是不存在。但原因总是要表现为结果的，因而不存在总是要向存在转化的。正是由这种原因和结果构成了这整个世界的系列。

第四种方式：只有凭纯思维认识的，才是真正的存在；相反，那些通过产生、通过物质在时间和空间中的运动而延伸或收缩从而变化着、凝聚着或分解着的东西，只能说实际是不存在，这种看法适用于能够发生、也能够消灭的一切形体。常住不变的就是存在，变化的就是不存在。而只有常住不变的才是纯思维的

对象，因此纯思维认识的才是真正的存在。

第五种方式：人是上帝按照自己的形象创造出来的。人犯了罪，从而背弃了上帝，背弃了上帝赋予自己的形象，丧失了自己的存在，就成为不存在。但当人被引导恢复了先前的存在状态，就又恢复了存在。这也就意味着，符合自身理念的就是存在，不符合理念的就是不存在。

爱留根纳区分存在与不存在的五种方式，渗透着古希腊哲学的精神。尤其是巴门尼德、柏拉图和亚里士多德等人的思想，显然对他都有着巨大的影响。与此同时，他的存在学说又是为他的上帝观服务的。上帝以及理念是万物的本质、原因和范型，只有上帝才是真正的存在。但另一方面，人们又只能通过上帝的创造物来认识上帝，因而上帝又是不存在。上帝是绝对不可理解的，甚至上帝也不理解自己。尽管如此，爱留根纳把存在与不存在视为辩证的统一，视为一个运动、互相转化的过程，显示了较高的思辨水平，其中包含着不少合理的思想。

（四）人的获救

在爱留根纳关于存在的学说中，人是一种特殊的存在。人是上帝按照自己的形象创造的，上帝在创造人的同时，把一切事物的观念也置放在人的心中。因此，人自身就是一个小世界。人由于犯罪而失去了自己的存在，成为不存在，但人也可以通过恢复先前的状态而重获存在。所谓天堂和地狱，都不是具体的地点，都只不过是人的心灵状态罢了。地狱是因犯罪而感到的痛苦，而天堂则是因德行而感到的幸福。由此出发，爱留根纳又重复了奥里根的观点：一切存在都是不死的，最终都将回归到创造者上帝那里，甚至魔鬼也可以得救，只不过时间上稍迟一些而已。恩格斯在谈到爱留根纳的哲学思想时说道："他的学说在当时来说是特别大胆的；他否定'永恒的诅咒'，甚至对于魔鬼也如此主张，因而十分接近泛神论"。

在基督教思想占统治地位的年代里，爱留根纳哲学中的自由思想无疑洋溢着一股清新的气息，这也使它不容于教会正统。他的著作曾受到855年和859年两次宗教会议的谴责，后世的教皇霍诺留斯甚至下令焚毁《论自然的区分》的全部抄本。865年，教皇尼古拉一世要求秃头查理或者将爱留根纳交付罗马接受审判，或者将他逐出宫廷学校。只是由于秃头查理的庇护，爱留根纳才幸免于难。但在秃头查理于877年去世后，爱留根纳就不知所踪了。传说他作为修道院长被修士们谋杀。

中期中世纪哲学

一、经院哲学的产生与发展

经院哲学产生于11世纪至14世纪查理曼帝国的宫廷学校及欧洲基督教的大修道院和附属学校，因为教师和学者被称为经院学者（经师），故取名经院哲学。

经院哲学是与宗教神学相结合的唯心主义哲学，属于欧洲中世纪特有的哲学形态。它是运用理性形式，通过抽象的、烦琐的辩证方法论证基督教信仰、为宗教神学服务的思辨哲学。

经院哲学的基本内容并不限于共相是否真实存在的问题，还有神的存在的证明、神的本性及属性问题。这实际上是理性对宗教信仰如何说明，关系如何的问题。安瑟尔谟在论述真理时认为：任何真实的东西都依靠真理而存在，一切实在都超越个体，个体只是更高的真实的表象。安瑟尔谟由他的知识论出发，提出了对神的本体论证明：人从理性得出真、善、美的观念，这些观念就是它们存在的证据。同样，人有神的观念，便表明神的实际存在，否则人不可能有此观念。安瑟尔谟认为这个论证的真实性不是以客观为检验标准，而是以由神光照而得的知识来证明。安瑟尔谟不是从客观存在的物出发，而从宗教信仰出发，是认识论上的唯心主义。

11世纪后，亚里士多德哲学著作与阿拉伯哲学传入西欧，各种基督教异端思想兴起，迫使经院哲学家致力维护基督教信仰，为此需要系统整理基督教教义，并将其置于一定程度的理性基础之上。由此产生了一批以辩证方法论证神学信条的著作，其中最著名的是12世纪上半叶的伦巴德人彼得编纂的《四书》四

卷，内容分为神、创世、道成肉身和救赎、教会七项圣事。它成为中世纪后期神学教科书。

13世纪下半叶，托马斯·阿奎那力求调和流行的亚里士多德哲学与基督教信仰。当时，伊本·路西德哲学的追随者运用亚里士多德《物理学》中的运动学说反对基督教的神的观念与创世说。托马斯·阿奎那则运用亚里士多德解释运动的四因说维护基督教神学。他把亚里士多德用以指物质的"质料"解释为形而上学的"存在"、"实体"；把运动的概念凝固于"存在"之中。他还把亚里士多德关于潜能与现实、形式和质料的学说，改造为基督教神学中的目的论，宣称一切都是神意的安排。他把亚里士多德提出的宇宙运动根源的第一推动者解释为神。同时，他又承认世界的统一性、感官为知识来源，认为理性虽从属于信仰，但有其自身的领域。这一观点与奥古斯丁的思想不同，受到奥古斯丁派神学家的攻击。

在反对哲学理性主义的基督教神学家之中，J.邓斯·司各特认为思维的基本对象是存在，而神是最高的存在，神的基本属性是无限、全智、全能、全善。人的知识既有赖于感官经验，对神便无法论证，只能凭信仰推论而确立。另一方面，他的神学体系中，人占有重要地位。人的灵魂被赋予理性、智能的基本属性，从而强调人的意志与自由，但这种意志与自由应以追求神的全善为目的。他虽反对哲学理性主义，但思想与思维方式仍深受亚里士多德哲学的影响。

二、实在论与唯名论的争论

经院哲学家将正反两面的理由或意见列举出来，然后加以分析，得出结论。当时称这种方法为辩证法。人们利用这种方法阐述各自的观点，围绕共相与个别，信仰与理性的关系展开了长期的争论，形成了唯名论与实在论两大派别。

（一）奥多和威廉姆的极端实在论

实在论者认为，例如，"人"存在，但是它存在于许多人之中。这种形式的实在论为什么会显得如此重要？我们在奥多的著作中找到了答案。

奥多是一位著名的思想家，他曾任教于图尔的天主教经院。该经院建立在圣·马丁修道院中。奥多是坎布雷的主教，1113年死于安钦修道院。在他看来，实在论是某种传统神学教义的基础。例如，根据他的说法，原罪说要求对人的本性进行实在论的描述。实在论认为，存在着某种普遍的实体，它被包含在某一物种的每一个成员之中。他说，如果我们想准确理解人类本性的状况，我们就必须认识到：在亚当和夏娃的罪中，"人"的普遍实体被感染，以致所有的后代都继承了他们行为的后果。如果我们否认实在论，那么亚当夏娃所做的事就会仅仅属于他们自己，如果情况是这样，那么原罪概念所具有的力量就会丧失。

坎布雷的主教奥多

另一个极端的实在论者是威廉姆·香浦（1070—1121），他详细论述了两种不同的观点。起初，在他的同一性理论中，他认为，共相在它的所有成员中都是同一的，比如说"人"这个共相，在所有的人中是同一的。这个共相的全部实在性都包含在每一个人之中。区分珍妮和约翰的东西只不过是他们的本质或实体的次一级的或偶然的变形。阿伯拉尔（1079—1142）对这条推理路线加以嘲笑说，如果每个人都是整个"人"的种，那么"人"也就存在于罗马的苏格拉底和雅典的柏拉图之中了。如果苏格拉底出现在凡是有"人"的本质的地方，而"人"的本质既在罗马又在雅典，那么苏格拉底就必须既在罗马同时又在雅典。阿伯拉尔说，这不仅荒谬，而且还导致泛神论。由于这种以及别的批评，威廉姆被迫采取了第二种理论，也就是"不区分论"，也就是一种反实在论的观点。根据他的新观点，一个物种的许多个体之所以是同种东西，不是由于它们的共同本质，而是因为在某些方面它们并无区别，也就是说它们"不显区分"。

（二）洛色林的唯名论

对极端实在论的一个最难以对付的批评是洛色林的批评。他出生在法国贡比涅，曾到英国、罗马以及图尔去游历。他在塔谢、贡比涅以及贝桑松任过教，是阿伯拉尔的老师。

洛色林的核心论点是：自然中只存在个体事物，类概念不是实在的事物。像"人"这样的类概念并不指示任何东西，它只是一个词或一个名称，由字母所组成而且表现为一种声音的传播，所以，只不过是空气而已。由于这个原因，关于共相的讨论成了关于语词而不是关于实在事物的讨论。洛色林希望从他的论证中引出一些明显的结论，尤其是三位一体中的三个位格是三个相互分离的存在，他们所共有的是一个词而非任何真正实质性的东西，因而他们可以被看成是三个神。因为这些观点，他被1092年举行的索松宗教会议指控犯了三神论的错误。当受到被革出教会的威胁时，他否认了这一学说。尽管这样，洛色林在关于共相问题的历史中仍起到了至关重要的作用。特别重要的是，他拒斥极端实在论，拒斥把共相变成一个事物的企图。

洛色林

（三）阿伯拉尔的概念论或温和实在论

洛色林在他的唯名论中似乎和另一方在实在论中一样，也是在走极端。这两者都属于极端的观点。阿伯拉尔所提出的观点则是力图避免这两种极端。1079年，他出生在巴莱的一个军人家庭。在他动荡的一生中，他和他的老师进行争论，和爱洛伊丝有过一段有名的罗曼史，他是布列塔尼修道院的院长，在巴黎则是一个著名的讲师，因为他的学说而受到英诺森二世的谴责，最后在克吕尼隐居，并于1142年在那里去世。

阿伯拉尔认为，普遍性必须首先归于语词。当一个词被用于许多个体时它就是一个共相。"苏格拉底"这个词不是共相，因为它只能用于一个人。而"人"这个词是共相，因为它可以用于所有的人。阿伯拉尔说，一个普遍性名词的功能在于它以特殊的方式指称个别事物。于是问题就在于：我们是如何构想出这些普遍性名词的？阿伯拉尔对此的回答是：一定的个体事物，由于它们存在的方式，使得任何观察到它们的人都会认为在所有这些个体事物中有某种相似性。这种所谓的相似性不是实在论者称之为"本质"或"实体"的东西，它的意义仅仅在于：事物在这些相似的方面是一致的。我们既看它，也思考它或理解它。和眼睛不同，眼睛需要对象，而我们的心灵并不需要一个物质对象，因为它

阿伯拉尔

能够形成概念。因此，我们的心灵有做两件事的能力，其中一件就是形成关于个别事物的概念，比如"柏拉图"或"苏格拉底"，另一件就是形成共相的概念，比如"人"。关于个体事物的概念是清晰的，而关于共相的概念是模糊的。即使我们事实上知道共相指的是什么，我们也不可能清晰地把注意力集中在共相的精确意义上。作为心灵的概念，共相是和个体可感事物分离而存在的。但是作为被用于那些个体事物的语词，它们仅仅存在于这些物体之中。同一个词能够同时被用于好些个体，是因为每个个体已经以这样一种方式存在，使得它和别的与它相似的个体能够以同样的方式被设想。因此，共相是从个体中抽象出来的。这种抽象的过程告诉我们应当如何理解共相，却没有告诉我们共相是如何实存的。只要我们从事物中抽象出那些它们确实具有的属性，我们就恰当地理解了事物。因此阿伯拉尔得出结论说，共相是一个语词和概念，它代表了某种为该概念提供依据的实在。这依据指的是类似的事物存在并触动我们心灵的方式。就此而言，共相有一个客观的基础，但这个基础不是像实在论者所认为的那样是某种像事物一样实在的东西。阿伯拉尔也不同意极端唯名论者所说的，共相仅仅是一个没有客观依据的主观的观念或语词。阿伯拉尔关于共相的理论战胜了极端实在论和极端唯名论，赢得了时人的赞同。

（四）安瑟尔谟的神的本体论

经院哲学的基本内容并不限于共相是否真实存在的问题，还有神的存在的证明、神的本性及属性问题。这实际上是理性对宗教信仰如何说明，关系如何的问题。安瑟尔谟由他的知识论出发，提出了对神的本体论证明：人从理性得出真、善、美的观念，这些观念就是它们存在的证据。

安瑟尔谟在《独白》书中试图以理性论证神的存在。他从人的生活经验出

安瑟尔谟

发,说人所希望得到的东西是他所认为好的东西,由此提出一个问题:这些东西是出自各不相同的许多原因,还是出自一个根本的至高的善?安瑟尔谟认为一切局部的善都是由于获得了至高的善之中一小部分。至善又是至大,它是最初的存在,比其他一切存在的事物都高超,这就是人们所称的神。

安瑟尔谟把辩证方法的应用限制在论证神学信条范围之内,与他同时的其他哲学家却已经把辩证方法应用于认识外在世界。他们探讨了共相与个体的关系问题。主张共相只是名词,唯有个别事物才是实体,这被称为唯名论。主张共相为实体的被称为实在论。与安瑟尔谟同时代的法兰西神甫罗瑟林是第一个唯名论者。他主张唯有个体是现实存在。圣父、圣子、圣灵三位不可能是一体,而应分别称作三个神。他还认为理性思辨离不开形体,却不知还有抽象而完全可知的对象。

三、官方哲学的最高权威——阿奎那

托马斯·阿奎那(约 1225—1274)是中世纪经院哲学的哲学家和神学家,他把理性引进神学,用"自然法则"来论证"君权神圣"说。死后也被封为天使博士或全能博士。他是自然神学最早的提倡者之一,也是托马斯哲学学派的创立者,成为天主教长期以来研究哲学的重要根据。他所撰写的最知名著作是《神学大全》。天主教教会认为他是历史上最伟大的神学家,将其评为33位教会圣师之一。

托马斯·阿奎那生于意大利的洛卡塞卡堡,该城堡是阿奎那家庭的领地。奎那家族是伦巴底望族,与教廷和神圣罗马帝国皇帝都保持着密切关系。5岁时被父母送到著名的卡西诺修道院当修童,父母希望把他培养成修道院长。1239年被革除教籍的弗里德利克二世派兵占领并关闭了卡西诺修道院,阿奎那进入那不勒斯大学学习。在这里接触到亚里士多德的形而上学、自然哲学与逻辑学著作,并于1244年加入多米尼克会。修会计划把他送到波洛尼亚的总堂深造,但在半路被他的兄弟劫回家囚禁。1245年他摆脱家庭控制,被修会送到巴黎的圣雅克修道院学习,直到1248年。

阿奎那的思想对西方哲学有重大影响,他保存并且修改了亚里士多德学派的思想。阿奎那的哲学也对于之后的基督教神学有着极大的影响,尤其是天主教。

阿奎那的认识论思想基本上是继承亚里士多德的观点,而表现出明显的反柏拉图的倾向。他从知识与信仰的区分出发,在神学范围内探讨了人的认识能力所占据的地位,分析了感性与理智的关系,并提出了自己的真理观。

在阿奎那看来,认识对象是和认识能力相应的。据此,阿奎那将认识能力分为三种:第一种认识能力是感觉,它是一种物质机体的活动。每一感觉能力的对象都是存在于有形物质中的一种形式,这样的物质是个体化的本原,所以这种感觉的认识能力所取得的知识只能是个体的知识。第二种认识能力是天使的理智,这种认识能力既不是一种物质机体的活动,也和有形体的物质没有任何关系。这种认识能力的对象是脱离物质而存在的一种形式,天使的理智虽然也认识物质事物,但也只是从非物质事物(或从自身、或从上帝)的地位去认识。第三种认识能力是处于中间地位的人类理智,它不是一种机体的活动,而是灵魂的一种能力。此种认识能力用对种种影像进行抽象的方法来了解物质事物,从而通过这样的了解物质事物来获得某些非物质的事物的知识。在这三种认识能力中,属于人的认识能力是感觉和人类的理智。

关于感性与理智的关系,阿奎那结合认识的发展过程来加以考察,认为:第一,知识来源于感觉。感觉通过感官与外物接触,主体接受客体而产生一种近似的"感觉印象"。这种印象被感觉传达到内部感官,将其分析、整理、综合成"形象"而获得具体的、个别的事物的认识。第二,人的认识并不能仅停留于个体的知识,停留于感性认识,还必须深化到理性认识,从而从个别物质中去认识其形式。第三,人类的理智分为"主动的理智"和"被动的理智"。主动的理智是灵魂的能动活动,它用抽象的方法去掉"形象"中有关感性的个别性、特殊性成分,取出本质的普遍性、必然性,获得理智认识的理解形式即"理解印象"。"我们是以我们称为主动的理智的更高贵的主动力,采用抽象的方法,把从各种感觉所接受的幻象变成现实上可以理解的"。这种"理解印象"又被传达到"被动的理智"而成为"理性印象"。被动理智又去认识它,接受它,此后由被动转为主动而产生出"表象"。这种"表象"实际上就是概念。第四,因此,就感性和理智的关系而言,"理智的知识是由感觉引起的,但幻象不能凭自己使可能的

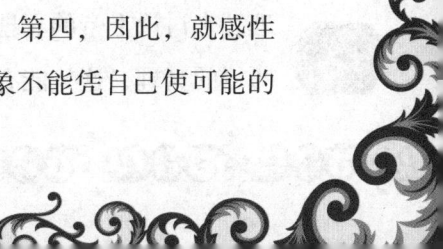

托马斯·阿奎那

理智有变化，它还必须依靠主动的理智来使自己变为在现实上可理解的。所以，决不能说感性认识是理智知识的总原因或全部原因，它只是在一个方面可作为原因看待"。

关于对真理的认识，阿奎那认为，真理只在理智之中，理智中的真理就在于理智和所了解的事物一致。但这种一致有两种变化方式：一是事物并没有变化，但人对这事物的意见都发生了变化；二是事物发生了变化，但人对它的意见还保持原样。在阿奎那看来，这两种变化方式都是从真实变为错误，因此，在人类理智中的真理之外，还需要有上帝理智中的真理。"上帝的理智中的真理是不变的"，它是一切物质事物赖以称为真实的真理，是完全不能变化的。

关于哲学与神学的关系，阿奎那的老师大阿尔伯特认为，哲学的问题只能以哲学的方式来处理，而神学问题，例如三位一体、道成肉身、创世复活等，是自然的理智所无法理解的，因而只能用神学的方式来处理。阿奎那从这种思想出发，进一步探讨了哲学与神学的关系，并进而得出了"神学高于哲学，哲学是神学的奴仆"的结论。

首先，阿奎那继承老师大阿尔伯特的思想，具体论证了"除了哲学真理以外还需要有神学真理"。针对"有人反对在哲学以外还需要其他理论"的观点，阿奎那认为，除了哲学理论以外，为了拯救人类，必须有一种上帝启示的学问。这是因为：第一，人都应该皈依上帝，皈依一个理智所不能理解的目的。所以，为了使人类得救，必须知道一些超出理智之外的上帝启示的真理；第二，即使人用理智来讨论上帝的真理，也必须用上帝的启示来指导。因为"凡用理智讨论上帝所得的真理，这只能有少数人可得到，而且费时很多，还不免带着许多错误。但

是，这种真理的认识，关系到全人类在上帝那里得到拯救，所以为了使人类的拯救来得更合适、更准确，必须用上帝启示的真理来指导"。

其次，阿奎那从思辨科学的分类入手，指出神学乃是"第一哲学"。阿奎那说："思辨科学的对象，本来就是对于物质和运动的抽象，或对此二者的理解活动。因此，思辨科学按照远离物质和运动的程度划分为不同的学科。"具体说来，就是物理学、数学和神学。其中，物理学又名自然学，它以"在存在和概念上依靠物质"的对象为研究对象，而数学则以"在存在上依靠物质，在概念上并不依靠物质"的对象（例如线和数）为研究对象。神学所研究的主要对象是上帝，上帝在存在上并不依靠物质，相反它能够离开物质而存在。研究上帝的神学是"第一哲学"，其他科学都从它取得自己的原则，都跟从它。

最后，阿奎那进一步论证了"神学高于哲学，哲学是神学的奴仆"的结论。阿奎那认为，神学分为思辨的神学和实践的神学，因而，"神学高于哲学"说的就是神学在思辨和实践两方面都超过了其他科学（包括哲学）。就思辨而言，神学之所以超过其他思辨科学，一是因为神学具有较高的确实性。神学的确实性来源于上帝的光照，而其他科学的确实性则来源于人的理性的本性之光，而后者是会犯错误的；二是因为神学的题材更为高贵，"神学所探究的，主要是超于人类理性的优美至上的东西，而其他科学则只注意人的理性所能把握的东西"。就实践来说，神学高于其他科学的原因在于：神学的目的在于永恒的幸福，而这种永恒的幸福则是一切实践科学作为最后目的而趋向的目的。

既然神学高于哲学，因而，神学就可能凭借哲学来发挥，但并不是非要它不可，而是借它来把自己的义理讲得更清楚些。"因为神学的原理不是从其他科学来的，而是凭启示直接从上帝来的。所以，它不是把其他科学作为它的上级长官而依赖，而是把它们看成它的下级和奴仆来使用：有如主要科学使用附属科学、政治学使用军事学一样"。哲学和其他科学都是神学的婢女。

值得注意的是，阿奎那关于哲学与神学关系的说明蕴含着两个重要的思想前提。一是"对事物，从不同的方面去认识，就可得出不同的学问"。因此，我们也不应该禁止用上帝启示的学问去讨论哲学家用理智去认识的理论。二是"虽然超出人类理智的事物，用理智不能求得，但若有上帝的启示，凭信仰就可取得"。

显然，这一思想渊源于大阿尔伯特，它标志着知识与信仰的区分。

在共相与殊相的关系问题上，阿奎那遵循伊本西拿和老师大阿尔伯特的思想路线，认为"共相既在先又不在先"，并结合自己的认识论思想，从认识和事物的发展过程出发具体考察了这一结论。

首先，阿奎那认为，一方面由于理智的知识在某一阶段上来源于感性的知识，所以，以殊相（单个的和个体的事物）为对象的感性认识先于以共相（普遍的事物）为对象的理智认识，故共相在后；但另一方面，人的认识（包括感性和理智）又是从潜能到现实、从"种"到"属差"的发展过程。例如，就理智而言，我们先确认一个对象是"动物"，然后才确认它是人还是狮子，所以，我们的理智认识动物总是先于认识人。同样，我们应用感性在判断较不普遍的东西之前来判断较普遍的东西，比如我们总是先看到一个人，然后才能看到是苏格拉底或柏拉图。"因此，我们得出结论：单独的、个体的知识，就我们来讲，它是先于普遍的知识，正如感性知识是先于理智知识一样。但就感性和理智二者而言，对较普遍的东西的认识则先于对较不普遍的东西的认识。"这就是说，从认识发生史来说，共相在后；就一个具体的认识过程来说，共相在先。

其次，阿奎那认为"共相的性质可看作是和普遍性的概念在一起的"。这时，一方面由于普遍性的概念来自理智的抽象，所以这样的共相是在我们的已有知识之后获得的，故共相在后；但另一方面共相是潜在的东西，殊相只是由于分沾了潜在的共相而存在，故共相在先。

最后，阿奎那还认为，"共相也可从它存在于个体中的性质本身（如动物性或人性）来看"。这时，如果我们经由发生先后和时间的次序来看，则较普遍的东西在自然次序内居先，例如，动物先于人产生。相反，如果我们从完善或自然意向的次序来看，则较不普遍的东西自然比较普遍的东西在先，例如，人比动物占先。总之，从现实发展过程来说，共相在先；从目的来说，共相在后。

阿奎那结合自己的认识论思想来考察共相问题，显然比早期经院哲学大大进步了，在哲学史上具有重要的意义。但是，由于他坚持认为理念是事物的本质，理念决定具体事物的存在，因而，哲学史上称阿奎那的这种唯实论为"温和的唯实论"。

上帝存在是经院哲学理论关注的中心，同时亦是阿奎那神学哲学体系的基石。关于上帝存在，阿奎那一方面认为上帝的存在与本质是绝对同一的，上帝的本质就已经包含了存在，所以上帝自身的存在是无须证明的。但另一方面阿奎那又承认上帝存在对人类的理智来说并不是直接自明的真理，因而需要对此加以证明。具体到证明方法，阿奎那又不赞同安瑟尔谟从纯粹概念推出上帝存在的本体论证明方法，而主张通过熟知的结果来加以证明，即采取后天的证明方法来证明上帝的存在。由此出发，阿奎那在《神学大全》中提出了关于上帝存在的五种证明：

一是"从事物的运动或变化方面论证"：在世界上，有些事物是在运动着，这在我们的感觉上是明白的，也是确实的。凡事物运动，总是要受其他事物的推动，因而任何运动都是由在它之前的另一个运动引起的，这样一直推论下去，"最后追到有一个不受其他事物推动的第一推动者，这是必然的"。此第一推动者就是上帝。

二是"从动力因的性质来讨论上帝的存在"：在现象世界中，我们发现有一个动力因的秩序。这里，我们决找不到一件自身就是动力因的事物。动力因，也不可能推溯到无限，因为一切动力因都遵循一定秩序。第一个动力因，是中间动力因的原因；而中间动力因，不管是多数还是单数，总是最后的原因的原因。如果去掉原因，也就会去掉结果。因此，在动力因中，如果没有第一个动力因（如果将动力因作无限制的推溯，就会成为这样情况），那就没有中间的原因，也不会有最后的结果。所以，必有一个最初的动力因，此最初的动力因就是上帝。

三是"从可能和必然性来论证上帝的存在"：世界万事万物都是存在，又是不存在，是可能性，又是必然性。而任何事物都是从其他事物获得其存在和必然性。照此推论下去，"我们不能不承认有某一东西：它自身就具有自己的必然性，而不是有赖于其他事物得到必然性，不但如此，它还使其他事物得到它们的必然性"。这个东西就是上帝。

四是"从事物中发现的真实性的等级论证上帝的存在"：世界上一切事物都在不同程度上是好的、真实的、高贵的，其标准就在于它们与最好、最真实、最高贵的东西接近的程度。"因此，世界上必然有一种东西作为世界上一切事物得以存在和具有良好以及其他完美性的原因。我们称这种原因为上帝"。

五是"从世界的秩序（或目的因）来论证上帝的存在"：世界上一切事物（包括生物）都为一个目的而活动，其活动总是遵循同一途径，以求获得最好的结果。显然，他们谋求自己的目标并不是偶然的，而是有计划的。如果它们不受某一个有知识和智慧的存在者指挥，那么它们也不能移动到目的地。"所以，必定有一个有智慧的存在者，一切自然的事物都靠它指向着它们的目的。这个存在者，我们称为上帝"。

阿奎那关于上帝存在的五种证明，由于援引和改造了亚里士多德关于运动与变化、原因与结果、潜能与现实以及自然目的的学说，因而在形式上有不同于安瑟尔谟关于上帝存在的本体论证明的特点。但从本质上看，它仍遵循着中世纪唯实论所特有的思想路线——上帝是最好、最真实、最高贵的东西，所以，上帝存在。

阿奎那作为经院哲学的集大成者，一方面清楚上帝存在是整个经院哲学理论的中心和基石，一方面也清楚关于上帝存在的证明有无法摆脱的难题，那就是"基督教信仰的上帝是无法验证的，上帝存在的基础在于信仰者的想象或思维之中，并没有客观的实在性"。

对于此难题，阿奎那从知识与信仰的区分出发，一方面认为上帝的存在、三位一体，是不能凭借人类的自然的理性能力可以认识的，它只能是信仰的真理。另一方面，他又认为上帝的存在对于人类理智来说并不是直接自明的，因而需要加以证明。但是，"人的自然理性只能通过受造物去认识上帝。从受造物认识上帝是从结果推溯至原因。因此，人的自然理性所能认识的上帝，只是就其必然是世界万事万物的根源这一特点。前面论上帝，也只以此为根据"。借此，阿奎那既运用人的自然理性能力证明了上帝的存在，同时又在表面上规避了人们对此种种证明的批评。因为在阿奎那看来，人的自然的理性能力所证明的只是上帝一体性方面的事（指上帝必然是世界万事万物的根源这一特点），而不是三位一体，三位一体只属于信仰的领域。

这样一来，既然人的自然理性能力并不能完全证明上帝的存在，那么上帝的

存在便只能由信仰的真理来加以担保了，而"信仰是对未见的事物的确断"。因此，阿奎那企图证明上帝的存在，但这种论证不仅本身不成功，而且削弱了它的神学地位。

在阿奎那看来，伦理学是研究人生的意义、理想和目的的。它的基本思想是：人类的幸福，决不在于身体上的快乐（主要指食、色两方面的快乐）。这种快乐是感性的、动物性的，它阻碍人接近上帝，使人脱离理性的事物，所以，"人类最高的完善决不在于和低于自身的事物相结合，而在于和高于自身的某种事物相结合"。人生的最高目的就在于追求最高的真善美。这种最高的真善美、万事万物的最终目的就是上帝。因此，我们必须把那些特别使人接近上帝的东西作为人的最后目的。由此出发，阿奎那进一步认为，道德行为受人赞美，是由于它导向幸福，幸福才是德行的报酬。传统的四枢德（智慧、勇敢、节制、正义）是值得称赞的，但它们只能导向自然的、世俗的幸福，因此人们必须培育"信、望、爱"三种德性，只有这三种德性才能使人达到超乎本性的幸福。总之，道德评价是以信仰为轴心的。

阿奎那的政治思想是神权政治论，其核心是上帝高于一切，一切服务于上帝。他主张政治隶属于宗教，世俗服从于教会，皇帝受命于教皇，其实质是维护封建宗教神学和教会的利益。

首先，阿奎那同意亚里士多德关于人是社会的动物的观点，指出人是天然要过政治生活的，人并不是仅仅依赖个人的理性以达到目的的单独个体，他生来就是社会或政治的存在，生来就同自己的伙伴一起生活在社会中。关于人的社会性的最显著的标志就是只有人通过语言中介来表达自己的思想，其他动物则只能用一般声音来表现自己的感情。

手持《神学大全》的阿奎那

其次，阿奎那认为，既然社会对于人是自然的，那么维护社会秩序的国家也是自然的，社会和国家都有神圣的正义和权威，国家既不是原罪的产物，也不是个人主义的结果，它的建立乃是为了公共的善。他承认，君主政体、贵族政体、民主政体都是好的形式，但是，人类社会中最好的政体就是由一人所掌握的政体，即君主政体。

最后，阿奎那指出，教会的目的是追求超自然的善即认识上帝。超自然的善高于国家所谋求实现的公共的善，所以教会高于国家。归根到底，国家要听教会的使唤，国王是上帝的一个仆人。

阿奎那无疑是中世纪最重要的哲学家，阿奎那主义不仅是经院哲学的最高成果，也是中世纪神学与哲学的最大、最全面的体系。

阿奎那的官方哲学使经院哲学达到了空前的繁荣，但也正是这种胜利把经院哲学引向衰落。罗杰·培根、邓斯·司各特、奥康的威廉、伊本·路西德和阿威罗伊都从各自的角度证明了经院哲学的衰落。

晚期中世纪哲学

一、罗吉尔·培根及其哲学思想

罗吉尔·培根（约1214—1293），英国具有唯物主义倾向的哲学家和自然科学家，著名的唯名论者，实验科学的前驱。具有广博的知识，素有"奇异的博士"之称。

罗吉尔·培根1214年出生于英格兰的贵族家庭，基本和英国金雀花王朝最无名的国王亨利三世一个时期，他熟悉古典著作，约于1230年进牛津大学学习四个高级学科（几何、算术、音乐、天文），并自称经常阅读亚里士多德的著作并参加这方面的听课。毕业后留校教数学、物理学和外语课。1241年在巴黎大学获得文学硕士学位，在文学院讲课，1247年当了方济各会的修士后回牛津。

用全部财力置办了一个完整的炼金术实验室，开始致力于新的学科的发展，包括语言学、光学、炼金术，还进一步研究天文和数学，他怀疑推理演绎法，坚持实验经验的可靠性，对光的性质的研究和虹的研究颇有独到之处，绘制了眼镜的制作，阐述了反射、折射、球面光差的原理和机械推动船只和车辆的原理。他利用镜子和透镜在炼金术、天文学与光学中进行实验，是第一位讲述如何制造弹药的

罗吉尔·培根塑像

欧洲人。他对经院哲学进行批判，认为只有实验科学才能"造福人类"，曾企图寻找能使一切金属变为黄金的"哲人之石"，因思想异端，1257年被赶出大学讲坛。接着在巴黎寺院里被幽禁十年，他将自己对于炼金术的发现写在一本书里献给教皇克莱蒙五世作为释放条件，经过格列高利十世等三位教皇都平安无事，直到1277年5月教皇约翰二十一世在做实验时死去，再度被以猛烈攻击神学家和信仰占星术和炼金术等异端罪名入狱14年之久，1292年被释放，两年以后在牛津去世。

　　罗吉尔·培根的思想不仅未被人们接受，甚至不为人们理解。因此，他的许多著作很快就被遗忘了。也有传言说他之所以没有被终身监禁是因为他把炼金术的秘密告诉了当时的方济各会领袖雷蒙·伽弗瑞，有谣言说他的逝世只是一个假象，因为他早已获得永生不朽的方法，他死后，据说他所有的书都突然莫名其妙被钉在书架上再没有人能移动它们，直到腐烂，这更使方济各会的教士们深信培

根的确与魔鬼签定了盟约。他写了百科全书式的《大著作》、《小著作》和《第三部著作》、《哲学研究纲要》等。仅有《大著作》被完好地保存下来。其他都只剩一些片断。

罗吉尔·培根的哲学思想基本上倾向于唯物论。他把自然界作为哲学研究的主要对象，并强调知识最根本的来源是经验。他说，认识有三种方法：权威、判断和实验。权威必须通过理智来判断，而判断又必须通过实验才能证实是真理，所以，人类认识的道路"是从感官知识到理性"，"没有经验就不能充分认识任何事物"。他严厉地斥责对权威的盲目崇拜，以及经院哲学家的因循守旧、不学无术和空洞烦琐的论证，认为这是认识真理的四大障碍。在宗教神学占绝对统治地位的中世纪，这些思想体现出他的勇敢战斗精神。但是，他的这些观点并不彻底。他曾宣称科学研究得愈充分，就愈能论证神学，认为"神圣的启示"和"内在的启发"也属经验之列，并且是认识的更好的途径。这是历史条件和他个人的宗教生活在他身上打下的思想烙印。

对于实在论与唯名论问题的争论，罗吉尔·培根主张个别事物是客观的，自身存在着的，并不是从一般中引出来的。他说，自然界只产生个别的马，而不是产生一般的马；宇宙是由千差万别的个别事物构成，而不是由一般构成的。他还认为，一般也是客观地存在于个别事物之中，它使一类事物区别于他类事物。可见，培根既反对唯心主义的唯实论，又不同于唯名论，而是试图越出经院哲学争论的范围，摸索新的解决途径。

罗吉尔·培根十分重视实验科学，断言只有实验科学才能解决自然之谜。他对数学、光学、天文、地理及语言等方面都有丰富的知识，并亲自进行了许多观察和实验，提出过不少有价值的论述和大胆的猜测。如对各种球面镜的焦距、性质的论述和飞行机器、机动航海船、眼镜、望远镜、显微镜的设想。这些思想推动了自然科学的发展，对宗教神学的统治是一个有力的打击。但是这些想法和宗教的占星术、炼金术混淆在一起，实验的方法也往往与神秘主义的因素相交杂。

罗吉尔·培根思想的唯物主义倾向和科学实验，不仅对13世纪至14世纪唯名论的兴盛有巨大影响，并且对近代欧洲的自然科学和唯物主义思想发展也有重大影响。由于时代和阶级的限制，培根还没有摆脱神学世界观的束缚。他是一个

僧侣，他的革新思想往往同神权思想交织在一起，他的实验方法也和炼金术、占星术交织在一起。他勇敢地揭露了教会的腐化堕落，但又把希望寄托在"公正的教皇和公正的君主"身上。他的思想反映了从封建社会内部逐步发展起来的新兴工商业者的变革要求。

二、司各特及其哲学思想

邓斯·司各特（1265—1308），苏格兰中世纪经院哲学家、神学家、唯名论者。生于苏格兰东南部贝里克郡。1279年在英格兰南部邓弗里斯加入方济各会。1288年就学于牛津。1291年领受神职。1293年去巴黎学习。1297年起，先后在剑桥、牛津、巴黎等地讲授彼得·郎巴德的《教父名言集》。1303年，法王腓力四世为维持其对英战争，向教会征税，与教皇卜尼法斯八世发生冲突；邓斯·司各特因拒绝支持腓力四世被逐出法国。卜尼法斯八世死后，邓斯·司各特再次任教于巴黎并获博士学位，有精明博士之称。1305年后从事著述。1307年往德国科隆任教授，次年死于该地。

邓斯·司各特的许多著作的书稿都保存了下来，但是它们的真实性和写作的次序同他的生平细节一样是一个谜。在他去世的时候，大多数书稿都不完整或是残章断篇，后被几代学生潜心努力收集起来并进行加工。以这种方式成就的文本于1639年由卢克·沃丁出版了十二卷，1891年至1895年由维维斯巴黎出版公司再版。这一版最引人注目的是两部《句法学》评注，分别取名为《牛津著作集》和《巴黎散

邓斯·司各特塑像

言集》。全集还收入了一些对亚里士多德的评注、一组纯理论论辩问题及几篇专题论文,重要的有《论第一物质》、《论第一原则》和《思辨原理》。一直到20世纪后半叶,学者对司各特的研究依靠的都是维维斯-沃丁版本,至今,它仍然是司各特一些著作的唯一印刷文本。

然而,20世纪的研究者,完全重新确定了邓斯·司各特的真作全集。结果是他名下对亚里士多德的评论大多数出自其他的晚辈之手。真正由司各特所作的只有对《范畴篇》、《解释篇》、《辩谬篇》以及对鲍菲利的评论。这些逻辑学论著,很有可能是司各特13世纪90年代初在牛津大学时的著作。一组关于亚里士多德《论心灵》的论题以及极有可能对《形而上学》的一部评论,情况也是如此,尽管司各特晚年似乎曾对它们进行了修改。维维斯-沃丁版本中两部广为研究的著作《论第一物质》和《思辨原理》,经过批评家严格判定结果不是真品。

司各特在许多重大的问题上都与阿奎那的观点相反。倘若不是在历史上,至少在他的思想上,同样重要的是他与另一位前辈的不同观点,这就是根特的亨利。亨利于1276年至1292年在巴黎大学教书,他为许多奥古斯丁新柏拉图主义观点进行辩护,反对文学院一些人激进的亚里士多德主义。司各特常常把自己的观点置于与亨利的立场联系中,司各特是通过亨利的眼光来看待许多先驱的。

司各特背离了亚里士多德传统,他认为,存在之概念以及其他的可以普遍应用的谓项之概念——诸如"善"——不是类比的,而是只有单一的一个意义,因此可以在用于造物的意义上用于上帝。形而上学就是研究存在之单一意义的概念及其基本属性的科学。亚里士多德给形而上学定义为研究存在之存在的科学。司各特极大地利用了这一定义,但是却完全以他个人的方式理解它,并把它的范围无限拓展,乃至把无限的基督教上帝包括进存在的概念。所有属于亚里士多德的范畴的东西,如实质、偶然事物等,均为存在的一部分。然而,存在又比这个意义更大:所有能用范畴来界定的都是有限的,而存在涵盖无限。存在的疆域之内要划的分界线,是有限存在与无限存在之间的分界线。

对于司各特来说,存在着一个无限存在,这可以在哲学上证明。在这方面,他同意阿奎那以及大多数中世纪思想家的观点。但是他抛弃了阿奎那所提供的关于上帝存在的证据,因为它们太依赖亚里士多德的物理学了。所以,他提出了自

己的复杂的形而上学的证据来证明上帝作为第一个有效因、无法超越的终极因以及一切存在中最完美的存在之存在。与阿奎那不同,他认为,神的属性诸如无所不知和无所不能,只有通过启示才能得知,不能只凭借自然理性来确定。

司各特利用了亚里士多德的形式质料说,他使用了诸如"质料"、"形式"、"实体"和"偶然"等人们熟知的术语。但是,他赋予这些术语新的和激进的释义。他尤其重新界定了实在和潜在这两个亚里士多德概念,在界定潜在存在物的时候似乎它们是具有实在存在物一切细节个性的实体。例如,在他处理空间和时间的时候可见一斑:与亚里士多德不同,他认为,可以有真空的空间和静止的时间。亚里士多德认为,产生一个空间需要一个物体的存在;而司各特则认为,一个物体的可能性就足以使一个真空的四壁彼此分开。亚里士多德认为,如果时间存在就必定有运动,因为时间是运动的计量工具;而司各特则认为,可以存在没有运动的时间,时间仅仅计量运动的潜势。司各特在把可能性当作虚幻的然而明显的个体的时候,暴露出阿维森纳的影响,但是他对这一领域的研究有一定深度,因而他被认为是可能世界的哲学之发端者。

在亚里士多德的哲学理论中,质料是个体形成的原则:彼得和保罗两个人彼此不同,不是因为他们的形式,而是因为他们的质料。司各特抛弃了这种观点:使彼得和保罗彼此不同的不是质料,而是一种每人所独有的独一无二的身份特征,或者叫作"存在的个体性",或者说"这个"。这样,一个人,如苏格拉底,既有一个共同的人性又有一个个体形成的原则。他说道:共同的人性与个人的差异的确是相同的,但是又因为一个特别的不同之处使得彼此区别开,这就是"形式的差异"。司各特希望以这种方式来保存具有普遍意义的术语的有效性而不落入柏拉图主义:共同的性质已经足够真实,而且它并非仅仅由人类智力所创造,而且,除非伴有一个个体形成的成分,否则它绝不会实际出现。

通过与阿奎那的比较,司各特把人类智力的范围扩大成两个方面。阿奎那认为,不存在个人的纯粹智力的知识,原因是非物质的能力不可能领会质料,而质料恰恰是个体形成的原则。对于司各特来说,每一个事物都有一个内在的仅能用智力理解的个体形成的原则,因此,智力可以于其独一无二中领会个体。阿奎那坚持认为,在此生中智力严格意义上的对象是物质事物之性质的知识。而司各特说道，如果我们考虑到今生和来生，那么我们必须承认，智力严格意义上的对象范围大到存在本身。他认为，像阿奎那那样界定智力的对象，犹如把视觉的对象界定为烛光下可以看见的事物。

司各特明确地否定奥古斯丁传统所珍视的、根特的亨利又复兴的一个命题，即：人类的智力领会普遍存在需要神的特别的光照。但是，上帝并非完全排除在他的认识论之外。上帝的能力是绝对的：他可以做任何彼此不矛盾的事情。相应地，上帝可以使人的心灵坚信个体实在物的存在而不需要那个实在物出现。幸运的是，上帝尽管具有绝对的能力，但是他只是按照自己的条理行事，即按照他的智慧引导的能力行事。所以，他不会行使会让我们上当受骗的绝对能力。这里，司各特如几百年后的笛卡儿一样，凭借诉诸善良的上帝绝不是骗子这一教义，排除了激进的怀疑主义。

司各特在描述智力与意志的关系的时候，对心灵的哲学进行了革新。阿奎那认为，意志基本上是一个合乎理性的欲望，其自由源自理性实际运用的灵活性；而司各特却把意志看作是至高无上的能力，其活动只能源自自身的自我决定，而不是其他任何东西。意志的确是理性的能力，能够以多种形式行使的能力，但是这并不意味着意志的行使受理性的指导。相反，智力是一种自然的能力，一种只能在适应其活动的自然条件下以一种方式活动的能力。大多数亚里士多德主义经院哲学家认为，人类的终极目的是智力极尽之能事，即至福地看见上帝；而司各特则认为，至福之人在天堂与上帝融为一体完全取决于意志的自由活动。

司各特比他的任何一位先驱赋予人的意志和上帝的意志的活动范围都大得多。人的意志是可以实施对立活动的能力，这不仅仅在于人可以在不同的时间运用意志的能力做不同的事情，还在于意志在实施一个活动的同时还保持着实施相对立的活动的能力。一个被创造的仅仅为一个时刻而存在的意志，仍然可以在对立物之间做出自由选择。再者，对于司各特来说，神的意志所享有的自由，比以前的神学家所赋予它的自由要大得多。例如，上帝有自由摒弃或者删除许多常常被认为属于自然法则的道德戒律。

司各特在哲学史上是一位重要人物，这不是因为他创建了一个学派，尽管时至今日每一个时期都有专心致志的司各特研究追随者，而是因为他的许多创新被

后来从未读过他的著作的思想家接受为不容置疑的准则。宗教改革在路德和卡尔文之间产生争论,而他们的天主教对手是在基本的司各特主义背景下出现的。笛卡儿为现代哲学奠定基础的基本框架,实质上是一千三百年前后牛津大学所建立的结构。从阿奎那的《神学大全》到司各特的《讲演录》之间的四分之一个世纪,是哲学史上最重要的时期之一。

三、奥康的威廉及其哲学思想

奥康的威廉(约1300—1350),生于英国苏莱郡的奥康。14世纪英国经院哲学唯名论的代表。他先在牛津大学学习,后到巴黎求学,参加了弗兰西斯教团,并同其中的激进分子一起和教皇发生了冲突,1324年在法国阿维农被逮捕入狱,其著作被斥为异端邪说。1328年5月越狱,投奔当时的巴伐利亚皇帝路德维希。1350年因染鼠疫在慕尼黑去世。他的主要著作有《逻辑大全》、《辩论集7篇》等。

奥康的威廉曾因与教皇发生冲突而被捕入狱,其著作被斥为异端邪说。他认为人心之外客观存在的只有个别事物,一般只是作为概念或心外事物的符号而存在于"心灵中和语词中",但概念并非任意创造,而是以个别事物的共同性为依据产生的。他提出了"思维经济原则",这个原则称为"如无必要,勿增实体",即"奥卡姆剃刀"。在逻辑方面,发展了前人的"指代"理论,提出了许多推论学说的重要规则。

奥康的威廉继承了邓斯·司各特关于个体是实在的唯名论思想,批评实在论者把一般看作独立实体的观点。他认为,个别事物是客观实在的,一般与个别是对立面,而对立面不可能属于同一

奥康的威廉

个被创造的事物。这便否认了一般的实在性。他指出：一般"只是人心中的一种思想对象"，即概念。这是人们用来标志许多相似事物的共同特征的记号或"自然符号"。一般是后于个别事物并作为概念存在于人心中的东西，但又不是人心的虚构或任意创造。他说：个别事物是感官的第一个对象，就知识的起源来说，个别事物才是首先被认识的东西。人类的全部知识都是从对个别事物的感性知觉开始，思维的头脑从中抽象出共同性或相似性，由此而形成概念。他把表示一般的概念叫作"自然符号"，以别于表述概念的语词。语词是约定俗成的，是一种"约定符号"。语词因不同的语言而不同，但不同语言的语词所表述的概念及其逻辑的涵义是相同的。

在反对实在论的论战中，奥康的威廉提出了著名的"思维经济原则"，即"奥卡姆剃刀"。正统经院哲学家依据实在论的观点，提出了无数的"实体形式"、"本质"、"隐秘的质"之类的东西，把它们加于事物的一切现象之上，以为这就是对事物的"科学的"解释。而威廉则认为所有这类东西都是无用的赘物，妨碍人们正确地认识事物，因而必须统统抛弃，用"经济原则"这把"剃刀"把它们剃掉。他所谓的经济原则，就是"如无必要，勿增实体"。

在政治上，奥康的威廉坚决反对教权至上，提出世俗权力与教会权应各自独立、完全平等。世俗事物和宗教事务应由国家和教会分别管理，不得互相干涉。他又认为，根据人的自然权利即自然法，人民可以按照自己的意志选择君主，参与国家的立法。"权力必须委托给大家同意的人"，掌权的君主只是人民的代表，应为人民的共同福利服务。如果君主不称职或滥用权力，人民随时都可以将其废黜。

在逻辑方面，奥康的威廉发展了前人的"指代"理论。他明确指出，指代只是在命题中所使用的词项的一种特性，并认为这种特性指的是命题中的词项代表或指称什么。威廉区分了各种指代。

例如，在命题"人是种"和"动物是属"中，主项"人"代表一般的人，而不代表任何个别的人，"动物"代表一般的动物，而不代表个别的动物，"人"和"动物"都具有简单指代；在命题"苏格拉底正在跑"中，主项"苏格拉底"指称一个个体，具有分立的指代亦即单独的指代；在"人是一个名词"中，主项

"人"是自身的一个名称,具有实质指代。

奥康的威廉对推论学说提出了自己的见解。他认为:从真永不能得到假;从假可得真;如果一个推论是有效的,那么从它的后件的否定就得到它的前件的否定;凡从后件得出的也从前件得出;如果前件从一个命题得出,那么后件也从这个命题得出;凡同前件相一致的东西也同后件相一致;凡同后件相矛盾的东西也同前件相矛盾;从必然的东西不能得到偶然的东西;从可能的东西不能得到不可能的东西;无论什么东西都可从不可能的东西得出:无论什么东西都可得出必然的东西。

奥康的威廉还考察了中项是单独词项的三段论,并提出了一种新的三段论。例如,"每一个人是动物,苏格拉底看见一个人,所以,苏格拉底看见一个动物"。这实质上是一种关系推理。

奥康的威廉这把"剃刀"出鞘后,剃秃了几百年间争论不休的经院哲学和基督教神学,使科学、哲学从神学中分离出来,引发了欧洲的文艺复兴和宗教改革。同时,这把剃刀曾使很多人感到威胁,被认为是异端邪说,威廉本人也受到伤害。然而,这并未损害这把刀的锋利,相反,经过数百年越来越快,并早已超越了原来狭窄的领域而具有广泛的、丰富的、深刻的意义。

奥康的威廉把唯名论推向了一个新的高度。唯名论影响的增长加速了后期正统经院哲学的解体。他关于教权与王权平等的观点,对后来的宗教改革产生了一定的影响。他关于信仰和理性、神学和哲学分别是两个不同领域,前者不能干预后者的思想,为哲学和自然科学的发展开辟了道路。

四、路西德及阿威罗伊主义

伊本·路西德(1126—1198),阿拉伯中世纪哲学家、教法学家、医学家。拉丁名阿威罗伊。在伊斯兰教法、希腊哲学、阿拉伯文学、医学等方面均有较深造诣。

伊本·路西德生于穆瓦希德王朝统治下的安达卢西亚的科尔多瓦。出身于伊斯兰教法官世家,祖父和父亲均为教法学家,任过科尔多瓦大法官。伊本·路世德自幼受到家庭严格的伊斯兰教育,能背诵《古兰经》和圣训。后师从著名伊斯兰学者伊本·巴斯科瓦尔和艾布·贾法尔·哈伦等人,学习教义、教法、哲学、医学和天文学等。1153年到京城马拉喀什从事教育和医学著述,并结识了王朝大臣伊本·图菲利。1168年,经伊本·图菲利推荐进入穆瓦希德王朝素丹艾布·叶尔孤白·优素福的宫廷,从事学术研究。1169年起担任塞维利亚和科尔多瓦的法官。1182年接替伊本·图菲利担任

伊本·路西德

大臣兼宫廷总御医。1195年在科尔多瓦担任大法官时,因正统派教义学家指控他的著作有"异端"思想倾向而被新任素丹下令放逐,其宗教、哲学著作亦被焚毁。不久,素丹艾布·叶尔孤白·曼苏尔将他宽赦召回马拉喀什宫廷复职。1198年12月10日卒于马拉喀什,后移葬在科尔多瓦阿巴德家族的墓地。

伊本·路西德曾撰写过三部系统的哲学著作,为伊斯兰教义学研究注入新的活力。1177年发表《关键的论文》,从伊斯兰教法的角度阐述了哲学的合法性;另一部《证明的过程》概括了伊斯兰教教义体系。1184年出版哲学代表作《矛盾的矛盾》,回击安萨里在其《哲学家的矛盾》一书中对哲学的攻击。伊本·路世德摘录了安萨里的大段语并逐点予以批驳。争论的内容涉及创世、真主的属性、灵魂等。认为世界是无始的、永恒运动的,物质是运动的基质。真主是无始的存在,是世界的"第一推动者"、万物最后的"目的因"。反对灵魂不灭说。针对安萨里的关于直接理解是认识神性存在的基础、《古兰经》是真主存在的直接表白的观点,提出理性是神性存在的认识基础、《古兰经》是寓意启示,有待理性的解释。伊本·路世德还发展了双重真理论。提出哲学是哲学家的真理,而宗

教是民众的真理。宗教的真理源自天启，而哲学的真理获自理性。认为哲学和宗教的关系是理论和实践的关系，哲学是真理的最高表现，是最高的宗教。

伊本·路世德以研究亚里士多德的哲学著称于西方。其著作于13世纪上半叶相继译介到欧洲，对布拉班特的西格尔及罗吉尔·培根等哲学家和科学家都产生过影响，推动了欧洲经验科学的发展；对犹太教哲学和基督教经院哲学也有一定影响，其后形成阿威罗伊主义学派。19世纪的穆斯林现代主义知识分子出于对伊斯兰教理性哲学的需求，曾一度掀起过研究其哲学的热潮。

在哲学上，伊本·路世德非常推崇亚里士多德的学说，把它说成是最高的真理，人类的理解力所能达到的极限。他继承和发展了亚里士多德的哲学思想中科学和理性的倾向，综合了阿拉伯东、西方伊斯兰哲学家的思想成果，并在同正统教义学家安萨里等人的论战中，使哲学摆脱宗教的束缚而得到独立发展。

在本体论上，伊本·路世德认为，物质世界是永恒的，它不可能被创造也不可能被消灭，有的只是在永恒因素上的重新结合。无所谓"无中生有"，也无所谓"先有而后无"。世界在时间上是无始的，但在空间上是有限的。物质的"运动是永恒的、不间断的"，物质是运动的"基质"，运动和物质是不可分离的。运动变化是由潜在的形式变成现实形式的过程，形式不能离开物质而独立存在。但他又认为，安拉是无始的、最高的精神存在，是世界的"第一推动者"，是万物变化最后的"目的因"。安拉是宇宙整体的最高主宰者，是世界总的秩序，只是在总体上而不是在局部或个体上起作用，他不直接干预物质世界的具体事物，统治自然界的是其必然性。

在灵魂观上，伊本·路世德否认"个人灵魂不灭说"。认为灵魂和肉体是不可分离的，个体的灵魂是暂时的，它和个人的肉体同时灭亡。只有人类统一的、普遍的和客观的理性才是永恒的，它是人类连续不断的精神生活的表现。

在认识论上，伊本·路世德认为个人的思维活动（被动理性）有始有终，只提供认识的可能性，人类的思维活动（能动的理性）是永恒的，它把认识变为现实的能力。认识开始于对个别事物的感性知觉，理性是在感性材料基础上对事物共性的抽象认识。人应该依赖科学和哲学原则去研究事物，从已知中去推断出未知，认识自然界的必然。

在理性和天启的关系问题上，伊本·路世德是"双重真理论"奠基人之一。他认为，理性和天启、哲学和宗教是不矛盾的。除天启的信条外，一切事物都应受理性的检验和判决。宗教和哲学关系密切，二者是不同范围内的真理。宗教的真理源自天启，它具有象征性和寓意的形式，它是对人们的训诫，是约束人们道德行为的规范，旨在止恶扬善，顺从安拉，维持世道人心，适应大众的需要，哲学的真理是来自理性，通过纯粹的思辨而获得，它是真理的最高表现形式，哲学家能认识宇宙万象，由此而推证造物主的实有。哲学理论高于宗教信条，仅为少数哲人所理解。这二者可能有分歧，那是由于它们各有自身独立的认识范围。有时哲学上认为是真理的东西，宗教上可能认为是错误的，反之亦然。真正的宗教并不反对哲学研究，同样，真正的哲学只是排斥宗教对科学和哲学研究的干扰。当哲学的论证与宗教教义不相符合时，应相信哲学的论断，"相信宗教的人，就不应该害怕哲学的不同论断"。

伊本·路世德的这些观点使哲学得到一定程度的解放。他还冲破宗教观念的束缚，肯定了妇女在社会生活中的应有的地位和作用。他反对苏菲派的苦行禁欲主义，主张入世主义，认为穆斯林应在今世和后世都得到幸福。

伊本·路世德的著作，据传共有70多部，包括哲学、逻辑学、伦理学、政治学、医学、教义学、教法学和文学等。据阿拉伯史籍载，他曾对《古兰经》、《圣训》作过注释。现存的主要著作有：《哲学家矛盾的矛盾》，是对安萨里《哲学家的矛盾》一书的答辩和反驳；《哲学和宗教联系的论断》，是对宗教与哲学关系的论证；《宗教信仰中例证方法揭示》，是对苏菲派、穆尔太齐赖派和艾什尔里派学说的分析和评价；《医学通则》是他医学理论的代表作，用哲学观点系统地论述了病理、生理、临床、诊断、治疗、药物及心理疗法的基本理论和知识，并对阿拉伯著名医学家的贡献作了评介。

伊本·路世德为亚里士多德、柏拉图的主要著作和伊本·西那、法拉比的哲学著作写过提要、注释和评论，在很大程度上恢复了被新柏拉图主义曲解了的亚里士多德的学说。人们说："亚里士多德解释了自然界，而阿威罗伊却解释了亚里士多德"。他的哲学思想对中世纪的犹太哲学和基督教的经院哲学有着重要影响。他哲学思想中唯物主义的观点成为基督教会及神学家攻击的目标，有的神学家把

136

他的著作改头换面,作为大学的教科书,以西格尔为代表的进步思想家吸收了他的学说,奠定了西方唯理主义哲学的基础,以伊本·路西德的思想为主旨,12世纪至16世纪形成了阿威罗伊主义学派,它的最著名代表是布拉邦的西格尔(约1240—1281或1284),16世纪意大利北部还可看到阿威罗伊主义的影响。伊本·路西德被誉为"亚里士多德著作最权威的诠释家"、"伊斯兰哲学的集大成者"。

 # 近代哲学

　　西欧封建社会后期，科学技术的发现和重大地理发现，使得资本主义生产方式形成、发展，社会内部的各种矛盾激化，经院哲学日趋崩溃，西方哲学史由中世纪哲学进入了近代哲学。

　　"文艺复兴"时期，是一个自我觉醒的时代。文艺复兴实际上是人文主义者在继承古典文明的基础上，冲破神学统治而获得思想解放的一次运动。人们的思想从空幻的彼岸世界回到了现实的此岸，从清净的僧院走到了纷扰的尘世，从而发展了自然，也发现了人自身。"文艺复兴"和宗教改革之后，日益脱离神学的近代科学昌盛繁荣，出现了哥白尼、伽利略等诸多科学伟人。其中，伽利略在取得自然科学的辉煌成就的同时，为近代哲学提供了研究方法。获得研究方法的近代哲学在认识论上出现了经验论与唯理论之争。经验论的代表人物有培根、休谟、洛克等，唯理论代表人物则有笛卡儿、莱布尼茨等。18世纪，启蒙运动风起云涌，法国成为该运动中心。启蒙运动在欧洲其他国家也获得发展。18世纪末到19世纪初，以谢林、黑格尔等人为代表的德国古典哲学成为近代哲学的最高总结，标志着近代哲学的理论思维达到一个新的转折点，进入了一个新阶段。

文艺复兴时期哲学

一、文艺复兴的内涵

多数观点认为，文艺复兴始于14世纪的意大利，在15世纪后期和16世纪逐步向德国和法国等传播。16世纪中期到17世纪初开始在西班牙和英国等国家盛行。

文艺复兴运动的兴起无疑是与当时欧洲生产关系的变革以及社会的发展联系在一起的。欧洲社会的这一变革和发展的基础自中世纪盛期以来已经存在，14世纪起，欧洲生产关系的进一步变革以及社会的进一步发展为文艺复兴运动的到来奠定了坚实的经济和社会基础。这在文艺复兴的发源地意大利表现得尤为充分。尽管如此，文艺复兴运动的最初起因应该说与欧洲古典学派的出现更加密切和直接，因为在开始阶段，它毕竟是打着复兴古典文化的旗帜进行的。

古典学派是一群对古代希腊罗马文化着迷的文人学士。在崇尚古典思想的影响下，他们孜孜不倦地开展对拉丁文献的搜寻和研究（后扩展到古希腊和希伯来文献）。不可否认古典学派对古典文化的学习首先是从古典文学入手的，不过，古典学派推崇的不仅仅是古典文学家如荷马和维吉尔的作品，而且对整个古代希腊罗马社会，包括它们的制度、思想、哲学、艺术都怀有仰慕之情。古典学派的努力是卓有成效的，如1423年，仅一名意大利学者在去君士坦丁堡和近东地区搜寻古典文献后就带回了238册古代手抄本著作。在他们的不懈努力下，多数希

近代哲学

《宝座圣母像》为文艺复兴的发轫之作。画中圣母的形象亲切动人，手势优雅；圣子和众多天使的眼中流露出柔和的表情

　　腊罗马经典著作，包括柏拉图、索福克勒斯、修昔底德的作品第一次为人们所认识。古典学派的努力使得古希腊罗马文化的光辉重新为人们了解和认识，其结果不仅开辟了古希腊罗马研究的新领域，而且极大地推动了文艺复兴的开展。

　　文艺复兴对古典文化的兴趣以及有意要使古典文化得到"复兴"的决心与古希腊罗马文化的特质有关。古希腊罗马文化从本质上说是一种以人为本的博大融和文化：它的哲学（和科学）表达了人的理智；它的文学、艺术（包括建筑艺术）表现了人的创造力；它的法律肯定了财产的私有性质；它的生活反映了人对幸福和快乐的追求。这样，古希腊罗马文化实际上几乎成了文艺复兴运动的思想库。

　　正因为如此，在文艺复兴运动兴起之初，几乎所有投入运动的人可以说都是古典文化的爱好者、学生或研修者，人们都希望通过对古典文化的学习和接触挖掘到"新"的思想，对古典文化的学习也就成为文艺复兴出现的最初标志。对古典文化的学习导致了"人文学"的出现，即一种重视对哲学、历史、文法、语言、文学的学习。文艺复兴的核心思想——人文主义在这一学习过程中产生和发展，为文艺复兴运动的发展确定了方向。不过，尽管文艺复兴强调对希腊罗马古典文化的学习、研究，努力使古典艺术得到"再生"，但绝不是要回到古代社会，更多的是为了汲取灵感，"古为今用"，是借用古希腊罗马时代"现成"的、闪耀着人性气息的理性思想表达他们的政治见解和抱负，摆脱封建主义的桎梏和中世纪基督教神学思想的束缚，"从而建立起适应社会发展的新的思想文化体系"。

文艺复兴的出现还与欧洲科学的发展和地理大发现联系在一起。中世纪末，欧洲近代科学开始起步，对自然现象进行直接观察是这一时期科学活动的特点，无论是天文学，还是解剖学上取得的成就都是如此。通过观察，权威原则逐步被个人经验所取代，这实际上预示着现代实验科学时代的到来。而地理大发现则极大地改变了人对世界的传统观念，人们的视野扩大，思想已经无法囿于中世纪的束缚，寻找思想领域的"新世界"成为文艺复兴人们的一个生活目标。

此外，文艺复兴运动在欧洲的传播和蓬勃开展与印刷术的推广和书籍的普及密切相关。活字印刷术自传入欧洲后在14世纪得到改进和推广，印刷术的广泛应用不仅使得书籍的制作发生了革命性的变化，成批量的印刷导致书籍的成本下降，古典作品的传播速度加快，而且使得文艺复兴所要宣扬的思想不胫而走。人们很难想象如果没有现代印刷术的普及，文艺复兴如何会在整个欧洲社会全面展开。

（一）人文主义

文艺复兴最初作为在复活古典文化旗帜下开展的一场文化运动，人文主义是其指导思想。众所周知，文艺复兴就实质而言显然是一次新兴市民阶层和资产阶级思想解放和要求自我意识的运动。作为建立在对古希腊和古罗马文学研究基础上的一项教育纲领，人文主义包含的是一种以人为本的理性思想，关注的主要是人和人性，包括人的尊严、人的价值、人的才能的展示，而不是神和信仰，正好与处于上升时期市民阶层和新兴资产阶级的追求和要求不谋而合，因此，人文主义思想的提出和形成也就自然成为文艺复兴运动出现的主要标志。

文艺复兴时期人文主义的目标是通过宣扬人的卓越，鼓吹人性的价值，宣扬人天生平等，肯定现世生活，肯定人有追求财富和个人幸福的权利，要求多方面发展个人才智，提倡冒险精神，把人从宗教的束缚中解放出来，为新兴资产阶级登上历史舞台服务，实现资产阶级所希望提倡的世界观和价值观。

人文主义首先是在反对中世纪神的权威和对人以及人性的重新定义过程中发展起来的。在漫长的中世纪，教会把上帝视为一切思想的核心，神一直是人们颂扬的唯一对象，神的权威是至高无上的。神的权威，加上基督教的原罪思想、禁欲主义、对来世的强调等观念无一不使人和人性受到极大的压抑，人的价值和创造作用受到蔑视。在这些思想的影响下，人一出生就已经成为罪人，肉体被视为罪恶的王国。人的一生与赎罪联系在一起，作为上帝奴婢的人，处处要小心谨慎，只能被动消极地生活，对幸福和现世生活的任何追求都可能遭到谴责，社会因此失去了活力，陷入停滞状态。重新定义人和人性是关系到社会能否顺利走出神权统治的关键。人文主义者针对教会对人的轻视，大张旗鼓地宣扬人的尊贵和卓越之处。

有"人文主义奠基者"之称的意大利人文主义者彼特拉克是第一个对人作出高度赞扬的作家。在他看来，人是世界最宝贵的生命体，应该受到头等重视。他笔下的人被描写成有血有肉且充满激情的个体。更有一些人文主义者把人视为尘世的上帝，是自然界的主宰。人的伟大和卓越在莎士比亚的笔下更是得到了最崇高的颂扬："人是多么了不起的一件作品！理智是多么高贵！力量是多么无穷！行动多么像天使！洞察多么像天神！宇宙的精华！万物的灵长！"（摘自《哈姆莱特》）自罗马灭亡以来，人是第一次受到如此重视和颂扬。

彼特拉克

在此基础上，人文主义者对人性、人的尊严、人的作用进行了广泛的论述。如意大利人文主义者曼内蒂为了抨击教皇英诺森三世所著的《论人的渺小和对尘世的蔑视》，撰写了《论人的尊严与卓越》，赞扬人性、人的卓越能力，以及人在改造世界方面的作用。人的自我创造、人的自由意志等一系列强调以人为中心的思想也纷纷被提了出来。神的作用、神的权威在人文主义思想中隐退到了一个次要的位置。讴歌人的价值、人的尊严和人的力量成为文艺复兴时期人文主义者的共同目标。

人的地位一旦提高了，中世纪所宣扬的人生是苦难、是罪恶的思想，禁欲和强调来世的思想，都开始受到抨击，人文主义者用强调人间幸福、追求幸福是人的天性作为对中世纪禁欲思想的回应，以一种全新的人生观武装人的头脑。

人文主义对人和人性的强调自然而然提出了对人的美德和知识培养的问题。由于人文主义者呼吁实现人的全面发展和培养完整的人，同时认为教育和对人文知识的学习是培养人的美德和增加人的知识的最佳途径，因此，人文主义在教育层面上与"人文学"联系了起来。文艺复兴之后，人文学便成为西方社会教育体系中的最主要内容，直到今天人文学科仍然是西方高等教育的重要组成部分。

1. 个人主义

个人主义是文艺复兴时期产生的一个概念，是人文主义的一个重要组成部分和基本内容。由于文艺复兴时期人文主义者所说的人不仅是指人的全体，而更多的是指人的个体，因此，对个体的重视自然成为人文主义关心的一个焦点和核心。个人主义观念的提出实际上是"人本位"思想的另一种表述。这里，特别需要指出的是，人文主义者在文艺复兴时期提出个人主义的观念首先是出于推翻中世纪确立的"神本位"思想的实际需要，他们希望通过"人本位"思想的提出与"神本位"思想对抗，以唤起人们对人的价值和尊严的认识。

个人主义的产生是当时社会生产关系发生变化的产物。市场上的竞争教会了新兴资产阶级和富有的市民阶层如何去表现他们的个性，展示他们的个人才干，实现他们的远大抱负并享受财富带来的美好生活。个人的自由、个人的意志、个人的喜好成为他们思考问题和进行选择的主要出发点。

个人主义作为一种政治和社会哲学，强调的并不是一般意义上的自私自利，而是高度重视个人自由和个人意志，广泛强调自我支配和不受外来约束的个人。这样，个人主义实际上创立了一个能够和资本主义经济制度相适应的道德观念。对于在意大利文艺复兴运动中形成的个人主义伦理观而言，最重要的是：社会应该让个人有最大限度的自由和责任去选择他的目标和达到这个目标的手段，并且付诸行动。对于当时在市场竞争中出现的新兴资产阶级（包括市民阶层中的精英分子）而言，这样的道德观念实在是太重要了。有了这一点，他们就可以摆脱贵族和教会的束缚，大胆表现他们的个性，展示他们的才干和实现他们的抱负。此外，个人主义的出现并成为一种美德使得对幸福的追求、对荣誉的追求、对权威的反对、对现世生活的向往有了理论基础，对人和人性的高扬成为可能。

文艺复兴的发展表明，对个人主义思想的强调和弘扬增强了人的内在信心和进取精神，难怪文艺复兴时期的人看上去比任何其他时期的人都显得更有信心和进取精神。

个人主义还为人人平等的思想进一步的提出奠定了基础。中世纪的社会是建立在封建等级制度基础上的，封建的贵族出身高贵论事实上否认了人的平等。人文主义以个人主义思想为武器宣扬人天生平等。

意大利文艺复兴运动的杰出代表，人文主义者薄伽丘这样宣称："我们人类的骨肉都是用同样的物质造成的，我们的灵魂都是天主赐给的，具备着同样的机能、同样的效用、同样的德行。我们人类向来是天生一律平等的……"

薄伽丘

尽管文艺复兴运动中出现的个人主义强调个体，但绝不意味着置个人应尽的社会义务和全体人民的利益于不顾。相反，它要求个人为社会服务，为社会作贡献，过一种积极、诚实的社会生活。正因为如此，文艺复兴运动中的人文主义者几乎都是个人主义观念的支持者和提倡者。

文艺复兴以后，以为个人提供一个能充分展示其才干和实现其抱负的环境，确

布拉乔利尼

保个性的发展和个人的权利为核心的个人主义逐渐发展成西方文明价值体系中的一个重要内容，成为我们今天理解西方文明的一把钥匙。

2. 世俗主义

人文主义的另一个显著特点是与现实生活的紧密结合，提出了比较系统的世俗主义主张，通过对现世生活，而不是死后生活的强调，赋予人世间的生活以一种积极的意义。

众所周知，中世纪基督教教会一直宣扬，人间不是幸福，人只有抑制自己的情欲和欢乐，忏悔人生罪过，走完痛苦的人生历程，进入天国，才能获得永恒的幸福，把对人在天国获得拯救视为人存在的唯一追求。而世俗主义反对把人生看成是痛苦的历程，认为人应该首先享受现世生活，然后再考虑身后的事，并把追求人间的幸福视为人之天性。

在世俗主义思想的影响下，中世纪流行的禁欲主义遭到抨击和遗弃。如出于对禁欲主义的反动，薄伽丘干脆把男女之间的情欲作为爱情来歌颂。意大利佛罗伦萨银行家梅迪奇甚至把享乐主义作为现世生活的表现。他在一首诗中写道："多么美妙的青春啊！然而只是一瞬间。让我们唱吧！笑吧！祝要求幸福的人幸福，不要期待明天！"号召人们享受现世的生活。

强调现世生活的充裕、美好是世俗主义的追求。鉴于世俗主义把幸福看成是人的最高目的，而要实现幸福的目的，必须发挥人的主观能动性，所谓主观能动性，就是给自己、给社会带来利益，不能对世界持消极旁观的态度。这样，世俗主义促进了积极的处世哲学的产生。

世俗主义的出现还使得人们重新评估财富的价值。当时的人们从实际生活中认识到：只有拥有丰厚的物质财富才能带给人以优越的生活和社会尊严。为了能够过上幸福的生活，人们不再把发财与信仰割裂开来。祈祷自己快快发财，成为文艺复兴时期许多人的共同愿望。意大利商人达蒂尼在自己的账本中这样写道："为了上帝，为了利润。"人文主义者布拉乔利尼甚至提出："金钱是国家的力量所在，赚钱应视为国家的基础和根本。"

世俗主义在意大利文艺复兴运动中的地位尤为突出，可以说是该运动的中心思想之一。意大利人文主义者，无论是文学家，还是艺术家，都是快乐生活和人间美的歌颂者和追求者。

受世俗主义的影响，文艺复兴时期的文化与中世纪文化相比具有更多的世俗取向。

（二）自然哲学

文艺复兴时期，人们自我觉醒，思想从空幻的世界回到了现实当中。在当时，自然与人是思想界研究的中心课题。在这一研究过程中，除了人文主义，还形成了与之既有联系又有一定区别的另一思潮——自然哲学。

自然哲学主要以唯物主义反对经院哲学的唯心主义。以布鲁诺和尼古拉斯为代表的自然哲学家们以经验观察的方法反对经院哲学的推演方法。比如尼古拉斯从当时自然哲学的材料出发，第一个提出了对立面一致的原理。他还与布鲁诺从认识论的角度探讨了如何把握对立统一的途径问题。此外，尼古拉斯主张：要把握对立面的一致，需要经过三个相辅相成的阶段——感性、知性和理性。与尼古拉斯相比，布鲁诺是文艺复兴时期自然哲学的杰出代表。

乔尔丹诺·布鲁诺（1548—1600）是意大利文艺复兴时期伟大的思想家、自然科学家、哲学家和文学家。他勇敢地捍卫和发展了哥白尼的太阳中心说，并把它传遍欧洲，被世人誉为是反教会、反经院哲学的无畏战士，是捍卫真理的殉道者。

布鲁诺出生于意大利那不勒斯附近的诺拉镇。原名菲利普·布鲁诺，父亲乔万尼·布鲁诺是一名军人。大概他幼年丧失父母，或者是家境贫寒，靠神甫们收养长大。这个穷孩子自幼好学，15岁那年当了多米尼修道院的修道士，并获得乔尔丹诺的教名。全凭顽强自学，终于成为当时知识渊博的学者。这位勤奋好学、大胆而勇敢的青年人，一接触到哥白尼的《天体运行论》，立刻激起了他火

乔尔丹诺·布鲁诺

一般的热情。从此，他便摒弃宗教思想，只承认科学真理，并为之奋斗终生。

布鲁诺信奉哥白尼学说，所以成了宗教的叛逆，被指控为异教徒并革除了他的教籍。公元1576年，年仅28岁的布鲁诺不得不逃出修道院，并且出国长期漂流在瑞士、法国、英国和德国等国家，他四海为家，在日内瓦、图卢兹、巴黎、伦敦、维登堡和其他许多城市都居住过。尽管如此，布鲁诺始终不渝地宣传科学真理。他到处作报告、写文章，还时常地出席一些大学的辩论会，用他的笔和舌头毫无畏惧地积极颂扬哥白尼学说，无情地抨击官方经院哲学的陈腐教条。

布鲁诺的专业不是天文学也不是数学，但他以超人的预见大大丰富和发展了哥白尼学说。他在《论无限宇宙及世界》这本书当中，提出了宇宙无限的思想，他认为宇宙是统一的、物质的、无限的和永恒的。在太阳系以外还有无以数计的天体世界。人类所看到的只是无限宇宙中极为渺小的一部分，地球只不过是无限宇宙中一粒小小的尘埃。

布鲁诺进而指出，千千万万颗恒星都是如同太阳那样巨大而炽热的星辰，这些星辰都以巨大的速度向四面八方疾驰不息。它们的周围也有许多像我们地球这样的行星，行星周围又有许多卫星。生命不仅在我们的地球上有，也可能存在于那些人们看不到的遥远的行星上。

布鲁诺以勇敢的一击，将束缚人们思想达几千年之久的"球壳"捣得粉碎。布鲁诺的卓越思想使与他同时代的人感到茫然，为之惊愕！一般人认为布鲁诺的思想简直是"骇人听闻"。甚至连那个时代被尊为"天空立法者"的天文学家开普勒也无法接受，开普勒在阅读布鲁诺的著作时感到一阵阵头晕目眩！

由于布鲁诺在欧洲广泛宣传他的新宇宙观，反对经院哲学，进一步引起了罗马宗教裁判所的恐惧和仇恨。1592年，罗马教徒将他诱骗回国，并逮捕了他。刽子手们用尽种种刑罚仍无法令布鲁诺屈服。他说："高加索的冰川，也不会冷却我心头的火焰，即使像塞尔维特那样被烧死也不反悔。"他还说："为真理而斗争是人生最大的乐趣"。经过八年的残酷折磨后，布鲁诺被处以火刑。

1600年2月17日凌晨，罗马塔楼上的悲壮钟声划破夜空，传进千家万户。这是施行火刑的信号。通往鲜花广场的街道上站满了群众。布鲁诺被绑在广场中央的火刑柱上，他向围观的人们庄严的宣布："黑暗即将过去，黎明即将来临，真理终将战胜邪恶！"最后，他高呼"火，不能征服我，未来的世界会了解我，会知道我的价值。"刽子手用木塞堵住了他的嘴，然后点燃了干柴。布鲁诺在熊熊的烈火中英勇地就义了。

布鲁诺死后，罗马教廷害怕人们抢走这位伟大思想家的骨灰来纪念他，匆匆忙忙地把他的骨灰连同泥土收集起来，抛洒在台伯河里。

布鲁诺在哲学上的突出贡献是他在继承和发展古代朴素唯物主义和自然辩证法的优良传统基础上，汲取了文艺复兴时期先进哲学和自然科学成果，论证了唯物主义和辩证法思想，开创了近代唯物主义和辩证法的先河。他依据当代自然科学的最新成果——哥白尼学说，形成了自己崭新的宇宙论。他提出并论证了宇宙无限和世界众多的思想。他认为整个宇宙是无限大的，根本就不存在固定的中心，也不存在界限。而地球只是绕太阳运转的一颗行星，太阳也只是宇宙中无数恒星中的一颗。在无限的宇宙中，有无数的"世界"在产生和消亡，但作为无限的宇宙本身是永恒存在的。布鲁诺不仅抛弃了地球中心说，而且也跨过了哥白尼的太阳中心说而大大前进了一步。他还提出天地同质说，认为物质是一切自然现

象共同的统一基础。

布鲁诺明确指出自然界的万事万物都处在普遍联系和不断运动变化之中。这一变化是统一的物质实体包含的各种形式不断转化的过程,事物经过相互转化,形成对立面的统一。布鲁诺还论述了"极大"与"极小"的对立统一。他指出"宇宙里面,体积与点无别,中心与周边无别,有限者与无限者无别,最大者与最小者无别"。他把对立统一原则看作是认识自然、发现真理的诀窍,将这一学说提到方法论的高度。他得出的结论是:"谁想要认识自然的最大秘密,那就请他去研究和观察矛盾和对立面的最大和最小吧。深奥的法术在于能够先找出结合点,再引出对立面"。(布鲁诺:《对话集》第291页)布鲁诺把这种辩证思想推广应用于社会和日常生活。他说:"不可能有这样的国家、这样的城市、这样的世代、这样的家庭,其成员竟会有相同的脾胃,而没有互相对立、互相矛盾的性格。"他指出意大利既是"一切罪恶"的"渊源",又是"地球的头脑和右手"以及一切美德的"教导者、培育者和母亲"。布鲁诺继承和发展了古代辩证法,成为文艺复兴时期最伟大的辩证理论家。他提出若干重要辩证的原理并做了详细论证,为反对中世纪经院哲学中行而上学的观点作出了重要贡献。

布鲁诺认为人类历史是不断变化和前进的。他反对那种把远古社会美化为"黄金时代"的观点。他主张社会变革,但反对用暴力手段去改造社会,他把理性和智慧看成是改造社会,战胜一切的决定力量。但是他却看不到人民群众实践的社会作用。

布鲁诺的哲学是刚刚启蒙的资产阶级哲学,是文艺复兴时期哲学发展的一个高峰。由于受历史和阶级的局限,他的哲学思想还有很多不彻底的地方,但却对以后资产阶级革命和近代资产阶级唯物论的发展起到了重大的推动作用。

布鲁诺的一生是与旧观念决裂,同反动宗教势力搏斗,百折不挠地追求真理的一生。他赞扬哥白尼学说如同一道霞光,它的出现应当使数百年埋藏在盲目、无耻和嫉妒愚昧的黑山洞里的古代真正科学的太阳也放射光明。布鲁诺以生命捍卫并发展了哥白尼的日心说,并使人类对天体对宇宙有了新的认识。布鲁诺曾在《论英雄热情》中对那些激情满怀、点燃理性之光、进行创造活动的伟大人物评价道"他们虽死在一时,却活在千古!"其实,这也是对他自己的最好的评价。

1889年的6月9日，人们在他殉难的罗马鲜花广场上树立起他的铜像，以作为对这位为真理而斗争，宁死不屈的伟大科学家的永久纪念。这座雄伟的塑像象征着为科学和真理而献身的不屈战士永远活在人民心中。

二、但丁的人文主义思想

（一）但丁的生平

但丁·阿利吉耶里（1265—1321），意大利诗人，西方人文主义思想的开拓者，文艺复兴的先驱。

但丁1265年5月下旬生于佛罗伦萨，据说他的父亲当过法庭文书，五六岁时母亲去世，大约18岁时父亲去世。他在大学者布鲁内托·拉蒂尼的指导下，研究各种学问，阅读荷马、维吉尔、奥维德的诗歌，接触法国骑士文学和普罗旺斯抒情诗。在他钟爱的女子贝雅特里齐去世后，他攻读神学、哲学，博览群书。

他加入了圭尔弗党，1289年6月，他参加了同阿雷佐城的吉伯林党作战的坎帕迪诺战役。同年8月，他又参加了佛罗伦萨攻打吉伯林党盘踞的比萨的战斗。1293年，圭尔弗党战胜吉伯林党后，但丁加入医生和药剂师行会，先后当选人民首领特别会议和百人会议的成员。1300年，他被任命为行政官，他的政治生涯达到顶点。当时，圭尔弗党分裂为代表贵族利益、支持教皇博尼法鸦斯八世的黑党和代表商人利益的白党。但丁以共和国利益为重，秉公处理了两党的流血冲突，他把两党首脑都驱逐出境。他还挫败了教皇干涉佛罗伦萨

但丁

内政的阴谋，得罪了教皇。不久，黑党在教皇的支持下，夺取了佛罗伦萨政权，以各种罪名革除但丁的公职，判以巨额罚金，并流放两年。但丁拒不认罪，又被判处终生流放。但丁度过了近二十年漂泊无定的流亡生活。他接触了社会各阶层。他断然拒绝佛罗伦萨统治者提出的要他宣誓忏悔以取得赦免、重返家园的要求，1315年，他又被缺席判处死刑。晚年，但丁定居拉韦纳。1321年9月14日因病逝世。

（二）主要著作及思想

作为文艺复兴的先驱，但丁首先大胆提出政教分离、反对教皇干涉政治的观点。这体现在他的作品中。

流放初期，但丁写了三部理论著作：《论俗语》，该著作批判推崇拉丁语的偏见，阐明以佛罗伦萨方言为基础的俗语的优越性，为意大利民族语言和文学语言的发展奠定了基础，但丁在《论俗语》中还论及诗的语言、诗的本质、诗的题材等。《飨宴》是意大利第一部用俗语写成的学术著作，但丁借诠释自己的诗歌，介绍古今科学文化知识，但只完成了四篇论文。《帝制论》，共三卷，论证建立帝制的必要性，认为建立帝制的使命历史地归于罗马人，世间万物中唯独人既有可消亡的肉体，又有永恒的灵魂。但丁第一次从理论上阐述了政治和宗教平等、政教分离、反对教会干涉政治的观点，对以后欧洲的宗教改革运动和资产阶级革命都产生了深远影响。

但丁是中世纪最伟大的诗人，同时他又开创了文艺复兴运动。恩格斯说："他是中世纪的最后一位诗人，同时又是新时代的最初一位诗人。"

他的名著《神曲》的写作始于1307年前后，完成于1313年，《天堂》一卷在他逝世前不久脱稿。

我们不妨先来看《神曲》的地狱篇。在基督教里，"地狱"是一个很重要的观念。按《圣经》的说法，上帝在创造天堂之前，先造了地狱。中世纪的西方人老老实实地承认，如果没有"地狱"的预设，人不知道要坏到什么程度。地狱对于人具有极大的威慑性和规范性，使人不敢堕落。《圣经》说，世界有末日审判，每个人都是逃不掉的。

《神曲·地狱篇》插图

在地狱之门上写着这样一段话：

由我进入愁苦之城，由我进入永劫之苦，由我进入万劫不复的人群中。正义推动了崇高的造物主，神圣的力量、最高的智慧、本原的爱创造了我。在我以前，从未造物，除了永久存在的以外，而我也将永存。进来的人们，你们必须把怯懦抛开。

古罗马诗人维吉尔曾说过这样两句话："在这里，你无须游移，在这里，你也不能怯懦。"马克思把这两句话写在了《资本论》的序言里。马克思也把自己看作一个敢于下地狱的人，一个敢于拆毁地狱的人。

在地狱的门口，但丁看到了一些酷似人形的软体形动物。他就非常奇怪地问维吉尔："它们是什么？"导师告诉他："这是那些一生既无恶名，又无美名的凄惨的灵魂。他们中间还混杂着一些卑劣天使，这些天使既不背叛，也不忠于上帝，而只顾自己，各层天都驱逐他们，以免自己的美为之逊色。而地狱的深层也不接受他们，因为他们和作恶者相比还有点自豪。"但丁说："什么使他们这样痛苦呢，使他们的哀鸣、叹息如此沉痛呢？"维吉尔说："我简单地告诉你，他们没有死的希望。他们盲目地度过一生，如此微不足道，以至于对于任何别种命运，他们都嫉妒，世人不容许他们的名字留下来，慈悲和正义都鄙弃他们，我们不要讲他们，你看一看就走吧。"这些没有生活过的卑怯之徒，在地狱之门来回徘徊，被牛虻和黄蜂叮咬得鲜血直流，流下来的血，只有蛆虫才肯去吸吮。这些人不可能上天堂，下地狱也没可能，连地狱也不要他们。他们比起那些作恶的人来讲都是微不足道的，那些作恶的人都有理由藐视他们。为什么呢？他们是庸庸碌碌、无所作为的人，这种人他们虽然活过，但是叫作"没有生活过"的人。从这里我们可以看到但丁对那些无所作为、庸庸碌碌、怯懦的人是多么的鄙视。

维吉尔又带领但丁进入地狱之门，先走过第一层，这里就是候判所，接着进入第二层，那个情景与第一层就大不相同了。这里面羁押的都是一些什么样的幽灵呢？好色之徒。但丁在这一层里看到了一些我们很熟悉的人，比如说，《伊利亚特》中写到的阿喀琉斯，就是希腊的民族精神的代表。他为什么也被关在这里呢？就因为他是一个好色者。他因为和帕里斯的妹妹恋爱，结果中了人家的圈套，被人家射中脚后跟死去。还有那个倾国倾城的海伦，由于她引起了十年的希腊联军和特洛伊人的战争。此外，还有特洛伊王子帕里斯、埃及的风流皇后克莉奥佩特拉。这些人都因为好色，被关在地狱的第二层，忍受着寒风和冰雹的袭击。这些幽灵哀号着在寒风当中飘来飘去。但丁在看到这些以后"心中不禁生出怜悯之情，而且觉得自己的心仿佛又疑惑起来。"按基督教圣芳济教派的教义，这些人必须关在地狱里，必须忍受这样的痛苦。但丁作为一个基督教教徒，知道这一点，但他老老实实地说，他怜悯他们，而且对于他们是否应该关在这里，他感到迷惑。

就在迷惑之时，他看到了一对幽灵——一对男女，他们紧紧地抱在一起。但丁仔细地一看，发现这个女的叫弗兰采斯加，是自己生前认识的一个人。弗兰采斯加是一个很不幸的女人，她年轻的时候，由父母做主嫁给了一个瘸子，叫祈安启托。这个男人不仅瘸，而且生性很暴虐，弗兰采斯加的生活很不幸福。就在这时候，她遇见了表兄保罗，两个人生出了好感。有一次，两人一起阅读骑士小说，读到描写骑士兰斯洛特和桂内维尔的恋情时，便情不自禁地模仿起来。由此就犯了奸淫罪，被罚进了地狱第二层。但是，这一对恋爱的年轻人，他们的灵魂

即使在血雨风沙的折磨中也拥抱在一起，不肯分开。但丁看到这一对幽灵，听到他们的倾诉，他在《神曲》里写道："我昏倒在地，如同死尸一样。"这反映了但丁内心的一种矛盾：作为一个基督徒，他觉得这些人都应该关在地狱里，但作为一个人，作为一个崇仰希腊文化的人，他又发自内心地同情他们，为他们的命运扼腕叹息，由于同情他们，甚至昏倒在地，"如同死尸一样"。

穿过了第二层，就到了地狱的第三层。第三层主要是羁押和惩罚饕餮者。照中国人的观念看来，一个人有一点贪吃不是什么罪过，说不定还可以得到一个"美食家"的荣誉称号。但是基督教是比较崇尚节俭的。他们认为喝的红酒是基督的血，吃的面包是基督的肉。所以每个人吃饭前都应该祈祷，感谢主的赐予。过于贪吃的人（饕餮者）必然要受到惩罚。在这一层里，因为这些幽灵生前吃了太多的东西，所以他们要被塞比罗鬣恶狗所吞吃。塞比罗鬣恶狗是一只三头狗，它们不断地吞吃这些生前饕餮者身体上的肉，把他们弄得血肉模糊。

第四层关押的是一些吝啬者和浪费者。从基督教的观念来讲，吝啬的人和浪费的人同罪。他们都是处理财物不当，所以每个人抱着很多的财物，相互之间不断地在撞击。两个人撞在一起，然后分开了，分开了又和别人撞在一起，有点像我们化学上讲的"布朗运动"一样。

第五层关押的是动辄发怒的人。在《圣经》里专门有这样的训诫，叫"不可发怒"，认为发怒是人的一种恶欲念的发作，应该有节制，不能节制的要进入地狱的第五层。

以上从第一层到第五层都设在狄斯城外，都是在地狱王的管辖以外。他们犯的罪，按亚里士多德的说法，叫"无节制罪"。在这前五层里，受的刑法还是比较轻的。

下面我们看第六层：关押的是邪教徒和伊壁鸠鲁主义者。基督教是一个排他性很强的宗教，凡是不信基督教，信其他宗教者都要被投掷在第六层，被烈火烧烤。伊壁鸠鲁是古希腊时期的一位哲学家，他认为人死后没有灵魂，人应该懂得享受现实。这样的享乐主义者死后也要进入地狱。

下来第七层关押的是犯了暴虐罪的人。暴虐罪包括三种：一种是对他人犯了暴虐罪，就是杀害了他人。第二种是对自己犯了暴虐罪，主要指的是自杀。按照基督教的教义，人是不能随便自杀的，自杀是一种罪，因为你来到世间，是上帝打发你来受苦的，你的苦还没受够，就自杀了，这是逃避苦难，要进入第七层。还有第三种，就是对自然、对艺术犯罪。这部分人中包括男性同性恋者。

比较重要的是第八层。第八层里又分了十条环形的恶沟，里面都关了什么人呢？有欺诈者，有骗子，有诱奸者，有偷盗者，有阿谀奉承者，有贪污者，有伪善者，有诬告陷害者，有恶谋者，有买卖圣职者等。在这些人身上集中表现了但丁对于当时意大利社会上污浊丑恶势力的痛恨。那些贪官污吏统统被丢进一个沸腾的大锅，大锅里装满了滚热的沥青。贪污者竭力要把头伸出来，呼吸一些清凉的空气，但是旁边有小鬼监视，一旦露出头就拿叉子用力把他们按回去。还有一种伪善者，他们穿着一件极其宽大的袍子，袍子里灌满了铅，使他们沉重得走不动路。但是从外面看上去，他们仿佛都穿着宽大的袍子在逍遥地、慢慢地散步，脸上还带着笑容。

在这一层里，我们也看到了但丁所喜欢的人：一种是被认为犯了蔑视上帝罪的人，还有当时意大利的一些政治领袖、反对党的领袖。如法利那太，是但丁的政敌，但是，但丁认为他对保全佛罗伦萨这个城市有功，所以对他有一分敬仰。他被关在地狱里看见但丁来的时候，把上半身挺直，俯视着眼前的一切，表现一种对地狱的蔑视。

这一层里，还有一个人，就是大家熟悉的尤利西斯，也就是《奥德修纪》描写的主人公奥德修。他被关在地狱里，是因为他是一个"恶谋士"，他献了"特洛伊木马计"，导致特洛伊城被希腊人攻破，而特洛伊人是古罗马人的祖先，也是意大利人的祖先。作为一个意大利人，但丁就应该把攻破自己城市的恶谋士放进地狱。但是，但丁又情不自禁流露出对他的智慧的崇拜。在《神曲》中，尤利西斯向但丁叙述，他怎么样带领一些人在大海航行，他想要看看"太阳的背后"是什么样子。结果大海波浪把小船吞没了，他就这样葬身于海底。

在这一层里对于教皇的处置值得我们特别注意。在中世纪，教皇享有和皇帝一样的威望，甚至于比皇帝的威望更高。但丁在走到地狱的第八层时，看到一个幽灵：他的头嵌在石洞里，整个人被倒栽葱地竖立起来，脚底板上还点着火，火烫得脚底板不停地抖动。但丁仔细一看，是教皇尼古拉三世。尼古拉三世把但丁

当作了教皇普尼腓斯八世,因为按着原来的安排,普尼腓斯八世要来接替尼古拉三世在这里受这样的酷刑。接替普尼腓斯八世的,是克雷门特五世。而但丁在写作《神曲》这一段的时候,普尼腓斯八世还健在,克雷门特五世也还健在。但丁对于这些趾高气扬的教皇势力毫不畏惧,是极端仇恨和蔑视的。

本来地狱是一个压抑人主体意识的设置,但是经过但丁的一个伟大的偷换,地狱变成了一个代表人民审判恶势力的审判庭。他审判贪官污吏、给人类带来灾难的伪善者、恶棍,包括教皇。人对地狱的恐惧感在但丁笔下转换成了人们对于地狱的崇高感。地狱成为一个人可以伸张正义的庄严法庭。

走过了第八层,就到了地狱的最后一层。在这里我们看到了地狱之王琉西

但丁在维吉尔的带领下,正在穿越恐怖的地狱

斐。这个身躯庞大无比的神，口中咬着三个"残害亲人者"，三个犯有最大罪孽的人：一个是暗害耶稣的犹大，另外两个是暗杀凯撒的凶手。因为意大利人把罗马人看成自己的祖先，而凯撒大帝是罗马最有成就的领袖，暗杀凯撒大帝的人罪大恶极，应该受到这样的酷刑。

维吉尔领着但丁从地狱之王琉西斐的胯下穿过去就进入了炼狱。

炼狱主要是关一些虽有过失，但较轻，不够入地狱条件者，他们可以通过痛苦的修炼，洗去自己的罪恶，从而获得升上天堂的资格。完整的炼狱系统的构建产生于但丁。它共分成七层，第一层居住的是傲慢者（但丁本人的罪主要也是傲慢）。第一层的人怎样修炼自己呢？因为傲慢的人生前喜欢昂头仰视，瞧不起一切人，到了炼狱，他就要弓身，把嘴巴啃在地上，来忏悔自己的过错。第二层是一些嫉妒者。嫉妒，按但丁的说法就是表现为他们总是用眼睛盯着自己嫉妒的对象，漏出恶意的光芒，所以到了炼狱里头，要用铁丝把他们的整个眼睛网住。第三层是怠惰者，让他们怎么修炼呢？比如说，把一块石头推到山上，到达山顶后，石头滚下来，就再往上推，如此日夜劳作不息。还有的层面，住着贪食的人，怎么修炼呢？就把他们绑在树干上，从树上垂下非常美味的水果，距离他们嘴很近，但又啃不着……进入炼狱，每一个人脑门上有七个P字，走过一层，洗掉了罪恶，就去掉一个P字，到最后，七层都走完了，这个人就变成了一个完美的人。在炼狱是要忏悔，要受苦的，但是和基督教观念不同的是什么呢？就是这种忏悔和受苦不是为了简单赎洗自己的罪恶，而是要使自己变成完美的人，至善至美的人。这是人为追求一个更高更美的境界而受苦。在这里，但丁提出：通过受苦，通过修炼，人可以达到一个完美的境界。

走完了炼狱的七层，到达了地上乐园耶路撒冷。维吉尔在此隐退，贝雅特里齐引导但丁游历天堂。乐园里有一个"忘川"，在"忘川"里蹚过去，你就忘掉了、洗掉了自己的一切过失，可以进入天堂了。

但丁关于天堂的描述，是根据托勒密的天文体系，将天分为九层，叫九重天。第一层叫月球天，住着正人君子；第二层是水星天，住着力行善事的人；第三层是金星天，住着博爱者；第四层是太阳天，住的是先知；第五层是火星天，住的是一些殉道者；第六层是木星天，住的是一些英明君主；第七层是土星天，

住的是修道士；第八层是恒星天，住的是耶稣和他的众弟子；第九层是原动天（水晶天），住的是众天使。贝雅特里齐带领但丁走到了原动天后，她本人归到幸福者的玫瑰丛中。此时，天上电光一闪，圣父、圣子、圣灵三位一体的神显示了自己的形象，但是这个形象是不能言说的，所以《神曲》到此就结束了。

炼狱、天堂的部分给予我们的启示，就是人通过主动的坚忍不拔的修炼，可以使自己达到一个至善至美的境地。

总之，我们看到《神曲》中不仅仅有基督教文化（源于希伯来文化）的承袭，而且有古希腊文化的承袭，这"两希"（希伯来、希腊）文化在《神曲》中形成一种相融相汇、相激相荡的形态。

《神曲》把但丁内心生活经验、宗教热忱、爱国思想和对现实的态度融为一体，囊括了中世纪的学术文化，成为一部百科全书式的典籍流传后世。诗作反映了但丁思想的矛盾二重性。

其一，歌颂上帝与批判教会的矛盾。但丁本人是虔诚的天主教徒，始终信仰宗教。他在《神曲》中满腔热忱地歌颂上帝，把圣徒安排在天堂，同时揭露批判现实教会的贪婪和残忍，让教皇下地狱。全书对教会的直接批判有20余处。但丁对教会的批判使他成为宗教改革的先驱。

其二，号召人民斗争与寄希望于好皇帝的矛盾。但丁有深厚的爱国情怀，尽管被流放，仍在思考拯救祖国的途径。他主张政教分离，号召人民起来斗争，同时把救国的希望寄托在好皇帝和人们的道德完善上，在天堂给在世的好皇帝预留位子。

其三，歌颂禁欲主义道德与肯定现实人生的矛盾。但丁根据宗教禁欲主义观念，把人的七情六欲都当作罪恶进行惩罚，爱情有罪，知识也有罪。同时他同情受惩罚的灵魂，肯定人的理性。他在诗中对各种知识的引用和阐述使得《神曲》表现了中世纪整个精神生活，成为中世纪文学和哲学的总结。

三、文艺复兴在意大利的兴起

文艺复兴最初在欧洲最南端的意大利发轫有着深刻而独特的历史背景。首

15世纪的佛罗伦萨城

先,意大利是中世纪欧洲城市生活和商业活动复苏最早的地区,大行其道的商品经济和日渐繁荣的海上贸易使得资本主义生产关系得以确立。这在意大利北部的独立城市共和国国家,如佛罗伦萨、米兰、威尼斯表现得尤为突出。以资本为主要财产的实业家、商人和银行家成为支配城市政治和社会生活的主要力量。商业化的城市还通过在原材料、流通领域,以及价格上的垄断剥削和统治农村,使封建势力受到很大的冲击。

事实上,意大利在中世纪形成的封建主义由于城市的发展而基本被摧毁。意大利成为资本主义的最早诞生地。在经济上成功的实业家、商人和银行家(可以说这些人已经属于新兴资产阶级)对社会和文化生活提出了自己的、不同于过去的新要求,用手中的钱丰富和美化自己的生活成为他们的生活追求。城市生活还造就了新兴市民阶层,他们思想活跃,自由化倾向严重,希望能够摆脱旧思想的束缚。资本主义生产关系还改变了人的生活方式,使人的价值观产生变化:人由消极被动变成积极主动,财富、自由、民主、幸福成为社会的追求和人文主义歌颂的内容。最为重要的是资本主义在经济上的成功为文艺复兴的到来奠定了坚实的物质基础。如佛罗伦萨银行家梅迪奇利用积攒起来的巨额财富创建专门从事古希腊研究的柏拉图学园,赞助和奖励艺术创作,收留从拜占庭逃到意大利的希腊学者,使佛罗伦萨成为意大利文艺复兴时期的文化艺术中心,有力地促进了文艺复兴运动的开展。

意大利的特殊地理位置和地理条件也是使得文艺复兴首先在意大利兴起的一个重要因素。意大利作为古罗马文明的发源地和统治中心,与欧洲任何其他地区相比，意大利与古典过去的联系要密切得多。古罗马文明的遗传和遗迹在意大利半岛到处都是。幸存下来的大型纪念性建筑时时提醒人们古罗马曾经有过辉煌。生活在那里的人们与古典文化有割不断的联系。古典文化，特别是古罗马文化的影响时时存在。14世纪由于毗邻的拜占庭的衰亡，大批拜占庭优秀学者来到意大利，他们带来了不少古代文化的成果，进一步增进了意大利人对古典文明的了解和偏爱。但丁把古罗马诗人维吉尔看作是古典文明的化身，彼得拉克认为古罗马是孕育意大利人的母亲也就十分自然了。这一切造成了欧洲古典学派首先在意大利出现的事实。

文艺复兴运动在意大利的出现主要体现在思想、文学和艺术领域的一些令人振奋的趋势上。而这些趋势代表着一种完全不同于中世纪的文化思潮，预示着欧洲社会未来的发展方向，使欧洲走上了一条最终摆脱宗教神权思想控制的道路。

这里不能不提的是，在当时的意大利，文艺复兴造就了一位卓越无比的哲学家——尼科罗·马基雅维利。许多人总是惊讶于他的荒谬绝伦。确实，有时候他的确是荒谬惊人的。但马基雅维利的政治哲学又是科学性的经验学问，他以亲身经验为基础，大力阐述达到既定目的所需的手段，而不讲目的的善恶问题。他偶尔听任自己希求的目的是大家会完全称赞的一种目的。惯常加到他名字上的毁

佛罗伦萨是意大利最能感受文艺复兴气息的城市，至今仍保留着文艺复兴以来的传统。

谤，大部分出于恼恨的伪君子。从客观上说，他需要批评的地方有很多，但在那个时代谁的表现都大抵如此。这种在政治中的不诚实和在思想上的诚实，在小城邦间的战争，在古希腊正如同在文艺复兴时期的意大利，都是和个人天才自然相连的政治背景造就出来的特殊现象。

马基雅维利（1469—1527），出生于意大利的佛罗伦萨一个中产阶级家庭。他20多岁的时候，萨万纳罗拉主宰佛罗伦萨。此人的悲惨下场给马基雅维利留下了极其深刻的印象，所以他说："一切武装的先知胜利了，没有武装的先知失败了。"萨万纳罗拉死后，马基雅维利在佛罗伦萨政府工作，担任重要的外交使节。直到1512年美第奇家族复辟，马基雅维利因与美第奇家族唱反调而被捕，恢复自由后，长期隐居庄园，著书立说。1513年写成令他享誉西方世界的千古名著《君主论》，该书想讨美第奇家族的欢心，其文语调多少也可归之于这个实际意图；他同时撰写的《罗马史论》，却带有更多的共和主义与自由主义色彩。他在《君主论》中开宗明义说，本书不谈共和国，因为已在别处讨论过了。没有读过《罗马史论》的人，对他的学说容易产生歧义。

最终，马基雅维利没能与美第奇家族和解，于是隐居终身，继续著述，查理五世的军队洗劫罗马时寂然离世。

《君主论》旨在根据史实及当时的事件，揭明公国的建立、维持和失败的过程。15世纪的意大利提供许多个大小实例。邦主不合法，教皇可贿买选。依靠凶残和不讲信义的行为达到成功，与和平时代简直

马基雅维利

天壤之别。

亚历山大六世的儿子凯撒·鲍吉亚为了达到自己的目的，必须弑兄，打着教皇的旗帜征服领地为自己所有。凯撒手腕老练，马基雅维利说，从他的实践，新起的邦主应当吸取箴训。由于命运不吉，恰巧其父死时，凯撒也病倒了，待他病愈，敌人已纠结起兵力，冤家对头也当选为教皇。就这样，凯撒失败了。

马基雅维利熟知他的种种恶行，却下此结语："回顾凯撒，我们找不出丝毫可指责的地方；他是一切想靠命运、借他人武力掌权者的榜样。"

《罗马史论》中关于教皇权力的议论比较详尽，也比较真诚。他首先按七个级别为著名人物排了个道德队。最上等人是宗教始祖，其次是君主国或共和国的奠定者，然后是文人。这些人是好人，而破坏宗教、颠覆共和国或王国以及与美德或学问为敌的人是恶人。凡建立专制政治的人非善类。他主张宗教在国家中应占显要地位，其理由是宗教是很好的社会联结纽带。马基雅维利指责教会，一是教会恶行伤害了宗教信仰；二是教皇俗权及其政策妨碍意大利统一。

文艺复兴时代的人崇拜那些政治手腕高明并名利双收的人和行为。在马基雅维利时代的意大利，那种对投机取巧、尔虞我诈等的准艺术欣赏式的赞美，是举世无双的。要是把这种赞美跟马基雅维利认为重要的大政治目标相同对待，那就大错特错了。爱手腕和求意大利统一的爱国愿望在他的心中并存但不融会。所以他能够颂扬凯撒·鲍吉亚的精明，却怪罪他不该让意大利闹得分崩离析。应当设想，依他之见十全的人物就是为达目的不择手段的人。《君主论》的结尾，声情并茂地呼吁美第奇家族将意大利从"蛮人"（法兰西人和西班牙人）"发恶臭"的统治中解放出来。他预料人担当这种事业，不会是出于非自私的动机，而会是出于爱权势心，更重的是好名望心。

关于邦主的行为，《君主论》直言不讳地否定一般公认的道德。邦主一味善良，就会灭亡。他必须狡猾如狐狸，凶猛像狮子。在守信有好处时，邦主应当守信，否则不要守信。邦主有时候必须不讲信义。最重要的是邦主应当显得虔信宗教。

《罗马史论》与《君主论》的语调大不相同。明言阐述了"约制与均衡"说。君主、贵族和平民在宪法中皆应各占一份。斯巴达宪法之所以最佳就是因为它体现了极为完全的均衡；梭伦的宪法过分民主，结果造成比西斯垂塔斯的

僭主政治。

总结起来，可以看出马基雅维利的政治观点是：

一是非道德的政治观。马基雅维利从人性论出发，认为人类最初与动物一样，是分散活动的。追求权力和财富是人的主要欲望，但权力和财富有限而欲望无穷。为了防止互相争权夺利，人们便从中选出领袖，颁布法律，产生了国家。国家是分散的个人为其生命和财产安全而建立的组织。国家的根本问题是统治权。这样，他就把政治与伦理道德区分开来，把政治的本质归结为一个世俗问题，使它与中世纪神学中的来世幸福和千年王国互不相干。此后，权力被看作国家机器和法律的基础。他最早用人的眼光来考察国家，从理性和经验中而不是从神学中引申出国家的自然规律。他是最早尝试用阶级斗争观点解释历史的学者。

二是政体思想。他认为人类历史上依次出现君主政体、贵族政体和共和政体，这是三种正常的政体类型。它们的变异形式是暴君政体、寡头政体和"群氓"统治。他反对世袭君主制，只把君主专制看作挽救意大利的临时措施。国家统一后，还是要实行共和制度。

三是统治术。他写《君主论》主要讨论统治者维护权力的方法。他是近代第一个注重统治术的思想家。他认为，维持国家政权的基础是军队和法律。他厌恶雇佣军而赞赏法国的常备军。因为雇佣军为了更好的价钱随时会背叛雇主，他们给意大利带来的只有恐怖。统治者建立一支由公民组成的军队并忠于他本人，就可以维护其权力并开拓国土。他主张统治者应把"如何才能保全国家的生存和自由"放在一切其他考虑之上（《论述》）。至于这样做"是否公正、人道或残忍、光荣或耻辱都可以置之不顾。"这种"只要目的正当，可以不择手段"或"目的说明手段正当"的政治权术，即所谓马基雅维利主义。

马基雅维利用如此冷漠以至冷酷的语调鼓吹统治术而毫不顾及信用、正义和道德，一直引起人们的争议。对此可以作出的解释是，与其说他邪恶，不如说他坦率。他反映了当时"坏蛋和冒险家"到处横行无忌的社会现实，而不是在鼓吹道德沦丧。在研究政治学的时候，他把政治从道德等社会领域中抽出来单独加以考察，这是无可非议的。（选自罗素的《西方哲学史》）

还应指出，既然他主张统治者应把国家安危置于一切考虑之上，那么，军人和公民（臣民）忠于统治者就等于忠于国家。由此可见，马基雅维利心目中的专制君主，不是暴君而类似后来的开明专制政体：军队和人民忠于这样的统治者只能是基于民族感情和爱国主义。

马基雅维利的政治思想自然有其肤浅之处。他满脑子是莱库格斯和梭伦一类的大制法者，想当然地认为他们不管以前的社会情况就创立了一个完完整整的社会。然而，如果把社会看作是有机生长体，政治家对它的影响是有限的，这种社会概念主要是近代的概念，进化论又大大加强了这个概念。这概念从柏拉图那里找不到，从马基雅维利那里同样也难以找到。

四、文艺复兴在欧洲其他地区的传播

文艺复兴自在意大利出现以来就以不同的方式影响和传播至欧洲其他地区，受其影响，意大利以北国家不断有学者南下来到意大利学习。不过，在16世纪以前，意大利的文艺复兴基本是对个人和在小范围内产生影响。1500年以后，由于欧洲社会自身发展的加快，思想文化交流增多，人们对发生在意大利的一切深感兴趣，文艺复兴思想的传播和影响越来越广泛，终于在随后的100年中成为意大利以外欧洲国家的主要运动。由于欧洲其他地区的社会、历史、政治、经济、文化均有别于意大利，因此，当文艺复兴在这些地区和国家出现时，运动的形式、内容、方式均有所不同。

（一）文艺复兴在法国的传播

法国是继意大利之后文艺复兴得到开展的地区。14世纪末，意大利文艺复兴时期的诗人彼特拉克的作品和思想就已经传到法国并产生影响，但是，由于法国当时的社会条件还不成熟，文艺复兴运动直到16世纪才在法国真正开展。法国在弗朗索瓦一世发动的对意大利的多次战争中获得大批意大利文艺复兴时期的艺术品和书籍，这使法国人大开眼界，对文艺复兴运动有了感性了解，促进了人文主义思想的传播。1530年，在弗朗索瓦一世的倡导下，法兰西学院建立，一批文人学者汇集在一起，开展对古典语言和古希腊罗马文化的研究。在法兰西学院建立过程中发挥重要作用的毕代等是最早出现的人文主义者。

拉伯雷（约1494—1553）是法国文艺复兴时期最重要的文学家和人文主义者。

拉伯雷出身于一个富裕的律师家庭，约于1520年当了修士，他身处修道院，却受到人文主义思想的吸引，潜心研读古希腊罗马作品，并研究法语和法律。他同许多学者有来往，特别是同著名的人文主义者比代通信。他的行为触犯了修道院的清规戒律，书籍被没收烧掉。拉伯雷愤然

拉伯雷

离开了修道院，从南方一直旅行到巴黎，沿途接触到广泛的社会生活，了解到各地大学被经院教育统治的情况，他的人文主义思想也渐趋成熟。1530年他在蒙彼利埃大学学医，1532年在里昂行医，医生的职业使他接触到各阶层的人物。他学识广博，对医学、法律、数学、天文、地理、植物、几何、考古、音乐、神学、哲学等都有所研究。

1532年，拉伯雷化名出版《庞大固埃》，这是他的毕生巨著《巨人传》的第二部。出版后大受欢迎，却被反动势力的顽固堡垒巴黎大学列为禁书。1534年他出版了《巨人传》的第一部《卡冈都亚》，此后，由于王权加紧迫害新教徒，拉伯雷只得暂时搁笔。1545年他在宫廷中谋得职位，次年以真名出版《巨人传》第三部，1548年又出版《巨人传》第四部，被巴黎最高法院定为禁书。在晚年，名义上他管理过两个教区，于1553年去世。《巨人传》第五部是在拉伯雷去世以后才问世的。

《巨人传》是一部讽刺小说，它广阔地反映了16世纪上半叶的法国社会生活。故事叙述两个巨人国王卡冈都亚及其儿子庞大固埃的神奇事迹。第一部叙述卡冈都亚不同凡响的出生，他先受经院教育，后受人文主义教育，并游学巴黎。

邻国国王毕可肖大举入侵，卡冈都亚及时赶回，在若望修士协助下，打败敌人。为了酬谢若望修士，建造了德廉美修道院。第二部描写庞大固埃在巴黎求学，遇到巴汝奇，巴汝奇后来帮助他征服了迪普索德国。第三部描述巴汝奇为解决婚姻问题遍访各种人物，庞大固埃和卡冈都亚也对此进行了探讨。第四部写庞大固埃在巴汝奇和若望修士陪同下，远渡重洋，寻访"神瓶"。第五部继续描写他们沿途的见闻，终于找到了"智慧源泉"——"神瓶"。

《巨人传》的内容具有强烈的反封建的进步意义。针对弗朗索瓦一世长年征战，致使国库空虚，苛捐杂税多如牛毛的现实，拉伯雷提出了反对穷兵黩武和掠夺性的战争，他通过妄图建立"世界帝国"的毕可肖和贤明君主格朗古杰的对照，表达了这一思想。小说对腐败的司法和捐税制度的抨击也十分犀利。法官们被写成"穿皮袍的猫"，专靠受贿为生，老百姓深受其苦。拉伯雷把苛捐杂税形容为"财政压榨机"，把老百姓榨取得一点儿也剩不下。小说描写农民的贫困生活，"无粮岛"上是一幅遭受封建剥削的悲惨景象，而"胖子国"的富人却吃得胀破肚皮。小说还提到了1548年吉叶纳农民反对盐税的起义。拉伯雷把人民的深重苦难和潜伏着的社会危机表现出来，是他作为人文主义作家的可贵之处。

拉伯雷从新兴资产阶级的立场出发，批判了教会及其意识形态。《巨人传》嘲笑了宗教传说，反对宗教独身、节食斋戒等形形色色的禁欲主义。拉伯雷同情新教徒，把执行宗教裁判所酷刑的耶稣会士刻画成可怕的猛禽。小说抨击了教会的封建教阶制，并辛辣地嘲弄了教皇，反对教皇向各国勒索巨款。拉伯雷特别痛斥了天主教用以毒害人民的经院教育和经院哲学，他通过卡冈都亚受教育的过程，形象地表明了经院教育只能培养愚昧无知的人。拉伯雷指出经院哲学的空洞无物和思想混乱，认为这是"无用的科学"。

拉伯雷是新兴资产阶级的代言人。巴汝奇这个形象反映了拉伯雷鲜明的阶级立

《巨人传》插图

蒙田

场。巴汝奇反对旧的生产方式和生产关系，他崇拜金钱，具有新兴资产阶级的进取精神和冒险精神，他无所不为，善于欺骗别人。拉伯雷对这样一个表达新兴资产者精神的形象是充分肯定的。

拉伯雷不仅痛快淋漓地批判了封建社会的黑暗面，而且提出了人文主义的理想。德廉美修道院体现了拉伯雷人文主义的政治、社会、宗教主张。拉伯雷提出"做你所愿做的事"，这是资产阶级反封建的个性解放的口号。若望修士既不禁欲，又很能打仗，他同过寄生生活的僧侣迥然不同，是拉伯雷理想的僧侣形象。拉伯雷还主张培养"全知全能的人"，表达了新兴资产阶级渴求知识和开创新世界的愿望。

蒙田（1533—1592）是法国文艺复兴后期的重要思想家和散文家。他的《随笔集》是其人文主义思想的代表。蒙田认为人天性就热爱生活，追求幸福和快乐是爱生活的具体表现，值得赞扬。他所提出的"只有怀疑才能判断和论定"是对当时社会流行的盲目信仰的有力抨击，可以说是笛卡儿"怀疑一切"思想的先声。他的人性论、对理性的崇尚，以及经验的思想都是人文主义的反映。

傅丹（1530—1596）是法国文艺复兴运动出现的人文主义著名法学家。他关于国家主权、专制君主的理论不仅指出了国家主权的原则，而且指出了统治者权限的内容。傅丹的法学思想基本上摆脱了中世纪神学的影响，用古希腊以来的法学理论解释国家主权观念，反映了新兴资产阶级对政治权力的观念和要求。作为系统论述国家主权理论的第一人，他的思想成为西方政治学的基础。

（二）文艺复兴在德国的传播

文艺复兴运动前的德国是一个封建统治下的农业国家，人口的80%生活在农村。政治上分裂，统一王权尚未形成，皇帝与封建领主以及城市贵族相互牵制。罗马教廷的影响巨大，宗教和政治常常牵连在一起。罗马教廷、神圣罗马帝国、封建诸侯对人民实行多重压迫。与意大利不同的是，资本主义因素仅在个别城市出现，尚未出现作为一股反抗宗教统治和压迫的社会力量——新兴资产阶级。德国的文艺复兴运动就是在这一背景下展开的。受意大利文艺复兴思想的影响，德国的文艺复兴运动自15世纪逐步开展。德国的文艺复兴运动首先是在研究古代语言学领域开始，人文主义者关心的主要是流传到他们手中的基督教教义是否有诈，教义经典是否忠实原文，因而对语言和译文的研究成为重点。正因如此，德国重要的人文主义者都同时是语言学家，这与意大利著名人文主义者基本是文学家形成对照。此外，德国文艺复兴的人文主义思想主要是在德国各大学的学者中间传布，希望摆脱中世纪蒙昧主义和经院哲学的束缚是他们的共同要求。

德国人文主义者的先驱是伊拉斯谟（1466—1536）。此人原籍尼德兰（今荷兰），在欧洲许多国家访问和生活过，晚年居住生活在巴塞尔，传统上被认为属于德国人文主义者范畴。他学识渊博，具有鲜明的反封建和反教会的倾向。他的思想对英国的思想教育产生过深远影响。伊拉斯谟所作的《愚人颂》是一部著名的反宗教蒙昧主义的讽刺作品。作者从人文主义立场出发，通过"愚人"的自白，揭露教会和僧侣的虚伪愚昧，讽刺迷信，肯定现世生活。他指出若铲除愚昧和轻信，宗教便无法存在下去。伊拉斯谟的另一项重要成就是他编撰的《圣经·新约》希腊版文。这是他经过10年的认真研究，在对照各种流传版本后确定的，纠正了流传本中不计其数的错误，为人们正确理解《圣经》，为后人正确研究《圣经》提供了一个权威版本。这对中世纪教会和教士随意解释《圣经》和基督预言的做法是当头一棒，是有史以来对《圣经》研究中的里程碑式的贡献。

罗伊希林（1455—1522）是德国另一位人文主义者。他对古代语言有很深的造诣，特别偏爱希伯来文。他通过比较希伯来文的《圣经》，发现欧洲流传的其他文本的《圣经》有不少错误，因此希望对希伯来文和犹太人的经典《塔木德》进行展开研究。可是，当时德国反犹主义倾向严重，教会和社会对犹太人的典籍有很大的偏见，科隆发生了反对和抵制犹太人书籍的事。科隆大学的经院派神学家和德意志宗教法庭庭长主张完全销毁德国境内的犹太人的书籍，而罗伊希林坚决反对，认为那是对知识的践踏，是一种愚昧做法。可罗伊希林却受到指

罗伊希林

责,被视为基督教的叛逆和不信神的人,并最终被教皇迫害致死。

不过,罗伊希林的观点得到德国人文主义者,包括伊拉斯谟的支持。为了反击这一愚昧做法,罗伊希林把自己支持者写来的信编撰出版了《蒙昧者书简》。书的内容主要是对罗伊希林反对者的讽刺,嘲讽那些人的无知和愚昧,不少书简文笔犀利、讽刺性强,代表了德国人文主义者反教会和愚昧的思想。

乌利希·封·胡登(1488—1523)是德国具有人文主义思想的政治家。在欧洲游历时受到人文主义思想影响,后成为伊拉斯摩斯的学生。他思想激进,在反对罗马教廷的宗教改革运动中主张把路德的反教廷言论变为行动。胡登是第二部《蒙昧者书简》的主要撰稿人。这是一本声援罗伊希林的书。书中的不少信是作者故意用糟糕的拉丁文写成的,伪称是科隆大学反对罗伊希林的经院哲学家所撰,

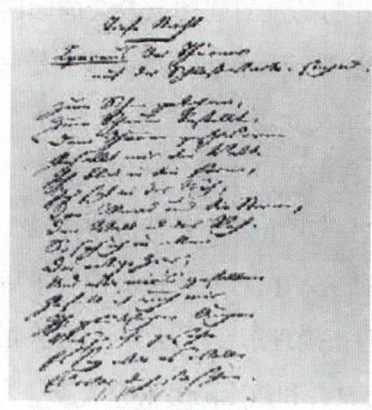

乌利希·封·胡登用拉丁文写的《蒙昧者书简》

以反讽的手法揭露那些以荒谬宗教教条炫耀无用学识的人。胡登的激进人文主义思想由此得到传播,他那尖刻而辛辣的语言使该书成为欧洲文学史上最辛辣的讽刺作品之一。

(三)文艺复兴在英国的传播

文艺复兴的人文主义思想于14世纪就开始在英国初显,其标志之一是乔叟在文坛上的出现。意大利的人文主义思想对乔叟的创作影响很大,通过乔叟的作

品，人文主义思想在英国得到最初的传播。托马斯·莫尔是继乔叟之后英国出现的一位有影响的人文主义者。莫尔担任过英国下议院的议长和最高法官，但后因为反对圈地运动和国王专权而被斩首。他所创作的对话体小说《乌托邦》是其人文主义思想的集中体现。在他笔下那个被称为"乌托邦"的理想社会里，没有私有制，没有人剥削人的现象，没有专制暴政，没有宗教迷信和宗教狂热，人人劳动，产品丰富，按需分配，社会和谐。他的作品对后来出现的描写理想社会的文学具有很大影响。

不过，文艺复兴真正开始在英国盛行是16世纪的事。首先，以大西洋为中心的经济活动，战胜西班牙的无敌舰队后获得的海上霸权，进一步刺激了英国工商业的发展和海外掠夺，使得英国的资本主义得到了快速发展。英国发生的圈地运动表明资本主义已经深入乡村。玫瑰战争后英国的封建领主势力被大大削弱，统一王权制度得到确立，政治获得平稳发展的时机。其次，从50年代开始，古代希腊罗马的作品和当代其他国家的著作大量翻译成英语，在推动英语文学发展的同时，使人文主义思想在英国迅速传播。诗人斯宾塞的长诗《仙后》通过对女王的歌颂，宣扬新兴资产阶级应具备的品质。作为散文家的培根以论说的方式表达人文主义思想和唯物主义观点，对社会的影响极大。

随着伊丽莎白女王时代的到来，英国社会政治更是相对稳定，经济发展迅速，文化繁荣。特别是在伦敦，文化生活异常丰富，犹如当年的佛罗伦萨，尤其是戏剧艺术得到很大发展。英国的剧作家从古希腊罗马人那里获得创作动力，开创了新的悲剧和喜剧创作之风。悲剧和喜剧如同在古希腊，再次成为大众文化生活的组成部分。一时间，剧场如雨后春笋般在伦敦出现。纯粹商业性剧团的出现造就了一大批职业剧作家和职业演员，并培养了一批买票看戏的观众。

舞台戏剧的再次流行反映了人文主义思想对社会的影响和古典文化观的复兴。自中世纪以来，舞台戏剧，特别是世俗题材的戏剧就一直遭到基督教的谴责。基督教神学家指责剧院是不道德场所，是唆使人堕落的地方，古典戏剧被封杀。尽管中世纪后期出现了戏剧，但主要是为了宣扬基督教价值观，很少在人物、语言、情节方面下功夫。在文艺复兴思想的影响下，16世纪的英国舞台彻底抛弃了中世纪的观念，戏剧作为娱乐和启迪心智的功能得以恢复。戏剧的流行

使得戏剧成为联系广大民众、传播人文主义思想的重要媒介。在伊丽莎白女王时代，英国涌现了一大批才华横溢的剧作家，他们中的不少人都受过大学教育，具有较高的古典文化修养，受到人文主义思想的熏陶，特别是一批所谓"大学才子"派剧作家，他们的人文主义倾向很重，作品艺术性高，对英国戏剧繁荣作出了重要贡献。基德和马洛是其中的佼佼者。基德的杰作《西班牙悲剧》是一部以西班牙宫廷阴谋为背景，通过复仇的故事反映宫廷倾轧的戏剧。基德的作品情节生动感人，主要人物性格鲜明。马洛的剧作《帖木儿》反映新兴资产阶级在征服世界过程中表现出的进取精神；《马耳他岛的犹太人》表现资产阶级对财富追求的无止境欲望。《浮士德博士的悲剧》则肯定知识的绝对力量。马洛的最大贡献是创造出了与希腊戏剧的英雄性格相辅相成的巨人性格，与文艺复兴这个巨人时代的精神是相仿的。他们的创造方法和作品对莎士比亚的戏剧创作有很大的影响。

当然，这一时期英国涌现出的最伟大戏剧家当是莎士比亚。

莎士比亚（1564—1616）是英国文艺复兴的巨匠，也是欧洲文艺复兴运动中涌现出的一位最伟大的巨人。他出生在英格兰的一个富裕市民家庭，从小就对戏剧感兴趣。13岁辍学经商，20岁前后来到伦敦谋生，先后在剧场干过杂活，同时开始写诗。英国当时的戏剧艺术繁荣局面对莎士比亚影响巨大，1590年前后，他加入了剧团，当过演员，后转入编剧，并成为剧团股东。

莎士比亚的创作是在文艺复兴运动影响下开始的，但他的创作同时又是对文艺复兴运动的巨大推动。作为欧洲文艺复兴时期少数几个最杰出的文学家，他从人文主义观点出发，对处于封建和资本主义交替时期的英国社会作了广泛而深刻的分析和描述，反映了人民的愿望和要求，在刻画人物精神风貌方面代表了人文主义思想。他一生硕果累累，留下了37部剧作，外加154首14行诗和两部长诗。以歌颂友谊和爱情为主的14行诗具有新兴资产阶级肯定生活、要求个性解放的人文主义思想。

莎士比亚艺术的成就主要是在戏剧创作方面。他的戏剧包括历史剧、喜剧、悲剧和传奇剧。尽管绝大部分戏剧是利用现成材料改编而成，但是，莎士比亚在改编过程中，融入了自己的人文主义思想，使戏剧成为传播文艺复兴思想的舞

台，这样莎士比亚以自己的创作把英国文艺复兴运动推向了高潮。

莎士比亚的早期创作以历史剧为主。剧本反映了英国新兴资产阶级的要求。当时的君主是统一民族国家的象征，拥护王权是结束封建贵族混战，保护国家不受外来侵犯，促进资本主义经济发展的可靠保证。历史剧虽然写的是英国过去的历史，但反映的却是文艺复兴时期英国社会和民众关心的问题。在这一意义上，莎士比亚的历史剧体现了文艺复兴的思想。《亨利四世》作为莎士比亚最具代表性的历史剧，写出了封建制度没落的趋势。

莎士比亚笔下的喜剧不同于古希腊喜剧，主要不是讽刺社会现实，而更多的是表现人文主义思想。歌颂爱情和友谊，宣扬个性解放、婚姻自由和个人争取幸福的权利是他的喜剧所要传递的主要思想。如在《皆大欢喜》中，他描写了一个理想且令人向往的人与人的和谐关系。

莎士比亚作品中最具代表性的是其创作的悲剧。与著名的古希腊悲剧一样，他的悲剧同样具有巨大的震撼力，极大地撞击着人们的心灵。无论是《哈姆莱特》《李尔王》，还是《奥瑟罗》《麦克白》都是伟大的作品。在这些作品中，莎士比亚创造了一系列令人难忘、极具个性的艺术形象。通过舞台表演，人物的复杂性格、精神、思想得到了最充分的展示。尽管剧中的主人公都是悲剧性的人物，但是莎士比亚通过对表现在他们身上复杂性格的生动刻画，把真实的人性展现给

莎士比亚

世人，从中揭示人的尊严、价值和力量，使作品具有永恒的魅力。与此同时，莎士比亚以自己对人和世界的看法拓展了人们对于文艺复兴时期人文主义理想与精神的了解。

五、宗教改革运动

宗教改革运动是1517年由德国的马丁·路德正式揭开序幕的，但这一场声势浩大的改革是有其深刻的背景的。

（一）德国的宗教改革

1. 德国宗教改革的背景

15世纪末，德国已经基本完成了地域上的统一，但在政治上仍旧处于分裂状态。国家统治机构设置冗杂，七大选侯（其中包括三个大主教）主宰着德国的命运，他们有权选举皇帝，在各自的领地中有征税、铸币和司法等各种权力。在七位选侯以外，当时的德国还有十几个大诸侯、上百个小诸侯和上千个独立的骑士领地。皇帝、大小诸侯和骑士实际上各自为政，忽战忽和，不存在统一的司法、行政、税收、货币和军事制度。

内部的分裂、混乱使德国不能够以一个国家的力量来反抗教廷的盘剥。当其他各国政府纷纷插手本国教会事务，和罗马教廷分廷抗礼的时候，德国却成了为教廷提供所需的所谓"教皇的乳牛"。罗马教廷对德国的盘剥比欧洲其他任何地方都明显得多。据估计，那时每年从德国流向罗马的现金达30万古尔登以上，德国的高级教士在就职时都要向教廷交纳1万到2万盾。

教廷对于德国的剥削自然引起了德国贵族的愤恨，从而激发了他们的民族意识。他们早在巴塞尔宗教会议上递交的《德意志民族陈情书》中就指出："最肥美的德意志新职务，总是都授予罗马的主教长和教皇的秘书长。""上任年俸捐有加无已。""多数教会职务都由意大利人充任，这些人既不懂语言，也没有良好的道德。"为了争夺上任年俸捐、教职授予权等利益，德意志诸侯一直同教皇进行拉锯战。各地诸侯有时自作主张地废除教廷在其领地内的特权，如1446年萨克

森威廉公爵发布诏令，禁止教会法庭审讯俗人及向教廷起诉，规定世俗当局有权监督教士并巡视各修道院。其他各地诸侯也取得了推荐高级教职和向教士收税的权力。

由于政治的分崩离析，教廷的血腥盘剥，16世纪的德国从统治阶级到平民大众都蓄积着对教廷的强烈不满。这时的德国已成为一个火药桶，有一点火星，就会爆炸。

2. 马丁·路德与宗教改革

马丁·路德（1483—1546）生于萨克森的埃斯勒本，后迁往曼斯菲尔德。这两地紧靠哈尔茨山，是萨克森著名的矿业中心之一。据说他的祖父是农民，父亲是农民和矿工，到1509年时成为有八个矿井和三个熔炉的企业主。

路德的孩童时代是经历过农民和矿工家庭生活的。13岁时进马格德堡一所简朴学校，靠募化维持生计，18岁入埃尔富特大学学习法律，受著名反教会学者约翰·韦塞尔的影响甚多。他同该校人文主义小组过从甚密，很快成为一名唯名论者，并博览了维吉尔、柏拉图、西塞罗、李维等古希腊、罗马名家的作品。1505年路德毕业，获硕士学位，在发过"安贫、守贞和服从"的誓言后，成为奥斯定会修会修道士。据他自己说，这是严厉的双亲为他选定的道路。1507年路德升为神甫，曾应邀去萨克森邦新建的维滕贝格大学讲授哲学。1512年正式成为维滕贝格大学的神学教授。

这一年路德访问罗马，目睹教廷的腐败，深感愤愤不平。他后来回忆说："很难描述，而且实难令人置信，那里的龌龊究竟达到何种程度！如果有地狱的话，那么罗马便是地狱。罗马本是圣洁之地，而现已成肮脏之城了。"1515年路德升任主管图林根和迈森十一座修道院的副主教。他开始悉心研究古文圣经，发现罗马教廷宣传的许多东西与圣经不符，提出要照古代基督教本来面目改革

马丁·路德

教会，渐渐形成他的宗教改革思想。

当路德读保罗的《使徒行传》时，发现一行短句："义人必因信得生"，恍然若有所悟：人不是靠自己的善行，而是靠信仰上帝而得以免罪。在随后的年代里，"因信称义"（唯信仰得救）就成为路德神学的主要教义，也是他进行宗教改革的基石。

引起路德抨击并由此而发动基督教改革运动的事件，是赎罪买卖中一个特别明显的腐败事例。教皇为要填满自己的财库，为应付奢侈生活的巨大开支，1500年、1501年、1504年和1509年都在德意志征收赎罪税，而到1517年又再开征新赎罪税。教廷力促百姓相信，只有购买一份教皇的赎罪券，即使不真心忏悔，也可以保证免受惩罚。这就形成一句民间谚语："钱在匣子里当啷响，灵魂就从涤罪所跳上天堂。"1517年的赎罪券买卖更是花样翻新。教皇把中德出卖赎罪券之权交给出身霍亨索伦家族的马格德堡兼美茵茨大主教阿尔布雷希特，为期十年，教皇从大主教方面拿到1万杜卡登（一种意大利金币）净值。霍亨索伦的阿尔布雷希特几年前是靠富格尔家族的金钱才弄到美茵茨大主教职位的，如今富格尔家族、教皇和大主教共同商定，赎罪券的收入50%缴归教皇，50%则作为大主教偿还富格尔家族的债金。为了取得皇帝对这一宗交易的同意，另需给皇帝

在奥格斯堡帝国议会上提出的路德教教义的声明，史称奥格斯堡声明。

3000 古尔登（德意志金币）。为照商定好的办法行事，富格尔家族还派专人和赎罪券贩子们一道穿梭于德意志乡村城镇叫卖。他们对当时最富庶之邦萨克森最感兴趣，但是不久就被萨克森选侯驱逐出境，因为大主教的赎罪券买卖妨碍了选侯自己的赎罪券买卖，影响了选侯的财政收入。

这种无法无天的赎罪券买卖搞得德意志各阶层人天怒人怨，也促使路德于1517年10月31日在维滕贝格教堂大门上贴出《评赎罪券的效能》(《九十五条论纲》)大字报。《九十五条论纲》中的每一条都是对教廷的谬误和弊端的有力一击。比如第1条：当上帝和主耶稣基督说"忏悔"时，意思是说，信徒的整个一生都应该忏悔，而不是补赎。第36条补充说：每一位诚心忏悔的基督教徒，即使没有赎罪券，也能完全减免他的罪过和惩罚。路德在这里运用"因信称义"论：剥夺了以教皇为首的神职人员的神权，搬掉了人与上帝之间的教会阻隔，人在上帝面前都是平等的一员。又如第32条：相信罗马教皇的一纸赎罪券就能拯救他们的那些人，将和教导他们的人一道，永远被打入地狱。第82条则将矛头直指教皇：教皇为什么没有出于慈爱而把炼狱中的所有灵魂都拯救出来？路德公然说出教皇出卖赎罪券是犯了错误和违背基督教教义的，而教皇一直自命是"上帝的代表"，"从来无谬误的"。

对于赎罪券的抨击，有如一粒火种落在火药桶里，立刻燃起燎原之火。农民和平民把路德的反教会论纲当成是起义的信号，认为同一切压迫者算账的时候到了。市民则到处传颂《九十五条论纲》。斯特拉斯堡的市民把《九十五条论纲》贴在教堂大门上。人文主义者热烈欢呼。画家丢勒将他的一件木刻作品送给路德，以示赞赏。贵族，甚至一部分诸侯，希望由此打破罗马教会的控制，没收教产。一时之间，《九十五条论纲》实际上成了民族战斗的共同纲领。原来用拉丁文写的这份论纲，被人们译成德语，争相传播，不胫而走，两星期内传遍德意志，一个月内传遍基督教世界。开始，路德对他的论纲引起的冲击感到惊慌和意外，他的初衷仅仅是抨击太不像话的赎罪券买卖，希望教廷改正。事态的发展影响着他，推动着他担当起这一时代所有革命力量的领导角色。现在他不得不继续往前走了。性格坚毅的路德终于成为德意志民族的第一位代表，也可说是第一位德意志民族英雄。

天主教会清楚地意识到，路德的行动所引起的德意志广大民众极强烈的反教会情绪，是何等的危险！他们开始试图用委婉劝诱的办法让路德撤回他的论纲。他们开出"价钱"：让路德当枢机主教，并给他一个大主教职位。但一切努力均无济于事。路德在得到萨克森选侯的支持和保护后，终于在1519年中在莱比锡同枢机主教约翰·艾克为首的教廷强硬派公开论战。这时路德的立场比前两年大大前进了一步，他在神学论战中已经一步接一步地脱离了天主教教义，终于同罗马教廷分道扬镳。1520年路德发表他的宗教改革纲领文件《论罗马教皇权》，指出罗马是万恶之源，教皇眼里根本没有上帝，其横行霸道使德意志趋于毁灭。他号召"把罗马来的恶棍逐出国境"！这已经不是一个单以教皇为对手的神学教义的争执，这就是为德意志民族利益反对民族之敌的政治斗争。路德号召用暴力反抗教皇干预德意志事务，"拿起武器，向人世间的这种瘟疫发动进攻！"1520年8月路德写了一封题为《致德意志民族的基督教贵族书》，呼吁皇帝、诸侯和贵族们把教会改革工作掌握在自己手里，呼吁组成脱离罗马的德意志教会，消除教皇对皇权的干预。书中说："教皇须让我国不再受他的不堪忍受的劫掠和搜括，教皇须交还我们的自由、权利、财产、荣誉、身体和灵魂，教皇须让皇权成为名副其实的皇权。"为了保证教会脱离罗马，教会职位不应由外国人担任，所有缴给罗马方面的钱都应停止缴付。路德还要求限制大财团的势力，例如富格尔家族的势力。

路德在他的宗教改革纲领中，完全违反天主教教义，宣称教皇制度是人造的制度，它的谕示并非无谬误的。路德在其文章《论基督徒的自由》中要求每一个基督徒都有直接同上帝联系的权利，而无须通过教会和神甫作为居间人。为此路德主张每个人都有读圣经的权利（此前读圣经是教士专有的特权，教士可以任意曲解圣经中的话为自己的经济和政治目的服务）。在路德的许多要求中都可见到同捷克宗教改革家胡司教义的影子，而胡司正是被教会作为异端烧死的。路德也和胡司一样，主张信徒在圣餐仪式上也享用两种圣礼，即面包和酒的权利。

挺身而出的路德，就这样获得德意志兰各社会阶层的热烈拥护和襄助。著名的人文主义者乌利希·冯·胡滕致信路德，敦促他坚定立场，允诺给以支助。帝国骑士领袖法朗茨·冯·济金根和冯·绍姆堡在给路德的信中称，他们将提供保

护。虽然他们是从极不相同的动机出发,但有一点是相同的,就是希望在物质、政治和精神方面消除教皇的有害干涉。这年6月份,教皇就发出《主兴起》教谕(又称《斥马丁·路德谕》),对路德发出警告。三个月后又威胁说,60天内如不公开认错,将开除教籍。至11月底到期时,路德非但不认错,还发表了两篇反对教谕的宣言进行回击。12月10日,路德竟敢当着集会群众公开把教皇的教谕连同所有宗教法规投入火海。1521年1月,教皇签署破门律,将路德革出教门。但这份破门律直到5月6日,即路德在帝国议会上露面三个星期之后才在沃尔姆斯公布。

1520年新加冕的德意志皇帝查理五世也出面迫害路德。这位出身于哈布斯堡家族西班牙世系的年轻国王和皇帝,对德意志民族并无多大感情,相反为执行他的意大利政策,他需要教皇的支持。他在1521年下令传路德到沃尔姆斯帝国议会进行公开辩护或者撤回自己的异端理论。这时的路德处境和胡司不同,德意志民族的广大多数站在他的背后,他可以没有生命危险地前往沃尔姆斯。路德的

马丁·路德在西班牙国王兼德意志神圣罗马帝国皇帝查理五世亲自主持的帝国会议上"舌战群儒"

行程就像是一次凯旋的进军。沃尔姆斯城在帝国会议期间是被济金根领导的帝国骑士控制着的。路德在人民群众和这些帝国骑士的武装保卫下没有作任何让步，也不撤回他的理论。他面对皇帝、教皇使节和帝国议会等级作的辩护发言——先用德语然后用拉丁语——明确答复："我既不信任教皇也不相信宗教会议，因为他们经常出错和自相矛盾。只要我还不曾被圣经文字或清晰理性驳倒了的时候，我不能也不愿撤回任何话，因为违背良心行事是难于做到的，也是危险的。"

虽然路德采取这般态度，皇帝却不敢明令判他的罪。教皇使节道出了当时的紧张情势："十分之九的德意志人欢呼'路德'！剩下十分之一的少数高呼'罗马教廷该死'！"帝国议会上开始形成两大阵营，皇帝和教会选侯坚定站在罗马教廷方面，而萨克森选侯和巴拉丁（普法尔茨）选侯等世俗诸侯以及帝国自由市诸等级却是支持路德的。只是在路德和他的强有力的庇护者离开沃尔姆斯之后，被路德的"大胆放肆"所深深震惊的查理五世，才对路德和他的附和者下了所谓帝国法外令。在这道敕令中指令一切人等"你们不许给这个路德住处，不许给他房子，不许给他吃，不许给他喝，不许收留他，无论私下或公开都不许替他说话或帮他张罗，给予抉择或支援"，否则必予严惩。但是皇帝这道敕令毫无意义。萨克森选侯把路德置于自己保护之下，并且指定瓦特堡作为他的居留地。路德遂隐去真实姓名住在这里。

就在这一时期，路德开始了他的伟大工作：他把圣经从希伯来文本和希腊文本译成德文。并非是把圣经译成德文这件事有如此重大的意义，早在路德之前，已有南德语言的十四种圣经译本和北德语言的三种圣经译本。路德翻译圣经的重要意义在于，他在翻译时追溯到完全未经后人窜改过的圣经原本，并把它译成一种由他确定下来并通用起来的"标准"德语版本，这种德语来自人民的语言。路德在谈及这件事时说："我为这件工作不得不问一问家里的母亲们，问一问胡同里的孩子们，问一问市集上的贩夫走卒们，我要亲眼看看他们在谈话时是如何开口的。"圣经翻译工作一直到1534年。路德的翻译工作对于创立统一的德意志语言文字是一个伟大的贡献。在帝国极不幸的分裂状态中，路德的"统一德语"就成为联系所有德意志城乡和邦国的纽带，并在以后的世纪中成为德意志民族融合的最重要因素之一，构成德意志爱国主义力量争取建立统一祖国事业的重要因素。路德译成的德文圣经依靠当时已有的印刷技术而获得迅速传播，统一德语也随之迅速传播，越来越多的德意志人开始用这种德语写作。

现在回过头来看一看沃尔姆斯帝国会议后的宗教改革情况。路德作为形成中的德意志民族的代表，他的理论被人民接受了。但是反对教皇的统一的民族反抗阵线未能成立。沃尔姆斯帝国会议暴露出民族各阶层的利益分歧。特别是当路德隐居瓦特堡托庇于萨克森选侯后，对运动已不可能再施加任何直接的影响。1522年始宗教改革运动分裂了，出现了三个营垒：第一个可称为天主教或保守派营垒，集合着一切企图维持封建关系的分子，包括皇帝、高级教士、部分诸侯和城市贵族等，此后的任务就是竭力维持旧的封建状态，或取消已经完成了的改革，他们也是以后的反宗教改革运动的发起者和主要力量；第二个可称为温和的市民和贵族的改革派营垒，聚合着反对派中的有产阶层，包括低级贵族、市民阶级以及部分高级贵族或诸侯。这些人主要是希望取消教会权力和对罗马的依附地位，分得天主教会的产业，高级贵族或诸侯更希望在宗教改革中取得更大的独立性；第三个可称为革命的农民和平民营垒，集结着宗教改革中最激进的力量，要求改变现存的剥削制度，一部分人甚至要求消灭现存的剥削制度。在第二和第三营垒之间，路德没有片刻犹豫就倒向第二营垒，以往发出的剿灭罗马的号召，改变成和平发展和消极抵抗了。路德坚持的"我不愿见到靠暴力和流血来提倡新教福音"的态度，最终使他同革命的农民和平民分道扬镳。

马丁·路德于1546年去世，不久后，整个北德地区和东德地区都信奉了新教，而且还不断向北扩展到丹麦、瑞典和挪威等国。

3. 后果及意义

如同后世认为路德以保罗的因信称义来涵盖《圣经》是有所偏颇的一样，路德自己所掀起的宗教改革也导致了一些非意图性的激进后果。德意志下层民众的长期不满并不止于教会世俗权力的结束，闵采尔再洗礼派等代表下层的教派更是把路德的原则推到了极致。有的激进派别在理论上认为，一切《圣经》上没有的都不具备合法性，有的甚而只承认内心的启示和圣灵——连《圣经》都不承认；而在现实中他们发动了农民起义，要在世俗中建立上帝之国，并且在孟斯特城复活了神权统治、还实行了《旧约》中的多妻制和公有制。这些激进的做法引起了路德强烈的反对，他在几份信件中拒绝承认这些狂热行为的正当性，并指责说他们是受到了恶灵与撒旦的支配，他甚至呼吁德意志贵族以镇压的方式来拯救起义者。反对路德的人则把再洗礼派和农民起义归咎于是他的责任，因为宗教、政治和社会革命与他的原则在逻辑上是一致的，而且人们一旦接受这些原则并加以领会贯通，就有勇气把它们付诸行动。

路德最初只是要求改革教会的弊端，却创建了一个新的教会，他掀起了一场恢复原始基督教精神的革命，开创了一个新的时代和国家。历史往往是这样的，当过去对于原初的解释失效时，就会产生一个新的解释来塑造新的形式，而这不过又是一轮永恒复归的开始。而我们知道那些最激烈地追求回到原初的人往往就是最激烈的革命者；对于原初的恢复同时就意味着一个新生命的诞生，虽然也许这新的生命有着一个古老的灵魂。

马丁·路德在德国掀起的宗教改革是欧洲宗教改革的开端。在他的影响下，原本聚集在西欧各国民众当中的改革力量终于爆发出来，并在整个欧洲大陆引发了轰轰烈烈的改革浪潮。在他发自于改革基督教教义的最初目的之下，蕴含着几个世纪以来由于文艺复兴运动而孕育于人们内心的人文精神。路德的宗教改革力图使基督教摆脱中世纪长期形成的世俗化因素，重新获得其基本教义中的平等。

（二）瑞士的宗教改革

在马丁·路德新教思想的影响下，法国的约翰·加尔文也揭竿而起，在瑞士开始了他的新教实验。加尔文在马丁·路德思想的基础上做了进一步的补充形成了加尔文主义，不但在欧洲掀起了轩然大波，也为英格兰的清教运动奠定了思想基础。

约翰·加尔文，于1509年7月10日出生于法国巴黎附近的努瓦永城一个颇为富裕的家庭，有着不错的成长环境。父亲在教会工作，在主教手下担任过法务要职，一心要培育加尔文成为一名教士。14岁那年，父亲便利用教会的助学金把加尔文送到巴黎读书。他先后在马歇学院和蒙太古学院就读，学习哲学和辩证学等人文学科，并将此作为读神学的预备。在此期间，加尔文读了不少奥古斯丁和伯纳多的著作，这对他日后的思想有显著的影响。不过，由于宗教改革运动对

教会的负面影响,加上法律专业更易赚钱,加尔文的父亲改变心意,要求他不读神学而转攻法律。加尔文并非一个固执已见的人,对父亲更是顺服和敬畏有加,于是转到奥尔良学院和布尔日学院学习法学。所以由始至终,加尔文未曾真正进入过神学教育的殿堂,从而没有接受过正式的神学训练。

1531年,加尔文的父亲去世,他得以摆脱父亲的期望,转回巴黎,在霍地学院修读人文学科,特

约翰·加尔文

别是希腊文和希伯来文,这是他最喜爱的科目。他在1532年出版了第一部著作《塞内加论仁篇注解》。此时的他意欲在学术界特别是人文学的研究上占有一席之地,所以,如果不是偶然闯入了宗教改革的运动中,他可能会专心致志地成为一位学者。

在加尔文读书的时候,路德的思想已经在各地广泛传播,他应该曾经片断地接触过路德的著作。因此,加尔文在此时期间毫无疑问受到过路德思想潜移默化的影响。不过,促成他思想转变的最主要因素,还是他自行阅读《圣经》。

1533年,加尔文首次被卷进宗教改革运动的旋涡中。该年11月,他的一位好友尼古拉斯·库伯被委任为大学的院长。在就职礼的讲道中,库伯引述宗教改革先驱伊拉斯姆对登山宝训解释的若干观点,将新宗教与旧宗教进行对照,结果被认为是鼓吹路德主义的思想,触怒了反对宗教改革的政府和教会人士。并且有人认为此时的加尔文已经接纳了新教的观点,并且为尼古拉斯·库伯代写了这篇讲稿,所以反对派的矛头也指向了他。为了逃避被逮捕的命运,他与库伯一起逃亡,并且放弃了已经领取多年的教会资助,中断了与天主教会的关系。加尔文首先逃回家乡,然后才辗转在1534年前往瑞士巴塞尔。由于此时的加尔文已经涉足了宗教改革运动,他决定不再从事人文科学的研究,转而认真探究宗教改革的

思想，特别是改教的神学理据。他开始了广泛的圣经和神学研究。在1536年3月，加尔文写成了《基督教原理》的初稿。这是一本篇幅不长的教义总纲。在这本书里，加尔文刻意以简单的手法，向信徒陈述新教的教义。这本书的出版及风行奠定了他对新教神学的贡献。也就在这一年，加尔文开始了他的欧洲之旅，他先到意大利，折返法国，然后打算重回斯特拉斯堡或巴塞尔，但因爆发战争，最后去了日内瓦。

由于《基督教原理》的出版，他在宗教改革阵营中略微有了名气，而他也决定投身参与宗教改革运动，并在其中扮演教师的角色。加尔文相信上帝在教会里设立了两个永恒的职位：牧师和教师，后者主要负责维护教会正确的信仰。当时的日内瓦是一个小城邦，就在加尔文来到这个小城邦当年的5月21日，日内瓦市议会刚刚通过接纳宗教改革，并且废止天主教的弥撒，而以《圣经》来作为崇拜的基础。但是在改教之后，由于旧有的宗教与道德规范解体，而新的制度又还没有建立，社会失去平衡而变得混乱不堪，并且问题重重。那时在日内瓦市议会担任领导官员的法惹勒自知无法控制日内瓦的局面。当他得知加尔文路过日内瓦时，便亲往拜访，并要求加尔文留下来协助宗教改革。最终加尔文答应留下来，并和法惹勒一起开始改革日内瓦教会的组织和法规。但是由于他们的改革过于直接，而且加尔文没有能够很圆满地处理一些改革当中出现的矛盾，得罪了各阶层中的一些人物。在1538年复活节的时候，加尔文被驱逐出了日内瓦，逃往斯特拉斯堡。在那里，加尔文跟随当地的宗教改革领袖、著名神学家布塞

基督教要义

琅系统地学习了神学。他也亲眼看到布塞琅如何处理教会事务和一些社会问题，如何能够按部就班并稳定地推动一个城市的宗教改革工作。在此期间，加尔文写下了很多著作，参加了一些重要的宗教改革会议。1540年，日内瓦民众派代表到斯特拉斯堡，请求加尔文重返日内瓦。于是，加尔文在1541年9月13日重回日内瓦，并在此一直工作到1564年逝世为止。

加尔文在他的改革中提出"先定论"，认为人是否得救都是由上帝早已决定的，和本人的努力无关。而且他宣扬上帝的选民注定能得救，上帝的弃民一定要遭殃的观点。在政治方面，他主张大多数市民都能获得选举权。而当时在日内瓦，许多合法的政治权力都在一个二十五人委员会的掌握之中，加尔文并不是委员会委员。所以如果他得不到委员会中大多数委员的拥护，他随时都可能被驱逐，1538年复活节的被驱逐就是由此而发生的。在经济方面，加尔文主张允许经营致富、借贷取利。在宗教方面，他反对教阶制，主张民主选举教职人员，建立民主的廉俭教会。而这些主张适应了新兴资产阶级激进派的要求。在加尔文的领导下，日内瓦逐渐成为欧洲新教的领导核心，加尔文宗开始传播到欧洲各国。

（三）英国的宗教改革

16世纪的英国完全不同于当时的德国，英国作为一个统一的国家，王权的势力已经很大，资本主义生产关系已经很好地建立起来，民族意识也不断增强。早在14世纪威克利夫时代，英国就出现过要求教会民族化的呼声。不过，最终在英国出现的宗教改革应该说还是一场完全不同的改革，尽管它受到路德思想的影响是显而易见的。英国的宗教改革从一开始就是一种出于政治考虑、自上而下展开的改革。改革始于亨利八世在位期间。

导致亨利八世决意实行宗教改革的直接原因是教皇迟迟不批准他因没有男性继承人而提出的离婚请求。教皇出于自身的考虑，迟迟不予答复。1533年，对教皇的拖延感到愤怒的亨利八世公开宣布与教皇决裂，并要求英格兰教会也断绝与罗马教廷的关系。次年，在他的授意下，英国国会通过了著名的《至尊法案》，规定英王是英国教会的最高主宰，拥有召开宗教会议、决定教义和任命教职等权力，教会原交给罗马教廷的贡金一律转而上缴英王。这样一来英国教会便

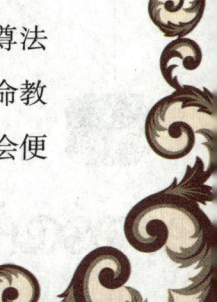

亨利八世

成了脱离罗马教廷的独立教会。由英王一手导演的改革结出的主要是政治上的成果——教会必须接受世俗国家权力的控制。与罗马教廷切断联系的英国教会信奉的仍是罗马天主教，其教义、组织形式和礼仪均没有重要变动。不仅如此，到了玛丽时代英国还出现了试图恢复与罗马教廷联系和迫害新教教徒的事件，罗马教廷的影响大有卷土重来之势。1558年，信奉新教的伊丽莎白一世登基后这一局面才得到改变，路德和加尔文的新教思想部分受到采纳。1571年，英国国会通过的《三十九条信纲》被宣布为英国圣公会的官方教义，英国国教——安立甘宗最终确立，至此，教会的民族化在英国彻底完成。

尽管如此，英国的宗教改革作为一种自上而下的运动，进行得很不彻底，改革后的教会仍保留了大量天主教传统，致使越来越多的信徒为加尔文宗所吸引。这些新教教徒要求清除英国国教中的天主教成分，以纯洁教会，造成了英国历史上的著名"清教运动"。当那些具有"清教"思想的英国清教徒因受到迫害而抛弃自己的祖国，远涉重洋来到大西洋彼岸——美洲大陆生活时，新教的思想也随之被带到了新大陆，在那里生根、发芽，并最终孕育了带有浓厚清教意识的"美利坚"思想，使"美利坚"日后成为世界上最大的一个新教地区。

（四）罗马教廷的改革

宗教改革运动的出现和发展还导致一个意想不到的结果，迫使其对立面——罗马教廷（天主教）也开展了一场改革运动，尽管这一改革是一场为了更好反击新教而开展的内部改革运动，但改革运动对欧洲历史的影响并不亚于新教的改革影响。对于罗马教廷来说，改革的目的是捍卫和确立天主教教义，清除教会内部的弊端和腐化堕落现象，以重振教纲和影响力。天主教的改革思想和精神集中反映在1545年至1563年断断续续召开的特兰托宗教会议上，1563年通过的《特兰托会议信纲》成为改革的指导思想。天主教在这次会议后，通过一系列具体措施，结束了天主教内部的教义之争，教义变得更加明确，教会得到纯洁化，教士行为得到约束和规范，修会活动活跃，天主教地位得到加强，传教区域扩大。

最值得一提的是经历了改革的天主教的传教活动。由于宗教改革运动，天主教在欧洲大陆的势力范围受到冲击，不断脱离出去成为新教的国家日益增多，积极寻求发展的天主教在改革中大力拓展了海外传教活动。成千的天主教传教士出于对信仰的热爱，以甘心贫困、纯洁和服从的精神在亚洲、非洲和美洲进行不懈的传教活动。其中由西班牙人罗耀拉1543年在巴黎创建的"耶稣会"的活动最为引人注目。由于耶稣会士经过严格挑选和训练，纪律严明，素质较高，形成了一股政治势力，有力地遏制了新教在欧洲的进一步扩散。天主教在法国、比利时、南欧和东欧大部分地区的地位重新得到巩固。而肩负传教使命的耶稣会士则带着《圣经》和十字架，跟随探险队出现在每一块新发现的地区，使天主教势力达及美洲、亚洲和非洲，扩大了天主教在全世界的影响。

罗马教廷进行的改革对社会也产生了一些积极后果。基于坚信强有力的信仰只能建立在教育的基础上，天主教更加重视教育的作用，创办学校，普及教育，宣传业已为社会认可的科学知识成为教会的一项重要活动，其结果是民众的识字率上升和教育水准的提高。由于既

批准公布《特兰托会议信纲》的意大利籍教皇庇护四世（原名乔瓦尼·安吉罗·美第奇）

强调信仰也强调善行，人们更加关心慈善事业。欧洲信奉天主教的地区出现的日益增多的孤儿院和济贫院就是慈善事业发展的最好证明。天主教的吸引力因此大为加强。天主教没有因为新教的改革运动而失去自身的活力，其主要原因不能不归结于罗马教廷的改革。正如论者说，"如果没有16世纪天主教改革家们的英勇的努力，天主教就不会横扫全球并在欧洲像现今这样作为一种强有力的精神力量重现。"

六、清教运动及其影响

清教运动兴起于16世纪下半叶资本主义上升时期的英国，是一场要求进一步改革英国国教的运动。它直接发源于加尔文主义，并突破了宗教的范畴，与英国资本主义的发展息息相关，在英国历史上扮演了重要的反封建角色。在天主教徒玛丽一世统治英国时期，清教徒遭到大肆迫害，开始流亡国外。

（一）亨利八世之后英国的宗教状况

1547年亨利八世去世，他年仅9岁的儿子爱德华六世继位。由于爱德华年幼无知且体弱多病，大主教托马斯·克兰默成为这一时期英国的实权派，他强硬的新教思想给英国带来了一系列重要的影响。他简化了圣餐仪式，允许神职人员结婚，用英语代替拉丁语成为英国宗教的正式语言，甚至接受了路德宗的一些观点。1549年，他筹备出版了用英语写成的第一版《公祷书》，规定了英国教会所有的仪式和秩序。克兰默还经常邀请欧洲大陆的新教神学家到英国来，使得新教思想在英国迅速传播开来。英国的局势在朝着有利于新教徒的方向迅速发展，但这一切都随着玛丽·都铎的上台而发生了巨大的改变。

玛丽·都铎出生于1516年，12岁时她的父亲亨利八世和她的母亲凯瑟琳王后离婚。凯瑟琳被流放后，玛丽便被父亲剥夺了继承权，甚至一度受到处死的威胁。1536年，亨利八世的第二任妻子安妮·博林由于没能在第二胎生出一个男孩，被以莫须有的通奸罪处死，议会也马上宣布安妮的女儿伊丽莎白公主不合法，王位继承完全陷入混乱，由亨利选定的任何人去继承。虽然亨利八世相继娶

了多任妻子，但只有简·塞穆尔给他生了儿子爱德华。由于爱德华体弱多病，亨利八世在临死前考虑到王位继承时良心发现，恢复了玛丽·都铎和伊丽莎白的继承权。

爱德华六世死后，玛丽·都铎继承王位，成为英国历史上第一位女王。玛丽是一位虔诚的天主教徒，她废除了亨利八世和爱德华六世在位时的宗教立法，完全恢复到罗马天主教，同时她还与天主教顽固派的西班牙王子菲利普二世结婚。玛丽以极其残酷的手段惩罚新教徒，将他们大批地关押、流放，并烧死了300多位新教领袖，包括大主教托马斯·克兰默，她也因此而有了"血腥玛丽"的称号。

玛丽死后，伊丽莎白于1558年继承王位，从此开启了英国宗教的稳定时代。伊丽莎白是个坚定的新教徒，她一上台，就推翻了玛丽的一切措施，再次断绝与罗马天主教的联系，把教会置于王权的控制之下。1563年，议会制定的《三十九项信条》规定英国教会的教义，把《圣经》定为信仰的唯一准则，坚持"信仰耶稣即可赦免"的原则。伊丽莎白女王采取严酷的措施强迫所有英国人都遵从她在宗教上的决定，信奉天主教者，一律处以死刑。她还成立了宗教法庭，专门审判异教徒。玛丽在位时提拔的主教几乎都拒绝承认这个变革，他们也因此被下狱或流放。但伊丽莎白并没有从根本上取消主教制，她又任命了一批效忠于自己的新主教。

伊丽莎白虽然是一位新教徒，但由于当时英国国教占有统治地位，她不得不采取温和的新教措施，仍然大量保留英国国教的教义和礼仪，这使她的宗教主张在很大程度上仍然保留了天主教信仰中落后的、不符合时代的内容，这也是英国发生清教运动的一个主要原因。

（二）清教运动的兴起和发展

伊丽莎白一世即位后，中断了玛丽与罗马教廷的关系，重新树立了英国国教的独立地位和绝对权威。由于伊丽莎白一直带有新教倾向，她的宗教政策也就朝着新教的方向有了一定的发展。这时，一大批流亡海外的英国国教徒主动返回英国，提出了进一步改革英国国教，彻底清除其天主教因素的要求。这些激进的改革者被称为清教徒,他们的主张便被称为清教主义,因为他们掀起了一场轰轰烈烈的"清除运动",即"清教运动"。

清教徒信奉加尔文"成事在神,谋事在人"的"预定论",认为一个人能否得救,是上帝预先安排好的。从创世以来,上帝就把世人分成"选民"和"弃民"。"选民"注定得救,"弃民"注定为上帝所抛弃,人在现实生活中的成功和失败,就是"选民"和"弃民"的标志。任何的努力都不可能使"上帝的弃民"变成"选民"。而天主教则认为信徒可以通过忏悔、行善以及购买赎罪券等途径来获得救赎。同时,清教徒们还宣称上帝既是万能的,又是不可知的,没有任何人可以通过任何方式来认识上帝,与天主教宣扬的"教皇是上帝在人间的代表,通过教皇人们可以与上帝沟通"形成鲜明的对比。最后,他们宣称自己就是上帝的"选民",是注定要"得救"的,而这种得救的标志就是现实生活中的成功表现。

以这些理论为基础,清教徒提出了他们的具体宗教主张:在宗教利益和教义上,他们主张清除国教中的天主教残余、纯洁教会;在宗教制度和教会结构上,他们反对主教制,要求教会组织民主化,主张容忍政策和信仰自由;世俗生活上,他们主张节俭、勤劳,厌恶懒惰和邪恶。

伊丽莎白一世女王

清教运动兴起于16世纪下半叶,此时,英国的资产阶级正处于迅速形成和发展中,而清教主义的观点正好代表了新兴资产阶级的愿望和意志:清除英国国教中的天主教残余实际上是为了进一步保证英国在政治上摆脱罗马教皇的控制,独立地发展资本主义；反对主教制实际上就是为了反对它所代表的封建等级制度及君主专制，使资产阶级获得更大自由和发展空间；而节俭和勤劳正是为了筹备资本主义原始积累所必需的两个基本条件——资本和劳动力。同时，清教徒们极力反对罗马天主教，主张中断与天主教的所有联系，摆脱教皇的控制，使英国在宗教和政治上获得完全的独立，这也顺应了当时正在英国高涨的民族主义精神，因而清教徒也被视为爱国主义的急先锋。

虽然清教徒们的主张顺应了时代潮流，但由于当时英国的天主教势力还没有完全消灭，再加上欧洲大陆的天主教国家对英国进行联合封锁，伊丽莎白采取了比较温和的宗教政策——通过宗教和解，力求在天主教和新教之间达成一种妥协。她虽然脱离了罗马教皇而恢复了英国国教，但又尽量使国教的宗教仪式与天主教趋于一致，并保留了主教制，以便使国教为大多数英国人所接受。

伊丽莎白在宗教政策上的温和态度激起了清教徒的不满，他们起初对伊丽莎白所抱的幻想也随之破灭，转而走到了与女王对立的立场。铁腕的伊丽莎白一方面防止天主教徒们的复辟阴谋，另一方面残酷镇压敢于和她作对的清教徒。虽然残酷的镇压曾一度使清教运动转入低潮，由于清教主义顺应了时代发展的要求，追随者的数量却不减反增。这些代表了新兴资产阶级的清教徒主要集中在英国的下议院，他们不断地要求限制国王的权力和降低英国国教的地位，以扫除资本主义的发展障碍。这必然导致了国王及其所代表的英国国教与清教徒及其所代表的议会之间的冲突。詹姆斯一世即位后，这一冲突愈演愈烈。此时，企图复辟的天主教徒也不断策划谋杀詹姆斯一世，1605年的火药阴谋案败露后，詹姆斯一世作为英国国教的领袖，对异教徒更是毫不留情，疯狂镇压。虽然清教徒采取了较为和平的抗议方式，詹姆斯一世却不愿接受他们，他甚至宣称"让他们皈依，否则把他们赶出国去"。

清教徒越来越无法容忍这位新的君主，一部分清教徒离开英国来到荷兰的莱顿，几经周折后，又于1620年乘坐"五月花"号来到北美洲（今美国东北地区，即新英格兰），在那里开始了新的历程。大部分的清教徒主张留在英国国教内，以渐进的方式改革教会。

随着资本主义的不断发展，代表了资产阶级的清教徒队伍也在迅速壮大，他们不仅在宗教会议和教会活动中批判主教制政府,还在议会内外积极进行反对专制王权的宣传鼓动工作,为英国资产阶级革命作了充分的思想和舆论准备。1642年2月,在国王与新兴资产阶级所掌握的议会之间爆发了一场激烈的清教革命,即英国资产阶级革命。这场战争的结果是,以奥列弗·克伦威尔为代表的资产阶级将国王查理一世送上了断头台,清教第一次在英国历史上战胜了英国国教,成为统治力量,人类文明也从这一刻进入了资本主义社会。

清教运动绝非一场纯粹的宗教运动,而是一场反映资产阶级和新贵族利益的反封建政治运动,它的精神已超出了宗教改革的范畴,表现了上升时期资本主义的意识形态。虽然清教没能最终取代英国国教,但经过"清教革命"的洗礼,英国国教也逐步受到清教的影响,变成了资产阶级的教会。

(三)清教运动对英国的影响

17世纪后半期,清教徒作为一个政治团体在英国已不复存在,但清教主义对英国产生了无法磨灭的影响。

1. 资产阶级革命的爆发

清教运动对英国最大、最直接的影响就是促成了资产阶级革命的爆发,把资产阶级推上了历史的统治舞台。从16世纪60年代开始,清教徒所代表的英国资产阶级以议会为阵地,利用"清除天主教残余"的借口,不断向君主专制政体发起了猛烈攻击,最终在1642年演变为一场议会之外的资产阶级性质大革命,在人类历史上建立了第一个资产阶级政权。从此以后,英国开始跻身世界强国的行列。

2. 科学的发展和工业革命的爆发

虽然当时英国的大学教育已有了很大的发展,但主要都集中在神学和哲学的研究领域,很少涉及自然科学。清教徒对大学里自然科学的缓慢发展极为不满,在英国各地创办了很多清教学院,重点设置力学、物理学、解剖学、天文学、地理学等自然学科。同时,清教徒中也涌现出了大量的科学家和发明家。据统计,清教徒虽然只占英国总人口的5%,却占全国科学家和发明家的49%左右。在英国皇家学会1663年的首批会员名单上,68人中的42位是清教徒,17世纪自然

瓦特改进的蒸汽机极大地提高了劳动生产率，促进了手工业向大工业的迅速过渡，直接推动了伟大的工业革命

科学在英国迅速发展和传播，在很大程度上得益于他们的推进。他们对科学的推崇为后来英国工业革命奠定了科学知识的基础。事实证明，后来英国工业发达的地区基本上都是当年清教运动的中心。

3. 民主政治制度的建立

政治家韦伯斯特说："清教徒们从一开始就显示出了民主的倾向，他们反对任何形式的教会和政治独裁，崇尚一个权力相对分散的政府。"

清教运动最基本的主张就是清除英国国教里的天主教残余。在这些残余中最有害的一项就是代表了封建专制的主教制，而反对教会的主教制，就必然反对君主专制。在推翻了主教制以后，他们进一步将矛头指向了专制王权，最终建立了一个君主立宪的国家，使议会有了更大的权力。

4. 深入人心的自由、平等观念

按照清教主义"天赋人权"的观点，人的自由是上帝赋予的最崇高权利，这一权利的实现不受任何人的干扰。为了证明他们确实是上帝的"选民"，他们就非常珍惜、并努力保护上帝赐予的这项权利。有了人身自由，他们所宣扬的"上帝面前人人平等"就有了保障。同时，他们推翻了以"不平等"为基础的主教制，更进一步保障了人人平等。这样，自由、平等的观念便深深地印在了英国人的思想里。

5. 其他方面的影响

清教运动还对英国的社会生活和宗教、文化等方面产生了重大的影响。清教徒赞许现世财富的积累，提倡节俭、勤奋和进取精神，不但帮助英国完成了资本主义早期的原始积累，还为英国缔造了一批批富有进取精神和创造力的企业家，有力地推动了英国资本主义的发展。清教徒主张"禁欲主义"，提倡过简朴的生活，这些都在很大程度上影响了英国人的生活及其文化，清教徒们所倡导的对宗教仪式的简化也使其更易为大家所接受。

清教运动虽然只是一场发生在宗教领域的革命，但它深刻地影响了英国的政治、经济、文化乃至人们的生活方式和价值观念。

七、西欧自然科学的兴盛

文艺复兴时期人文科学的发展也推动了自然科学的发展。如果说人文主义是对人的发现，自然科学则是对世界的发现。西欧在16世纪掀起的自然科学高潮，是人类科学史上的一次革命。这次高潮的原因一是生产的发展和中国四大发明在西欧的传播，二是人文主义对世俗世界的重视唤起了人们研究周围事物的兴趣；三是西方古典遗产的影响，如阿基米德的物理学、毕达哥拉斯的数学及阿里斯塔克的太阳中心说等；四是文艺复兴时期的艺术大师们也起了推动作用，这些大师既是艺术大师，也是熟悉建筑学、人体解剖学及透视法等自然科学方面的大师。

（一）哥白尼

是太阳环绕地球运转还是地球绕太阳运转，这个问题在16世纪以前一直争论不休，并且一度太阳绕地球运转，也即地心说占据着统治地位。首先冲破神学世界观的是天文学，第一个向"地球中心说"和教会权威挑战的是哥白尼。

尼古拉斯·哥白尼（1473—1543），波兰著名的思想家、天文学家，"日心说"的创立者。1473年2月19日，哥白尼出生于华沙西北的维斯瓦河畔的托伦城。10岁时，他的父亲去世，他和哥哥、姐姐被送到舅父那里去抚养。舅父是一个大主教，经常给哥白尼讲一些天上太阳和星星的知识和故事。舅父见哥白尼很喜欢听这些故事，就送给他一些天文学方面的书籍，哥白尼如饥似渴地读着，浩瀚的星空简直太神奇、太美妙了，他被书中所写的知识吸引住了，不由得开始瞭望头上的星空，开始探索神奇的天文奥秘。

1491年，18岁的哥白尼入克拉科夫大学学习天文学和数学。哥白尼的老师——波兰著名的数学家和天文学家布鲁楚斯基对公元2世纪古希腊天文学家托勒密的"地心说"体系提出质疑。地心学说最早由古希腊哲学家亚里士多德提出来，后来托勒密又加以推论，使之系统化。托勒密认为，宇宙是一个有限的球形体，天空像一只翻转过来的碗，地球静止不动地处于这个碗的中心，而日月星辰都围绕着地球运转。这种理论后来被教会利用，被奉为经典，提出不同的见解就要被视为异端，加以残酷迫害，因此，几乎没有人敢对"地心说"的真伪产生怀疑。哥白尼却要对它说"不"了！

随着对天文学逐步深入了解，哥白尼越来越对这一学说产生怀疑。当他看到古希腊哲学家毕达哥拉斯不同意"地心说"的观点，认为宇宙的中心不是地球而是太阳，地球只是环绕太阳运行的星星之一时，哥白尼深深地被这一说法吸引住了。

"既然有人在我之前已获准可以自由地设想一些用以解释星体现象的圆圈，那么我想，可以容许我也来试一下，假定地球有某种运动，能不能发现比前人对天体运动的更合适的解释。"

一个天才的怀疑就这样形成了。这时的哥白尼早已大学毕业，是罗马大学的教授了。多么令人钦羡的职位，如果他一直如此供职下去，凭借他渊博的学识，会培养多少的人才！但他放弃了，他要寻找真理，这必须要有充裕的时间和精力。哥

哥白尼

白尼回到了波兰，在弗龙堡教堂担任一名僧正，这一闲职为他下一步天才的研究提供了充分的便利条件。

在教堂的西北角有一座小小的阁楼，哥白尼在这儿设置了一个小小的天文台，没有现成的仪器就自己动手做。从此，日复一日，年复一年，哥白尼不间断地观察天体超过30年。就在这个小小的阁楼上，一个伟大的发现形成了，一部六卷本巨著《天体运行论》产生了。在书中哥白尼大胆地提出：太阳是宇宙的中心，所有行星都围绕太阳运转；人们每天看到太阳由东向西运行，是因为地球每昼夜自转一周的缘故，而不是太阳在移动；同样，天上的星体看上去在不断移动，也是因为地球本身在转动，而不是星体围绕着静止的地球转动。

"太荒谬了，地球怎么能是动的，又怎么能围绕太阳运行？简直是一派邪说惑众！"

教皇怒不可遏，下令禁止哥白尼书稿的传播，千方百计地想控制哥白尼。因为哥白尼的"日心说"一旦传播出去，就意味着他们的精神支柱——"地心说"的彻底破产和他们所维护的神学殿堂的倒塌。

但是，真理是禁不住的。为维护真理，哥白尼也没有向教会屈服。1543年5月24日，几经周折，《天体运行论》校改稿送到久病不起的哥白尼的床前。此时，处于弥留之际的哥白尼已无力校正被教会篡改了的章节。教会删去了哥白尼亲手写的序言，以一个伪序言代替它，伪序言竟说"日心说"只不过是一种假设，一种臆想，目的是提供学者们计算天体运行的数据。在第一本印好的《天体运行论》送到哥白尼床前一小时后，哥白尼就与世长辞了。哥白尼虽然去世了，但他创立的"太阳中心说"，对科学的贡献有划时代的意义，证明神权统治人类思想的时代就要过去，人类理智思考、自由思想的曙光就在眼前。

（二）伽利略

1590年的一天，在比萨斜塔的顶楼上站着一个年轻人，他一手拿着一个十磅重的铅球，一手拿着一个一磅重的铅球。塔的下面站着一些充满不信任目光、身着紫色丝绒长袍的教授，还有一些学生和市民们，都兴高采烈地仰头看着塔上那个年轻人。

"大家看清了，铅球下来了！"只见那年轻人把手一松，铅球往下落了下来，观看的人们紧紧地盯着两个铅球。

"呀！两个铅球真的同时落到地面！"当人们看到铅球一起落到地上时，吃惊地喊了起来，他们简直有些不相信自己的眼睛，瞪得大大的，好久不敢合上。因为这个实验证明了那年轻人观点的正确性：不同重量的物体，从高处下降时的速度是相同的。

这个在塔上做实验的年轻人，就是后来大名鼎鼎的伽利略。

伽利略（1564—1642），欧洲近代自然科学创始人之一，一位自然科学百科全书一样的科学家，他开创了自然科学研究的新局面。1564年2月15日，伽利略出生于意大利的比萨城。他的父亲是一个没落的贵族，但是一个卓越的音乐家，同时又精通数学。可是，伽利略从小就喜爱图画和音乐，但他父亲不希望他的儿子成为画家或音乐家，而是让他到修道院去学拉丁文和希腊文。17岁时，他遵父命到比萨大学去学医。在大学里，伽利略刻苦学习，博览群书，同时又善于独立思考。与其他学生不同的是，他还特别喜欢动手搞一些小实验，在做实验时他觉得其乐无穷。为了让父亲理解和支持自己，伽利略想了一个巧妙的话题，向父亲表白自己的抱负。"听我说，父亲，"伽利略说道，"我想问你一件事，是什么促成了你同母亲的婚事？"

"我看上她了。"

"那你有没有娶过别的女人？"

"没有的事，孩子，老天在上，家里的人要我讨一位富有的太太，可我只对阿玛纳蒂姑娘钟情，我追求她就像一个梦游者，要知道你母亲从前是一位姿艳动人的姑娘……"

"这倒确实，现在也还看得出来。你不曾娶过别的女人，因为你爱的是她。你知道，我现在也面临同样的处境。除了哲学以外，我不可能选择别的职业，因为我喜爱的正是哲学。别的对我毫无用处！难道我要去追求财富，追求荣誉？哲学是我唯一的需要，我对它的爱有如对一位美貌女子的倾慕。"

"像倾慕女子那样！怎么能这样说呢？"

"一点不错，亲爱的父亲，我已经18岁了。别的学生，哪怕是最穷的学生，

伽利略

都已经想到自己的婚事，我可从来没想到那上面去。我不曾与人相爱，我想今后也不会。别的人都能寻求一位标致的毕安卡，或是一位俊俏的卢斯娅，而我只同科学为伴。当人们提及这方面的事情，我感到羞臊。"

"我亲爱的父亲，你有才干，但没有力量，而我却能兼而有之！为什么不能设法达到自己的愿望呢？我会成为一个杰出的学者，获得教授身份。我能够以此为生，而且比别人生活得更好。"

"我没有钱供你上学。"

"父亲你听我说！很多穷学生都领取奖学金。这钱是公爵宫廷给的。我为什么不能去领一份奖学金？你在佛罗伦萨有那么多朋友，他们对你不错，会尽力帮助你。也许你能到宫廷去把事办妥。他们只需要去问一问公爵的老师奥斯蒂罗·利希，他了解我，知道我的能力……"

"嗯，你说得有理。是个好主意。"

伽利略一把抓住父亲的手，猛力摇动："我求求你，父亲，求你想方设法，尽力而为。我向你表示感激之情的唯一方式，就是……就是保证成为一个伟大的科学家……"

在伽利略上大学的第一年，一天，比萨大学的学生们在比萨大教堂里做祷告，伽利略也跟随前往。教堂里异常肃穆，只有大教堂悬挂的一盏油灯的摆动声。其他学生对此熟视无睹，但引起了伽利略的好奇，他从这灯盏地摆动中发现了摆锤的等时性定律。现在，这个定律已运用于计数脉搏、时钟计时、计算日食和推算星辰运动等方面，但谁又知道这一规律只不过是一个少年的突发奇想呢？

伽利略离开大学以后，利用阿基米德关于杠杆和"浮体比重"原理，发明了水平仪；不久又写出了一篇著名的论文《固体内的重心》，顿时名声大噪，被人们称为"当代的阿基米德"。比萨大学因此请他担任讲师。

当时的比萨大学，是亚里士多德思想统治的天下，伽利略在作完他那著名的比萨斜塔实验后，已经不容于比萨大学，伽利略愤然辞去比萨大学的教职，来到了当时欧洲著名的帕多瓦大学任教，在这里他停留了18年。

帕多瓦大学以医学发达闻名于世，伽利略虽然不是医生，但他帮助医生来测量血液的温度。当时人们还没有用来测量病人体温的仪器，伽利略根据物体热胀冷缩的特性，制造了最初的温度计。这种温度计虽然很粗糙，却是后来温度表的雏形。

1609年，伽利略根据荷兰人发明望远镜的原理，制造了他自己的第一个望远镜，并且能够放大到32倍。伽利略用这个望远镜第一次观察到月球表面覆盖着苍茫逶迤的"大山"和浩瀚无际的"海洋"；木星有4颗运转着的卫星；银河是无数星体组成的。"太美妙了！哥白尼、布鲁诺的理论是伟大的！正确的！"

伽利略通过自己的观察，验证了哥白尼、布鲁诺的真理。伽利略马上把他的这些发现整理成书，1610年，以《星球的使者》为题，出书向全世界作了介绍。伽利略的发现惊动了整个科学界。人们惊讶地说："哥伦布发现了新大陆，伽利略发现了新宇宙！"

《星球的使者》的出版使伽利略获得了极高的声誉，激励着伽利略继续进行天文观察。他发现了金星的位置，太阳的星点和太阳的旋转，又研究了木星的卫星的运动，观察了土星。

伽利略与他的天文望远镜

伽利略的一言一行，早就引起了宗教裁判所的注意。1616年3月，他出席宗教裁判所对他的审讯。红衣主教劝他放弃他的那些"异端邪说"，伽利略已经从哥白尼、布鲁诺那儿学到了经验，表面上应允，回到家中仍继续自己的科学研究。不久，他又出了一本天文学的书，又遭到了宗教裁判所的审讯，已近70岁的老人在宗教裁判所法官的百般恫吓下，违心地说地球并不环绕太阳而运行。

但是宗教裁判所并没有由此而放过伽利略，把他投入了监狱。在狱中，他写出了一生中最重要的一本著作——《运动的法则》。这本书总结了他毕生在物理学方面的研究成果。1638年，伽利略双目失明，更加孤独和痛苦。1642年1月8日，这位终身为科学真理斗争的巨人在阿尔切特里别墅病逝。

（三）其他科学领域的发展

除天文学和物理学之外，16世纪到17世纪初在医学、化学、植物学、生理学等方面也都有新的进展。这些领域中的进步，主要是由观察和实验活动推动的。英国医生哈维（1578—1657）的工作是这方面的又一范例。他通过大量的动物活体解剖和对人体的观察，提出了血液循环论，推翻了古代权威盖伦的生理学理论。

总之，文艺复兴的成就既体现在人文科学方面，也体现在自然科学方面。恩格斯早就指出，"文艺复兴"这个术语没有"把这个时代充分地表达出来"。这个术语是意大利的学者瓦萨里提出的，意即古希腊罗马文化的"再生"或"复兴"。现在，我们不难看出，这一变革不限于文学艺术，也有自然科学方面的成就，更不是对古典文化的简单恢复，或者说它不是面向过去，而是面向未来，是人文科学和自然科学方面的新创造。因而与其说是"古典文化的再生"，不如说是近代文化的序曲；与其说是复兴，不如说是创新。一句话，它是西方的一次新文化变革运动。

中后期近代哲学

一、培根及其哲学思想

(一) 培根生平

弗朗西斯·培根（1561—1626），英国近代一位富有影响的哲学家。他出生于贵族之家，其父尼古拉斯·培根爵士是英国掌玺大臣。培根早年受到良好的教育，并于1573年至1575年就读于剑桥大学三一学院。此间，他对广为盛行的亚里士多德哲学产生了不满，这种不满后来发展成了敌视和批判，而这也为培根日后的学术研究打下了基础。

培根的才华很快得到了女王的赏识。正是这一机缘，让他顺利地踏上了仕途。他也像父亲那样，做上了掌玺大臣，随后又被任命为大法官，封为男爵，一时风光无限。然而，培根还是在复杂、凶险的政治旋涡中栽了跟头。他被指控收受贿赂，被迫丢官卸职不说，还被关入了伦敦塔监狱。尽管服刑时间不长，可他的政治生涯就此完结了。几年之后，他便因受风寒引发气管炎而去世，享年65岁。

(二) 培根的哲学思想

培根给世人留下了他的思想。他虽身处政坛，却钟情于学术，而且抱负远大。他对当时的陈腐学风深恶痛绝，主张树立全新的学术风尚。他确定了一个庞大的写作计划，定名为"伟大的复兴"，试图将自己倡导的新方法连同其应用，全面而完整地呈现出来，以为世人所用。可惜的是，他的这项计划未能完全实施。

但是，培根还是写下了多部传世之作。其中，于1605年出版的《学术的进

弗朗西斯·培根

展》，被公认为第一部有重要哲学价值的英文著作。1620年出版的《新工具论》是一部划时代的学术巨著。他的《论说文集》初版于1597年，扩版于1612年，此后数百年间一直广为传诵，给不同文化背景的人们带去人生的智慧与启迪。培根的其他著述还有：《论古人的智慧》、《新大西岛》等。

1."知识就是力量"

在培根生活的时代，西方近代科学已取得长足的发展。新的科学理论层出不穷，人们越来越多地享受着由科学带来的福祉。正是受到这一现象的鼓舞，并经过自己的观察和思考，培根提出了关于人类求知活动的哲学见解。他在《新工具》开篇便这样写道："人，既然是自然的仆役和解释者，他所能做的和了解的，就是他在事实上或思想上对自然过程所观察到的那么多，也只有那么多；除此之外，他什么都不知道，也什么都不能做。"人类的知识来自对自然的观察，而一旦获取了关于自然的知识，人们便因此获得了行动的力量；"人的知识和人的力量合而为一，因为只要不知道原因，就不能产生结果。要命令自然就必须服从自然。在思考中作为原因的，就是在行动中当作规则的。"

培根的上述见解被概括为这样的口号：知识就是力量。这一口号的提出具有重要的历史意义。首先，这一口号反映出了人们认识自然、解释自然的强烈愿望。神学统治的时代业已结束，人们探究的目光已从天上转向地下。自然不仅是生命的源泉，而且是知识的对象。人类的首要任务，便是穷究自然万物之奥秘，建立起知识的大厦。

其次，这一口号明确道出了知识的现实功用——"科学的真正的、合法的目标说来不外是这样：把新的发现和新的力量惠赠给人类生活。"培根坚决反对脱离实际生活的空洞思辨,主张把知识的追求与力量的获取密切地结合起来——"凡在动作方面是最有用的,在知识方面就是最真的。"他热情地讴歌了人类的发明创造对于人类进步所起的巨大作用——"历代对于发明家都酬以神圣的尊荣……因为发现之利可被及整个人类。"他列举出印刷、火药和磁石这三大发明,并对它们的贡献给予了至高无上的评价——"这三种发明已经在世界范围内把事物的全部面貌和情况都改变了:第一种是在学术方面,第二种是在战事方面,第三种是在航行方面;并由此又引起难以数计的变化来;竟至任何帝国、任何教派、任何星辰对人类事务的力量和影响都仿佛无过于这些机械性的发现了。"培根深信,人类追求自然知识的不懈努力,定会带来更丰厚的回报,进而促进整个人类的进步。这种对于人类理解力的乐观主义态度,正是激励他进行学术研究的根本动力。

再次,"知识就是力量"这句口号还明确地将关于知识的永恒话题进一步彰显了出来,使之成为整个西方近代哲学关注的焦点。尽管培根一般并不被当成一个真正的认识论家,因为他没有系统提出如何使用知识的问题,而只是力倡一种获取知识的实际方法,但是,他对人类知识的重要性的着力强调以及甘愿献身于知识的追求的高贵精神,一方面预示着知识论的崛起,另一方面也给随后的认识论家带来了极大的鼓舞和启迪。

2. 四假象说

在确定下追求真理与知识的目标之后,培根又清醒地意识到这项任务所面临的困难与障碍——"现在劫持着人类理解力并在其中扎下深根的假象和错误的概念,不仅围困着人们的心灵以致真理不得其门而入,而且即使在得到门径以后,它们也还要在科学刚刚更新之际聚拢一起来搅扰我们,除非人们预先得到危险警告而尽力增强自己以防御他们的猛攻。"培根把这些困扰心灵的假象归为四类:族类假象、洞穴假象、市场假象和剧场假象。

(1)族类假象。培根认为族类假象根植于人类的本性之中,具体表现为"人类理解力依其本性容易倾向于把世界中的秩序性和规则性设想得比所见到的多一些。虽然自然中许多事物是单独而不配对的,人的理解力却爱给它们想出一些实际并不存在的平行物、连属物和相关物……人类理解力一经采取了一种意见之后，便会牵引一切其他事物来支持、来强合于那个意见。"这表现出了人类理解力对事物强求一律的倾向以及固守成见的倾向。另外，人类理解力还力图超越自身的狭窄范围，去无休止地追逐不可能之事，"对于自然中的最普遍的原则，本只该照着它们被发现的样子认定它们是绝对的，而不能再以什么道理来把它们归到一个什么原则；可是人类理解力由于自己不能罢休之故，却仍要寻求自然秩序中的什么在先的东西。"除此之外，人类理解力还要受制于情绪和意志的侵扰，还要受到感官的迟钝性及欺骗性的障碍和扰乱。

所有这些导致族类假象的东西都深藏于人性之中，十分顽固。我们每个人都难免会受制于它们。但是，只要我们通过反省认识到它们的危害，就可以尽量少地受到它们的干扰。培根这里揭示出了人类理解力固有的弱点，却没有从正面剖析它的结构和功能，没能跨出"理解力批判"这一步。

（2）洞穴假象。洞穴假象是专属个人的，"洞穴假象起于各个人的心的或身的独特组合；也起于教育、习惯和偶然的事情。"培根着重分析了个体在心性方面的差异：有的人偏爱求同，有的人则偏爱求异；有的人崇古，有的人则慕新。这便导致个人在认识事物时，容易固执己见，以偏概全。培根对洞穴假象产生的根源作了这样的归纳并提出预防这类假象的措施——"洞穴假象大部分生于几种情况：或则先有一个心爱的题目占着优势，或则在进行比较或区分时有着过度的趋势，或则对于特定的年代有所偏爱，或则所思辨的对象有偏广偏细之病……凡从事于自然研究的人都请把这样一句话当作一条规则——凡是你心所占、所注而特感满意者就该予以怀疑，在处理这样问题时，就该特加小心来保持理解力的清醒。"

（3）市场假象。市场假象源自于语言文字的使用。人们相互交往离不开语言，但语言使用失当，会给理解力造成障碍，让人们陷入空洞无聊的争论和幻想之中。培根分析了市场假象的两种类型："文字所加于理解力的假象有两种。有些是实际并不存在的事物的名称；有些虽是存在着的事物的名称，但是含义混乱，定义不当，又是不合规则地从实在方面抽得的。"对于"有其名无其实"的情况，我们较容易对付，只消坚决地抛弃这样的名称就行了。可是，对于含糊不清的名称，则不好处理，因为我们往往在日常用法中赋予同一个词多种不同的含

义，要在自然探究中更为精确地使用一个词则难以做到。由语言文字的使用导致的这种假象，危害甚大，需十分小心地加以防范。培根虽然注意到了语言对理解力的迷惑作用，但并没有展开系统的语言批判。不过，他关于市场假象的描述，一定程度上激发了霍布斯、洛克、贝克莱等人对语言问题的研究热情。

（4）剧场假象。剧场假象是由哲学家们带来的："剧场假象不是固有的，也不是隐秘地渗入理解力之中，而是由各种哲学体系的'剧本'和走入岔道的论证规律所公然印入人心而为人心接受的。"培根认为，给人们带来剧场假象的哲学可分为三种类型：诡辩的、经验的和迷信的。他对这三种哲学类型作了这样的刻画，"一般说来，人们在为哲学采取材料时，不是从少数事物中取得很多，就是从多数事物中取得很少；这样，无论从哪一个方面说，哲学总是建筑在一个过于狭窄的实验史和自然史的基础上，而以过于微少的实例为权威来作出判定。唯理派的哲学家们只从经验中攫取多种多样的普通事例，既未适当地加以核实，又不认真地加以考量，就一任智慧的沉思和激动来办理一切其余的事情。另有一类哲学家，在辛勤地和仔细地对于少数实验下了苦功之后，便由那里大胆冒进去抽引和构造出各种体系，而硬把一切其他事实扭成怪状来合于那些体系。还有第三类的哲学家，出于信仰和敬神之心，把自己的哲学与神学和传说糅合起来；其中有些人的虚妄竟歪邪到这种地步以致要在精灵神怪当中去寻找科学的起源。"培根认为，这些或建立在普遍概念上、或建立在少数实验上、或建立在迷信上的哲学体系全是哲学家们恣意妄为的结果，给我们追求知识的活动带来了很大的危害，必须予以清除。

3. 归纳法

培根认为，只有坚定地摒弃上述四种假象，我们的理解力才能得到彻底的解放，从而才有望获取真正的知识。他看到，这些假象是靠一些邪恶的论证来维护的，因此，要从根本上破除它们，就得揭穿这些论证的实质。现有的论证，要么诉求于感官印象，而这样得来的概念总是混乱的；要么诉诸简单枚举方法，而这样做总会遗漏很多东西；要么妄图从最高原理出发去证明中间原理，而这种做法实为一切错误之源。

培根极力倡导一种诉诸经验的新的论证方法，也就是科学的归纳法，这种方法不同于旧的经验方法，"真正的经验的方法……首先从适当地整列过和类编过的经验出发，而不是从随心硬凑的经验或者漫无定向的经验出发，由此抽获原理，然后再由业经确立的原理进至新的实验。"他用了一个著名的比喻，阐明了这种新方法的特点——"历来处理科学的人，不是实验家，就是教条者。实验家像蚂蚁，只会采集和使用；推论家像蜘蛛，只凭自己的材料来织成丝纲。而蜜蜂却是采取中道的，它在庭园里和田野里从花朵中采集材料，而用自己的能力加以变化和消化。哲学的真正任务就正是这样，它既非完全或主要依靠心的能力，也非只把从自然历史和机械实验收来的材料原封不动，囫囵吞枣地累置在记忆当中，而是把它们变化和消化，放置在理解力之中。这样看来，要把这两种机能，即实验的和理性，更紧密地和更精纯地结合起来（这是迄今还未做到的），我们就可以有很多的希望。"

　　由此看来，培根倡导的归纳法是既重经验又重理性的。他认为，以往的方法往往有所偏废，要么陷于具体的实验之中，要么在空想中耗费过多的时光。只有将经验与理性同等并重，并密切结合，才能了解自然的奥妙。我们要从经验和实验出发，循序渐进，由较低原理，经中级原理，最后到达最高原理。切勿期求由最底层的经验直接飞向最高的原理。中级原理是必备的中间环节，而且是最坚实的。而简单枚举归纳法往往由于依据事例过少而又没有充分考虑反例、没有进行深入的比较和分析，而得出幼稚的、不可靠的结论。这样一些结论不足以作为中级原理，去指导进一步的实验。

　　培根接着从正面说出了他的归纳法所遵循的程序——"我们不是要从事功中引出事功，或从实验中引出实验（像一个经验家），而是要从事功和实验中引出原因和原理，然后再从那些原因和原理中引出新的事功和实验，像一个合格的自然解释者。"对于具体的归纳过程，培根提出了著名的"三表法"。我们在作出归纳结论之前，必须向理解力呈示有关所探讨事物的三张表。第一张是本质和具有表：列举所研究性质在不同事物中表现出来的事例；第二张是歧异表：列举这一性质在相近事物中缺失的事例；第三张是比较表：列举该性质在同一事物中的增减情况，或者在不同事物中的多少，并作相互比较。接下来的过程，就是根据这三张表提供的情况进行归纳，直至找到这种性质的真正形式。

培根把这种归纳方法视作每一种研究都必须采纳的普遍方法："人们问，我们提倡这种方法，是只说自然哲学应当照此进行呢，还是说其他各种科学以及逻辑、伦理学、政治学等亦都应当照此进行呢？我们回答说，我们前面所讲当然是指所有这些而言的。正如那种以三段论来统治的普通逻辑不仅被及自然科学而且被及一切科学，同样我们这种依归纳法来进行的逻辑也是通贯一切的。我们不独在冷、热、光、植物以及类此方面制成历史和发现表，关于愤怒、恐惧、羞耻以及类此等；关于政治方面的事情；关于精神动作如记忆、分合、判断和其他等等，我们亦都同样制成历史和发现表。"这表现出了培根在方法论上的远大抱负，可惜的是，他并未完成他所拟订的系统阐述归纳法的庞大计划，实际只做了其中很小的一部分工作。后来学者们在不同的历史时期对这一方法作了进一步的探究，也是对培根的未竟事业的发扬光大。

4. 形式

培根的哲学，首先是一种方法论，其次是一种认识论。而认识论势必涉及形而上学问题。认识以什么为对象与目标？培根认为，我们研究自然，以把握自然事物的形式为最高目标。关于"形式"的哲学问题，由来已久。影响最大的形式学说，要数柏拉图的相论或理念论。柏拉图认为，相是永恒的存在，具体事物因为分有相而得以生成和存在，但是，相的存在并不依赖于具体事物的存在。培根虽沿用着这个概念，但他对事物的形式有着不同的见解——"一种性质的形式就是这样：有了一定的形式，一定的性质就必须跟着出现。因此，当这个性质存在着的时候，这个形式总是存在着的，它普遍地蕴含这个性质，而且经常是这些性质所固有的。同样，这种形式也是这样：如果被取走了，这个性质也就必然跟着消失，因此，如果这个性质不存在，它总是不存在的，总是蕴含这个性质的不存在，并且绝不为别的东西所固有。最后，真正的形式是这样的：它所要的性质从更多的性质所固有的某种存在源泉里面推导出来，这种存在的源泉在事物的自然秩序上是比这个形式本身更容易认识的。"

培根的形式学说，一向是颇受争议的，因为他的有些说法彼此并不一致。不过，他明确指出，他所说的形式并非什么抽象的存在——"当我们说到形式时，我们所指的不外是绝对现实的法则和规定性，即那种管制着并构成任何物质中的任何单纯性质（如热、光、重量）以及能对这些性质有所感受的东西的法则和规定性。这样说来，所谓热的形式或光的形式和热的法则或光的法则就是一回事了。"

培根认为，认识事物，就是去把握事物存在与活动的形式和法则，而对于这些形式和法则的掌握又使我们在行动中受到指导——"熟悉形式的人就能够在极不相同的实体中抓住自然的统一性；因此也就能够发现从来没有发现过的东西，发现不管是自然的变化、实验上的努力以及偶然的原因本身都不能使它们实现的东西，发现人从来没有想过的东西。因此由于形式的发现，我们就可以在思想上得到真理而在行动上得到自由。"

二、笛卡儿及其哲学思想

（一）笛卡儿生平

笛卡儿（1596—1650），西方近代哲学的创始人之一。事实上，他是第一个禀有高超哲学能力、在见解方面受新物理学和新天文学深刻影响的人。固然，他也保留了经院哲学中的许多东西，但是他并不接受前人奠定的基础，却另起炉灶，努力缔造一个完整的哲学体系。这是从亚里士多德以来未曾有的事，是科学的进展带来的新自信心的标志。他的著作泛发着一股从柏拉图到当时的任何哲学名家的作品中全找不到的清新气息。从柏拉图到笛卡儿之间，所有的哲学家都是教师，沾着这行职业素有的职业优越感。笛卡儿不以教师的身份写哲学著作，而以发现者和探究者的姿态执笔，渴望把自己的所得传达给人。他的文章笔调平易不迂腐，不是供学生们学习的，而是给一般生活中明白事理的人看的。并且，这还是一种异常出色的文笔。近代哲学的开拓者有这样可佩的文学感，对近代哲学来讲是很值得庆幸的。

笛卡儿的父亲是布勒丹省议院的参议官，握有一份还相当可观的地产。笛卡儿在父亲死时继承了遗产，他把地产卖掉，拿钱来投资，得到一笔每年六千或七千法郎的收入。从1604年到1612年，他在拉·费雷士的耶稣会学校受教育，

这所学校给他打下的近代数学根底，比当时在大多数大学里能够获得的根底似乎还强得多。1612年他到巴黎去，感觉巴黎的社会生活烦腻，于是退避到郊区圣日耳曼的一个隐僻处所，在那里研究几何学。然而朋友们刺探出他的踪迹，他为了确保更充分的安静，便于1618年加入荷兰军队。由于那时候荷兰正太平无事，他似乎享受了两年不受干扰的沉思。他在1619年加入了巴伐利亚军队。就在1619年到1620年之间的冬天在巴伐利亚，

笛卡儿

他有了《方法论》中他所描述的那种体验。因为天气苦寒，他早晨钻进一个火炉子，整天待在里面潜思；据他自己述说，当他出来的时候，他的哲学已经半成。不过这话我们也不必太拘泥字义去理解。苏格拉底惯常在雪地里终日沉思，但是笛卡儿的头脑只当他身暖时才起作用。

1621年他结束了战斗生活。访问过意大利之后，1625年定居巴黎。但是朋友们又偏要在他起身以前拜访他（不到中午，他很少下床），所以在1628年他加入了正围攻余格诺派要塞拉罗歇尔的军队。当这段插曲终了时，他决定在荷兰居住，大概为逃避迫害的危险。笛卡儿是个懦弱胆小的人，一个奉行教会仪式的天主教徒，但是他同样犯了伽利略的那种异端。某些人认为他耳闻到了对伽利略的第一次（秘密）判罪，那是1616年发生的事。不管是否如此，总之他决心不发表他向来致力写的一部巨著《世界》，理由是它里面含有两个"异端"学说：地球自转和宇宙无限。（这本书从来没有完整地出版，只有其中若干片断在他死后刊行过。）

我们说笛卡儿是懦弱胆小的人，但是说他希望不惹麻烦，好清静无扰地作研

究，这或许还比较合理。他一贯阿谀教士，尤其奉承耶稣会员，不仅当他受制于这些人的时候如此，移住荷兰以后也如此。他的心理隐晦莫测，不过我们总觉得好像是这样：他是个虔诚的天主教徒，为了他也为教会本身，愿意促使教会不像在伽利略的事例中所表现的那样敌视近代科学。认为他的正统信仰不过是权宜之计的人也是有的；但是，这固然是一种可能对的看法，但这并不是可靠的意见。

　　即便在荷兰，他也难免要受到恼人的攻击，不是罗马教会攻击他，而是新教中的顽固人物攻击他。据说他的意见会导致无神论，倘若没有法国大使和奥伦治公出面干涉，恐怕他早受到迫害了。这回攻击既然失败，几年后来顿大学当局又发起另一次不那么直接的攻击，它不问褒贬一律禁止提笛卡儿。奥伦治公再一次插手干涉，叫来顿大学休要无知。

　　不久，笛卡儿通过法国驻斯德哥尔摩大使沙尼雨，和瑞典女王开始了书信往还。他寄赠她一篇关于爱情的论著，他还送她一个论灵魂的作品，那是他原来为巴拉丁选侯的女儿伊丽莎白公主写的。为这两个作品，女王请求笛卡儿亲临她的宫廷。笛卡儿最后同意了，于是她派一艘军舰去接他。结果，原来是她想要每天听他讲课。在斯堪的纳维亚的冬日里，这种不习惯的起早，对一个体质孱弱的人就不是好事了。加上，沙尼雨又害了重病，因此笛卡儿去照料他。这位大使健康复原，但是笛卡儿病倒了，1650年2月长辞人世。

（二）笛卡儿的哲学思想

　　笛卡儿作为近代唯理论哲学的创始人不仅奠定了近代唯理论哲学的主要原则，更是为17世纪形而上学奠定了基础，在西方近现代哲学思想史上享有崇高地位。笛卡儿无疑是世界上最伟大的数学家、思想家之一，要全面地领会他的形而上学思想显然是比较困难的。在此，我们分四个部分进行阐述。

　　一是上帝。自基督教兴起之后，上帝问题不仅是一个神学问题，也始终是西方哲学中的一个重要问题。虽然在许多人心中，笛卡儿以普遍怀疑为武器对经院哲学的神秘主义和形式主义进行过全面的批判和清算，且这种批判和清算使笛卡儿成为了与经院彻底决裂的勇敢的先驱者。但不可否认的是，时代对一个人

的影响仍然巨大且不可抹杀的。笛卡儿生存的17世纪，经院哲学的影响仍然巨大（从布鲁诺的献身就可看出这点）。笛卡儿亦多少受其影响。著名哲学史家吉尔松就曾指出："围绕笛卡儿开展的最新研究无法使我们怀疑一些神学运动对他的影响。如果人们不考虑他在弗莱歇公学所受的教育，对圣·托马斯的阅读以及与奥拉托瓦修道院的新柏拉图主义者的频繁交往，那么，笛卡儿的神圣的自由观念关于恶，错误和判断的学说，关于人的自由的观念就无法得到全面的解释。"因此，上帝这个概念对于笛卡儿来说同样有着重要的意义，上帝是笛卡儿整个体系中不可或缺的一部分，如果不能论证上帝的存在，那么笛卡儿就不能摆脱唯我论的质疑，以及确立世界的客观性。所以，笛卡儿对上帝的"依赖"也就不足为奇了。

尽管笛卡儿对上帝十分"依赖"，但笛卡儿哲学的体系与中世纪的体系还是有着区别的。首先，在于他所说的"上帝"与经院哲学的"上帝"还是不完全一致的。他对"上帝"做过这样的界定："上帝这个名称，我是指一个无限的，永恒的，常久不变的，不依存于别的东西，至上明智的，无所不能以及我自己和其他一切东西由之而被创造和产生的实体说的。"这些话表明，笛卡儿对于上帝的存在和特性的形而上学探讨是以纯粹哲学的方式而不是经院的启示的方式。笛卡儿对于实体的定义是一种不依赖于其他任何东西，只靠自身就能存在的东西，在这个意义上只有上帝才是实体，上帝这个实体是无限的，永恒的，不变的，独特的，全知全能的，并且创造了存在的一切。其次，他对上帝的论证是基于对自我的论证。"我们在认识上帝的完满性之前能认识到自己的不完满性，这是因为我们在注意上帝之前已经注意自身。"这句话包含这两层意思：一方面，对笛卡儿来说，上帝在创造自我的时候，已把"自我"的观念放在我的心中，如同工匠把标记刻在他的作品上。另一方面，笛卡儿心灵中的首要概念是上帝的概念而不是自我的概念和物质的概念，因为上文论述的上帝是无限的实体，而自我与物质是有限的实体。在确定了自我之后，笛卡儿提出了他自己著名的上帝论证方法，这就是他在《第一哲学沉思集》"第三沉思"中对于有限的自我不能推出无限实体观念的论证。他说："当我是无限时，我不可能拥有无限实体的观念，除非这个观念是从某个具体的无限实体中推导出来的。"

总之，笛卡儿在不能摆脱"上帝"的情况下，赋予了"上帝"新的存在方式，将"上帝"实体化哲学化，即将形而上学的对象实体化，给予了形而上学新的实体内容。

二是方法。每一位形而上学家都有其特有的方法，并通过其特有的方法对其思想进行表达和阐述。笛卡儿作为17世纪形而上学家的代表，其对方法的重视更是尽人皆知，因为他认为"经院哲学家""把他们并不具有的完善知识作为原理"是一种罪过，他要用新的方法代替普遍的正统观念。

笛卡儿关于方法的哲学思想与其缜密的数学思想密切相关。他认为数学方法是哲学学习的榜样，数学推理的清晰明确，普通和必然同样成为哲学追求的目标。所谓数学方法在笛卡儿的形而上学中主要指的是一种逻辑的推演体系。其推导的方式就像数学体系或几何学一样。但这样一种知识并不单纯是分析的，他还能给我们提供实际的信息。笛卡儿相信数学这种普遍的方法，它体现了理性的普遍性，通过数学式清晰，可靠的论证形式，从已知的因素出发可以达到对未知因素的确定，从简单的、理解了的理由出发，可以解答更复杂和更困难的问题。在数学中，笛卡儿事实上已经发现了新哲学的关键因素：知识不是基于不确定。

笛卡儿方法的关键之处是"秩序"概念。他在"原则五"中写道："整个方法只是在于，为那些我们的心灵目光所集中广泛的事物安排秩序，我们首先把混乱暧昧的命题还原为更为简单的命题，然后从对所有最简单的命题的直观出发，尝试以同样的步骤升至关于其他一切事物的知识"。笛卡儿在这里使用的显然是数学中的解题模式。他解释道："算术和几何对难题的解决，正是采用这样一个步骤，即把问题还原为最简单的成分，然后从简单自明的起点出发，一步步地推向更为复杂的结论。算术和几何学关心的是简单抽象的事物，这些事物并没有假设经验可以是不确定的，而且它们仅仅是由论证得出的结论。"笛卡儿的方法就在于把问题分解开来，并把他还原到最基本的成分，最终使我们得到足以作为可信赖"原则"或出发点的简单自明的命题，由此我们可以推出对那些困惑我们的各种问题的答案。这种最后结果只能出现在长长的演绎推理过程之后，但笛卡儿认为，我们的结论是与起点目标同样自明的，我们一步步小心翼翼地从起点推进，最后确信整个推理过程的每一步都是清晰自明的。他说："这些长长的链条

是由非常简单容易的推理构成的，几何学家通常用它们达到极为困难的证明。这些链条使我想到，人类知识范围中的一切知识，都是以同样的方式相互联系的。而且我认为，一旦我们不能把非真的东西看作是真的，一旦我们总能遵循从某物演绎他物所必需的规则，就没有什么得不到或者无法发现的东西"。这段话最明显地表明，笛卡儿的确提出把数学方法推广到"人类知识范围中的一切东西。"

此外，笛卡儿还强调分析的方法和综合的方法，通过前者可以把模糊的命题还原为简单的明确的命题，分析方法是发现的逻辑，笛卡儿《第一哲学沉思集》就是用这种方法推出"我思故我在"这个命题的；而综合的方法就是从单纯命题出发，逐级上来认识其他一切命题。

三是物质与精神。作为17世纪形而上学开创者的笛卡儿，在其哲学中坚持两种实体的论证，即物质实体和精神实体，这尽管在当时就遭到了反对，却开创了近代二元化的哲学特色。笛卡儿一方面彻底区分两个实体，精神与物质，认为它们相互独立存在；另一方面，笛卡儿又认识到两者相互影响，必须构成一个整体，由此形成了笛卡儿身心观的困境：非物质的精神与具有外延的物质之间究竟如何发生因果作用，下面就让我们具体看一下。

首先，笛卡儿从普遍怀疑开始他对实体的研究。他认为除"我在怀疑"这一当下的事实之外，其他的一切都可以怀疑，而我在怀疑以我的存在为前提，因而我是存在的。由此，他得出"我思故我在"的命题。这是他的哲学的第一原理。进一步追问，"我"是什么？笛卡儿说："我是一个在怀疑、在领会、在肯定、在否定、在愿意，也在想象、在感觉的东西。"于是，笛卡儿首先得到了心灵这一精神实体的存在。

其次，在确定了精神实体之后，笛卡儿进一步思考自己心中是否还有未感觉到的其他东西。他找到了上帝的观念，在他看来，上帝不仅是他心中观念的原因，更是他存在的原因。笛卡儿继续论证说，既然上帝存在，那么它赋予我的有关物质实体的观念必然为真即必然真实存在。这样笛卡儿又在上帝的保证下肯定了物质实体的存在。

到此，笛卡儿以普遍怀疑的手段，从"我思"出发，经过抽象建立他的体系，包括上帝精神实体和物质实体。然而，这并不是结束，因为思维与存在的统一是取代形而上学的特征，笛卡儿要推翻这点，达到二者的分离。在笛卡儿的实体中，除了上帝之外就是精神实体和物质实体。他说："每一个实体都有一种基本属性，心灵的属性是思维，物质的属性是广延。"这样他就为精神实体和物质实体的关系定下了基本的基调。在他看来，精神实体是不依赖于身体的心灵，物质实体则是与心灵相对应的肉体以及其他一切物体。精神实体的本质是思维，物质实体的本性是广延，这两类实体的本质不同，所以它们毫不相干，没有任何联系和作用，也无任何统一性，这就是笛卡儿的二元论结论。

四是认识论。近代哲学被认为实现了"认识论的转向"，17世纪的形而上学在实现这种转向时起了很大的作用。在这个意义上，17世纪的形而上学甚至可以被认为是一种认识论的形而上学。这样作为17世纪哲学家和形而上学家的代表的笛卡儿的认识论就有一定的研究价值了。

认识论亦称知识论。在笛卡儿看来，第一原则无非就是原本存在于我们心灵中的真理，通过仔细反思自然种在我们心中的观念就能发现真理。这些真理是先天具有的。在这个意义上，经验只是提供了心理接受真理的机会而已，这些真理绝不是从经验中归纳出来的，是独立于经验的，也无须经验证实。所有清晰明确的观念不是天赋的就是通过实践而来的。所以笛卡儿认为我们靠直觉和演绎来认识事物。而直觉是一种纯粹的理智活动，这种理智活动是十分清晰明确的，没有任何怀疑的余地，而演绎则是对于确定性事实的必然性推论。直觉和演绎正是我们通向确定知识的道路。

笛卡儿的形而上学对哲学的影响深广。他提出的心物二元论和天赋观念论激起了近代哲学最持久、最激烈的学术争论，即使在今天，我们仍然能感受到这种争论带来的影响；他提出的"知识之树"的观念确立了形而上学的优先地位；他对传统实体概念的改造为近代形而上学提供了思考问题的基本出发点；他对人的理解能力的刻意推崇和极力张扬不仅引发了长达两个世纪的经验主义和唯理主义之争，而且开辟了近代启蒙运动的先河；他对"我思"以及其意向性的阐释对现象学有过直接启迪。

首先，笛卡儿哲学的系统性，大概没有人能够否认。因为笛卡儿不仅是一位伟大的哲学家，更是一位伟大的数学家，他极为崇尚将几何学的模式用于知识系

统的表述，对知识进行自明性和严密性的追求，试图把所有知识组成一个环环相扣的演绎推理体系。而在这一点上影响了几乎17到18世纪的大部分哲学家，他们都有一套理论系统，至少提出这样的构想，而对体系的严整性要求在19世纪黑格尔哲学中达到登峰造极的地步。现在，我们能把17世纪形而上学的基本概念，如实体、属性、上帝、实在、真理、观念等放在具体的理论系统中加以理解和阐释，都必须感谢笛卡儿。

其次，笛卡儿弘扬和扩大了欧洲的理性论辩和批判性的传统，追古溯今，哲学总是在极端的怀疑论与独断论中摇摆，它的主旨不在于求同，而在于立异，正是立异使思想显示出自身的朝气，也正是立异使求同成为必要。自苏格拉底时代开始，哲学中就存在着活跃的论辩的传统，这种传统充分表明了思想的张力，但正是这种优良传统却被黑暗的中世纪打破了，经院哲学的独断性和专制性成为哲学前进发展的绊脚石，而笛卡儿的形而上学弘扬了欧洲的理性论辩与学术批判的传统，彰显了其为摆脱经院哲学对权威的盲从所做的努力，从而为启蒙运动准备了条件。笛卡儿对思想自由的崇尚引导了一个时代，在长达半个多世纪的时间里，笛卡儿学派为西欧的学术思想传播和交流提供了范例，以至于17世纪下半叶和18世纪初的理性主义哲学或多或少都打上了笛卡儿主义的烙印。

笛卡儿对论辩和批判的先锋作用表现在他完成《第一哲学沉思集》的手稿后，立刻把它分给霍布斯、卡特鲁斯、伽桑迪、麦塞内等人，请他们提出意见，然后对他们的批评进行一一反驳。这种批评与反批评的风气迅速在学术界扩散开来，虽然只是在学者圈子内进行，但是它首先在学术圈内打破了"不许争辩"的禁忌，其意义远远超出了学术本身，其不仅是思想自由的见证，且具有巨大的示范作用。更重要的是，这种论辩隐含着平等意识和开放的态度，它像一湾清泉，涌动在这个时代的精神生活里，对民众的思想观念起着潜移默化的作用。

最后，笛卡儿开始了近代哲学的认识论转折，恢复并激活了亚里士多德的"第一哲学"观念，正式用"形而上学"一词去描述自己的哲学系统，扩大了"形而上学"一词的适用范围。他明确提出了知识的起源、知识的结构、知识的真理性、确实性和普遍有效性的认识论问题，并为解决这些问题奉献了自己毕生的心力。当他为寻找确实性的根据从普遍怀疑开始把目光从外部世界转向人的心

灵并最终系统地阐述了自我学说时，他既给欧洲哲学界留下了不盲从权威的学术风范，又使哲学从对自然的外在探索转向注重心灵的自我反思，从而使哲学回归到人间并开创了西方本体主义传统的新时代！其坚信理性的力量，坚信理性可以消除"形而上学"的武断性，把握实体，建立关于世界本质的绝对思想体系，所以他把"形而上学"的大厦在理性的基石上建立了起来。这就向后来的形而上学家揭示出理性与形而上学特别是本体论的密切关系，使他们从这种密切关系来思考形而上学的出路问题，进行完成了认识论的转向。

每一位哲学家都是夜空中的一颗恒星，普通的民众则是围绕着这颗恒星的群星。哲学家们通过自己的努力，不断地发挥出耀眼的光和温暖的热，影响带动着周围的星体。

笛卡儿作为17世纪最伟大的数学家、哲学家，当然也在这片星空中占有一席之地，且散发出的光辉影响着周围的群星乃至群星的未来。其缜密、严谨的思维为后来的哲学家们做出了表率！

笛卡儿除了在形而上学上有自己的思想外，在物理学上也颇有建树。他的"物理学"是机械唯物主义。

笛卡儿明确地声称，在自然界，物质是唯一的实体，天和地是由同一物质构成的。物质的主要属性是广延，物体即广延实体。他实际上把物体同等于广延，从而也就等同于空间。由于广延和空间是一种量的特性，因此，他认为物质实体是可以无限分割的。由此出发，他不同意元子论，也反对关于绝对虚空的学说。他把物质微小粒子称为"分子"，认为物质的多样形态是由分子极其运动造成的。但是他把运动归结为单纯的位移，并且用机械力学的"碰撞"来解释各种运动。

笛卡儿按照物质的广延和机械运动的观点来说明一切事物的现象。他不仅把物质世界、自然界看成是一架机器，而且把动物也看成是一架大机器，认为它们是只有广延和机械运动而没有思想的灵魂，同非生物完全一样。

笛卡儿的二元论和机械论的观点在说明人的灵魂和肉体的关系问题时，陷入了困境。他认为具有形体又有思想，是由两种形体结合而成的。但是按笛卡儿二元论的观点，既然断定物质实体和精神实体彼此独立、互不依赖，又怎能说明身心之间的联系呢？

为了摆脱困境，笛卡儿提出了灵魂位于松果腺的说法。就是说，人的灵魂暂时寄住在大脑的松果腺之内。当感官受到刺激激时，松果腺受到震动，于是灵魂本身所固有的知觉就会呈现出来。他这种说法实际上承认了灵魂同肉体之间可以发生一定的联系，甚至是灵魂对肉体一定影响的作用。这就同二元论发生了冲突，并陷入了自相矛盾。笛卡儿最后仍然乞求上帝的帮助，认为上帝是灵魂和肉体相互一致的担保者，二者的统一是依靠上帝的帮助而实现。这表明机械的观点是不能把唯物主义贯彻到底的。

按照笛卡儿哲学体系的理解，他的哲学正是在树枝上结出的果实，努力结出成果。笛卡儿本人的科学成果是同他的"物理学"的机械唯物主义密切联系着的。他提出了物质不灭、运动量守恒原理，第一次表述了惯性定律，发现了光的折射定律，提出原始物质旋涡运动说。这一学说是康德、拉普拉斯星云假说的先驱。在数学方面，笛卡儿创立了平面解析几何学，把变数引进了数学，为微积分的产生创造了条件。在力学方面，笛卡儿得出了运动的绝对性、静止相对性的原理，等等。笛卡儿的这些科学发现和科学思想闪烁着辩证法的思想光辉。所以，恩格斯把笛卡儿和斯宾诺莎称为近代哲学中"辩证法的代表"。

三、伽森狄及其哲学思想

（一）伽森狄生平

伽森狄（1592—1655）是17世纪法国著名的哲学家和科学家，是一个典型的伊壁鸠鲁主义者。在当时，他的经验主义哲学思想和笛卡儿的理性主义哲学形成了鲜明的对比。伽森狄还是一个著名的天文学家和数学家，曾经通过观察发现了木星的五个卫星，并且和大数学家费玛一起工作过。

伽森狄出生于法国普罗旺斯省狄涅城的一个村庄里，父亲是一个农民。伽森狄早年求学于埃克斯大学，并在阿维尼翁神学院获得神学博士学位，后来返回母校埃克斯大学教授哲学。在此期间，他开始对亚里士多德哲学和经院哲学产生反感，于1624年发表了自己的第一本著作《对亚里士多德的异议》。1628年，伽

伽森狄

森狄在巴黎加入了以麦尔塞纳神父为首的一个学术团体，认识了包括笛卡儿和霍布斯在内的许多学术精英。他和霍布斯关系密切，霍布斯把他看成是自己的学术知己，他们两个人的思想在形而上学、伦理学（特别是政治哲学）等许多领域上相互契合。在巴黎，伽森狄开始对伊壁鸠鲁的哲学感兴趣，经过研究，他完成了自己的著作《伊壁鸠鲁的生平和学说》，从而奠定了自己的哲学理路。在笛卡儿把他的《第一哲学沉思集》通过麦尔塞纳神父交到伽森狄手里以征求他的意见的时候，他很快就写出了一篇篇幅并不比笛卡儿的《第一哲学沉集思》短的反驳。在笛卡儿看完他的反驳并作出了答辩后，伽森狄再作出反驳。伽森狄的反驳连同笛卡儿的答辩一起，后来被整理成书出版，这就是著名的《形而上学的探讨》。1645年，伽森狄被任命为法兰西公学的教授，讲授数学。1655年，伽森狄不幸病逝。不久，他的著作就被整理成了六卷本的全集出版，其中包括他的另一本哲学著作《哲学汇编》。

（二）伽森狄的哲学思想

伽森狄的哲学自成体系，在许多重大问题上都表现出了自己的哲学立场，是当时笛卡儿的一个很好的对手。大致上，我们可以把他对笛卡儿"第一哲学"的批判分为以下几个方面。

1. 批判笛卡儿的灵魂与物体区分的思想

首先，伽森狄认为灵魂并不是一个纯粹的思维，并不存在一个明确的自我。我们知识，笛卡儿"第一哲学"的很重要的一个工作就是区分人的灵魂和物体，认为人的灵魂是一种纯粹的精神性思维，它不可测量和分割，不占空间，没有广延；而物体则是一种纯粹的广延性事物，占据空间，可以被测量。但是，在伽森狄看来，灵魂实际上并不是什么纯粹的精神，而是一种比人的肉体更加精细的物质，他说："至于我们认为是非物体性的东西的观念，例如上帝、天使、人的灵魂或精神等，我们心中所有的这些东西的观念都或者是物体性的，或者差不多是物体性的，它们都是从人的形象和其他一些非常简单、非常轻微以及非常不容易被知觉的东西（例如风、火、空气）的形象中抽象出来的，就像我们说的那样。"而自我，因此也不是什么清楚的观念，因为思维仅仅是一个人的众多的活动中的一种，我们并不能把它看成是自我的唯一本性。其次，他认为外在的物体实际上比所谓的思维更容易认识，而且我们仅仅能认识物体事物的性质。笛卡儿在"第一哲学"的沉思中，通过区分灵魂和人的肉体，认为人的灵魂是一种比人的肉体以及别的物体更容易认识的东西，因为它本身是不能被怀疑的。但是，伽森狄则认为，实际上，笛卡儿所讲的精神仅仅是一种否定性的东西，我们只能说它不是什么物体，不占据空间，因此，我们在这里其实仅仅具有一些物体性事物的观念，而且，这些外在的物体事物也比什么思维更容易认识。他说："它们虽然在你之外，你对它们倒比你对你自己认识和理解得更清楚。不过，你会说，我们怎么会对在我们以外的东西比对自己还领会得更好呢？我们回答你说：这和眼睛什么都能看得见就是看不见自己是同样的道理。"第三，伽森狄认为动物和人并没有什么本质的区别。我们知道，笛卡儿区分了人和动物，认为人是一种具有灵魂的生命，而动物则仅仅是一种物体性机器，从而与人有本质的区别。但是，伽森狄则认为，动物和人实际上并没有那么大的区别。在他看来，人也完全是动物的一种，人和动物一样都是由动物精气所推动的，而且，动物也和人一样具有选择的能力，而不仅仅是一种盲目的冲动；动物也和人一样具有理性，只不过它们的推理在程度上比人的推理理性稍差一些而已。

2. 批判笛卡儿的理智主义认识论

　　伽森狄对笛卡儿的认识论的批判主要集中在他对笛卡儿的理智观的批评上。他认为，人的理智并不是什么与人的想象有本质区别的能力。我们知道，在《第一哲学沉思集》的第六沉思中，笛卡儿明确地区分了理智和想象，认为理智是人的根本属性，因为它可以毫无疑义地领会事物，而人的想象对人的本性来说则是可有可无的，正是这种区分引起了伽森狄的不满。在伽森狄看来，人的理智并不是一种完全不同于人的想象的东西。他写道："你说用想象不能领会的东西就用理智来领会，你要把想象和共同感觉等同起来；可是，你能给我们指出在我们里边有好几种功能，而不是一种功能，我们不是只用一种功能来一般地认识一切东西吗……可是既然我们看不出是这样，那么也就非常难以在二者之间作出一种真正的、确定的区别来。"伽森狄认为，人的理智与人的想象都是对物体性事物的认识能力，二者之间仅仅具有某种程度上的区别，"只能是多一点和少一点的问题"。

3. 批判笛卡儿的实体观

在批判了笛卡儿的理智主义认识论之后，伽森狄进一步对笛卡儿的实体观进行了分析。在笛卡儿那里，我们的理智可以完全领会事物，他有一个著名的关于蜡块分析的例子，认为关于蜡块的广延实体本性的认识只能通过理智来完成。但是，伽森狄从自己的原子论的立场出发，对笛卡儿的实体观提出了反驳。他认为，实体并不是一个确实的东西，并不是具有自己的本质属性的东西，相反，实体总是隐藏的，我们对它的存在仅仅是一种猜测性的判断或假设。他写道："可是首先，能够从蜡块的偶性的概念中抽象出蜡或蜡的实体的概念来，这是大家都同意的。但你能因此就说你清清楚楚地领会了蜡的实体或蜡的本性吗？不错，除了颜色、形状、可熔性等以外，我们还会领会到还有一种东西，它是我们所观察到的这些偶性和变化的主体；不过，要说这个主体是什么东西或可能是什么东西，我们当然不知道，因为它永远是隐蔽着的，我们仅仅是用猜测的办法来判断应该有个什么主体好像支柱或基础一样托住蜡块可能有的一切变化。"伽森狄的这种实体假说与经验论者洛克的实体论几乎完全一致，在他看来，实体是我们永远都不可能真正把握到的东西，我们仅仅能够认识实体的表面现象或相关的偶性。而且，实体的实在性也并不像笛卡儿所认为的那样，要比其偶性的实在性更为确实和可靠，因为，实体所有的实在性都是从其偶性的观念中搬过来的，实体简直就是我们按照偶性的方式所领会到的东西，所有的实体"只能当作有广延的、有形状的、有颜色的……东西来领会。"

4. 批判笛卡儿的天赋观念论

在《第一哲学沉思集》中，笛卡儿区分了人的三种观念：天赋的、外来的和

自造的，他认为在人的心灵中具有一些天赋的东西，比如一些真理的观念，上帝的观念等。但是，伽森狄并不同意这种观念的天赋说。在他看来，一切观念都是外来的，都是人的大脑进行加工的结果。首先，他认为笛卡儿所说的自造的观念不过是外来观念的变种。他说："精神不仅有领会从外在对象出发，通过感官而达到精神的那些外来的观念的能力，有把这些观念赤裸裸地、清清楚楚地领会为就是精神本身所接受它们的那个样子的能力；而且也有把这些观念各式各样地加以集合、分割，加以放大、缩小，并用其他方式加以对比、组合的能力。这样一来，至少你所建立的第三类观念和第二类观念就毫无区别：因为，一个狮头龙尾羊身怪物的观念实际上和一个狮头的观念，一个羊身的观念，一个蛇尾的观念并没有什么不同……它们都是外来的。"而且，在伽森狄看来，这些后造的观念都是比较模糊的观念，都不能和完全外来的观念相比。其次，伽森狄认为笛卡儿所说的天赋观念也是来自外来的观念，而并不是什么天生就具有的东西。这些所谓的天赋观念都是我们从具体的、特殊的外在物体的观念中抽象出来的，没有外在的物体，我们就不会拥有那些一般的观念。他举例说，一个先天的瞎子就不会具有一般的颜色观念。进一步，伽森狄也不承认存在天赋的真理，他坚持一种符合论的真理观，认为所有的真理都是判断和所判断的事物之间的一致关系，没有外在的物体就谈不上什么真理的符合问题，而既然一切的观念都是外来的，因此，天赋的真理就是一种无稽之谈。

5. 对笛卡儿的上帝存在证明的批判

笛卡儿在第三个沉思中确认了上帝的存在，认为上帝是一个无限完满的实体。但是，伽森狄从中找出了一定的破绽，从而认为笛卡儿对上帝存在的证明是不可靠的。他说，既然笛卡儿承认我们并不能真正地领会无限，说这也正是我们有限性的一种标志，那么我们又如何来得出一个上帝无限完满的观念呢？我们如何来崇拜一个我们不理解的东西呢？这样一来，笛卡儿所说的无限就只不过是一个空名，没有任何确实的内容。那么，人们心目中的上帝的观念是哪里来的呢？对于这个问题，伽森狄回答说，这不过是我们把自己身上的美好东西无限地扩大的结果，"我们习惯于加到上帝身上的所有这些高尚的完满性似乎都是从我们日常用来赞美自己的一些东西中抽出来的，比如时间的延续、能力、知识、善、幸福等。我们把这些都尽可能地加以扩大之后，说上帝是永恒的、全能的、全知的、至善的、全福的等"。总之，在伽森狄看来，笛卡儿的论证根本不可能得出上帝必然存在的结果。

6. 批判笛卡儿的意志理论

在第四沉思中，笛卡儿认为错误的产生来源于人的意志的不良运用，他的理由是：意志是一种比人的理智的使用范围更广的东西，因为，意志具有一种无所谓的态度，这种态度可以使我们在没有认真领会事情的情况下，草率地作出判断和决定，这样一来，错误就产生了。因此，错误与人的理智无关，而直接与意志相关。但是，伽森狄不同意笛卡儿的意志理论，他和斯宾诺莎一样认为，人的意志并不是一种完全自由的东西，意志必定是相关于人的理智的。他写道："实在说来，这两种功能的范围似乎相等，或者理智至少似乎有着与意志同样大的范围，因为假如不是理智事先已经预见到了什么，意志是不会趋向任何事物的。"简单地说，就是没有理智的领会，就不会有任何意志判断的发生。这样一来，错误的产生实际上与人的意志无关，反倒是人的理智不能清楚地理解事物的结果。

7. 批判笛卡儿的身心关系理论

笛卡儿在身心关系问题上处理得并不令人满意，尤其是他的松果腺假说更是有很多不能自圆其说的地方。对于这一点，伽森狄提出了自己深刻的批判。他认为，笛卡儿把灵魂假设成是寄居在人大脑中的一个小松果腺中的理论是十分荒谬的，依据笛卡儿的灵魂没有广延的说法，灵魂是不占据任何空间的东西，那它又如何能寄居呢？"因为，不管这个部分是多么的小，它也仍然是有广延的"，如果说灵魂可以寄居，岂不等于说，灵魂也是有广延的吗？由此，伽森狄认为，笛卡儿的灵魂理论是有问题的，灵魂实在不应该是一种完全的精神，它更应该是一种更为精细的物体。后来德国的莱布尼茨吸取了这个教训，坚持说，实体并不是一个数学的或者物理学的点，而是一个形而上学的点，试图来解决这个难题。

四、斯宾诺莎及其哲学思想

（一）斯宾诺莎生平

斯宾诺莎（1632—1677），出生于阿姆斯特丹的一个从西班牙逃往荷兰的犹太家庭。西方近代哲学史重要的理性主义者。

斯宾诺莎的父母亲以经营进出口贸易为生，生活颇为宽裕，他也因此得以进入当地的犹太神学校，学习希伯来文、犹太法典以及中世纪的犹太哲学等。接受了拉丁语的训练，而正是凭借着拉丁语，他得以接触许多人的哲学著作。他也由此渐渐脱离所谓正统的学说范围，并最终在24岁时被逐出了犹太教会堂。他最后搬出犹太人居住区，以磨镜片为生，同时进行哲学思考。他此后一直过着隐居的生活。1673年有人提供给他海德堡大学哲学系的教职，条件是不可提及宗教，不过他婉拒。他在45岁时就去世了。

斯宾诺莎

（二）斯宾诺莎的哲学思想

哲学思想哲学上，斯宾诺莎是一名一元论者或泛神论者。他的著作中最伟大的莫过于《几何伦理学》（简称《伦理学》），该著作一直到斯宾诺莎死后才得以发表。该书是以欧几里得的几何学方式来书写的，一开始就给出一组公理以及各种公式，从中产生命题、证明、推论以及解释。他的其他两部重要的作品是《神学政治论》和《政治论》。《神学政治论》的主题是圣经批评与政治理论，而后者则只谈政治理论。

斯宾诺莎的理性主义伦理思想在欧洲近代伦理思想史上，是一种特殊类型的伦理思想，因为一般理性主义伦理思想都不强调个人利益。斯宾诺莎主张应当在理性指导下更好地追求个人利益，从理性的角度来论证利己主义的合理性。斯宾诺莎像霍布斯一样，把利己自爱视为人类的共同本性。他在《神学政治论》中说："人性的一条普遍规律是，凡人断为有利的，他必不会等闲视之，除非是希望获得更大的好处，或是出于害怕更大的祸患；人也不会忍受祸患，除非是为避免更大的祸患，或获得更大的好处。也就是说，人人是会两利相权取其大，两害相权取其轻。我说人权利取其大，权害取其轻，是有深意的，因为这不一定说他判断得正确。这条规律是深入人心，应该列为永恒的真理与公理之一。"每个个体都"竭力以保存其自身，不顾一切，只有自己，这是自然的最高的律法与权利。"

斯宾诺莎认为，自我保存是万物皆循的自然法则，人也有最高之权这样做，不能违背。所以人的自保自爱是自然的、合理的。他在《伦理学》中说："理性既然不要求任何违反自然的事物，所以理性所真正要求的，在于每个人都爱他自己，都寻求自己的利益——寻求对自己真正有利益的东西，并且人人都力求一切足以引导人达到较大圆满性的东西。并且一般讲来每个人都尽最大的努力保持他自己的存在。"既然趋利避害，追求个人利益，是不以人的主观意识为转移的人性普遍规律，是深入人心的永恒真理，那么"保存自我的努力乃是德性的首先的唯一的基础。"离开了对个人利益的满足和追求，就无道德可言，"我们不能设想任何先于保存自我的努力的德性"，"一个人愈努力并且愈能够寻求他自己的利益或保持他自己的存在，则他便愈具有德性，反之，只要一个人忽略他自己的利益或忽略他自己存在的保持，则他便算是软弱无能。"斯宾诺莎强调了自我保存是人的本性，或者说自爱是人的本性。他认为，除了因为外界的原因和违反自己本性的原因之外，绝没有人会忽视追求自己的利益或保存自己的存在。依据自我保存的最高权利，每人所作所为皆出于他的本性的必然性。他肯定自我保存的努力要先于德性，因此，自我保存的努力乃是德性的首先的和唯一的基础。

斯宾诺莎强调自我保存是德性的基础，但又不简单地把德性归结为自我保存

或利己。他在《伦理学》中说，单纯的自我保存或利己是不符合人的本性即理性的，如果这样，势必会出现"人与人间很多常怀忌妒，互相损害。""唯有遵循理性的指导而生活，人们的本性才会必然地永远地相符合。"他赞成"人是一个社会的动物"的定义，以"每个人对于别人都是一个神"的谚语，说明人们并不能忍受孤独的生活，而必然追求社会生活。因为"就人类共同的社会生活而言，还是利多而害少。"经验证明，"通过人与人的互相扶助，他们更易于各获所需，而且唯有通过人群联合的力量才可易于避免随时随地威胁着人类生存的危难。"所以，除了人之外，没有别的东西对于人更为有益。人要保持自己的存在，最有价值的事情是使所有的人都和谐一致，使所有人的心灵与身体都好像一个人的心灵与身体一样，人人都团结一致，尽可能努力去保持他们的存在，人人都追求全体的公共福利。由此，斯宾诺莎总结说："凡受理性指导的人，亦即以理性作指针而寻求自己的利益的人，他们所追求的东西，也即是他们为别人而追求的东西。所以他们都公正、忠诚而高尚。"他认为，利己与利他是在理性指导下统一起来的，德性就是在这种统一中发展而达到至善，"遵循德性而行，即是遵循理性的指导而行。

斯宾诺莎认为，霍布斯将人的情欲看成人的本性，得出了"人对人是狼"的错误结论。他则强调理性的重要，认为一个人追求自己的利益的本性是由理性指导的。人只有遵循理性而生活，才能寻求到自己的利益，也不会损害他人的利益，而且会有益于他人，有益于公共福利。他在《伦理学》中说："假如人人皆能遵循理性的指导而生活，这样，每一个人就都可以获得他的自然权利而不致丝毫损及别人。"斯宾诺莎的"利己即利公"的理性主义结论，其最后的宗旨还是为了利己。为利己而利他，只有利他才能达到利己的目的，这就是理性的命令。"所以遵循德性而行不是别的，即是以理性为指导而行动、生活、保持自己的存在，而且这样做是建立在寻求自己的利益的基础上的。""理性的命令，只教我们为尊重自己的利益起见，应与他人结为友谊……"斯宾诺莎力图用理性命令将个人利益、他人利益和公共利益统一起来，这是他的伦理学说的一个根本特点，也是17世纪理性主义伦理思想的一个共同特征。但这种统一的目的正是为了获取个人利益，利他利公只是达到这一目的的手段。他所宣扬的实质上是一种利己主义的利他主义伦理观，但在那个时代，这还是一种比较温和的明智的利己主义。

斯宾诺莎他在《知识改进论》中说，人生的目的在于获得"人的心灵与整个自然相一致的知识"，达到至善和幸福。但是，在人类达到真知的过程中，就人自身而言，存在着人作为自然人所具有的情感的障碍。笛卡儿以为人心有绝对力量来控制自己的行为和情感。对此，斯宾诺莎指出，他这些做法，除了表示他的伟大机智外，并不足以表示别的。斯宾诺莎认为"人是自然的一部分"，应该运用统一的自然法则去考察人的情感的性质和力量，以找出心灵控制情感的规律。

斯宾诺莎把情感理解为身体的感触，就是使人身体活力增进或减退，顺畅或阻碍的感触。人有三种基本的情感，就是快乐、痛苦和欲望。其他一切情感或情绪都是从这三种基本情感派生出来的。这些情感与心灵有着密切的关联，如果心灵具有不正确的观念或知识，就会受情欲的支配；如果心灵具有正确的观念或知识，它就会支配情欲。在没有正确观念或知识的情况下，心灵的命令不过就是情欲本身的要求，每个人所做的事情都是基于他的情感，为情欲所左右。斯宾诺莎在《神学政治论》中指出："每一个人都是依据他的情感来判断或估量，什么是善，什么是恶，什么是较善，什么是较恶，什么是最善，什么是最恶。所以那贪婪的人，认为金钱富足为最善，金钱缺乏为最恶。那虚荣心重的人，所欲求的东西，无过于荣誉，所畏惧的东西，无过于羞辱。而那嫉妒心重的人看来，没有比他人的不幸更能令他快乐，亦没有比他人的幸福，更能令他不安。也就像这样，每一个人总是全凭他的情感来判断一物的善或不善，有用或无用。"这时，心灵的命令不是别的，而是欲望本身。所以，斯宾诺莎"把人在控制和克制情感上的软弱无力称为奴役。因为一个人为情感所支配，行为便没有自主之权，而受命运的宰割"。"人类最无力控制的莫过于他们的舌头，而最不能够做到的，莫过于节制他们的欲望"。人类的理性必然受到财富、荣誉和肉欲的支配，如果把它们当作目的来追求，最能使人陷入沉沦。情欲对人生的危害是很大的，不仅会使人丧失高尚的生活目标，使人过一种庸俗卑下的生活，而且会导致苦恼、恐惧、怨恨和悲伤，以至使人丧失生命。他在《知性改进论》中说："世俗一般人所追逐的名利肉欲等，不惟不足以救济人和保持生命，且反而有害；凡占有它们的人——如果可以叫作'占有'的话——很少有幸免于沉沦的，而为它们所占有的人则绝不能逃避毁灭。"

斯宾诺莎认为，听任个人情感的支配不能得到真正的幸福和德性，只有按理性生活，靠心灵获得真知识才能幸福和有德。所以斯宾诺莎主张，人应该追求一种高尚的东西，这就是能使人既保持生命，又能达到至善的真知识。他所说的人达至善的认识过程也就是人控制情感的过程。因此，斯宾诺莎提出了一种道德情感的发展阶段与知识发展阶段相适应的知德平行论。他认为，在低级阶段上，即从感官和记号得来的感性认识，称为第一种知识，和这种混淆的、不正确的观念相适应，人的情感只能表现为被动的、盲目的和狭隘的热情，人往往被情欲所驱使，在控制情感上软弱无力。在高级的理性阶段上，人所获得的知识是从对于事物的特质具有共同概念和正确观念而得来的观念，这称为理性或第二种知识，即达到了对自然的本质和必然性的认识。得到了真知识，人的情感就发展为主动的情感，起于理性的情感，比较有更大的力量来控制情欲。还有第三种知识，即直观知识，这是一种不经过思维推理而直接把握实体的本质的知识，也属于真知识。他认为，理智知识和直观知识一起构成人的理性能力，使人的心灵能区分是非、善恶。心灵的最高德性在于知神，或在于依据第三种知识来理解事物。所以谁能够依据这种知识来理解事物，谁就能够发展到最高的完善。因此他就会感到最高的快乐。斯宾诺莎认为，从第三种知识必然产生对神的理智的爱，只有当对神的认识本身变成了一种最强烈的情感时，它才能战胜其他的情感。就善恶的真知识作为仅仅的真知识而言，决不能克制情感，唯有就善恶的真知识被认作一种情感而言，才能克制情感。斯宾诺莎十分懂得情感需用情感来战胜，人在认识的理性阶段还不能完全控制情感，只有达到认识的直观阶段才能彻底从情欲的奴役下解放出来，这时人就成为情欲的主人。

斯宾诺莎指出，他的学说不仅足以使心灵随处恬静，且足以指示我们至善或最高幸福唯在于知神，且唯有知神方足以引导我们一切行为都以仁爱和真诚为准。他认为，一个人在社会上生活，应该成为一个高尚的人，过一种圆满的符合人性的生活，即符合理性的生活，这种生活能使我们的知性或理性完善，人生的最高快乐或幸福即在于知性或理性之完善中。他把这样的人当作人格的模型，也即是他设想的理想人格。据此，他认为所谓善，是指我们确知对我们有用的东西而言；所谓恶，是指我们确知那阻碍我们占有任何善的东西而言。判断一个人生活的圆满或不圆满，完全以那人较多或较少接近这个模型的程度为准。斯宾诺莎将那些依靠理性直观去认识自然的必然性，基于自己的意志去追求真知、幸福和德性的人称为自由人。自由人，亦即纯依理性的指导而生活的人。

斯宾诺莎虽是一个唯理主义者，但他的道德思想却与他那个时代的社会生活密切相连。他在《伦理学》第四部分的附录中，提出了关于正当的生活方式的三十二条原理，只有按照这样的理性生活方式生活的人才是自由人。"自由的人绝少思想到死；他的智慧，不是死的默念，而是生的沉思。"他不受畏死的恐惧情绪所支配，而是根据寻求自己的利益的原则，去行动、生活，并保持自己的存在。他的德性既表现在避免危险方面，也表现在征服危险方面，在这两方面有着同等的心灵德性或意志力量。他将尽力避免他人的恩惠，努力与他人缔结友谊。他不受任何馈赠的引诱，具有刚正的德性。他绝不做欺骗之事，行为永远正直，他遵从公共法令在国家中生活，尊重公共的生活和公共的福利。每一个遵循理性指导的人对于他自己追求之善，亦愿意他人都可以分享得到。他最主要的努力即在于理解事物的本身，而排除一切足以妨碍寻求真知的阻力，尽可能努力去作善事，去求自身的快乐。这样的"自由人"，就是斯宾诺莎的理想人格的基本特征。

斯宾诺莎从理性主义出发，提出幸福不是德性的报酬、而是德性自身：并不是因为我们克制情欲、我们才享有幸福，反之，乃是因为我们享有幸福，所以我们能够克制情欲。他并不否认物质幸福，只有沉闷的、愁苦的迷信才会禁止享乐。所以能以物为己用，且能尽量欣赏，实哲人分内之事。如可口之味，醇良之酒，取用有节，以资补养。总之，凡足以使自己娱乐，而无损他人之事，也是哲人所正当应作之事。但他又认为，享受快乐、获得金钱或其他物品，必须以维持生命、保持健康为限度。我们生活的目的是为了使知性或理性完善。理性本身能够产生德性，德性本身使人幸福。因为幸福来自主动的心灵，来自真知和对上帝或自然的爱。所以克制情欲的力量乃出于幸福自身。正因为如此，那些单纯为外因所激动的愚人，从来没有享受过真正的灵魂的满足。相反，智人不受外物的诱惑和激动，只依照必然性而生活，既能知己，也能知神和知物，因而能主动地生活，而且永远享受着真正的灵魂的满足。斯宾诺莎知道，这样的人生道路很少被人发现出来，表明它是很艰难的，但是这的确是可以寻求得到的道路。只要人们沉思世界和人生，理解了自然的必然性，按正当的生活方式生活，就一定可以实现至善和幸福。

道德，什么才是道德的呢？它又是什么呢？如果不是因为在我们的潜意识深处根深蒂固地认为"一个有道德的人是高尚的，不道德是低劣的"，那么这些问题早就解决了。黑格尔曾评价斯宾诺莎"要达到斯宾诺莎的哲学成就是不容易的，要达到斯宾诺莎的人格是不可能的"，可叹他研究终生，却还是没有弄清自己为什么会固执地遵守道德。

斯宾诺莎主义是具有无神论或泛神论性质的哲学学说。斯宾诺莎否认有人格神、超自然神的存在，集中批判了神学目的论、拟人观和天意说，要求从自然界本身来说明自然，他认为构成万物存在和统一基础的实体是自然界，也就是神。他开创了用理性主义观点和历史的方法系统地批判《圣经》的历史，考察了宗教的起源、本质和历史作用，建立了近代西方无神论史上一个较早和较系统的体系。克服了笛卡儿二元论的缺点，把唯理论与唯物主义和泛神论结合起来。以后的哲学家称具有这种特征的学说为斯宾诺莎主义。

五、洛克的哲学思想

约翰·洛克（1632—1704）是英国唯物主义经验论哲学家。深受笛卡儿影响的他，有影响的作品的写成和出版全部限于1687年到1695年之间。他的理论哲学要著《人类理智论》1687年完稿，1690年出版。《论宽容》的第一书简最初是1689年在荷兰用拉丁文发表的。《论宽容》的后续二书简发表在1690年和1692年。两篇《政治论》1689年获得了印行许可，随后立即出版。《论教育》一书是1693年刊行的。

《人类理智论》第一卷就是要反柏拉图、笛卡儿及经院哲学家，论述没有天生的观念或天赋的原则。第二卷详细说明经验如何产生不同种类的观念。他在否定了天生的观念之后，说："设想心灵是白纸，没有一切文字、不带任何观念；它何以装备上了这些东西呢？人的忙碌而广大无际的想象力几乎以无穷的样式

洛克

在那张白纸上描绘了的庞大蓄积是从何处得来的？它从哪里获有全部的推理材料和知识？经验。我们的一切知识都在经验里扎着根基，知识归根结底由经验而来。我们的观念有两个来源：一是感觉作用；二是对人的心灵活动的知觉，可称作'内感'。既然我们只能借助观念进行思考，既然所有观念都是从经验而来，所以显然我们的任何知识不能先于经验。"

他认为知觉作用是"走向认识的第一步和第一阶段，是认识的全部材料的入口"。在现代人来看，这几乎是不必说的道理。但是在洛克时代这是一个革命性的新说。在《泰阿泰德篇》中，柏拉图曾着手批驳认识与知觉作用的同一化；从柏拉图时代以来，几乎所有的哲学家，最后直到笛卡儿和莱布尼茨，都论说我们的最可贵的知识有许多不是从经验来的。所以洛克的彻底经验主义是一个大胆的革新。

《人类理智论》第三卷讨论言语，主要是企图说明形而上学家提出的关于宇宙的知识，纯粹是词句上的东西。第三章"论一般名辞"在共相问题上采取了极端的唯名论立场。第三卷第六章"论实体的名称"驳斥经院哲学的本质说。

经验主义和唯心主义同样都面临着一个迄今哲学都没找到满意解答的问题：即说明人对自身以外的事物和对自己的心灵活动如何认识的问题。洛克发表了不能让人满意的意见。这个难题到如今一直是经验主义的麻烦。休谟抛弃了感觉具有外部原因的这个假定，从而除掉了它。

（一）政治哲学

洛克在1689年和1690年分别写了两篇《政治论》，其中第二篇在政治思想史上非常重要。

第一篇是对世袭权力的批评。它是给罗伯特·费尔默爵士的《先祖论即论国王之自然权》一书作的答辩。罗伯特·费尔默爵士是君权神授说的赤诚拥护者。他的整套说法，在现代人想来，真是荒诞离奇。

洛克不能承认世袭制为合法政治权力的基础。因而在第二篇政治论中，他要寻求比较守得住的基础。所以，在第二篇《政治论》的开篇，洛克说既然从父亲的威权追寻政治威权的由来行不通，现在他要提出统治权的真正根源。他假定在人间的一切政治之先，有一个"自然状态"。在这个状态中有一种"自然法"，自然法由一些神命组成，并不是人间的哪个立法者加给人的。洛克讲的自然状态及自然法不过是中世纪经院派学说的旧调重弹。自然法的信仰消灭后仍存在的许多学说，是从这个信仰发源的；例如，自由放任主义和人权说。这两个学说都起源于清教徒主义。

关于自然状态，洛克还不及霍布斯有创见。以下是洛克著作中见得到的最近乎是自然状态的定义的一段话——"众人遵循理性一起生活，在人世间没有共同的长生威权在他们之间裁决，这真正是自然状态。"

这不是写蛮民的生活，这是写有德行的无政府主义者们组成的空想社会，这帮人是绝不需要警察和法院的，那是因为他们永远遵从"理性"，理性跟"自然法"同一，而自然法本身又是由那些大家认为发源于神的行为规律组成的。

大多数人处于自然状态时，仍会有人依照自然法生活；于是自然法在一定限度内提供抵制这般罪犯的可行手段。在自然状态下，每个人可以保卫他自己以及为他所有的东西。自然状态有个重大缺陷，当存在这种状态期间，人要保卫他的权利必须依赖自己，所以人人都得是法官。政治是救治这个弊害的手段，但它不是自然的手段。据洛克说，人脱离自然状态，是靠一个创立政府的契约。并不是指任何契约都结束自然状态，唯有组成一个政治统一体的契约才能如此。各独立国政府彼此间正处于自然状态之中。

洛克所说的自然法有些部分真令人惊讶。例如，他说正义战争中的俘虏依自然法为奴隶。还说，人天生有权惩罚对他本身或他的财产的侵袭，为此甚至可以伤人性命。洛克没附加任何限制，所以我们如果抓到一个干偷鸡摸狗之事的人，依自然法显然我们有理由枪毙他。

他的自然状态与自然法之说，在某个意义上清楚明了，在另一个意义上却是莫名其妙。洛克所想的是什么，这倒明了；但是他如何会有这种想法，那就不清楚了。其实，洛克的伦理学是功利主义的伦理学，当他考察"权利"问题的时候，却不提出功利主义的意见。

（二）社会契约论

在 17 世纪的政治思想中，关于政府的起源主要有两类理论：一类理论主张君权神赋，该权利可世袭，反者既大逆且渎神。另一类主要理论以洛克为代表者，主张民政政治是契约的结果，并非神权确立而是纯粹现世的事情。几乎所有反对君权神授说的人都赞成契约说。这个理论在托马斯·阿奎那的思想中曾露端倪，格劳秀斯在其著作里最早对该理论进行了郑重发挥。

洛克所讲的契约论，把政府设为契约一方，如果不履行契约中的义务，就可以反对它。洛克学说在本质上或多或少是民主的，但因为他说的没有财产的人不应当算公民，而令其民主成分具有了一定的局限性。

契约创立了政治之说，当然是进化论以前的讲法。政治如同百日咳，是逐渐发展起来的。人们没研究人类学以前，完全不知道政治的萌芽里所涉及的那种种心理过程，完全不知道促成人们采纳后来才知有益的那些制度风习的种种离奇古怪的理由。但是社会契约说当作一个法律拟制，给政治找根据，也有几分道理。

（三）财产论

关于洛克对财产的理论，说法很多，我们以在书中出现的先后为序，写出洛克关于财产问题的一些主要论断，让读者自己判断。

首先，他讲每个人都对个人劳动所得拥有所有权，或者至少说，应当持有这

种权利。这种议论的精髓是,制造货品的手艺人,或运输货品的商人,于理可以要求报酬,因为他们在付出劳力,满足公共的需要,万难容赦的罪过是投机者和经纪人,这些人靠榨取公众必需品牟夺私利。阿奎那教义的真传是劳动价值说,经院派学者中最末一人是卡尔·马克思。劳动价值说,即生产品的价值取决于耗费在该产品上的劳动之说的创立,有人归之于马克思,有人归之于李嘉图;不过这种学说在洛克的思想中就有了,而洛克所以产生这种思想又是由于有上溯至阿奎那的一系列前人。

劳动价值说有两面,一是伦理的,一是经济的。换句话说,它可以是主张生产品的价值应当与耗费在这产品上的劳动成正比,也可以是主张事实上这劳动规制着价格。后一说大致上是正确,这是洛克承认的。他讲,价值的十分之九由于劳动;其余十分之一,他没说该到哪里去。

向来倡导劳动价值说,通常是出于对某个被看成掠夺性的阶级的敌意。经院学者只要主张它,便是由于反对高利贷者,那种人大多是犹太人。李嘉图主张它以反对地主,马克思反对的是资本家。洛克好像对任何阶级都没敌意,在真空中主张该理论。他唯一的敌意是对君主,但是这跟他对于价值问题的意见没关系。

(四)约制与均衡说

立法、行政和司法三权分立说是自由主义的特色;该学说是在英国反对斯图亚特王室的过程中兴起的。洛克认为立法部门和行政部门必须分离,以防滥用权力。他说的立法部门,指的是国会,行政部门指的是国王。因此,他把立法部门看成是良善的,而行政部门则通常是恶劣的。

他说立法部门应当高于一切,只不过它必须能由社会罢免。言外之意,立法部门得像英国下议院那样,不时通过民众投票来选举。立法部门要能够由民众罢免这个条件,是对英国宪法容许给国王和上议院立法权的一种谴责。

洛克说,在一切组织良好的政府中,立法部门和行政部门是分离的。在它们发生冲突时,行政部门如不适时召集立法官员,那就是与人民为敌,可以用暴力撤掉该行政部门。在立法部门和行政部门的争执中某些案件是没有法官的。由于苍天不下明白的判决,所以这实际上就是说只能凭打仗来解决。

出人意料的是，尽管司法组织在洛克时代是热得冒烟的话题，他却对司法组织只言未发。法官自由了的同时，他的权力监督成了问题。不管怎样，凡制约与均衡原则得势的地方，司法部门就和立法及行政部门并列，成为政府的第三个独立分支。

最充分应用洛克的分权主义的国家是美国；在美国，总统和国会彼此完全独立，最高法院又独立在总统和国会以外。无意之中，美国宪法把最高法院定为立法部门的一个分支，最高法院认可的才是法律。最高法院的权限在名义上仅是解释性的权限，这实际上使那种权限增大，因为这一来便难于指责那些想当然是纯法律性的决定了。这部宪法自来仅有一度惹起了武装冲突，这一点充分说明了美国人在政治上的贤达。

洛克的政治哲学在工业革命以前大体上一直适用。从那个时代以来，它越来越无法处理各种重大问题。庞大的公司所体现的资产权力大得超乎洛克的任何想象。国家的各种必要职权大大增强。国家主义造成了经济权力和政治权力联盟，有时两者融为一体，使战争成为主要的竞争手段。单一的个体公民已经不再有洛克思想中所具有的那种权力和独立。我们的时代是个组织化时代，时代的冲突是组织和组织间的冲突，不是个人之间的冲突。如洛克所说，自然状态还存在于国与国之间。先必须有一个新的国际性"社会契约"，我们才能领受从政治可以指望到的福惠。国际政府一旦创立，有不少又适用了，虽然其中关于私有财产的那一部分不会这样。

（五）洛克的影响

从洛克到现代，在欧洲有两大类哲学，一类的学说与方法都从洛克得来，另一类先来自笛卡儿，后来自康德。继承洛克衣钵的，首先是贝克莱和休谟；其次是法国的哲人中非卢梭派的那些人；第三是边沁和哲学上的急进主义者。

洛克哲学在英国和法国的胜利大部分要归功于牛顿的威望。笛卡儿的威信在当时由于他在数学和自然哲学方面的业绩而有所提高。但他的旋涡说作为对太阳系的解释，比不上牛顿的引力定律。牛顿派宇宙演化论的胜利减低了大家对笛卡儿的尊崇，增高了他们对英国的尊崇。这两个原因都促使人心偏向洛克。

在 18 世纪的法国，知识分子正在反抗君主专制，他们把英国看成是自由的故乡，所以洛克的政治学说让他们对他的哲学产生了好感。把英国影响传到法国去的主要人物是伏尔泰。在大革命来临前，认识许多第一流学者的休谟令洛克在法国的影响大大增强。

在英国，一直到法国大革命时为止，洛克哲学的信奉者对他的政治学说都没什么兴趣。贝克莱是个不关心政治的主教；休谟是个托利党员。在他们那个时代，英国的政局平静无波，哲学家心外无物地讲

约翰·洛克塑像

理立学。法国大革命改变了这种情况，迫使最优秀的人物反对现状。然而，纯哲学中的传统依旧没有中断。

雪莱为了《无神论的必要》被逐出牛津校门，那作品充满了洛克的影响。

1781 年康德《纯粹理性批判》发表时，看起来笛卡儿、斯宾诺莎和莱布尼茨的老哲学传统好像渐渐要被新的经验主义方法压倒。不过这种新方法却从未在德国大学中盛行，而且自 1792 年以后，大家把法国大革命的责任都推给它。康德跟达尔文一样，引起了一个当初他深恶痛绝的运动。

康德是自由主义者、和平主义者和民主主义者，但自称发展他哲学的那些人都不是这种人。在卢梭和康德以后，历来有两派自由主义，这两派可以区分为"冷头脑派"和"柔心肠派"。"冷头脑派"经由边沁、李嘉图和马克思，按逻辑的阶段发展到斯大林；"柔心肠派"按另外的逻辑阶段，经过费希特、拜伦、卡莱尔和尼采，发展到希特勒。自然，这个说法过于简括，不够十分正确，但也可

以帮助记忆。思想演进的阶段向来带有一种简直可以说是黑格尔辩证法的性质：各种学说通过一些似乎都很自然的步骤，发展成了其对立面。但是这种发展从来不是完全出于思想的内在活动；它一向为外界状况及外界状况在人情感中的反映所左右。可以用一个最显著的事实说明实情确实如此：自由主义思想在美国没经过这个发展的任何阶段，到今天还保持着洛克所讲的那个样子。

六、贝克莱及其哲学思想

乔治·贝克莱（1685—1753），欧洲近代哲学史上主观唯心主义经验论的代表人物，他突出地强调了认识的相对性和主观性问题，并由此把洛克的经验主义由唯物论转向了唯心论。

（一）贝克莱生平

贝克莱生于爱尔兰。1696年入基尔肯尼学校读书，1700年入都柏林三一学院学习，1704年毕业，1707年获文学硕士学位，并在三一学院任教。1713—1720年曾到法国、意大利、西班牙等国旅行。1724年被任命为北爱尔兰的德利教区的教长。1728年去北美洲英国殖民地进行传教活动。在罗得岛（北美独立战争以后成为英国的一个州）住了四年，于1731年返回英国。1734年贝克莱升任爱尔兰南部克罗因的主教。1753年死于牛津。主要著作有《视觉新论》、《人类知识原理》、《希勒斯和斐勒斯的三篇

乔治·贝克莱

对话》等。

贝克莱生活在英国资本主义制度初步确立时期。由资产阶级和贵族相妥协而建立起来的新政权,为资本主义的进一步发展开辟了道路。英国资产阶级在国外加紧对殖民地的掠夺,在国内更大规模地开展圈地运动,为即将到来的产业革命积累资本。与此同时,新的社会矛盾也逐渐暴露出来,资产阶级和贵族的矛盾与斗争并未止息,资产阶级内部不同阶层、集团之间也开始发生各种矛盾,特别是资产阶级同广大劳动群众之间的矛盾逐渐上升为社会的主要矛盾。面对着无产者和广大劳动群众的反抗斗争,统治阶级除了采用武力镇压之外,还竭力加强思想统治,用宗教来麻痹劳动人民的斗志。恩格斯在分析这个时期的英国资产阶级状况时指出:"他自己是信教的,他的宗教曾经是他用来战胜国王和贵族的旗帜;不久他就发现这个宗教可以用来操纵他的天然下属的灵魂,使他们服从那些由上帝安置在他们头上的主人的命令。简言之,英国资产阶级这时已经参加镇压'下层等级'、从事生产的广大人民群众,而用来达到这一目的的手段之一,就是宗教的影响。"从17世纪末、18世纪初起,英国统治阶级开始从组织上和思想上加强国教的唯我独尊的地位,一切反宗教的影响,甚至非国教的信仰,都受到排斥和打击。然而,传统神学经过唯物主义者的批判,特别是随着科学技术的发展,威信已经大降,无神论思想在社会上不断传播。当时,宗教还特别受到"自然神论"思潮的威胁。17世纪末至18世纪初,在英国出现了一批自然神论者,主要代表是约翰·托兰德和安东尼·柯林斯。他们主张思想自由,包括宗教信仰自由。他们继承了以洛克为代表的唯物主义路线,强调理性是判断一切的准绳,宗教也必须放到理性面前加以裁决。他们利用牛顿第一推动力的思想,认为上帝是世界的最初原因。但是,他们否认人格化的上帝,否认上帝可以任意地主宰自然和社会的万事万物。他们指出,当上帝给了世界最初的推动之后,就不再干预世事了,自然界便按照自身的规律而自行运转了。普列汉诺夫把自然神论叫作"天上的议会制",因为在自然神论的体系中,神权在各方面都受到自然规律的限制,上帝成了"宇宙王国"中的"虚君"。马克思在评述自然神论时指出:"自然神论——至少对唯物主义者来说——不过是摆脱宗教的一种简便易行的方法罢了。"贝克莱就是在这种情况下走上舞台的。

（二）乔治·贝克莱的哲学思想

贝克莱热烈拥护资本主义的生产方式，竭力鼓吹发展资本主义生产，反对专事奢侈、不务生产的旧式贵族。他甚至骂他们是社会的祸害。贝克莱注意劳动在财富生产中的作用，认为单纯的土地和矿山并不能成为财富，必须把土地、矿山同劳动生产结合起来才能成为财富。马克思在《剩余价值学说史》中把贝克莱的这些观点看作是英国古典政治经济学的先驱。

贝克莱在政治上极力维护大资产阶级和土地贵族的统治。他反对洛克的社会契约论和人民主权的思想，认为社会契约论是使公民社会联系松弛最有效的手段，是最有害于人类的。在他看来，把国家当作人民的代表，会使一切善良的人丧失对于国家法律和政府应有的敬畏和尊崇。贝克莱特别攻击了洛克关于人民可以起来摧毁暴君的思想，认为这是最有害于社会安宁的。他主张要使社会安全和幸福，必须有一个高于一切个人的最高权力，个人对它只有绝对服从的义务，而没有任何反抗的权利，这是神定的"自然法"。因此，他认为，即使处于最大最不义的遭难下，一个臣民如果举手反对最高权力，也是对于自然法的破坏。他还说，即使在无法忍受的压迫下，也不能容许造反。

为了维护现存的统治秩序，贝克莱给自己的哲学研究规定了明确的目标，这就是反对无神论，维护宗教神学。他写道：

"在我们的研究中应占首要位置的，是对于上帝和我们的天职的研究；我们这些辛苦的主要旨趣和目的就是要提倡这一点。"

贝克莱明确地意识到，唯物主义的哲学是无神论的基础。因此，他在批判无神论的时候总是把矛头集中对准唯物论。他毫不隐讳地指出：

物质的实体从来就是"无神论者"的挚友，这一点是无须多说的。他们的一切古怪系统，都明显地、必然地依靠它；所以一旦把这块基石去掉，整个建筑物就不能不垮台。

为此，贝克莱构造了一个十分奇特的哲学体系：在认识论上坚持主观唯心论；在本体论上坚持客观唯心论。他用主观唯心主义反对机械唯物主义，以便否定哲学唯物主义路线；同时又借助于客观唯心论，以论证上帝的存在和万能，维护宗教神

学。正如马克思指出的,贝克莱是"英国哲学中的神秘唯心主义的代表"。

1. 存在就是被感知

在哲学上,贝克莱是从洛克的经验论出发的,认为观念即感觉经验是认识的源泉。但是,和洛克相反,他坚持一条从主观到客观、从观念到物的主观主义路线,从经验出发走向了主观唯心主义。

针对唯物论者肯定外物客观实在性的基本观点,贝克莱提出了一个著名的主观唯心主义的哲学命题:存在就是被感知。

按照这个命题,根本不存在任何独立于感觉观念的事物,所谓事物无非是被"心灵"实体(精神、灵魂、自我)所感知的一组观念。比如,一个苹果的存在不是别的,只是红的颜色、甜的滋味、香的气味和圆的形状等观念的组合;离开了这些观念,离开了心灵对这些观念的感知,苹果就无所谓存在。这就是说,事物和观念是同一个东西,它们的存在只在于被心灵所感知。总之,万物皆备于我们。贝克莱写道:

"我们认为下面就是这样一个重要的真理,那就是,天上的一切星宿,地上的一切陈设,总之,构成大宇宙的一切物体,在心灵以外都没有任何存在;它们的存在就是被感知或被知道。"

列宁指出:"认识论的第一个前提无疑地就是:感觉是我们知识的唯一泉源⋯⋯从感觉出发,可以遵循着主观主义的路线走向唯心论('物体是感觉的复合或组合'),也可以遵循着客观主义的路线走向唯物主义(感觉是物体、外部世界的映像)"。贝克莱就是从感觉出发,遵循着从感觉到物的主观主义路线走向主观唯心论的。

贝克莱从上述主观唯心主义的基本命题出发,全力攻击机械唯物主义的物质实体学说。我们知道,以洛克为代表的17世纪的机械唯物主义者的物质观有一个明显的特点,就是把物体分为"实体"和"性质"即属性两个方面。物质实体是物体性质的"基质"和"支撑物",是惰性的。人们所能认识的只是物体的性质,而物质的实体则是不可知的。贝克莱批判机械唯物主义的手法,主要是:把机械唯物论所讲的物体的性质全部化为主观的感觉观念,进而彻底固定机械唯物主义的物质实体,以此来否定唯物主义的哲学路线。

我们知道，洛克曾提出过关于物体的两种性质和两种观念的学说。他认为，第一性质的观念是和物体的第一性质（如广延、形状、动静、数目等）的原型是相似的；第二性质（色、声音、味等）的观念是和第二性质的原型不相似的。但是洛克坚持这种性质的观念都是物体性质作用于感官的结果，都是和物体的性质相契合、相应合的。换句话说，洛克坚持观念的内容是客观的。与洛克的观点相反，贝克莱则认为观念是纯粹主观的东西。

首先，贝克莱从根本上反对洛克的唯物主义反映论，认为不论是洛克所说的第二性质的观念，还是第一性质的观念，都没有与之相似的原型，观念只能是存在于心中的东西，它不可能有离开心灵而存在的客观内容。因为按照"存在就是被感知"的原理，事物就是观念或观念的集合，心灵感知事物，就是心灵感知观念，因此，只有观念与观念之间才能有一种相似的关系，洛克所讲的观念与外部事物相似的关系，从根本上来讲就是不存在的。他写道：

"观念只能和观念相似，而不能与别的东西相似。"

这样一来，贝克莱就完全否定了观念是主观对客观的反映，把反映事物性质的观念化为纯主观的感觉观念，从而否定了事物性质的客观存在。

其次，贝克莱通过强调观念的统一性，否定事物性质的客观性。他认为，洛克把观念机械地分割为两种是错误的，事实上两种观念是不可分割的，它们都存在心中。他写道：

广袤、形相和运动，离开了所有别的性质，都是不可想象的。因此，这些其他感性性质在什么地方存在，第一性质也必定在什么地方存在，也就是说，它们只存在于心中，而不能存在于别的地方。按照贝克莱的观点，洛克所讲的两种性质的观念都是同时被心灵所感知到的，当我们感知到第二性质的观念时，同时也就感知到第一性质的观念，两种观念是不可分割的，它们都统一地存在于我们的心中。这就是说，事物的性质不可能存在于心外，只能存在于心中。贝克莱认为，洛克把两种观念分割开来，显然是抽象学说在作祟。应该指出，贝克莱看到了洛克把观念机械地分割为两种的缺陷，他对观念的统一性作的某些论述也包含有某些合理成分，但是，贝克莱企图利用观念的统一性，即知觉表象的统一性，去否定事物性质的客观性，则是错误的，因为观念的统一性，是由事物性质的统

一性决定的，而不是相反。

再次，贝克莱通过夸大感觉的相对性，进一步论证观念的主观性，否定事物性质的客观性。我们知道，洛克承认第一性质的观念是物体第一性质原型的肖像，第二性质的观念与物体第二性质的原型不相似，具有相对性和主观性。不过洛克仍然承认第二性质的观念，是由物体内部微粒组织和运动作用于感官引起的，并且是和物体的第二性质相契合的，这就是说，第二性质的观念包含有客观的内容。贝克莱抓住洛克在第一性质的观念问题上的直观反映论的缺点，认为第一性质的观念和第二性质的观念一样，也具有相对性、主观性，因而也不是物体的第一性质的肖像。他写道："大小、快慢是不能外于心而存在的，它们完全是相对的，并且依感官的构造或位置的变化而变化。"他还说："同一个眼睛在不同的地位，或不同的结构的眼睛在同一个地位，其所看到的形象和广袤都是各不相同的。"

应当承认，贝克莱否定洛克关于第一性质的观念是物体第一性质原型的肖像的思想，包含着合理因素。因为，任何感觉观念都不可能和原型绝对符合，都带有一定的相对性、主观性。但是，贝克莱却把感觉的相对性、主观性绝对化，根本否认感觉观念所包含的客观内容，根本否认感觉是对外物的反映，从而把感觉观念看作是纯粹主观的东西，并以此否定外物的客观实在性。贝克莱从夸大感觉的相对性陷入相对主义，从相对主义走向了主观主义。

贝克莱把物体的性质歪曲为感觉观念之后，便进而攻击机械唯物论的物质实体学说。我们知道，洛克曾经断言，物质是被动的、不能思想的实体，物体实体作为物体性质的支撑物或基质存在于物体之中，是不能被人们所认识的。贝克莱反驳说，首先物质实体既然是被动的，那么，它就不能成为作用因，即不能成为产生观念的原因，观念的原因只能是能动的精神实体；其次，物质实体不过是一个抽象观念，我们既然对物质实体一无所知，那就不能肯定它是存在的。他写道：

假如你愿意的话，你可以把物质一词用成和别人所用的无物一词意义一样，而这样一来，在你的文体中，这两个名词就可以互用了。

可以看出，贝克莱的战术是利用洛克物质概念中的机械论、不可知论的缺

点，攻击洛克唯物论的根本原则——肯定外物的客观实在性。但是这也恰恰暴露了机械唯物论的物质观的不严谨、不科学，它不足以抵御唯心论的进攻。

贝克莱在否定外部世界的实在性的同时，极力把自己打扮成"自然实在论者"。他反复声明，他所否定的只是"物质实体"；而从不否认事物的存在。日月星辰，山川河流，以及我们周围的一切事物都是实实在在存在的，不过，它们不是独立于我们的感觉观念之外的客观实在，而只是我们的感觉观念的集合。列宁讽刺地写道："贝克莱没有否定实物的存在！贝克莱没有违反全人类的公意！贝克莱'只是'否定哲学家们的一种学说，即否定一种认识论，这种认识论认真地坚决地以承认外部世界及其在人们意识中的反映为其一切论断的基础。"列宁在这里把两条相反的认识论路线鲜明地对立起来，一针见血地揭露了贝克莱的"自然实在论"的唯心主义实质。

按照唯物主义的观点，否定了客观物质世界的实在性，人们的认识就变成的纯粹主观自生的东西了，那么，认识也就无所谓真假对错了。但是，贝克莱硬要在感觉观念的范围内寻求一个真理的标准。在贝克莱看来，来自感官的观念与想象的观念不同，前者是清楚的、强烈的、活泼的、耐久的，因而是真实的，而认识上的错误就在于对当下的知觉作了不正确的判断和推论。他举例说，放在水中的桨，我们看到它是曲折的，这并没有错；但是如果由此推论说，把桨从水中拿出来，我们仍然可以看到一个曲折的桨，那就大错特错了。按照这种观点，感觉是绝对真实可靠的，理性只要顺从感觉就行了。这样一来，真理不是对事物的本质和规律的把握而仅仅是对主观感觉的描述，显然，这是一种主观唯心主义的真理观，不可避免地要陷入我们的感觉即真理的唯我论的泥坑。对此，贝克莱补充道，我们这里所说的感觉，不是某一个人的感觉，而是指大家共同的感觉。他举例说，如果大家都尝到水变成了酒，那么，水就一定变成了酒。我们知道，不论是个人的感觉，还是人类共同的感觉，都是主观意识范围之内的东西，都不能作为判别认识上真假对错的客观标准。贝克莱用集体感觉代替个人感觉，并不能使他摆脱掉主观主义。

2."无限心灵"是一切观念的根据

贝克莱提出"存在就是被感知"这个命题，其矛头主要是针对机械唯物主

义的物质观的，目的是否定物质实体的存在。然而，这个命题是以"心灵"这个精神实体的存在为前提的。我们知道，按照贝克莱的观点，观念是被动的，感知观念的是一个能动的主体，即所谓"心灵""精神""灵魂"或"自我"。所谓观念的存在，正在于它被心灵或精神所感知，或者说它就存在于心灵之中。贝克莱认为，这个能动的精神实体即心灵或精神，可以分为"有限的"与"无限的"两种，前者指人的心灵或精神，后者指上帝。贝克莱公开宣称，如果我们仔细考察自然事物的恒常的秩序、规律和连贯，从较大物体的宏壮、美丽和完善，到较小物体的精巧构造，以及全部自然物体的协调一致，我们就会发现一切事物都依靠于一个"唯一的、永久的、全善的、完美的"存在，这就是上帝，它是万物存在的根据。他指出，所谓存在就是被心灵所感知，或者说事物不能离开心灵的感知而存在，绝不是说事物的存在与否仅仅决定于我们个人的有限的心灵是否感知它，一事物的存在，即使没有被我们这个"有限的心灵"所感知，也可以被别人的有限心灵所感知，即使没有被别人的有限的心灵所感知，还可以被无限的心灵即上帝所感知。他写道：

"虽然我们的确主张，感官的对象不是别的，只是观念，而这些观念不能不被感知而存在；但我们并不能因此就得出结论说，它们除了只被我们感知外，就不能存在；因为虽然我们没有感知它们，但是还可以有某个别的精神感知它们。当我们说物体离开了心灵就不能存在时，我们希望大家不要误会，以为我们是指这个或那个特殊的心灵，我们所指的是一切心灵。"

在他看来，即使没有人类，没有有限的心灵感知事物，那么事物也一定是被一个永恒的无限的精神即上帝所感知，"存在就是被感知"的命题仍然是正确的。贝克莱在这里显然是力图借上帝之助保证事物的实在性，这就充分暴露了贝克莱哲学的神秘主义的特点。同时也表明，贝克莱的主观唯心主义和客观唯心主义之间并没有不可逾越的鸿沟，二者可以互为前提，相互转化。

在贝克莱看来，"无限心灵"不仅是感知的主体，更是一切真实观念的来源。他认为，和来自"自我的"想象的观念不同，从感官上得到的观念是不依我们的意志为转移的。比如，当我们一张开眼睛，许多物象就呈现在我们面前，我们没有能力决定看还是不看它们。同时，感官的观念较之想象的观念更为强烈、活泼和清晰，而且具有稳定性和秩序性。因此，感官的观念绝不是有限心灵自己产生的，而只能是无限心灵按照一定的规则印在我们的感官上的。他写道：

"造物主在我们'感官'上所印下的观念，叫作真实的事物。"

贝克莱还借助上帝论证自然法则的问题。贝克莱承认自然法则的存在，但是又认为，自然法则并非像机械唯物主义所主张的那样，是客观物体运动的规律。在他看来，所谓自然法则，是指存在于观念之间不依个人意志为转移的稳定的秩序和联系。人们从经验中可以观察到感官的观念具有稳定的秩序，一定的观念总是恒常地伴随着另外的一定的观念而出现，然而，观念之间的这种关系并不是必然的因果关系，只不过是标记感觉观念之间的关系的符号或记号。他写道：

我们所看见的火，并非在我们接近它时所感受的痛苦的原因，而只是警告我们的标志。同样，我们所听见的喧杂，亦非周围物体的这种、那种运动或撞击的结果，而只是其符号。

按照贝克莱的观点，火是暖的记号，食物是充饥的记号等，自然科学的任务就是研究观念之间的关系或记号。贝克莱还认为，自然法则不是客观物质世界所固有的，而是上帝建立起来的。上帝使万物有了稳定的秩序，使它们处于"和谐的、有规律的"状态，使它们之间有着奇妙的联系。他写道，这一切都"显示了主宰精神的慈祥和睿智，而主宰的意志建立了自然的法则"。正是由于上帝为自然建立了法则，人们就能从已经发生的事情中预料未来，同时，人们又可以从自然法则中进一步推知上帝的存在。他明确地说：

我们视线所及的任何处所，我们可以随时随地感知到神灵的明显标志：我们所看到、听到、触到或无论以何种方式由感官感知到的每件东西，都是上帝的权力的一个记号或结果。

在这里，贝克莱完全陷入了神秘主义。

贝克莱认为自然法则对规范我们的行为是极其有利的。他写道：

"我们所以知道，食物可以养人，睡眠可以栖身，火可以暖人，在下种时下种，就能在秋收时有所收获……只是因为我们观察了自然的确定规律。"

在贝克莱看来，如果人们离开了自然规律，就会陷入纷乱之中，就会像新生的婴儿一样，不知道如何处理事物。

应该看到，同扼杀科学的经院哲学的神秘主义不同，贝克莱在唯心主义的范围内完全承认科学的有效性，因此，他提倡自然科学，鼓励人们研究自然，进行观察和实验。列宁对贝克莱的这种思想作了归纳，他写道："让我们把外部世界、自然界看作是神在我们心中所唤起的'感觉的组合'吧！承认这一点吧！不要在意识之外，在人之外去探求这些感觉的'基础'吧！

这样我们将在我们的唯心主义认识论的范围内承认全部自然科学，承认它的结论的全部意义和可靠性。为了我们的结论有利于'和平和宗教'，我们需要的正是这个范围，而且只是这个范围。这就是贝克莱的思想。"贝克莱的思想深刻地反映了英国资产阶级力图调和科学和宗教的愿望。

由上述可见，无限心灵或上帝是贝克莱哲学的基本命题"存在就是被感知"的前提和基础，也是贝克莱哲学的出发点和归宿。如果说，贝克莱哲学在认识论方面是主观唯心主义，那么，在本体论方面，则是一个客观唯心主义的体系。

贝克莱认为，上帝和心灵这两种实体是确实存在的。二者是一切观念的来源，但是，我们对于上帝和心灵这两种实体不能形成任何观念，而只能有一种意会或理会。他写道：

我们可以说对我们自己的心灵、对精神和能动体有某种知识或理会；但在严格的意义下，我们对它们没有观念。

不难看出，贝克莱的这种"理会说"具有明显的神秘主义性质。但是，不论贝克莱怎样搞神秘主义，也掩盖不住他在理论上遇到的一个不可解决的矛盾：一方面，他否认物质实体的存在，理由是人们对物质实体没有观念；另一方面，他又认为精神实体是存在的，但人们对它同样也没有观念。这正是后来休谟所以要对他的哲学进行修正的重要原因之一。

七、休谟与《人性论》

（一）休谟生平

大卫·休谟（1711—1776），18世纪英国哲学家、历史学家、经济学家。

西方哲学史中最重要的人物之一。

大卫·休谟

休谟出生于苏格兰爱丁堡的一个没落贵族的家庭。他幼年丧父，11岁时入爱丁堡大学学习。家人希望他研究法律，可他却对哲学和一般学问情有独钟。休谟早年多病，但他凭着惊人的毅力坚持锻炼，终于铸就一副强壮的体魄。他的理智成熟得更快，18岁时便已开始进行高深的哲学思维，开始构建贯穿其一生的哲学体系。休谟的理想是致力于学术研究，可他在谋求大学教职时屡屡碰壁。曾有朋友拉他一道经商，但他很快就发现自己完全不适合这一行当。迫于生计，他做过家庭教师，也在军队和政府部门供过职，但他的主要心思还是用在了哲学上。休谟终生未婚。有人说，他的一生是围绕他的一部部著作展开的。

休谟20来岁时便开始构思自己的巨著《人性论》。25岁那年，这部奠定其思想基础的著作便已基本完成了。三年后，《人性论》的第一卷和第二卷问世。但是，这本未署名的著作并未在学术界引起好的反响，甚至没有多少人注意它。这种状况极大地刺激了年轻气盛的休谟。但是，他并未因此心灰意冷，而是认真总结得失，并埋首于新著作的创作中。

休谟是一位视野极为开阔的思想家，他的著作除了哲学的一般论题外，还涉及情感、道德、政治、宗教、历史、文学、经济等领域。除了《人性论》之外，他的主要著作还有：《道德和政治论说文集》《人类理智研究》《道德原则研究》《我们的一生》《自然宗教对话录》《英国史》等。

（二）休谟的《人性论》

休谟无疑是近代英国经验主义的一座里程碑。他直接秉承主要由洛克和贝克莱奠定的理论传统，并将这一传统发展到了极致。他紧紧抓住人类知识的起源及其限度这一核心问题，企图通过这一问题的探讨去解释人类的各种知识何以可能。他很赞赏前辈们所作的努力，但又同时看到，这些努力尚未令人满意地解决根本性的问题。哲学仍然蒙受着耻辱。他渴望通过自己的研究，彻底洗刷掉这种耻辱。他的雄心勃勃的目标就是，像牛顿建立自然哲学以解释一切自然现象那样，建立起足以解释一切精神现象的人性科学。他这样写道："在我们的哲学研究中，我们可以希望借以获得成功的唯一途径，即是抛开我们一向所采用的那种可厌的迂回曲折的老方法，不再在边界上一会儿攻取一个城堡，一会儿占领一个村落，而是直捣这些科学的首都或心脏，即人性本身；一旦掌握了人性以后，我们在其他各方面就有希望轻而易举地取得胜利了。"

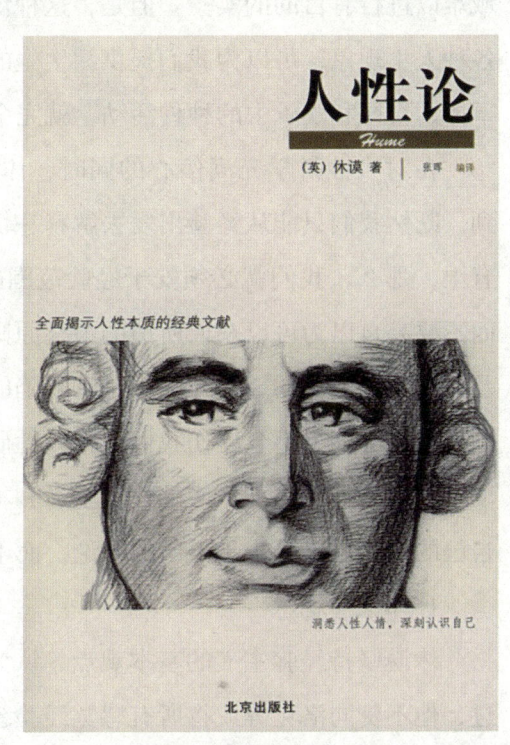

中文版《人性论》封面

休谟的基本立论是：人类的所有知识的取得都和人的本性密切相关，而要探讨这些知识如何可能，关键在于了解人性本身。他这样表达自己的见解："显然，一切科学对于人性总是或多或少地有些关系，任何学科不论与人性离得多远，它们总是会通过这样或那样的途径回到人性。即使数学、自然哲学和自然宗教，也都在某种程度上依靠于人的科学；因为这些科学是在人类的认识范围之内，并且是根据他的能力和官能而被判断的。如果人们彻底认识了人类知识的范围和能力，能够说明我们所运用的观念的性质，以及我们在作推理时的心理作用的性质,那么我们就无法断言,我们的这些科学将会作出多么大的变化和改进。"

在如何进行人性研究这一问题上,休谟坚持沿用经验主义的方法。他受到自然科学成功运用观察实验方法的鼓舞,坚定地认为,人性研究也必须建立在经验和观察的基础之上。这种自然主义的立场是休谟哲学的一个鲜明特色。不过,他也清楚地意识到,人性科学不可能完全效仿自然科学的做法,因为在精神科学领域难以进行有目的的实验。但是,这种情况也难不倒我们,因为随时随地发生的各种人生现象,可以为我们提供活生生的实验材料,只要审慎地观察人们在日常事务、交往和娱乐中的种种活动,就完全可以顺利地进行人性的研究。

在对人性科学充满信心的同时,休谟也小心避免独断主义。他清醒地认识到,既然我们只能从经验出发去解释一切精神现象,而经验所能提供的东西毕竟有限,那么,我们就必须安于经验范围内的解释,并承认人类理性本身的限度,而不要妄自以为可以获取所谓的最终原则。我们应坦然承认,我们现已获得的以及将来可能获得的一切知识都是有缺陷的、可错的。承认这一点,不仅不会给我们带来羞辱,更不会挫伤我们进行人性研究的信心,反倒会进一步激发起我们推动知识进步的热情。休谟的怀疑主义和不可知论是审慎而冷静的。他宁愿相信由自己的研究思路一步步得出的结论,而不愿意作出缺乏根据的大胆假设。

1. 印象与观念

休谟坚持经验主义的基本观点,认为一切知识都起源于我们的感官经验。不过,他不赞同洛克等人将所有感觉经验统称为观念的做法,而是将知觉细分为印象和观念两种,并尤其强调印象的重要性和优先性。他在《人性论》的开篇这样写道:"人类心灵的一切知觉可以分为显然不同的两种,我们将这两种称为印象和观念。两者的差别在于:当它们刺激心灵,进入我们的思想或意识中时,它们的强烈程度和生动程度各不相同。进入心灵时最强最猛的那些知觉,我们可以称为印象;在印象这个名词中间,还包括了所有初次出现于灵魂中的一切感觉、情感和情绪。至于观念这个名词,我们用来指感觉、情感和情绪在思维和推理中的微弱的意象。"

我们看到,休谟除了指出印象和观念在强烈程度和生动程度上的差别外,还强调印象在心灵中是初现,而观念则是再现。印象和观念除了有上述差别之外,

其他方面则是相互类似的,二者存在着相互对应的关系。不过,休谟又对这种对应关系作了进一步的分析。他区分了简单印象与复合印象、简单观念与复合观念。简单观念和简单印象之间存在着确定的对应关系——"每个简单观念都有和它类似的简单印象,每个简单印象都有一个和它相应的观念。"但是,在单个的复合观念和复合印象之间难以形成完全的对应关系。不过,休谟依然坚持这样一种原子主义的立场——"一切简单观念和印象都是互相类似的;而复合观念和印象既然由简单观念和印象形成,我们就可以概括地断言,这两类知觉是精确相应的。"

在印象和观念出现于心灵中的先后次序上,休谟认为,先有印象后有观念,并且断言:"我们的印象是我们的观念的原因,而我们的观念不是我们的印象的原因。"但是,在进一步区分两种不同的印象时,他却又借助观念来解释反省印象的产生过程——"印象分为两种,一种是感觉印象,一种是反省印象。第一种是由我们所不知的原因开始产生于心中。第二种大部分是由我们的观念得来,它们的发生次序如下。一个印象最先刺激感官,使我们知觉各种冷、热、饥、渴,苦、乐。这个印象在心中留下一个复本,印象停止以后,复本仍然存在;我们把这个复本称为观念。当苦、乐观念回复到心中时,它就产生欲望和厌恶、希望和恐惧的新印象,这些新印象可以恰当地称为反省印象,因为它们是由反省得来的。"休谟似乎认为,尽管反省印象形成于观念,但是观念无一例外地形成于感觉印象,所以总归是印象在先,观念在后。

休谟认为,人类的心灵由最初的印象形成观念,所依赖的是记忆和想象这两种官能。记忆受到原始印象的次序和形式的束缚,只能照原样复制印象;而想象则不受此种限制,可以自由地移置、改变原始印象的次序,形成各种各样的想象观念。

2. 观念间的联系

休谟被誉为"精神科学领域的牛顿"。他试图把万有引力定律移植到精神领域,主张一切观念之间都存在着相互的吸收作用——"这种作用在精神界中正像在自然界中一样,起着同样的奇特作用,并表现于同样多的、富于变化的形式中。这种吸引作用的效果到处都表现得很明显。"观念间由于吸引作用而产生联结的方式有三种：类似、时空接近、因果关系。复合观念正是通过这样一些联结方式而产生的。休谟认为，复合观念可以区分为关系、样态和实体这样三类。

哲学上所说的关系大致分为这样七种：类似关系、同一关系、空间和时间关系、数量关系、程度关系、相反关系和因果关系。休谟又把这些关系区分为两类，即"一类完全决定于我们所比较的各个观念，另一类是可以不经过观念的任何变化而变化的。"属于第一类的有这样四种：类似关系、相反关系、程度关系和数量关系。这四种关系是知识和确定性的对象，构成各门科学的基础。前三种关系单凭直观就可以发现，无须推理的介入。但是，数量关系则属于推理、证明的范围。几何学、代数学和算术正是基于这种关系的。休谟认为，代数学和算术可以充分利用推理达到任何复杂的程度，却仍能保存着精确性和确定性。几何学次之，不过比起由感觉和想象而来的判断，仍具有优越性。剩下来的同一关系、时空关系和因果关系则属于第二类。这三种关系并不依存于所涉及的那些观念。不过，它们之间依然存在着差别。我们在判定同一关系和时空关系时无须借助推理，就可直接在感知对象中把握这两种关系。而因果关系则超出了我们的感知范围。

关于样态和实体这两个复合观念，休谟只作了简短的论述。他认为，这两种复合观念只是一些特殊性质的集合体而已。他尤其不赞同传统赋予实体观念的那些意义。"我们很想请问那些哲学家们，实体观念是从感觉印象得来的呢，还是从反省印象得来的呢？如果实体观念是从我们的感官传给我们的，请问是从哪一个感官传来的，并以什么方式传来的？如果它是被眼睛所知觉的，那么这个观念必然是一种颜色；如果是被耳朵所知觉，那么它必然是一种声音；如果是被味觉所知觉，那么它必然是一种滋味；其他感官也是如此。但是我们相信，没有人会说：实体是一种颜色，或是一个声音，或是一种滋味。因此实体观念如果确实存在，它必然是从反省印象得来的。但是反省印象归结为情感和情绪；两者之中没有一个能够表象实体。因此，我们的实体观念，只是一些特殊性质的集合体的观念，而当我们谈论实体或关于实体进行推理时，也没有其他的意义。"

3. 因果关系

因果关系是观念相互联结的主要方式之一，而关于这种关系我们又可以形成

一种复合观念。休谟对因果关系这一问题作了大量的论述，并提出了自己的独到见解。这种见解成为休谟哲学的一个非常重要的内容。

休谟认为，因果关系是普遍存在的，任何事物都可视为原因或结果。我们既谈及事物存在的原因，也谈论事物运动变化的原因。既然关于因果关系的观念被普遍地运用，我们就要弄清楚这一观念包含着什么样的内容。我们首先发现，被当作原因或结果的对象总是相互接近的，因此可把空间上的接近关系视作因果关系的一个必要条件；我们还发现原因总是先于结果而出现，所以也可把时间上的接续关系看作因果关系的另一个必要条件。那么，这两个必要条件是否就构成了因果关系的全部呢？休谟明确指出，满足这两个必要条件的两个对象并不能保证一定处于某种因果关系中。它们或许只是偶然地相互接近、相互接续。这么看来，因果关系一定是某种必然的联系。但问题是，这种"必然的联系"应如何加以理解？有人企图通过把原因定义为能够产生其他东西的一种东西，来确定因果关系的必然性，但休谟一针见血地指出，这样做只不过是在绕圈子，等于什么也没说。那么，我们能否通过观察事物的已知性质去发现它们之间的必然联系呢？休谟认为，我们无论作多么细致的观察也无济于事。

哲学家们试图诉诸理性来证明因果关系的必然性。他们抛出这样一条一般原理，即"一切开始存在的东西必然有一个存在的原因。"休谟通过分析指出，这条所谓的一般原理既没有直观的确实性，也没有理证的确实性。既然单个的观念是相互分离的，而原因和结果的观念又是不同的，那么，我们就完全可以想象，一个对象在某一瞬间并不存在，而在另一瞬间却存在了。这种设想并不包含任何矛盾，所以，原因观念和某物开始存在的观念之间并无必然的联系。

在休谟看来，一切企图通过理性论证来确立因果必然性的企图都是注定要失败的。既然此路不通，我们就只能诉诸经验观察来研究因果关系的本性了。我们要对自己提出这样的问题："我们为什么断言，那样特定的原因必然有那样特定的结果，我们为什么形成由这一个推到那一个的推断呢？"为回答这一问题，休谟首先申明，我们进行因果推理所凭据的是感官印象和由之而生的记忆印象。他接着举出一个具体事例对这一推理过程作了这样的说明："例如，我们记得曾经看到我们所称为火焰的那一类对象，并且曾经感到我们所称为热的那种感觉。我

们也回忆起那些对象在过去一切例子中的恒常结合。没有经过任何进一步的程序，我们就把一个称为原因，把另一个称为结果，并由一个的存在推断另一个的存在。在我们所亲见的特定原因和结果结合在一起的所有那些例子中，原因和结果都曾被感官所知觉，并被记忆下来。但是在我们对它们进行推理的一切情形下，只有一项被知觉或被记忆，而另一项却是依照我们过去的经验加以补足的。"

这样一来，休谟便通过经验探讨，找到了原因与结果之间除了接近和持续关系之外的一种新关系，那便是他所说的恒常结合。这种关系是我们在感知和记忆印象中反复发现的，是一种建立在经验事例基础上的归纳结论。让我们毫不犹豫地作因果推论的，正是这样一种恒常结合关系，而这一推论过程是完全建立在过去的经验之上的。可是，我们在作因果推论时，却总怀着这样一种强烈的心理倾向，即以为我们没有经历过的事例类似于已经历的事例。这是一个本质性的跨越，而我们又无法用任何理性的论证来证明这种跨越的正当性。"由此看来，不但我们的理性不能帮助我们发现原因和结果的最终联系，而且即在经验给我们指出它们的恒常结合以后，我们也不能凭自己的理性使自己相信，我们为什么把那种经验扩大到我们所曾观察过的那些特殊事例之外。我们只是假设，却永不能证明，我们所经验过的那些对象必然类似于我们所未曾发现的那些对象。"

由此看来，休谟坚定地认为，因果关系也只能是一种建立在过去的经验观察基础上的关系，我们只是错误地认为原因与结果之间有某种必然的联系："我们关于因果关系的知识，在任何情况下都不是从先验的推理获得的，而是完全产生于经验，即产生于当我们看到一切特殊的对象恒常地彼此联结在一起的那种经验。"关于必然性的观念只不过是一种习惯使然的幻觉，"我们的必然观念和因果观念，完全是由自然界各种活动中可以观察到的齐一性产生出来的。在相似的对象恒常连接在一起的那些地方，心灵就为习惯所决定，从一件事的出现推断到另一件事。这两种情况就是我们认为物质具有必然性的全部理由。除了相似的对象恒常的连接以及由此而来的从一个对象到另一个对象的推论以外，我们没有任何'必然'或'联系'的概念。"无论是在日常生活里还是在科学研究中，我们实

际就是这样进行因果推理的，我们的固有观念也就只是这样的。完全没有必要，而且也没有可能，在因果联系中加进任何必然性的因素。因果关系是我们惯用的一种指导性的观念，我们大大地受惠于它，因此说，习惯是人生的伟大指南。

4. 人类的知识及其限度

休谟的观念论和因果关系学说是他的知识论的两块基石。他的知识论的基本构架是关于知识对象的二元区分。他这样写道："人类理解或研究的全部对象，可以自然地分为两类，即观念的关系和实际的事情。属于第一类的是几何、代数、三角和算数等科学。简言之，任何一个命题，只要由直觉而发现其确切性，或者由证明而发现其确切性，就属于前一类……这类命题，只凭思想的作用就能发现出来，而不以存在于宇宙中某处的任何事物为依据。纵然在自然中并没有圆形或三角形，欧几里得所证明的真理仍然保持着它的可靠性和自明性。"第一种类型的知识纯粹只以观念间的关系为研究对象，只需凭借直观和理性便可确立下来。这些知识是确定的、自明的。不过，休谟并没有因此认为它们是先验的真理，而是仍然坚持它们以最终来自于感觉经验的观念之间的关系为对象。

关于第二类知识，休谟接着写道，"人类理性的第二种对象——实际的事情，则不能用同样的方式来加以确定；它们的真理性不论有多大，在我们看来总不能与前一类的真理性同样明确。各种事实的反面仍然是有可能的，因为它并不会包含任何矛盾，而且可以同样轻易明晰地为心灵所设想，就像那符合实际情况的一样。'太阳明天将不出来'这个命题和'太阳明天将要出来'这个断言是同样易于理解的，同样没有矛盾的。"这类知识显然不如第一类知识那样确定，但是，这并不表明它们不重要。相反，我们所拥有的知识绝大部分属于这一类。

休谟认为，我们关于实际事情的知识都是通过因果推理而获得的。由于这种推理没有绝对确定的基础，因此，所得到的只是或然性的结论："任何事物的存在，都只能通过从它的原因或从它的结果得来的论证予以证明；而这些论证是完全建立在经验上面的。如果我们先验地进行推理，则任何事物就会产生任何事物了。一块石子的降落，就我们所知也可以消灭太阳；一个人的愿望也可以控制行星的运行。只有经验，才能告诉我们原因和结果的本质的界限，才能使我们从一个事物的存在推论到另一个事物的存在。这就是或然性推理的基础，它构成人类知识的大部分，并且是一切人类活动和行为的源泉。"

上述这两类知识涵盖了一切有价值的人类知识，其余的东西全是冒牌货。所以，为维护知识殿堂的纯洁性，休谟这样告诉我们："我们如果拿起一本书，例如神学的或经院哲学的书，我们就可以问：'其中包含有关于量或数方面的任何抽象推理吗？'没有。'其中包含有关于实际的事实和存在的任何经验的推理吗？'没有。那就可以把它投到烈火中去，因为它所包含的，没有别的东西，只有诡辩和幻想。"休谟关于两类知识的区分对后世哲学产生了很大的影响，尤其对现代逻辑经验主义关于分析命题与综合命题的区分以及由此而提出的"拒斥形而上学"的口号起到了激励和催化作用。

5. 自我

休谟否认任何一种实体的真实存在。在他之前，洛克既肯定物质实体的存在，又认为自我具备人格同一性；贝克莱否认物质实体，却毫不怀疑精神实体的存在。休谟则连精神实体也一并消除掉了。他认为，我们关于自我的观念并没有任何与之对应的印象，因而是虚幻的。"产生每一个实在观念的，必然是某一个印象。但是自我或人格并不是任何一个印象，而是我们假设若干印象和观念所与之有联系的一种东西。如果有任何印象产生了自我观念，那么那个印象在我们一生全部过程中必然继续同一不变；因为自我被假设为以那种方式存在。但是并没有任何恒定而不变的印象。痛苦与快乐、悲伤与喜悦、情感和感觉，互相接续而来，从来不全部同时存在。因此，自我观念是不能由这些印象中任何一个或从任何别的印象得来的；因此，也就没有那样一个观念。"

在休谟看来，我们绝不可能形成任何抽象的自我观念。所谓的自我只不过是各种知觉的集合体，这些知觉相互接续着，并且处于不断的运动变化中。"心灵是一种舞台，各种知觉在这个舞台上接续不断地相继出现，这些知觉来回穿过，悠然逝去，混杂于无数种的状态和情况之中。恰当地说，在同一时间内，心灵是没有单纯性的，而在不同时间内，它也没有同一性，不论我们有喜爱想象那种单纯性和同一性的多大自然倾向。"自我的持存性和同一性完全是我们为掩饰实际的变化而虚构出来的。我们之所以会产生关于自我同一性的观念，也是借助了导致观念结合的那三种关系，即相似关系、接近关系和因果关系。主张人格具有同

一性的哲学家们往往诉诸记忆，但记忆是会消失的，而我们又如何能在大量记忆均已消失的情况下断定人格的同一性呢？

因此，休谟得出结论说，关于人格同一性的争论只不过是语义之争，缺乏实际的内容。"关于人格同一性的一切细微和深奥的问题，永远不可能得到解决，而只可看作是语法上的难题，不是哲学上的难题。同一性依靠于观念间的关系；这些关系借其所引起的顺利推移产生了同一性。但是这些关系和顺利推移既然可以不知不觉地逐渐减弱，所以我们就没有正确的标准，借此可以解决关于这些关系是在何时获得或失去同一性这个名词的任何争论。关于联系着的对象的同一性的一切争论都只是一些空话，实际上仅仅是部分之间的关系产生了某种虚构或想象的结合原则而已。"

6. 情感与道德

休谟的《人性论》共分三卷，分别探讨知、情、意三个话题。他的知识论的基本观点为后两个话题的探讨奠定了基础。事实上，休谟作为一名彻底的经验主义者，他将人类知、情、意方面的所有活动都纳入到了知觉的范围。"心灵中除了它的知觉以外，永远没有任何东西存在；视、听、判断、爱、恨、思想与一切活动都归在知觉的名称之下。心灵所能施展的任何活动，没有一种不可以归在知觉之下；因此，知觉这个名词就可以同样地应用于我们借以区别道德善恶的那些判断上，一如它应用于心灵的其他各种活动上一样。赞许这一个人，谴责另一个人，都只是那么许多不同的知觉而已。"

在休谟看来，道德源自于情感，道德上的善恶区分所依据的是人们的情感体验。"心灵的每一种情感和活动都令人发生一种特殊的感觉，这种感觉不是令人愉快的，便是令人不快的。前者是善良的，后者是恶劣的。""我们所持的假设却是浅显明白的。它坚持道德性是由情感所规定的。它将德性界定为凡是给予旁观者以快乐的赞许情感的心理活动或品质，而恶行则相反。"

由此，休谟得出了他的功利主义伦理学的结论。我们判定一种行为的善恶，所依据的是它所产生的效用：凡是增进幸福的行为就是善的，凡是带来苦难的行为就是恶的。休谟这样写道，"效用这个因素在所有主题中都是称赞和赞许的源泉，它是关于行动的价值或过失的所有道德的决定经常诉诸的，它是正义、忠实、正直、忠诚和贞洁所受到的尊重的唯一源泉，它是与其他社会性德性如人道、慷慨、博爱、和蔼、宽大、怜悯和自我克制不可分离的，一言以蔽之，它是道德中关乎人类和我们同胞被造物的那个主要部分的基础。"这种效用可以指行为者自身的利益。自爱是人性中的一条具有广泛效能的原则，追求自身幸福和自我保存是无可厚非的。但是，自爱并不等于自私自利，"我们必须采纳一种更公共的感情，并承认社会的利益甚至就它们自身而论也不是与我们完全漠不相关的……如果有用性是道德情感的一个源泉，如果这种有用性并不总是被关联于自我来考虑，那么结论就是，凡是有助于社会的幸福的东西都使自己直接成为我们的赞许和善意的对象。"由此看来，休谟主张个人利益和社会利益是完全一致的。追求自我实现的努力，从根本上说，是为了整个社会和谐发展，而社会的发展也同时为个人带来利益。所以，我们在判断个人的价值时，应主要考虑他通过个人行为对社会产生的效用，"所能给予任何一个人的最伟大的颂扬莫过于展示他对公众的有用性，列举他对人类和社会作出的贡献。"

7."是"推不出"应该"

休谟认为，道德导源于情感，而非导源于理性。这种观点是对传统的道德理智主义的反动。肇始于苏格拉底的道德理智主义认为，符合理性的行为就是善的，而出于激情的行为往往就是恶的，所以，有德之人必定时时处处用理性规范自己的行为。理性是道德的最高法则。这种观点在西方伦理思想史上一直起着支配作用，俨然是一种牢不可破的正统学说。

尽管休谟从总体上反对道德理智主义，但他并不否认理性在人们形成道德判断时的巨大作用。"道德的称赞的一个首要基础既然被假定在于任何品质或行动的有用性中，那么显然，在所有这类决定中，理性必定起着相当大的作用；因为除了这种能力，再没有任何别的东西可以给我们指示品质和行动的趋向，给我们指明它们对社会以及它们的拥有者的有益后果。"不过，他接着便指出，理性的这种作用是有限的、非根本性的。"尽管理性在得到充分的帮助和改进时是以给我们指明品质和行动的有害的或有用的趋向，然而它单独却不足以产生任何道德的谴责或赞许。效用只是一种对于某个一定目的的趋向，如果这个目的是与我们完全漠不相关的，我们就会对实现这个目的的手段感到同样漠然。为了给予有用

的而非有害的趋向以一种优先选择，在此就必须展现出一种情感。"

在休谟看来，理性的作用仅限于就道德事实和关系作出判断，并进而作出推理，然而，理性的判断和推理是冷静的、中立的。"一切道德思辨的目的都是教给我们以我们的义务，并通过对于恶行的丑和德性的美的适当描绘而培养我们的相应的习惯，使我们规避前者，接受后者。但是这难道可能期望通过知性的那些自身并不能控制这些感情或并不能驱动人们的活动力量的推理和推论来达到吗？推理和推论发现真理；但是在它们所发现的真理是冷漠的、引不起任何欲望或反感的地方，它们就不可能对任何行为和举动发挥任何影响。凡是光荣的东西，凡是公平的东西，凡是合适的东西，凡是高贵的东西，凡是慷慨的东西，都占据我们的胸怀，激励我们接受它们、坚持它们。凡是能理解的东西，凡是明证的东西，凡是或然的东西，凡是真实的东西，都只获得我们的知性的冷静的同意，在满足一种思辨的好奇心时终止我们的研究。"

这里涉及的就是"是"与"应该"的问题。理性的发现和推论都以事实判断的形式表达出来：事情是这样的，或者，事情不是那样的。然而，规范我们的道德行为的则是这样一些价值判断：你应该这样做，或者，你不应该那样做。理性仅限于告诉我们前者，而无法告诉我们后者。而道德理智主义者则试图由前者推出后者，亦即由"是"推到"应该"来。休谟则认为，这里面潜藏着深刻的逻辑困难。也就是说，事实与价值、理性真理与道德行为之间存在着难以跨越的鸿沟。

休谟在《人性论》第三卷中首次明确提出了这个难题："在我们遇到的每一个道德体系中，我们一向注意到，作者在一个时期中是照平常的推理方式进行的，确定了上帝的存在，或是对人事作了一番议论；可是突然之间，我们却大吃一惊地发现，我们所遇到的不再是命题中通常的'是'与'不是'等联系词，而是没有一个命题不是由一个'应该'或一个'不应该'联系起来的。这个变化虽是不知不觉的，却是有极其重大的关系。因为这个应该或不应该既然表示一种新的关系或肯定，所以就必须加以论述和说明；同时对于这种似乎完全不可思议的事情，即这个新关系如何能由完全不同的另外一些关系推出来的，也应当举出理由加以说明。不过作者们通常既然不是这样谨慎从事，所以我们倒想向读者们建议要留神提防；而且我们相信这样一点点的注意就会推翻一切通俗的道德学体系，并使我们看到，恶和德的区别不是单单建立在对象的关系上，也不是被理性所察知的。"

休谟通过尖锐地指出这一难题，一方面是要表明以往的伦理学体系的脆弱性和荒谬性，另一方面则是为了印证他本人的道德学说。他认为，道德区分和判断无须理性的推理，从而也不会遭遇上述的难题。理性的考察尽管可以告诉我们，一个人实际作出了什么样的行为，甚至可以描述出某种抽象的品质，但是这种考察并不能告诉我们，某个行为是善的还是恶的，某种品质是高贵的还是卑劣的。要作出这种判断，只需诉诸我们的印象和记忆以及由之唤起的情感和情绪。善良的行为和品质自然会激起我们的倾慕之感，并促使我们在行动中加以效仿，而邪恶的行为和品质则会激起我们的厌恶之感，并促使我们在行动中加以避免。总之，是情感体验教给了我们以一切美德，而不是理性推理为我们确立下了道德原则。

八、启蒙运动的兴起

18世纪初至18世纪90年代，在欧洲大陆掀起了一场波澜壮阔的反封建的思想解放运动。一批新兴的资产阶级思想家冲破重重阻力对封建专制制度及其精神堡垒——天主教会展开猛烈抨击，对未来的资产主义社会蓝图进行展望和描绘。这场持续近百年的思想解放运动，覆盖了各个知识领域，如自然科学、哲学、伦理学、政治学、经济学、历史学、文学、教育学等，为欧美资产阶级革命作了思想上和理论上的准备，历史上将这场运动称之为"启蒙运动"。

（一）启蒙运动兴起的原因

启蒙运动不是偶然发生的，与其他任何运动一样，启蒙运动的出现有着深刻的社会历史原因。从总体上说，它是在欧洲资本主义经济发展、人民不满封建专制主义势力统治的历史条件下，在英国"光荣革命"和科学革命影响下产生的。

首先，1688年英国"光荣革命"的成功和资产阶级登上政治舞台，以及随后英国资本主义工商业的快速发展和英国在世界范围内霸主地位的上升，对欧洲社会产生了巨大影响。越来越多的人民开始意识到封建专制主义的弊端、危害，以及对社会发展的阻碍作用。希望通过对权力来源、权力制衡的思考，对各种政体的比较，找到一种理想的、普遍适用的民主政体导致了启蒙思想的发展。启蒙运动的许多思想家都曾对这一问题有所思考和发表过论述，其结果是封建专制的最终没落和民主政治制度（资本主义制度）在更大范围内的确立成为不可逆转的历史潮流。可以说，英国资产阶级革命和新兴资本主义生产方式的出现为启蒙运动的兴起奠定了坚实的政治和经济基础。

其次，17世纪后半叶欧洲科学革命取得的一系列伟大成就对启蒙运动的出现和内容具有决定性的影响。科学革命从根本上革新了人的知识与观念，特别是牛顿雄辩地用科学理论解释自然界运动规律的万有引力定律实际上向当时的人们揭示了这样一个真理：整个宇宙是由自然力量而不是非自然力量支配的，是完全可以被人类认识的。传统神学对世界的解释是不科学的、荒谬的和不可信的。不仅如此，科学革命所取得的成就还使人们深信"科学方法"的重要性，认为运用"科学方法"不仅可以研究和解决自然界的问题，而且可以用于研究人类事务和解决人类面临的问题。这样，科学革命的成果在影响启蒙思想家世界观的同时，还成为他们批判旧传统和宣传理性思想的强大力量。科学革命时期确立的新的科学方法成为人们认识自然和世界的武器，对于启蒙思想家而言，近代自然科学的一切成就则成为他们对社会的愚昧和落后进行鞭挞的有力武器。当人们对世界的看法发生变化时，渴望新思想的到来是极其自然的。人们对外部世界及自身认识的进步已经为理性主义的前进铺平了道路。

17世纪的科学革命和与之有密切联系的哲学思想还在欧洲社会中孕育了一种从传统的权威中解放出来的现代意识。当这一意识与笛卡儿提出的"怀疑一切"的思想结合在一起时，就产生了一种怀疑主义思潮，日益增多的思想家和知识分子开始否定古代知识的至尊，拒绝盲目信仰，提倡自由思考。这种意识实际上是当时历史条件下的一种"思想解放"，对基督教教义特别具有威胁。法国的培尔就是这类知识分子早期的一位杰出代表。

培尔出生在法国一个信仰新教的加尔文派家庭。由于法国路易十四对法国国内加尔文派的迫害和镇压，他不得不逃亡荷兰。培尔知识渊博，思想解放，1693年前以教授历史和哲学为主。此后，他失去教职，倾力进行辞典编纂。在科学革命和英国"光荣革命"思想影响下，对宗教和宗教传统提出质疑，进而展开对传统权威的批判。他认为欧洲社会长期流传的对世界的解释是令人难以置信的，是对人的愚弄。培尔具有的启蒙思想主要反映在他编撰的《历史与批判辞典》中。尽管该书表面上是一部辞典，事实上是一部反宗教、反独断、反权威、宣扬怀疑主义、无神论的著作。培尔在对涉及宗教、哲学和历史条目进行解释的过程中对基督教信仰，对当时所有被认为是正统的、未经过理性检验的思想和观念进行了巧妙且淋漓尽致地驳斥，特别是对基督教教会所宣讲的教条提出质疑。很显然，培尔希望通过对宗教和传统权威的批判去认识新的真理。他的观点和他所宣扬的怀疑主义受到教会人士的斥责和反对，被看成是宗教之敌，然而却成为当时人们反对教会和宣扬启蒙思想的有力武器。大多数18世纪的启蒙思想家在吸收了培尔的理论后，放弃追求形而上学的知识。

　　培尔的怀疑主义思想在苏格兰的伟大哲学家大卫·休谟那里得到直接的继承。休谟对知识的根据和基础提出质疑，怀疑任何超出直接感觉经验之外的知识。他以牛顿的科学方法为指导，描述心灵是如何获得知识的。他认为知识只包含直观的明显材料而不包括经验以外的任何事物，不存在任何超越经验的关于任何事物的知识。人不可能揭示经验中的必然联系，也不可能揭示经验的任何根本原因；人们对于世界的信念并非根据理性或证据，而仅仅是以习惯为基础。这样，在休谟那里，培尔怀疑主义思想成为启蒙思想家抨击启示宗教和教会独断论的有力武器。大胆怀疑传统世界留下的一切观念与权威，不人云亦云，不随波逐流，不迷信盲从，凡事凭自己思考和用理性衡量成为启蒙思想家的重要特征。正如恩格斯所说，启蒙思想家"不承认任何外界的权威，不管这种权威是什么样的。宗教、自然观、社会、国家制度，一切都受到了最无情的批判；一切都必须在理性的法庭面前为自己的存在作辩护或者放弃存在的权利……以往的一切社会形式和国家形式、一切传统观念，都被当作不合理的东西扔到垃圾堆里去了。"怀疑主义的积极意义在这里得到充分说明。

（二）启蒙运动的内容

在启蒙思想家看来，宗教迷信和专制统治是两个相辅相成的社会毒瘤，是封建制度罪恶的集中体现，是"拴在人类脖子上的两大绳索"（狄德罗语），因而把批判的矛头对准这两个方面。他们把宗教迷信看成是思想混浊和社会的腐败根源，是科学与进步的死敌，所以要改造社会必须先破除宗教迷信和教会在社会上的影响力，用理性的思想和科学知识"照亮"人们的头脑。为了达到这一目的，就要宣扬理性和近代自然科学。他们还以"自然法则"和"天赋人权"的理论来反对封建专制统治和贵族特权。他们宣扬"一切人生来平等"（孟德斯鸠语），"自由是天赐的东西"（狄德罗语），以此证明封建统治的不合理。其任务主要在于：使全人类的理性从封建教会和专制制度的束缚下解放出来。

启蒙运动作为一场伟大的理性主义运动，坚持以理性审视一切，判断一切，任何不符合理性的东西都被抛弃在了一旁。毫无疑问，启蒙运动所具有的理性主义与文艺复兴时期提出的理性主义有一脉相承之处，但又有实质上的差异，它的核心内容已经超越了文艺复兴提出的理性主义。文艺复兴的理性主义始终不离希腊罗马传统的脉络，并依赖经典思想家的引导，而启蒙运动所崇尚的理性主义则是由一种欲构筑富有创造性的理论的信念所驱使，创造出一种完全不同于古典的、全新的思想，崇尚科学知识是其核心，坚信人的理性能够借助于"科学方法"去探究把握自然法则（包括人的本质的法则）。在这里，理性和科学是紧密结合在一起的。

"启蒙运动"的提法首先在法国出现。"启蒙"一词在法语中的用语是一个内涵极为丰富的多义词，基本意义是"照亮"、"启迪"等。启蒙运动是指当时的思想家提倡用近代科学文化的成就"照亮"愚昧、落后、黑暗的封建社会，用科学和理性的思想"启迪"人们的理智和智慧，以消除长期以来宗教和封建贵族统治造成的迷信与偏见，实际上就是一种思想解放运动。亲身经历启蒙运动的德国哲学家康德对启蒙运动有一种独到的解释。他说："启蒙就是人类脱离自己所加于自己的不成熟状态。不成熟状态就是不经别人引导，就对运用自己的理智无能为力。当其原因不在于缺乏理智，而在于不经别人的引导就缺乏勇气与决心去加

以运用时，那么这种不成熟状态就是自己所加于自己的了。敢于思考！要有勇气运用你自己的理智！这就是启蒙运动的口号。"康德在这里实际上揭示：启蒙就是引导人们告别人的不成熟状态。在他看来，不成熟状态，无论是因为幼稚或怯懦，还是因为习惯或被迫造成的，其实质都是不能运用自己的理智，听命于他人的一种蒙昧状态。因此，启蒙就是要拨开蒙蔽着理性光芒的乌云，冲破禁锢人们思想的种种束缚，使人自觉地走出不成熟状态，成为成熟的理性人。

从时间上说，启蒙运动始于17世纪末，到18世纪末达到高潮，其范围波及整个西方社会（包括美国）。不仅如此，随着时间的推移，启蒙运动所确立的自由、平等、民主的概念还超越了时空的局限，成为全人类的宝贵精神财富。

（三）启蒙运动的理论

启蒙运动涉及领域广泛，在批判宗教迷信和专制统治过程中形成了两种重要理论：自然神论和主权在民说。

启蒙运动对神学的最大挑战是提出了"自然神论"。自然神论的提出是针对信仰无所不在而且积极干预人间事务的上帝的有神论而言。鉴于当时的历史条件，人们，包括大多数启蒙思想家在内，尚不可能完全抛弃宗教信仰，自然神论的提出显然是一种思想进步。自然神论者并不直接否认上帝的存在，也仍然承认世界为上帝所创（或牛顿所说的"第一推动力"），但认为上帝是超越于自然界之外的存在，在创造了一个完美的宇宙和一整套自然法则后就再也不插手世事，不再干预自然的进程和人类的行为，而是让自然和人类按自然法则行事。他们把上帝形象地比喻成一个"神秘的钟表师"，在制造出了一个完美、各个部分可以精巧和谐运转的钟表后，让其按照可预测的规律自行运转。更为重要的是，自然神论认为，人可以通过自然的理性而不借助于神的启示即可认识上帝，通过研究上帝所创造的有形世界而得知上帝的存在和上帝的性质。这样，自然神论把上帝的作用限制在单纯依据可为人类了解的理性法则创造世界的范围之内。自然神论这种单纯从理性入手证明上帝的存在，往往是把以宇宙的结构即秩序作为依据的说法略加改变，实际上是一种在理性和信仰之间解释上帝存在的折中观点，尽管如此，自然神论由于是以理性为前提和基础的，认为凡不能通过理性得到证实的宗

教思想，如传统教义中的启示和神迹，都是违反理性的，应予以摒弃。因此，自然神论的提出实际上是对超自然世界观的抛弃，是对宗教迷信的批判，为启蒙运动挑战传统神学思想奠定了基础，成为18世纪人们抨击宗教和批判教会的有力思想武器。

"主权在民说"是启蒙运动对专制主义进行批判的武器，也是近代民主理论的核心内容。狭义的主权在民说指的是国家的主权属于人民，而广义的主权在民说的内容包括自然法、自然权力学说、契约论，以及权力制衡在内的一系列思想。它认为：人享有自然权利，包括自由、平等、财产等权利。人的这些天赋权利，加上正义、理性等构成自然法。对于国家和政府而言，人则是其一切权力的来源，国家和政府所具有的权力是人以契约的形式授予的，是有条件的。尽管主权在民的思想在古希腊就曾经提出过，但启蒙运动时期提出的主权在民说的概念比古希腊要广泛和深刻得多，特别是洛克、卢梭等人把主权在民的思想推向高峰。天赋人权、自由不可转让、立法权属于人民、政府只是主权者的执行人、权力制约、分权说等思想均被提出，并成为西方民主思想的核心内容。而人民有权反抗暴政的思想为日后大革命的爆发埋下了火种。

启蒙运动的蓬勃开展表明，18世纪的欧洲已经是资产阶级自觉的时代。启蒙运动尽管一开始是由知识分子掀起的一场启迪人的理智的思想运动，但是与已经开始壮大的资本主义和资产阶级是密切关联的，运动所宣扬的思想代表着资产阶级所希望实现的理想，运动所运用的武器、提出的口号和希望实现的目标，都是资产阶级的自我觉醒和理性思想的产物。因此，在这一意义上说，启蒙运动亦可以视为是资产阶级的一场思想革命运动。

虽然法国在18世纪成为启蒙运动的中心舞台，但是启蒙思想的最早出现是在荷兰和英国，因为这两个国家是西欧最早成功进行了资产阶级革命和确立资本主义生活方式的地方。

九、法国革命前夕的启蒙运动思想家

法国大革命前，法国出现了许多杰出的启蒙思想家。他们的理论和学说在不同程度上，深深地影响着法国人民，推动了革命，也使得整个欧洲的启蒙运动，至少在政治实践方面，是以法国为代表的。

18世纪的法国之所以成为启蒙运动的中心，与法国当时的政治体制和宗教在社会上的地位有着密切的关联。

首先，作为一个长期实行绝对专制主义统治的国家，法国一成不变的封建政治体制到了18世纪已经严重阻碍了社会的发展。相对于实行君主立宪制和由资产阶级掌握国家权力的英国，昔日欧洲霸主法国已经大大落后，无论是在海上还是在陆上都成为了战败国，经济发展亦受到很大限制。国内的"第三等级"，特别是不断壮大的资产阶级对现存的制度极为不满，他们感到他们的社会威望和作用与他们的实际地位和贡献极不相符，对改革社会政治的要求日益强烈。希望变革的法国资产阶级文人和思想家都把目光投向英吉利海峡的另一边，即已经确立资本主义制度的英国。英国的社会政治制度、欣欣向荣的经济，以及日新月异的科学和具有自由色彩的哲学思想成为法国人羡慕的对象和追求的目标。他们以"自然法则"和"天赋人权"的思想来反对封建专制统治和贵族特权。对专制制度的抨击和对民主政体形态的讨论成为法国启蒙运动的一个重要方面。

其次，以天主教为国教的法国早在17世纪就受到宗教问题的困扰，由于实行的是专制主义加天主教统治，执行不妥协、不宽容的宗教政策，不仅导致对国内新教运动的镇压，而且致使宗教思想弥漫，教会对社会和人民的控制有增无减。保守、腐败的教会已经成了社会进步的障碍，人们开始切实感受到宗教对社会造成的危害。法国启蒙思想家的批判锋芒首先指向宗教也就十分自然。教会和僧侣是他们集中攻击的对象，破除宗教迷信，反对宗教教条，揭露宗教对社会的负面影响和传统神学的欺骗性成为他们的首要任务。他们把宗教迷信看作科学与进步的死敌，以自然神论或无神论来否定基督教的神权和宗教偶像，以唯物论批判宗教的理论基础——唯心主义。

再次，理性主义在法国的流行。科学革命的影响和经验哲学的确立使得人们对理性的作用有了新的认识。人们开始坚持知识第一的观点，注重归纳与综合，强调实验在归纳中的作用，相信人类理性的卓越性和有效性。所谓"百科全书派"的出现，实际上是理性主义在法国广为流行的一个标志。在整个18世纪的法国，理性几乎成了科学的代名词。人们以理性的名义去反对一切传统的观念和神圣的权威，用理性重新审视现存的一切，包括宗教、社会、政治制度等。理性成为18世纪法国所追求并为之奋斗以及所取得的一切。

最后，东方文化的影响。由于西方传教士在东方的传教生活和对东方文化的记述，以中国和印度文化为代表的东方文化在法国得到传播，对法国启蒙运动产生一定的影响。伏尔泰、孟德斯鸠等人都曾经为东方文化所吸引，对东方文化大加赞赏和推崇。东方文化的悠久历史和辉煌成就使得人们对文化的普遍性和相对性有了新的认识，欧洲人不得不重新审视人类的历史和文明。独特的东方文化往往成为他们从新的角度评论、抨击或阐述西方文化的出发点或参照。东方文化在扩大人们的历史视野的同时，对基督教中心论无疑是一种打击，从一个方面推动了启蒙运动的开展。

此外，法国之所以成为启蒙运动的中心还与当时法国上流社会的存在和为思想文化的交流与传播提供了各种各样场所这一事实是分不开的。18世纪的法国上流社会（包括贵族和文人雅士）对直接从事生产和商业活动不感兴趣，而是热衷于出入社交场所，注意谈吐风度，关心和谈论文学、艺术、哲学是一种时尚。而法国社会涌现出的各种私人和公共文化社交场所，如沙龙、咖啡馆、俱乐部等，为人们交流和讨论新思想和新观念提供了理想的场地。在那里，人们不仅可以无所顾忌地谈论文学、艺术，还可以交换对政治、宗教、社会问题的看法。许许多多的具有启蒙特征的新思想或是在那里提出，或是在那里得到进一步发展。如著名的朗贝尔夫人主持的沙龙被称为"产生出最杰出思想作品的制作室"，成为文化人趋之若鹜的地方。而建于巴黎六区的"普劳高珀咖啡馆"受到法国文人的青睐，法国几乎所有著名作家都光顾过那里。人们一边品咖啡，一边交流新思想和新观念。许多学院和学术团体也成为思想自由交流和传播的场所，连法兰西学院也成为新思想的宣传阵地。所有这一切都为启蒙思想的产生和传播提供了条件。

回顾17、18世纪欧洲的历史，法国作为欧洲的一个统一大国在欧洲文明史上具有着重要地位。不过，在这两个世纪中，法国在欧洲的影响是很不相同的。在17世纪，对欧洲发生作用的是法国的政府，强大的政府以军事和外交手段称霸欧洲，成为欧洲政治的主宰。在18世纪，法国的绝对专制主义到了路易十五手中已经走向衰落，国力大减，在欧洲失去了昔日的雄风。然而，在政治上失去影响力的法国，文化上的优势依然存在，富于人性、优雅、轻松的法国艺术和生活情趣对欧洲其他国家的影响依然巨大，而由于启蒙运动在法国的蓬勃开展所产生的顺应时代潮流的新思想、新理论，更是向欧洲提供了自然神论、泛神论、自由主义、民主等思想，极大地影响了欧洲文明的进程。在这一意义上说，18世纪的法国依然是欧洲文明的灯塔和旗手。

随着启蒙运动在法国的开展，自由与平等逐渐成为启蒙运动中最鲜明的两面大旗，后来的法国大革命在自己的旗帜上写下"自由、平等、博爱"的口号也就十分正常。

启蒙运动在法国的轰轰烈烈展开与法国涌现出的一批著名启蒙思想家是分不开的。他们以笔为武器，所发表的启蒙檄文具有强烈的政治意义和鲜明的战斗性，不仅影响了法国，而且对欧洲所有国家都造成了影响，成为18世纪最引人注目的启蒙思想家。

（一）孟德斯鸠

孟德斯鸠（1689—1755），出生于波尔多的一个贵族家庭。幼年时代在教会学校受过古典教育，后来研究法学。1716年他继承其伯父的遗产、爵位和职务，当过波尔多的法院院长。1728年，他辞去公职，到欧洲旅游，在英国待的时间最长，精心观察和仔细研究了英国的议会制度。1731年，他回法国后，便隐居波尔多附近一座庄园，从事研究与写作。他的著作很多。他不仅是一位社会学家和历史学家，也是一位哲学家。他是18世纪上半期杰出的法国启蒙运动思想家之一。

孟德斯鸠在学习法律期间，曾在巴黎生活多年。他逐日记录了在巴黎的所见所闻，于1721年出版了小说《波斯人信札》，引起轰动。

《波斯人信札》由161封书信组成，大致可以分为两个部分。一个部分是主人公郁斯贝克和里加与友人们的通信，另一个部分是郁斯贝克与他的后房妇女以及看守她们的阉奴的通信。

郁斯贝克和里加都是波斯贵族，他们为了逃避宫廷的倾轧，以求学为名来到巴黎。他们在信里描写了他们在巴黎的所见所闻，讨论从政治到经济、从宗教到科学等种种社会问题，借用有趣的故事来阐述对正义、自由、荣誉等概念的看法。例如穴居人的故事说明如果人人都只顾自己，这个民族就要灭亡，只有崇尚正义的人才能生存下去。

孟德斯鸠

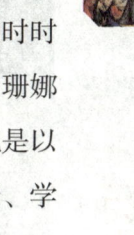

小说同时揭露了波斯人的后房的隐秘，反映了后房制度的残酷。妇女们时时受到阉奴的监视，因无法满足情欲而苦闷，对郁斯贝克都阳奉阴违。最后罗珊娜的情人被发现和杀死，她毒死了全体阉奴后服毒自杀。从艺术上来说，小说是以后房故事为掩护来讽刺当时的习俗，揭露贵族阶级的腐朽、宗教生活的黑暗、学术空气的浮夸，尤其是抨击路易十四和教皇，由此反映了法国18世纪初的社会现实。实际上这两个部分都是在批判濒临崩溃的封建制度，所以孟德斯鸠才托人把手稿带到阿姆斯特丹去出版，发表时的出版社和作者均为化名。但尽管如此，小说还是在出版后的第二年就被禁止发行。

作为一部哲理小说，《波斯人信札》包含着远远超出其故事内容本身的意义：它可以被看成是一篇女权主义的宣言和对传统的性道德的批判，还被看成是对封建制度和教权主义的抨击，也可以被看成是一部游记或作家的自传，总之犹如一部小型的社会百科全书。其中的情节虽然奇特却并非杜撰，例如关于中国的宗教、历史、地理、政体、风俗和语言等问题，孟德斯鸠曾多次请教他认识的耶稣会会士黄嘉略，郁斯贝克这个人物也是以他为原型塑造的，所以小说写得十分生动。

孟德斯鸠在前人小说的基础上创立了哲理小说的体裁，借用富于异国情调的风光和故事，巧妙地宣扬作者信奉的哲理。《波斯人信札》的巨大成功，使后来的作家们纷纷仿效，大写土耳其、波斯、印度和中国，这样一方面是用异国情调引起读者的兴趣，另一方面也是为了在宣扬哲理的时候，使人不致怀疑小说的真实性。

1734 年，孟德斯鸠的第二部重要著作《罗马盛衰原因论》问世。在这部著作中，他探索了历史更替的基本原因。他认为罗马之所以兴旺，其原因在于建立了共和制。在共和制时代，统治者贤明，有开明的立法，社会秩序井然有序，人人都热爱祖国和关心祖国。后来，罗马实行了君主政体，出现了暴政，对外疯狂掠夺，对内专横跋扈，破坏法纪，民风不古，道德败坏，此乃其衰亡的原因。显而易见，孟德斯鸠企图通过这部著作表明自己的政治主张，他认为政治制度和法治以及社会风俗习惯等在社会发展中是起决定性的因素。他反对法国封建专制的暴政，宣扬法治和民主与自由。

1748 年，孟德斯鸠发表第三部最著名的著作叫作《论法的精

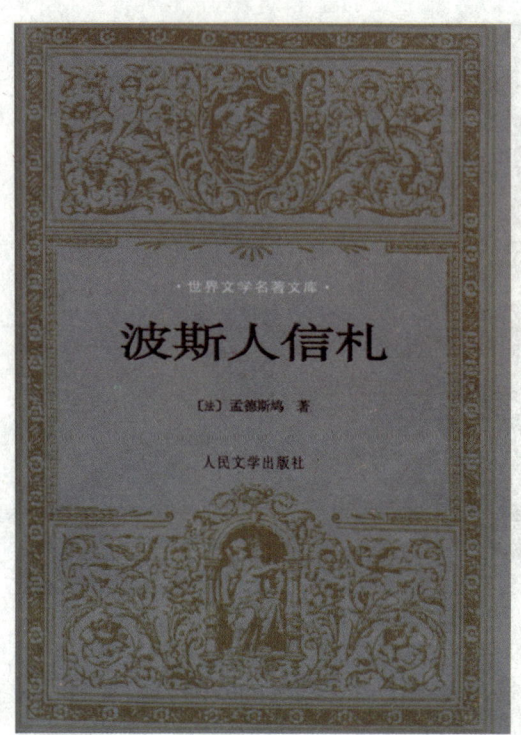

中文版《波斯人信札》封面

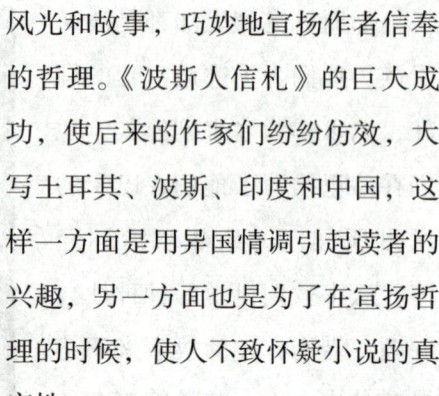

中文版《罗马盛衰原因论》封面

神》（旧译《法意》）。在这部书中，孟德斯鸠充分地阐明了主权分立的学说。他认为国家的目的在于保护政治自由，而自由就是每个公民有权去做只是为法律所许可的事情。孟德斯鸠把政权划分为立法、司法、行政三个部分，并且强调彼此分立。他认为立法权必须操在"人民代表"之手，行政权归属于世袭的君主，司法权由选举出来的常任法官掌握。孟德斯鸠说："每个国家的政治自由的最好保证，就是政权的分立。"这个著名的三权分立的理论，后来成为许多资产阶级国家宪法的理论基础。

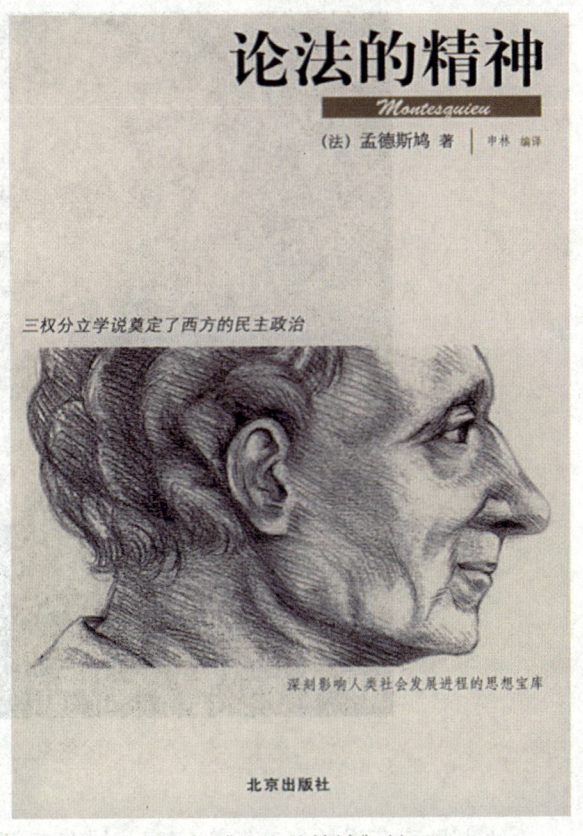

中文版《论法的精神》封面

孟德斯鸠是英国议会制度的热烈拥护者，或者说他是一位君主立宪制度的拥护者。孟德斯鸠认为立法权原则上应属于全体人民，不过需由人民选出代表来执行。同时，孟德斯鸠还认为应建立人民代表的下院与贵族代表的上院，每院都有权否决另一院的决议，而两院的决议也要受到君主的制约。

孟德斯鸠批判专制暴政，痛责宗教上的盲从和迷信，宣扬人权、政治自由和信教自由等思想，在当时对于反对封建主义和促进资产阶级革命的产生与发展有其巨大的作用。他的学说后来成为法国自由派贵族和金融资产阶级在法国资产阶级革命中的政治主张。

（二）伏尔泰

伏尔泰（1694—1778）是18世纪上半期法国杰出的启蒙运动思想家。

伏尔泰

他出身于富裕的资产阶级家庭,原名弗朗索瓦·阿鲁埃。他在中学里爱好自由思想,毕业后曾因写诗讽刺摄政王而被送进巴士底狱关了11个月。他在狱中写作了悲剧《俄狄浦斯王》,出狱后上演成功,他从此就将笔名伏尔泰作为自己的名字。加上他为人精明,靠经商和投机发了大财,因此得以出入上流社会,成了一个贵族们争相恭维的名人,甚至得到了王后赏赐的年金。

可是当他与一个小贵族争吵的时候,居然被贵族的仆人用棍棒殴打,自己反而又被投入巴士底狱关了七个月,出狱后还被驱逐出境,到英国去流亡了三年。他由此认识到专制政体的罪恶,因而向往英国资产阶级革命后的政治制度、社会环境和科学成就,形成了主张唯物主义和信仰自由的思想。他为此写了赞美英国、抨击法国的《哲学书简》,出版后被巴黎最高法院禁止并当众焚毁。他隐居在洛林一座城堡里,写出的戏剧《纳瓦尔公主》受到路易十五的赏识,所以被任命为史官和当选为法兰西学士院院士。

伏尔泰的理想就是成为高乃依和拉辛那样的悲剧诗人,一生共写了52个剧本。他根据中国的《赵氏孤儿》的法译本创作的《中国孤儿》,在法国和欧洲上演后引起轰动,更是中法文化交流史上的佳话。但是他对于"三一律"等古典主义的规则从来不敢越雷池一步,所以尽管他的剧作富于启蒙精神,但是到19世纪初就没有多少观众了。

1750年6月,伏尔泰应邀来到柏林,担任普鲁士国王腓特烈二世的高级侍从。其实国王只是用他来做自己的笔杆子,这使他备受屈辱。1753年3月,他狼狈地逃出柏林,在边境被拘留了五个星期才得以离开普鲁士。

伏尔泰由此懂得必须要有一个安全的藏身之处,因此在法国和瑞士边境附近的菲尔奈定居下来,在这里与欧洲各界保持通信和联系,对宗教迫害和专制政体口诛笔伐,被人们尊称为"菲尔奈教长"。他大力为新教徒卡拉呼吁,使卡拉事件成为法国历史上第一个被平反的冤案,从而在法国开创了作家干预政治的传统,他也因此成为当时欧洲进步思想界的领袖和导师。

伏尔泰毕生创作的戏剧已经成为历史,而被他视为儿戏之作的哲理小说却流传至今。他的哲理小说共有26篇,其中最重要的有《如此世界》、《查第格》、《老实人》和《天真汉》。

《如此世界》又名《巴蒲克所见的幻象》,篇幅很短,类似神话。神灵伊多里埃派巴蒲克去考察波斯都城柏塞波里斯,要根据考察的结果来予以惩罚。巴蒲克看到的是商人骗取暴利,学者钩心斗角,城里人买卖官职,包税人剥削国家。贵族男女婚后都有情人,波斯和印度的军队为了鸡毛蒜皮的事情在血战。但同时他也看到了善良的学者,辛苦的大臣,甚至金融家也有被社会所需要的一面。巴蒲克让人用名贵的金属和粗劣的石子镕铸成一个小小的人像,表示这个世界善恶都有,还算可以,伊多里埃听了报告后就放过了这座城市。

伏尔泰的短篇小说具有重要的意义。中世纪的短篇小说主要是民间传说和笑话,拉法耶特夫人的作品则描绘曲折缠绵的爱情,而短篇小说在伏尔泰手里却成了讽刺和抨击社会现实的武器,不仅具有深刻的现实意义,而且运用神话来借古讽今,语言幽默风趣,更具有艺术魅力。

《查第格》的主人公是古波斯巴比伦的青年查第格,他品德高尚,为人善良,但是命运坎坷,灾难不断,只能过着四处漂泊的冒险生活。他的情人被大臣的侄儿奥刚抢走，他为了救她而被打伤了一只眼睛，而情人却反而嫁给了奥刚。他于是娶了一个平民女子，用假死来考验她是否忠贞，不料她竟要割掉他的鼻子以讨好新欢，他因此决定退婚后去研究学问，结果由于知识渊博而两次含冤入狱。后来他当上了宰相，却又与王后相爱而大祸临头，再次出逃。最后国王在动乱中被杀，查第格巧遇沦为女仆的王后，一起回到巴比伦，他被民众选为国王，与王后结婚后一起过着歌舞升平的生活。

伏尔泰根据自己的切身遭遇，讽刺了法国司法黑暗、婚姻不忠的堕落风气，嘲笑了宗教的狂热和偏见。但是查第格最后却成了一个开明君主，从此天下太平，百姓安居乐业，这个圆满的结局反映出伏尔泰主张的哲理。

《老实人》的主人公是男爵的侄儿，是个私生子，从小受到哲学家邦葛罗斯博士的教育。博士常说："事无大小，皆系定数；万物皆有归宿，此归宿必为最完满的归宿。"老实人头脑单纯，相信老师关于"一切皆善"的说教，但是自己因为与表妹居内贡相恋而被赶了出来。他流浪到保加利亚就被迫当兵参加厮杀，老师邦葛罗斯染上梅毒，变得丑陋不堪，还差点被宗教裁判所吊死，后来和男爵一起在船上服苦役，但他依然坚信世上的一切都十全十美。

老实人在国外流浪时历尽艰辛，除了种种天灾之外，还到处上当受骗，差点送命。他几乎从未碰到一个好人，好容易到黄金国生活了一个月，出来后财物又被拐走。居内贡被敌军强奸后又被多次贩卖，沦为一个奇丑无比的奴隶，但老实人信守诺言，娶她为妻。他最终认识到这个世界上"满目疮痍，到处都是灾难"，不再相信老师的乐天主义了。小说的结论是"工作可以使我们免除三大害处：烦闷、纵欲、饥寒"，"还是种我们的田园要紧"。

《老实人》是伏尔泰最有价值的作品之一。它以高度的讽刺艺术揭露了当时法国乃至欧洲各国黑暗的社会现实，批判了为神权和王权辩护的"一切皆善"的说教，讽刺了他曾经相信过的莱布尼茨的乐观主义，提出了有开明君主的黄金国的理想。

《天真汉》的主人公是在印第安部落中长大的，他在部落里养成了自由自在的习惯，但来到法国以后发现到处都有无数的清规戒律，而且极其荒谬。例如他在受洗的时候，让恋人圣伊弗主持洗礼，不料这样一来她就成了他的教母，他们不能再

相爱了。他去求国王开恩,又因为议论了教会而被投入了监狱。圣伊弗为了救他而不得不失身于大臣,后来痛苦地死去了。小说通过天真汉在社会上处处碰壁的故事,直接批判了路易十四时代的法国社会,揭露了封建专制的黑暗和腐朽。

1778年3月30日,伏尔泰像英雄凯旋一般回到巴黎,受到民众的热烈欢迎,不久于5月30日去世。

伏尔泰的哲学著作主要有《哲学书简》和《形而上学论》,在伏尔泰的著作中,贯穿着非难天主教、痛斥教会神学和抨击王权神授等革命思想。他把教皇说成是"两足禽兽",把教会的历史说成是一部迫害、抢劫、谋杀和胡作非为的历史。伏尔泰大肆宣扬天赋人权、人身自由、思想自由和信仰自由。因此,他主张改造封建法庭、设立陪审制度、禁止任意逮捕人、改善监狱制度和废除酷刑等。同时,他还主张取消繁杂的各种习惯法规,统一立法,要求封建贵族与僧侣和平民一样,都应交纳捐税。

伏尔泰是自然神论者。他反对一切宗教,但他还认为人们必须有一个至高无上的上帝。他认为上帝的存在对于维护社会道德和社会福利是必要的。他说:"即使没有上帝,也要捏造一个来。"他认为如果人们失去了对上帝的信仰,就会给社会造成恶果。

在对历史的研究上,伏尔泰反对专门叙述帝王将

伏尔泰故居伏尔泰塑像

相的个人事迹，主张研究整个民族的文化、社会经济和风俗习惯；他也反对以欧洲为中心的历史偏见，主张面向世界，对人类一切民族的文化成就平等看待；他也重视东方的历史，对于中国文化评价很高。

伏尔泰虽然攻击封建制度，抨击天主教，但他并不反对君主制，最初他主张实行"开明君主专制"，后来见于第三等级同封建专制的斗争非常激烈，他又同意实行君主立宪制；他虽然同情被压迫被剥削的劳苦大众，但他反对群众革命运动；他希望有一个理性王国，这个理性王国是由有教养的人来统治。伏尔泰反对绝对君主专制和强调天赋人权的思想，在当时历史条件下，起了鼓动革命的积极作用，对于欧洲封建国家产生很大的影响。

（三）狄德罗

德尼·狄德罗（1713—1784），出生于法国小城朗格尔，父亲是一个掌握祖传技艺的刀剪匠。狄德罗长大后到巴黎上学，1732年获得巴黎大学的文科学士学位，然后遵从父命学习诉讼业务。他对法律没有兴趣，从事务所逃了出来，家里就断绝了给他的资助。在以后的十年里，他当过家庭教师，译过书，过着没有

德尼·狄德罗

固定收入的艰难生活，但是结识了一批志同道合的年轻人，为以后合作出版《百科全书》奠定了基础。

1747年10月16日，狄德罗与出版商勒布勒东签订了出版《百科全书》的合同。从1751年到1780年，共出版了35卷，包括6万多个条目。《百科全书》总结了当时自然科学和社会科学方面的各种知识和成果，介绍了各类机器和工具，提倡科学技术和振兴工业，对封建社会的上层建筑进行了大规模的批判，宣扬了政治平等和思

想自由等资产阶级的思想观念,产生了巨大而深远的影响,掀起了启蒙运动的高潮,进而为法国大革命做好了舆论准备。

《百科全书》的出版过程充满了艰难险阻,多次受到官方和教会的干涉和查禁。百科全书派也受到程度不同的迫害,但是狄德罗数十年如一日,以百折不挠的精神坚持到底,为《百科全书》的出版献出了自己卓越的才华和毕生的精力,终于完成了这项伟大的工程。恩格斯评价道:"如果说,有谁为了'对真理和正义的热诚'(就这句话的正面的意思说)而献出了整个生命,那么,例如狄德罗就是这样的人。"

狄德罗先后发表了否定上帝的《哲学思想录》、《怀疑论者的散步》和《论盲人书简》等否定上帝和宣传无神论的哲学著作,都被当局没收或焚毁,自己也被捕入狱。他还发表了《对自然的解释》、《达朗贝和狄德罗的谈话》、《关于物质和运动的哲学原理》等哲学著作来宣扬唯物论。在《美之根源的哲学研究》、《论戏剧艺术》和《绘画论》等著作里,以及在名为《沙龙》的一系列艺术评论中,他提出了"真""善""美"统一的理论,认为艺术中的美相当于现实中的真。他提倡现实主义的画风,抨击浮华纤巧的洛可可艺术风格。他在美学、绘画和戏剧理论方面所建立的现实主义的理论体系,充满了反封建的精神,同样为宣传启蒙思想起到了重要的作用。

狄德罗在经济拮据的时候,曾把自己的藏书卖给俄国女皇叶卡捷琳娜二世。女皇在买了他的藏书之后,又为他在巴黎郊外购置了一所住宅,聘任他为这些藏书的保管员,预付了50年的薪金,并多次邀请他到俄国去。狄德罗于1773年8月前往彼得堡,但女皇只是用他来装点门面,对他关于政治改革的建议都置之不理,所以他只待了半年多就失望地离开了俄国。

狄德罗的哲理小说《修女》和《宿命论者雅克和他的主人》,都在他身后的1796年才得以出版,《拉摩的侄儿》的原文是直到1823年才被发现和出版的。

《修女》的主人公苏珊是个私生女,她的父亲为了惩罚她的母亲,剥夺了她的财产继承权,把她送进了圣母玛利亚修道院。她目睹了修女们的虚伪、粗暴和疯狂,后来在另一所修道院里受到残酷的折磨。她试图求助于法律,败诉后被转送到圣欧特罗普修道院里。这里的院长要和苏珊搞同性恋,听她忏悔的神甫企图奸污她。她最后逃到巴黎当了洗衣工。她在去世之前向开明的克瓦马尔侯爵写信求助，叙述了自己悲惨的一生。

《修女》的故事并非无中生有，因为现实生活中的修女的命运往往更加悲惨。狄德罗通过少女苏珊的自述，细致地描绘了集中体现在修道院里的嫉妒、仇恨、虚伪、奴役等种种卑劣的人性，揭露了修道院里阴森可怖的黑暗内幕和教会上层人士的荒淫无耻，控诉了禁欲主义对人性的窒息，用少女渴望自由的行动发出了反对封建压迫和要求解放的呼声，从而使《修女》成了宣扬启蒙思想的优秀作品。

《拉摩的侄儿》是哲学家"我"与拉摩的对话。主人公拉摩实有其人，是音乐家拉摩的侄儿。他对音乐理论颇有研究，具有模仿和表演的天赋，对社会现实也有着深刻的观察和体验，但是为了混饭吃不得不厚着脸皮阿谀逢迎，所以他时而扬扬得意，时而潦倒不堪，尽管饥一顿饱一顿还沾沾自喜，最后死在收容所里。

拉摩从自己的经历中体会到吃饭最为重要，其他如才华和音乐等都在其次。他每天最重要的事情，就是开动脑筋设法混饱肚子，为此到处卑躬屈膝，扮演小丑的角色。他经常饿得要命，而大人先生却饱食终日，他为此愤世嫉俗，从不相信什么祖国和友谊，而且觉得自己虽然无赖，却没有伤害任何人，不会受到良心的谴责。其实他不是伪君子，能够实话实说，也有许多看法切中时弊。

小说主要采用拉摩与"我"、即狄德罗本人对话的形式，用对话来表现人物性格和社会现象，议论社会和人生、文学和音乐等各种问题，体现拉摩身上的尖锐矛盾，以及由此反映出来的人与人之间的真实关系。狄德罗改变了过去文学作品中人物非善即恶、非美即丑的单一模式，把善与恶在拉摩身上融为一体，从而使小说充满了辩证的色彩，因此被恩格斯誉为"辩证法的杰作"，也是雨果"美丑对照"的浪漫主义创作手法的先声。歌德非常喜欢这部作品，在1805年将它译成德文出版。

《宿命论者雅克和他的主人》的主人公是40岁的仆人雅克，以及他的主人、一个30岁的外省贵族，小说就是他们骑着马在法国漫游时的对话。雅克从军后在作战中膝部受伤，被送到城堡里医治，碰到了女仆的女儿德妮丝。主人要他讲讲这段奇遇，以消除旅途的寂寞。可是雅克的叙述一再被偶然的事件所打断，话题经常变成各种离奇古怪的故事和逸闻趣事，以及对于自由、命运、机遇、天意等的闲谈和议论，并且由此显示出贵族主人的愚蠢昏庸，赞扬了农民出身的雅克的聪明机智，批判了教会的卑鄙无耻，反映了封建制度行将崩溃的社会现实。小说里的对话风趣幽默，人物形象鲜明，读起来分外生动。

与孟德斯鸠和伏尔泰的注重异国情调的哲理小说相比，狄德罗的小说更加贴近法国社会的现实生活，语言也更加通俗诙谐、辛辣粗俗，更接近于拉伯雷的风格。尤其对于仆人雅克的赞美，是法国大革命即将到来、第三等级将要战胜贵族阶级的预兆。

总之，以狄德罗为代表法国唯物论者倡导理性，把理性作为衡量一切事物的标准。他们强调一切合乎理性的才是正确的。一切不合乎理性的都是错误的，应该加以消灭。这种理性批判的精神是18世纪启蒙运动的基本精神，在当时起了巨大的思想解放作用。

（四）卢梭

卢梭（1712—1778），法国18世纪下半期最杰出的启蒙运动思想家，激进的民主主义者，他出生于日内瓦一个钟表匠的家庭，没有受过系统的教育，完全依靠自学。可是他的成就很大。他的人民主权学说对于法国革命与后世都有深远的影响。

卢梭的祖籍本是法国，他的祖先因逃避宗教迫害而移居日内瓦。卢梭在这个民主国家长大，自幼养成他倔强孤傲、酷爱自由的性格，崇拜古代希腊罗马那些为民主自由而奋斗的大人物。10岁时，他父亲因与军官斗

卢梭

殴而逃亡在外，把他寄养在舅父家。他12岁便开始自谋生活，16岁时，因不堪忍受老板的虐待，不辞而别。

此后，卢梭大致经历了三个阶段。从16岁到29岁，是他的流浪和学习阶段。他曾被送进都灵的宗教收容所，糊里糊涂地改信天主教。他做过零工，当过仆人，也进过宗教学校，过着"监狱式的生活"。流浪期间，他认识了华伦夫人，得到这位贵妇的帮助，学习拉丁文和音乐。后来他又流浪到萨瓦、瑞士、法国等地，当过音乐教师、希腊主教秘书，做过家庭辅导教师，也曾以抄写乐谱度日。在流浪生活中，他受尽富贵人家的白眼和欺凌，却得到好心的穷苦人的照顾。流浪生活使他亲身感受到社会的不公，在思想感情上靠近下层人民，由此种下了他仇恨阶级压迫和专制统治的根苗。他曾一度与华伦夫人同居，在阿尔卑斯山麓休养。他利用这个生活暂时安定的时机，勤奋自学，获得了丰富的知识。

1741年，他与华伦夫人分开，带着一本歌剧书稿、15个金路易，还有他自己发明的"简易记谱法"，只身来到巴黎，开始了他一生的第二个，也是最重要的阶段——巴黎阶段。起先，他到处碰壁。他曾把"记谱法"交到科学院，寄以莫大的希望。他又以为靠自己的棋艺，可以成为当代最佳棋手，他还曾听信某人劝告，走进贵夫人沙龙，靠女人发迹，但是这一切都未能成功，有幸谋得一个大使秘书的职位，却与大使闹翻，投诉无门。生活上的失意加深了他对社会的认识。

卢梭一方面靠抄写乐谱为生；一方面开始文艺创作。他写过歌剧《风流诗神》，又与著名音乐家拉摩合作把伏尔泰的剧本改编成歌剧。这些都未能得志。后来，他认识了一批文人，其中包括已经成名的伏尔泰和狄德罗。他与狄德罗结为知交，曾应约为狄德罗主编的《百科全书》撰写有关音乐和政治方面的条目。狄德罗被捕入狱，他撰文抗议。与这些启蒙思想家交往，大大提升了他的思想境界和创作能力。

1749年，第戎学院以"科学艺术的复兴是否对改良风俗有利"为题公开征文。卢梭在狄德罗的鼓励下，写了《论科学与艺术》一文应征。文章中选得奖，卢梭一举成名。文章认为科学与艺术在历史上的作用是消极的，甚至是有害的，对征文的论题作出否定性的回答。文章虽然表现出理论上的片面性，其反封建的倾向是十分清楚的。1753年，第戎学院又以"人类不平等的起源是什么？"为题征文。卢梭写了《论人类不平等的起源和基础》一文应征。文章继续《论科学与艺术》的思路，明确地提出了"自然"与"文明"对立的观点。他认为，人类不平等的根源是私有财产制。在自然状态下的人类，是平等的，后来有了私有财产才出现贫富差别，进而出现国家，发展为专制制度。卢梭用这样的观点作为批判封建社会的武器，有其进步意义，但是他把人类的原始状态理想化，把返回自然作为人类的前途，却有失偏颇。

1746年，卢梭有机会在巴黎郊外僻静的蒙莫朗西居住了一年多，他利用这个时机完成了许多著作，其中最重要的是《新爱洛绮丝》、《爱弥儿》和《社会契约论》。

《社会契约论》对于未来的国家社会提出了设想，它与《论科学与艺术》和《论人类不平等的起源和基础》一起，论述了一套完整的社会政治理论，其中贯穿着崇尚自然、回归自然的思想。他竭力鼓吹天赋人权、自由平等、主权在民的思想，而且认为：为了使人类摆脱不幸，必须推翻封建统治，建立以社会契约为基础的民主共和政体。他的这些思想表现出强烈的民主革命的精神，成为资产阶级革命和资产阶级政治思想的理论支柱。

《爱弥儿》是一部有关教育问题的哲理小说。作品写了教师"我"把一个贵族子弟培养成一个体魄健康、崇尚理性、没有"社会文明"偏见、吃苦耐劳、热爱自由、平等待人的"自然人"的故事。他把孩子放在远离城市的自然环境中，以"顺乎自然"的方法，按照学生身心成长的自然过程，启发孩子的善良天性，进行全面的教育。小说表现了卢梭的教育思想，同时涉及许多社会问题，实际是向贵族社会和宗教统治投去一把锋利的匕首。书中甚至发出社会即将变革。"富人要变穷人，贵族要变平民""危机和革命的时代已经来临"的预言。这种强烈的反封建反宗教的精神使政府和教会不能容忍，书一问世，就遭到法国以至全欧的反对势力的围攻。

1762年后，卢梭进入他生活的最后一个阶段——流亡阶段。《爱弥儿》在荷兰一出版，巴黎大主教即发出禁令，接着巴黎高等法院判决将书焚烧，并逮捕作者。议会议员扬言要烧死作者。卢梭不得不逃离巴黎，长期辗转国外，到过瑞士、普鲁士、圣彼埃尔岛，过着颠沛流离的逃亡生活。但是，到哪儿都是迫害，或烧书，或抓捕，或谩骂，或诬陷，使他无法容身。1766年，卢梭应休谟之约来到英国，却因争吵而离别。一些昔日的朋友也因观点的分歧而不和，有的甚至写书对他发动攻击。在种种压力下，心力交瘁的卢梭得了迫害妄想症。1767年，卢梭化名潜回法国。1770年，法国政府宣布赦免，他才得以返回巴黎，然而，统治阶级继续对他进行了监控。

在逃亡时期，他为了回答封建势力的污蔑和朋友的误解而开始写《忏悔录》，从1765年开始着手，到1770年完成。之后，他又写了《忏悔录》的续篇《一个孤独的散步者的遐想》。《忏悔录》是一部自传性的作品，其中记述了卢梭从出生到1765年流亡圣彼埃尔岛为止的一生。作品虽然以"忏悔"为名，实际是通过作者自己的经历和所受到的不公遭遇，对社会进行控诉。在书中，教会的伪善与丑恶，政府的强暴与凶狠以及上流社会的腐化与堕落，都在作者饱含悲愤之情的笔下，得到真实生动的展示。

《忏悔录》的特点是真诚和坦率，它在进行社会控诉的同时，真实地描写了作者自己，描写他与社会的冲突，也包括他的个性形成过程。卢梭认为，人的天性是善良的，由于罪恶社会的腐蚀而发生变异。在作品里，他为自己倔强高傲、不受屈辱的性格与行为而感到自豪，同时也不回避自己的错误。他相信，如果在上帝面前人人都袒露自己的内心，那么，没有一个人敢说自己比卢梭更好。

1778年7月20日，卢梭在离巴黎36公里的艾梦农威尔病故。1794年法国大革命时期，人民将他的遗骨移葬到先贤祠。

《新爱洛绮丝》是卢梭于1761年写成的一部书信体小说，是他最主要的文学作品之一。小说写了一个师生恋的故事。公元12世纪，法国出现过一本描写爱洛绮丝与她的家庭教师阿伯拉尔恋爱，在门阀制度的压制下无法实现而抑郁终死的故事。卢梭借用这个故事为题，写的是当代一对青年人的爱情悲剧。

小说的主人公是贵族小姐朱莉和她的平民出生的家庭教师圣普乐，两人朝夕相处，产生了爱情，但是朱莉的父亲嫌弃圣普乐出身贫寒，反对他们结合。圣普乐被迫离开。朱莉由父亲做主嫁给了贵族沃尔玛。婚后，朱莉坦率地把自己过去与圣普乐的爱情告诉丈夫。沃尔玛没有责怪朱莉，而且把圣普乐请来担任孩子的家庭教师。朱莉和圣普乐又相聚一处，内心虽然仍旧相爱，但是他们克制感情，恪守本分，日复一日地忍受着痛苦。后来，朱莉为救落水的孩子而得病身亡。临终时向圣普乐吐露真情。

这是一出爱情悲剧。造成悲剧的根源是封建社会的等级偏见。卢梭怀着深切的同情描写这一对青年人的真挚的爱情。在他的笔下，圣普乐是一个品学出众、容貌俊美的知识青年。他对朱莉的感情完全出于真诚的爱慕，并没有任何金钱、地位等自私的芜杂的动机。他爱朱莉的美貌，但更爱朱莉的品德。正如他自己向朱莉的表白："你美丽的容貌迷惑了我的眼睛，但如果没有那种能使你的容貌显得聪明的强大的魅力，那是根本不能使我的心想入非非的。我爱慕你，是爱慕你极其高尚的胸怀和一贯的温柔之情的表里如一，是爱慕你对他人的种种痛苦的深厚的同情心，是爱慕你由纯洁的心灵产生的纯洁的正确思想和高雅的审美力，一句话，是爱慕你的感情的美，而不是你的容貌的美。"同样，朱莉对圣普乐的爱情也是纯洁而热烈的。她聪慧善良，感情丰富，待人真诚。她认为，"真正的爱情是各种关系中最纯洁的关系"。她特别重视品德对一个人的价值。作为一个男爵的女儿，她之所以不顾等级地位的差别与圣普乐相爱，就因为她在圣普乐身上看到：这是一个品德高尚、与自己志趣相投的人。她曾这样向圣普乐表白："我在你的脸上看到了我的心灵所需要的心灵美。"为此，她对自己的选择十分自信。当她的爱情遭到父亲的反对时，她据理力争。即使遭到毒打也不肯放弃。但是，他们的爱情遭到了顽固坚持等级观念的德丹治男爵的反对。于是，纯真的、出自于"自然天性"的爱情与现实中残酷无情的封建等级制度形成尖锐的冲突，终而酿成悲剧。

卢梭通过这样的悲剧，用他一贯的自然与文明对立的思想，强烈地控诉了封建等级制的罪恶。用书中朱莉的话说，封建等级偏见这种"野蛮道德""如同地狱里的魔鬼，无时无刻不在扼杀人的天性"。与此同时，作品对于那些依靠等级制度占据高位而无所作为的贵族阶级表现出由衷的鄙视和痛恨。书中一个人物（爱德华）认为，像圣普乐这样的平民百姓要比欧洲所有的贵族更值得尊敬。他还冲着顽固坚持偏见的德丹治男爵这样说："你引以为荣的贵族头衔有什么可光荣的？对祖国的荣誉和人民的幸福有什么益处？它是法律和自由的死敌。在贵族头衔吃香的国家里，它除了为暴政助威和压迫人民之外，还有什么其他的作用？

在一个共和国里,你敢以这个践踏道德和鱼肉百姓的身份自豪吗?你敢说你善于奴役他人和羞于做平民吗?你看一看你们国家的历史,你凭什么功劳配得它的赐予?在为你们国家的解放作过贡献的人当中,有贵族吗?"在这里,人们可以听到大革命前夕社会上已经流行的那种反对封建等级制度的呼声。

值得注意的是,小说在描写这对青年男女与封建顽固势力的冲突以及他们在巴黎"文明"社会的不幸遭遇的同时,又描写了他们与一批优秀人士的交往以及巴黎以外的另一个世界。在小说中,朱莉的表妹克莱尔、圣普乐的朋友爱德华及朱莉的丈夫沃尔玛,都是正直、善良、道德高尚的人。克莱尔支持朱莉的行动,朱莉也毫无保留地向她倾诉自己内心。爱德华与圣普乐有过误会,险些决斗,但是一当误会解除便能真诚相待。每当圣普乐遇到困难,爱德华总是伸出友谊之手。他也支持朱莉与圣普乐相爱,甚至劝他们私奔。沃尔玛是作品中一个重要人物。他的身份是俄国贵族,但是他没有贵族阶级的偏见,厌恶上流社会。他与朱莉结婚后就双双远离上流社会,迁居克拉朗。这是一个有着优美的自然风光的农庄、一个不受世俗偏见左右的世外桃源。在那里他们过着简朴的农人生活。沃尔玛百般爱护朱莉,努力营造一个和谐温馨的家庭。听到朱莉向他吐露私情。他不愤怒,不妒忌,表现出超乎常人的理智和坦诚。他尊重圣普乐的为人,相信妻子的人格,不但邀请圣普乐来农庄做客,还聘其为家庭教师。正是这样,他才赢得了朱莉的信任和尊敬。他们的朋友先后来到这里,一起营造了一个和睦友好的小世界。正如卢梭后来所说:"他们摆脱了喧嚷尘世,在他们中间创造了一个有别于我们世界的小天地,他们在这个小天地中培育了一种真正的新景象。"这一切都为告诉人们:当人们脱离罪恶的世俗社会而与大自然相结合的时候,当人们摆脱偏见,不再受封建观念束缚的时候,当人们都以品德高尚作为人生准则的时候,人就会表现出善良本性,人类社会就会变得和谐美好。

在小说中,圣普乐的形象始终保持其热烈、正直、坚毅的性格。对于德丹治男爵的等级偏见和残酷行为,他无情地加以谴责。在游历国外时期,看到那些自认为彬彬有礼的"文明人"在殖民地的种种暴行,他义愤填膺。在克拉朗乡间,他以坚强的毅力忍受痛苦,克制感情。作为一个平民知识分子,他对等级偏见有着刻骨铭心的痛恨。他的独立、坚强和自尊,给人留下深刻的印象。朱莉的表现

似乎前后并不一致。在作品的前半部分,她不顾等级差别,大胆地坚持爱情,而且勇敢地反驳无理的父亲。但是,她的行动到此为止。后来,她拒绝私奔的建议,听从父亲的安排。与沃尔玛结婚后,她安于现状,成了贤妻良母。再次与圣普乐相处时,她压抑感情,恪守妇道,她似乎变了一个人。对于作品中的这些描写,不应该停留在表面的理解,而需要深入探讨作者的意图。在这部作品中,卢梭强调的是人性的善,而这种善又具体表现为对美好品德的追求,认为通过这样的途径便可以走向理想的和谐。他以这样的理念来塑造人物,于是作品中的正面人物都把道德正义放在一切的首位。从这个角度来说,朱莉的性格是前后连贯的。她爱圣普乐,是景仰其品格。当陷入亲情与爱情的矛盾时,她认为自己不该让父母陷于绝境,以致让自己也一生痛苦。结婚后,她看到沃尔玛是一个品德高尚的人,其行动让她视为同类而产生了感情。至于与圣普乐重逢后,她克制感情的作为,在卢梭看来,那更能表现其品德的高尚与美好。实际上,朱莉的道德追求使她从反抗变成安于现状。因此,在描写朱莉的这一系列矛盾当中,卢梭自己也陷入了矛盾。他明白:克拉朗只能是乌有之乡,沃尔玛一类的人物并不存在;朱莉依靠理性与克制来保持道德完善,恐怕也难以持久。卢梭无法为事情找到一个圆满的结局,只能安排一个偶然性的收尾,匆匆收场。

卢梭在这部作品中寄予了自己的感情和理想,特别是在男主人公圣普乐的身上,带有更多的作家的主观成分。为了便于表达这些感情和思想,卢梭接受理查逊的成功经验,采取了书信体小说的形式。这种体裁能够直抒胸臆,最直接最痛快地向读者敞开人物——其实也是作家自己的心扉。

作品的全部内容由几个朋友之间的通信来展开,圣普乐和朱莉之间的信件占据了大量篇幅。在这些信件中,大部分文字是两个主人公的自白。他们诉说个人与客观势力之间的矛盾,申诉自己行为的正义与合理;他们追求个性自由,控诉封建等级制度的无情与悖理。他们尽情地抒发内心无法抑制的感情,倾吐爱情不幸所造成的痛苦,把自己的心理和感情袒露得淋漓尽致。于是,形成了这部小说的两个显著特点:表现自我和以情感人。这也正是这部作品之所以产生巨大感染力的原因。

另外,卢梭的自然观在小说中也有充分的体现。他赞美人的自然感情,以大量的篇幅描写日内瓦湖、阿尔卑斯山麓的美妙景色，热情地歌颂大自然。在他的笔下，美好的感情与大自然联系在一起，理想的境界与优美的自然环境结合在一起，情景交融的描写使作品独具魅力。

以上这三点，表现自我、以情感人和歌颂自然，可以说是卢梭这部作品的特点，也是他的文学创作的共同特点。正是这些特点启示了后人，影响着后人，卢梭的创作也就成为18世纪末19世纪初席卷全欧的浪漫主义思潮的先声。

十、启蒙运动在欧洲各国的发展

法国是欧洲启蒙运动的中心，法国的启蒙运动与其他国家相比，声势最大，战斗性最强，影响最深远，堪称为西欧各国启蒙运动的典范。除此而外，启蒙运动也在欧洲各国得到了不同程度的发展。

（一）启蒙运动在意大利的发展

自从新大陆被发现，以及世界商业中心由地中海转移到大西洋以来，意大利在经济方面日益衰败，加之其各城邦相互倾轧，意大利成为邻国蹂躏的对象。启蒙运动时期，它的不少公国在西班牙和奥地利的统治之下，罗马教廷与外来势力勾结对人民实行严格的思想控制，只要稍有违规，就要受到迫害。在法国启蒙思想的影响下，意大利人展开了反对外国封建势力统治、争取民族统一和反对教廷的伟大斗争。在这场斗争中，一批具有启蒙思想的思想家出现，其代表人物是维柯。

维柯（1668—1744）是一个虔诚的天主教徒，同时又是一个卓越的自由思想者。他的启蒙思想是在笛卡儿的理

维柯

性主义和培根经验主义哲学共同影响下发展起来的。维柯的思想主要反映在其代表作《新科学》中。该著作的全名是《关于各民族的共同性的新科学的一些原则》，是一部社会学研究论著，探求的是人类如何从野蛮的动物状态逐渐发展成为过着社会生活的文明人的问题。维柯思想的基本出发点是共同人性论，他认为不同民族尽管起源和发展道路不同，在社会发展上却具有某些基本一致的规律。他在对人类文明进程研究中提出了平民与贵族的斗争是社会步入人的时代和文明社会的动力，这使其成为第一个提出阶级斗争学说的人。

维柯提出了"真理即事实"的观点，并以此阐述他的思想。他认为总结真理的是哲学，提供事实根据的是语言学，所以要发现历史发展的规律就必须有理性（笛卡儿的理性主义）与经验（培根经验主义）的结合，哲学与语言学的结合。《新科学》所用的方法就是根据语言学（文字资料）所提供的史料，通过哲学批判，来探究人类社会发展的过程。维柯把他的研究对象称之为"新科学"。他不但开创了社会科学，也开创了和社会科学密切相关的近代社会学、人类学、语言学，乃至文艺心理学。《新科学》是那个时代的里程碑式著作，维柯本人被视为意大利理性先驱，影响欧洲思想界的重要人物。

（二）启蒙运动在俄国的发展

启蒙运动对俄国的影响主要表现在近代俄国的"欧化"努力方面。彼得一世（1672—1725）是促使启蒙运动在俄国开展的重要人物。

在1689年彼得一世登基之前，俄国由于长期遭受鞑靼人和其他外族的侵略，以及其地理位置的偏隅，与西欧文明很少有接触，社会闭塞，经济文化落后。年轻时代的彼得一世为西欧文明所吸引，曾微服化名在西欧进行广泛考察和游历，所见所闻使其感到学习欧洲先进文化对于俄罗斯的发展是至关重要的。因此，他在俄国建立了专制统治的同时，决心把西欧文化和风尚（主要是法国的文化）引进俄国。他按照西欧强国的方式建设军队，统一了国家的版图，在向西扩张的过程中从瑞典人手中夺回俄国在波罗的海的出海口，打开了一扇通往西欧的大门。他的这一举动在向欧洲表明强大而独立的俄罗斯存在的同时，为汲取西欧文明开辟了交流通道。在位期间，他还不断研究西欧经验，提倡科学，强制推行改革，移风易俗，简化文字，创办各种世俗学校，出版报纸，积极鼓励翻译介绍西欧书籍，引进人才，建立和发展俄国工业，设立俄罗斯科学院，迁都至圣彼得堡，并按照西方模式建造俄国的新都和著名夏宫，将西欧艺术引进俄国，使得欧洲文化在俄国社会生活中产生影响。彼得一世所开创的事业在他的继承人之一叶卡捷琳娜二世手中得到继续。这位被称为"叶卡捷琳娜女皇"的俄国国君尽管统治手段暴戾，却对有启蒙色彩的新思想很感兴趣，曾经把著名启蒙运动思想家伏尔泰等人请到俄国进行咨询。为此，她在俄国推行世俗教育的新体制，想方设法提高俄国的工业化水平，提倡发展科学，保护文学创作活动，为一种独特的俄罗斯民族文化的开创奠定了基础。俄国的启蒙运动对俄国在19世纪的发展起到了重大推动作用。

彼得一世塑像

俄国文学在这期间走出了古代的阴影，向着新内容和新形式过渡。在法国古典主义的影响下，俄国文坛出现了第一批真正意义上的作家。他们在遵循古典主义创作原则的同时，力图开创自己的文学风格。这些作家大多从民族历史和生活中汲取创作题材，注重文学语言的提炼和文学的社会功能，强调爱国思想和科学文化的启迪作用。涌现出的有影响作家包括康捷米尔、罗蒙诺索夫、苏马罗科夫等人。罗蒙诺索夫是这一时期俄国的最重要文学家。

罗蒙诺索夫（1711—1765），著名的俄国学者，出生在白海边一个农民家庭，毕业于斯拉夫-希腊-拉丁学院，后来进科学院附设的大学学习，并被派往国外研究自然科学。1741年回国后，他在科学院任职，创办了莫斯科大学（1755）。他在进行科学活动的同时，又从事语言研究和文学创作，写过颂诗、史诗、悲剧、讽刺诗和散文，翻译过希腊文学作品。

罗蒙诺索夫在纯洁俄罗斯语言、使文学语言接近口语方面贡献很大，著有《修辞学》（1744）、《俄语语法》（1757）和《论俄文宗教书籍的益处》（1757）等。他认为俄语是一种丰富、灵活、生动有力的语言，同样具有欧洲其他语言的优点。彼得一世改革以来，由于社会政治经济的变化，俄语中夹杂着许多外来词汇，古老的教会斯拉夫词汇也未经清理。他针对这种情况提出了改革意见。根据古典主义的原则，他把文学体裁划分为高、中、低三种，规定每种体裁所允许使用的词汇，主张避免陈旧的教会斯拉夫词汇和不必要的外来语。这为克服当时俄语的混杂现象、创造统一的规范语言打下了基础。

罗蒙诺索夫文学创作的成就主要是诗歌。他的诗颂扬英雄的业绩，充满对祖国的热爱。他认为诗歌最重要的任务不是咏唱醇酒和爱情，而是培养崇高的爱国精神。这种看法鲜明地体现在他写的颂诗里。《伊丽莎白女皇登基日颂》实际上是一首对祖国和彼得一世的赞歌。诗人把彼得一世奉为榜样，希望女皇伊丽莎白继承父业，开发资源，发展科学，培养人才，使俄国走上繁荣富强的道路。他向年轻一代呼吁，相信"俄罗斯的大地能够诞生自己的柏拉图和智慧过人的牛顿"。他还以颂诗体裁写过一些雄伟瑰丽的科学诗，在《晨思上天之伟大》、《夜思上天之伟大》等书中解释自然现象。他在同时代诗人特列佳科夫斯基研究的基础上，在《论俄文诗律书》中提出俄国重音诗体的理论，并在创作中进行了成功的实验。他的诗音调铿锵，庄严雄辩，富有节奏感。

冯维辛（1745－1792）是著名的俄

罗蒙诺索夫

冯维辛

国剧作家。在启蒙思想影响下，他以文学方式抨击社会的黑暗和弊端，成为俄国讽刺文学的代表。

冯维辛的代表作《纨绔少年》是一部讽刺喜剧，通过对一个贵族家庭的无知和愚昧的描写抨击了俄国实行的农奴制的黑暗以及希望俄国走上理性和德行的启蒙之路的愿望。

总之，启蒙文学在俄国的出现在思想和艺术上为19世纪俄国文学的繁荣奠定了基础。

（三）启蒙运动在德国的发展

德国的启蒙运动是在法国和英国启蒙运动的影响下开展的。由于德国当时还是个政治分散、经济不景气的国家，科学欠发达，资本主义发展缓慢，封建贵族势力强大，教会特权依旧，这一切显然对启蒙运动的开展领域和发展方向产生了影响，因此，当启蒙运动在德国开展后，启蒙思想家的政治观点不像法国和英国启蒙思想家的观点那样具有直截了当的世俗化倾向，或具有科学的色彩，事实上，运动的主要目标既不在政治方面，也不在民主方面，而是在哲学和美学方面，特别是在艺术哲学的抽象思维方面。这使得德国的启蒙运动集中在保持对古典形而上学中宗教含义的兴趣上，并以关注艺术哲学作为运动发展的主要标志。启蒙运动在德国经历的时期大体为18世纪初至70年代末。德国的哲学传统形成于17世纪后半叶，在这方面最早作出贡献的有启蒙哲学家莱布尼茨、托马修斯和沃尔夫等。

莱布尼茨（1646—1716）是德国早期启蒙思想家的杰出代表和博学多才的学者，在德国18世纪初知识界占有主导地位。他的"单子论"成为其唯理论的形而上学体系的基础。他继承笛卡儿的理性主义学说，创造了调和哲学。莱布尼茨继承了欧洲的人文主义和巴洛克思想，并将这些思想的精神引入启蒙时代。

他的出现引起了德国人研究哲学的热情与兴趣。莱布尼茨还是一位对中国文化表现出极大兴趣的德国学者，他根据中国《易经》思想创立的"二进位制"奠定了控制论和计算机原理的基础。

托马修斯（1655—1728）是一位倡导理性，反对偏执思维的哲学家。他认为哲学应摆脱经院哲学的束缚，并从亚里士多德的重压下解放出来。在大学课堂上，他用德语代替当时流行的拉丁语，充分显示了他的民族意识。在政治上，他反对君权神授的观念，拥护天赋人权的思想。

莱布尼茨

沃尔夫（1679—1754）在认识论上继承了莱布尼茨的调和哲学思想。在他的《神、世界和人的灵魂的理性思想》一书中以理性思想解释形而上学观。他提出用数学和几何方式实证哲学原理的主张是为了以清晰的逻辑演绎概念代替经院哲学的不清晰概念。他对莱布尼茨哲学的阐述实际上是通向康德理性批判的桥梁。

高特舍特（1700—1766）是德国启蒙运动早期的代表人物。作为莱比锡大学教授，他在戏剧理论和美学理论方面的贡献推动了启蒙运动在德国的开展。在法国文艺评论家波瓦洛的《诗的艺术》影响下，他完成了《批判的诗学》。这是一部论述戏剧理论的著作。他主张戏剧创作应严格遵循法国古典主义确定的三一律的原则，要求文学合乎理性，语言规范，用字典雅。他还提倡重视艺术的教育功能，要求文学创作应以教育人和提高人的道德水准为目的。尽管高特舍特的美学思想提倡的是程式化创作方法，有片面强调理性作用和轻视艺术所必须具有的想象力之嫌，在德国思想界引起了广泛的争论，却造成了德国美学和哲学思想的活跃。此外，他的戏剧理论是针对当时德国流行的从内容到形式都极其混乱、情节离奇、低级庸俗的"历史大戏"现象而发，使德国人认识到进行戏剧改革、建设戏剧理论以及纯洁德国语言的必要性。他作为这一时期德国启蒙运动的一位代表人物是当之无愧的。

德国的启蒙运动在莱辛出现后达到了高潮。

莱辛（1729—1781）毕生从事戏剧评论和创作活动。他的论文集《汉堡剧评》是针对德国当时的社会现实和戏剧界的状况而发表的一系列评论。他强烈反对传播建立在封建专制思想意识上的法国古典主义戏剧，主张师法莎士比亚，因为莎士比亚的戏剧反映了丰富多彩的生活，具有人文主义浪漫思想。他要求戏剧忠实地反映现实生活，认为市民的命运比帝王贵族的命运更加激动人心，更容易触动人们的灵魂，引起人们的同情，因此，他提出了建立"民族戏剧"（市民悲剧）的主张，提倡写市民的生活，反映市民的情感和愿望。他的这一思想体现了启蒙运动的人道主义思想，为建立市民剧奠定了理论基础。莱辛的戏剧创作是他戏剧理论的实践，他的《萨拉·萨姆逊小姐》是德国的第一部市民悲剧。《爱米丽雅·迦洛蒂》是莱辛的代表作，具有强烈的反封建色

莱辛

彩。诗剧《智者纳旦》大力提倡宗教宽容精神，具有反封建、反宗教偏见的启蒙思想。

此外，莱辛还在美学理论方面作出了重要贡献。他的美学专著《拉奥孔》是西方美学史上的一部极其重要的论著，作者在书中通过雕刻和诗的比较论证了诗与造型艺术的区别，提出了诗和造型艺术的基本原则。

康德（1724—1804）是德国启蒙运动中涌现出的最伟大的思想家，德国古典主义哲学的开创人。康德所处的年代正好是德国启蒙运动的高潮时期，但他的

一生主要是在书斋中伴随玄想度过的。康德早期主要研究自然哲学，提出了著名的宇宙形成的原始星云假说，突破了牛顿关于太阳系永恒不变的机械论自然观。1770年后，他主要研究认识哲学。他的研究对象是主观意识而不是客观存在，是对人对现实世界的认识功能和实践功能的研究。他涉及的研究领域主要是哲学、伦理学和美学三方面，建立起了自己的批判哲学体系。他的《纯粹理性批判》是一部论述形而上哲学的书，专门研究知识的功能，推论人类知识在什么条件下才是可能的。他宣称在认识中不是心灵去符合事物，而是事物要符合心灵。《实践理性批判》是论述伦理学的著作，专门研究意志的功能，研究人凭什么最高原则去指导道德行为。《判断力批判》是一本研究美学的书，专门探讨情感的功能，寻求人在什么条件下才感觉事物美和完善。

康德认为人在日常活动中可以通过知觉和理性的协同作用获得足够的真理，因此，他坚称人应该用自己的求知能力来了解自然，进而改造自然。在这一意义上，我们可以说康德的哲学保留了文艺复兴和启蒙运动以来西方哲学所提倡的以人为中心的特点。

启蒙运动在德国不仅结出哲学硕果，而且催放出文学之花。启蒙思想家莱辛同时也是德国启蒙文学的主要代表人物和德国民族文学的奠基人。不过，启蒙文学在德国更多地表现在"狂飙突进运动"方面，以赫尔德、克林格尔等一批青年理论家和诗人从民族历史中寻找创作题材，发扬民族风格，歌颂民族精神。狂飙运动反映了德国知识分子和资产阶级在启蒙运动思想影响下要求摆脱封建束缚，实现个性解放的强烈愿望。它歌颂自然、反对专制，追求自由、崇尚感情、反对复古，具有狂热的个人主义反抗情绪，使德

康德

国文学进入繁荣时期。狂飙突进运动成就主要在诗歌理论、戏剧和小说方面,其代表人物是赫尔德、歌德和席勒等。

赫尔德(1744—1803)是狂飙突进运动的理论家,在莱辛倡导的民族文学精神影响下步入文坛。他对德意志民族语言、文学的研究使他成为推动德意志民族文学发展的重要人物。他论述语言、文学、民歌方面的理论成为狂飙突进文学运动反对封建专制的有力武器。

席勒

席勒(1759—1805)是享誉世界的德国伟大诗人和剧作家,尽管他在狂飙突进运动后期出现在德国文坛,但其成就和影响巨大。《强盗》和《阴谋与爱情》是享有盛名的两部剧作。《强盗》描写的是一个侠义青年因不甘封建社会对他的羞辱,痛恨贵族家庭对他的猜疑,加入了盗寇团伙,杀富济贫,替天行道的故事。反抗暴君是剧作向人们传达的信息。席勒在剧本的扉页上写下的"药不治者,铁治之;铁不治者,火治之"的词句,显然他已经把斗争的矛头指向统治者。该剧本一经上演便造成巨大轰动,席勒一举成名。《阴谋与爱情》对腐朽黑暗的封建主义的抨击更为深刻。该剧讲述的是一贵族青年与一平民女子相爱,却遭到担任宰相的父亲的反对,最后这一对男女终因门不当户不对,死于父亲及其帮凶秘书设下的阴谋之中的故事。青年男子尽管在新思想的影响下藐视封建等级观念并具有叛逆精神,却无法摆脱阶级偏见,成为阴谋的牺牲品。全剧情节紧凑、感人,人物刻画典型,是一部反封建专制的作品,包含了启蒙运动所要宣扬的思想,为狂飙突进运动所颂扬的叛逆精神增添了光彩。

历史文脉系列——简明西方哲学史

十一、谢林及其哲学思想

（一）谢林生平

谢林（1775—1854）出生于德国南部符腾堡的一个小镇莱昂贝格，两岁时，随全家搬迁到蒂宾根附近的小城贝本豪森。谢林的父亲是位神学硕士，才华出众，熟知多种古代语言，后来还成为符腾堡新教教会的主教。

谢林6岁入学，8岁开始学古代语言，由于他天资聪颖，所以很快就能用拉丁文、希腊文、古希伯来文和阿拉伯文写诗。按照当时的规定，只有年满18岁的少年才能上大学，但谢林16岁时便被蒂宾根神学院破格录取了。在蒂

谢林

宾根神学院，谢林结识了高年级的学生黑格尔和荷尔德林，他们三人住进了同一寝室。在神学院5年的时间里，谢林取得了丰硕的学术成果，他先后发表了两篇文章，两本专著，还先后通过了两篇论文答辩。其中，《对有关人类罪恶起源的古代箴言进行批判阐释和哲学阐释的尝试》这篇论文还得到了斯努列尔教授的极高的评价："我们对你初次显露出来的才能和渊博知识表示祝贺，我们确信你还有巨大潜力，学术界有理由把自己的希望寄托在你的身上。"1795年6月，20岁的谢林以《论马尔西翁对保罗书信的校订》一文通过了神学论文答辩，获得了硕士学位。当他走出蒂宾根神学院的时候，已是一位小有名气的青年学者了。

谢林毕业后做了三年的家庭教师。在此期间，他出版了《自然哲学观念》与《论世界灵魂》。此后，在席勒和歌德等人的帮助下，23岁的谢林便直接当上了耶拿大学的编外教授。在耶拿大学的5年里，谢林创立起了自己的哲学体系。

（二）谢林的哲学思想

1. 先验哲学

1800年4月，谢林出版了他前期哲学的代表作《先验唯心论体系》。《先验唯心论体系》创作的动因，是因为谢林看到近代哲学中的实在论和唯心论都有自己的缺陷，这种缺陷主要表现在二者在看待实在的东西与观念的东西时所表现出来的片面性。谢林从他自己的哲学探究出发，认为他的自然哲学解答了自然如何会发展成为意识或理智的问题，或者说解答了不自觉的理智何以会发展成为自觉的理智的问题。但是，意识或理智本身的一些问题尚有待于进一步解答，比如，意识自身的结构、意识的前提条件、意识内部的一些现象、意识作为主体如何会产生对象、意识如何会与对象相符合等问题。所以，谢林的先验唯心论其实是关于意识或理智的理论。它之所以是"先验的"，是因为它要从理智的条件去推演出不自觉的自然事物，这些理智的条件在逻辑上要先于自然事物，故称之为先验唯心论。

意识作为主体而产生出对象，意味着意识本身是作为一个"自我"而出现的。这个自我不是经验意义上的自我，而是"绝对的自我"。经验的自我即在人的意识中出现的自我，它是人对其有限规定的自身之反思的产物，也即笛卡儿所说的"我们思"。而谢林的自我是一种本原性的东西，它摆脱了一切有限的规定，摆脱了一切有限的表象，它不是"我们思"，而是"我们在"。谢林称之为"纯粹意识的自我"，即它是从根本上意识到自己的自我，它是无限的、永恒的、在时间之外的。经验意识的自我是当这种纯粹意识的自我在直观自身时将自身"有限化"而产生的。所以谢林的这个绝对自我与费希特的绝对自我相比，其不同之处首先在于，费希特的自我是非历史的不变的实体，而谢林的自我则被理解为变化的过程，被理解为"自我意识的历史"。这种不同正体现了谢林用客观的自我对费希特主观的自我的改造。正如黑格尔所言，费希特的自我是"主观的主客体"，谢林的自我是"客观的主客体"。先验哲学就是要把先验唯心论扩展成为一个关于全部知识的体系，将先验唯心论的原理推广到关于主要知识对象的一切可能的问题之上，而为了阐明先验唯心论的这一哲学宗旨，谢林所采用的手段就是把哲学的各个部分陈述为一个连续的序列，把全部哲学陈述为自我意识不断前进的历史，至于经验里所出现的东西，它们只是被当作这部历史的"纪念碑和证据之用"。通过这部历史，自我在经历了一系列的阶序之后，终于恢复上升到自身。

谢林认为，先验哲学之所以可以这样来描述自我意识的发展史，主要是由于在知识中，自然和理智之间有一种平行的对应关系。一切知识都以主观的东西与客观的东西的一致为基础。主观东西的总体就叫作理智（或自我），客观东西的总体就叫作自然。在知识中，理智和自然是结合在一起的，是同一的，没有第一位或第二位之分。但是哲学要说明这种同一，就必须将其中的一个要素确立为起点，以此来达到另一个要素。比如自然哲学就是将自然确立为第一要素，以此来说明理智如何与自然一致，说明自然是如何走向理智化的。先验哲学则将理智要素确立为第一要素，以此来说明自然如何与理智一致，客观的东西如何从主观的东西中产生。先验哲学与自然哲学虽然在方向上相反，但它们都是为了说明知识中主观的东西与客观的东西如何一致这一主题的。

先验唯心论既然把主观的东西当作第一性的，那么对它而言，只有主观的东西才具有原始的实在性，"我们外有物"只有当它与"我们在"这一原始实在性具有同一性时，才是确实的。因此，先验唯心论考察知识时的特点是，它要考察的不是客体本身，而是知识活动。先验思维与普通思维不同，后者其实只是一个为概念所支配着的机械过程，先验思维要打破这个过程，它要把概念看作是一种活动。这种活动与普通的活动不一样，后者只顾活动的客体，而忘记了活动本身；先验哲学则关注于活动本身，它把哲学思考本身也看作是一种活动，即主观的东西把自己变成自己对象的一种持续不断的自我直观活动。

（1）先验唯心论的最高原理及其演绎。

先验哲学并不过问在我们知识之外可能会有我们知识的最终根据，而只是过问在我们知识自身内我们不能超越的最终东西是什么。这即是说，他是在知识之内寻找知识的原理，在自我意识之中寻找知识的原理。这样，自我意识就是一切知识由以开始的终极的东西以及一切知识的最后根据。在这一意义上，自我意识是先验唯心论的最高原理。对这一最高原理演绎，并不是要把它从另一更高的原理中推演出来；也不是对它的内容进行证明，因为证明只是涉及这一原理的地位，且其自身的属性仍然属于这一最高的原理。那么，这里关于最高原理的演绎，其目的是要说明我们可以无条件认识到的是什么。因为就我们认识的每一种知识而言，它要么是有条件的，要么是无条件的。就其是有条件的而言，它又总是与无条件的东西相关，因此我们在任何情况下，都能触及无条件的东西。这个无条件地被认识的东西是什么呢？这需要演绎。

我们无条件地认识的东西其实是这样一种以主观的东西为条件而不是以客观的东西为条件的东西，这在同一律 A＝A 中可以表现出来。从形式上看，A＝A 这一命题只是说：当我们思考 A 的时候，我们思考的只不过是 A。因此这一命题首先是受我们的思维制约的，这种知识活动是无条件的。但另一方面，我们究竟怎样思考 A 呢？如果 A 只是任意设想出来的一个概念，那它就没有创立任何知识，这当然是无意义的；如果它在作为一个概念产生时有其必要性，那它就必然有其客观实在性。这也就是说，即便是 A＝A 这样一个同一性命题，它不仅是以思维的同一性为条件，而且也以某种与思维有别的东西为中介。换言之，A＝A 不仅是个分析命题，同时也是个综合命题。但是，作为综合命题，它是有条件的，因为它是自己确证自己的，而作为分析命题，它又是无条件的。这样便产生了一个矛盾，而矛盾的解决似乎是要找到这样一个点，在这个点上同一的东西与综合的东西其实是同一个东西。或者说，在这个点上，主体与客体是同一个东西。而主体与客体的直接同一性只能存在于被表象的东西同时也是作表象的东西、被直观的东西同时也是进行直观的东西的地方。但因被表象的东西与作表象的东西的这种同一性只存在于自我意识之中，因此这个点只能是自我意识本身。

自我意识之所以可以作为这样一个点，是因为自我实际上是思维者借以直接变自己为对象的活动。当自我通过自我意识而变成自己的对象时，就出现了自我的概念。因此，自我的概念只是自我对象化的概念；它不是客体，不是事物，而是一种同时可以创造自己对象的知识活动。这种活动可以称为进行自由创造的直观活动，即理智直观。理智直观使对象的创造与直观本身绝对是同一个东西，作为创造者的自我与被创造者的自我的同一性可以用"自我＝自我"来表达。正因为这一表达式的存在，才使得 A＝A 既是同一命题又是综合命题成为可能。

这个同一的点是找到了，但它又是如何从自我出发而推演出全部的知识体系来的呢？或者说，整个知识体系是怎样由自我来设定的呢？这需要证明自我是不受限定的同时又是受限定的活动，因为知识是有规定性的东西，如果说它是出自于自我，那首先就必须说明自我本身具有这种自我规定（限定）的能力。一方面，自我是一种无限进展的创造活动，一旦它变成自己的对象，也就成了有限的和受到限定的，就成了自我意识；另一方面，自我在受到限定时，同时也是不受限定的。因为自我不管受限定与否，它总仍不失其为自我，即它不为在它之外的直观者存在；另外，自我也只有是不受限定的，才能有受到限定的可能性。自我中有限的活动与无限的活动的并存，说明自我本身实际上是一种能作自我限定的无限活动。对自我的这种限定必须既是现实的，又是观念的。说限定是现实的，即是说限定必须独立于自我；说限定是观念的，即是说限定必须依存于自我。限定对于无限进展的自我（客观的自我）来说是现实的，而对于自身不可限定的自我（主观的自我）来说则是观念的。理论哲学说明限定的观念性，实践哲学说明限定的现实性。

（2）以先验唯心论为原则的理论哲学体系。

自我意识是一种本原的绝对的活动。这一种活动既是观念的，又是现实的；既是作限定的（其本身不可限定），又是被限定的。但自我本身又不是这其中的任何一种，而是能够对这二者进行综合的第三种活动。正是在这第三种综合的活动中，自我才能与其自身等同，因此，自我的同一是建立在矛盾双方对立之中的，通过这种对立，自我才能够把无限多的行动聚合在一个绝对的行动之中。所以，自我之中的这种对立正是自我运动与创造的源泉。

既然自我意识内聚合了无限多的行动，那么如果我们能通观这些行动，客观世界的全部联系也就被揭示出来了。不过，哲学只是对自我意识的模仿，它不可能穷尽自我意识的一切行动，而只能列举并陈述那些在自我意识史上仿佛具有划时代意义的行动。在这一意义上，哲学只是自我意识的一部真实的历史。这部历史可划分为以下几个时期：

第一，从原始感觉到创造性直观。什么是感觉？感觉就是自我直观到自身受到限定时的状态。在这里，觉察者与被觉察者是绝对对立的东西，但由于觉察者只是觉察到自身受到限制而没有对这种觉察活动本身进行直观，所以被觉察者就以自身的形式出现在觉察者的面前。但这其实只是一种错觉。创造性直观即是对感觉的直观，它使得自我上升到觉察者（自在自我）和被觉察者（物自身）之上，把二者都看成是自我的产物。这种将自在之物包含于自身之中的自我就成了理智的自我。

在这一时期，自我活动包括三个阶段：主客未分状态下的无意识活动，主客分离的感觉活动，变感觉为对象的创造性直观活动。这三个阶段与事物之被构造出来的三个阶段（在自然界中表现为磁、电、化学过程）相对应。换言之，自然界构成的三个阶段本来就是自我意识发展的三个阶段，那么，所谓物质也就是淹没了的精神，所谓精神也就是从生成过程中来看的物质。

第二，从创造性直观到反思。对于自我来说，重要的不是它的产物，而是它自身。自我总是极力摆脱已有的创造并在其新的直观的产物中直观它自身。在第一时期，自我虽然已上升到理智高度，但由于它被束缚于创造活动之中，所以不能同时把自己直观为创造性的，因此，这样的创造只能是盲目的、无意识的创造。自我必然要摆脱并超越于这一创造活动，但这是如何可能的呢？

在新的时期，自我内又有三种活动：单纯的直观活动，复合的直观活动，以及联系二者的第三种活动。第一种活动是把自我当作对象的活动，可称为内在直观；第二种活动是把自我与对象都当作对象的活动，可称为外在直观；第三种活动是二者的关联，这就是所谓的内在智能，它是一种有意识地进行感觉的东西，是前一时期中无意识的感觉在创造性直观作用下的结果。内在智能获得限定之后就成了外在智能。要问自我何以会将自身的创造性活动作为直观对象，也就是问内在智能何以会把自身变为对象的。在这里，起作用的是时间与空间因素。时间是变成对象的内在智能，空间是变成对象的外在智能。在三种直观的作用下，各种范畴如偶性与实体、交互作用、关系、因果性等也就随之而产生了。因此，这一时期的三种直观无非就是对知识的一些基本范畴的演绎。反过来说，理智表象的连续序列因受到范畴的限定而使得自身演变成了有机的个体。机体的产生是一切创造的顶峰。

第三，从反思到绝对意志。在有机体的自然界中，理智由于沉浸在与其自身完全统一的有机体的世界中，它只要进行直观活动，就会与被直观者是同一个东西。这样，理智就不可能达到对自身的直观。理智要达到对自身的直观，就需要反思。反思的第一个行动，就是要使直观与直观的产物区分开来。这种区分也就是抽象。抽象有三个层次：经验的抽象、先验的抽象、绝对的抽象。经验的抽象产生了概念，概念在判断中首先与对象对立，然后又借助直观的中介而与对象关联。不过，这种直观已不再是创造性直观，而是范式化。如工匠在按照某种概念去创造一定形式的物品时，总有某种内在的规范（模式）在引导他，使之能创造出与概念相应的形式。先验的抽象是将对象与概念彼此分开，产生出两个东西：没有概念的直观和没有直观的概念。前者是空间，后者是纯粹规定性的逻辑概念（康德意义上的范畴）。两者通过先验范式（时间）结合在一起而成为对象。比如在量的范畴中，单一性在抽去了直观之后只剩下逻辑的单一性概念，逻辑的单一性要同直观结合，就必须加上时间的规定。绝对的抽象是理智中最高的抽象，它已不能用理智中任何其他行动来解释，它需要通过"理智中应当出现这样一种行动"的公设而中断理智的链条，进入到了实践哲学的领域。

（3）以先验唯心论为原则的实践哲学体系。

绝对的抽象是理智借以将自身提高到一切事物之上的行动，如何理解这种行动呢？这种行动只能从理智的自我决定或理智自己对自己的行动来解释，确切地说，是从理智所包含的一切行动的最终本原获得解释。

理智的自我决定本质上是一种意志活动。在这种意志活动中，自我作为一个整体而成了意志的对象，即自我中的观念的自我与现实的自我都成了它的对象。观念的自我产生理想，创造的自我（既是观念的又是现实的）实现理想。

在意志活动中，有两种相互对立的活动。一种是纯粹的天然冲动，它是使意志指向外物的某种必然性的东西。它会使自我意识到自己纯粹是个体，并激起个体产生追求幸福的私欲。这种对幸福的追求是一种客观的活动。另一种活动是观念的活动，它以纯粹的自我决定为对象。这种活动是通过道德律而使自我变为自己的对象的，即"自我应该希求的东西无非是纯粹的自我决定本身"。自我要进行一项活动，必须由自我决定活动来进行自由的选择，即在客观活动与主观活动之间进行选择。这是不是意味着"自由＝任意"呢？如果就意志不可能有背离自我决定的情况出现这一点而言，意志是绝对自由的（等于任意）；但要是从绝对方面看，意志就无所谓自由或不自由。绝对要表现自己，总是通过某种异己的东西（天然冲动）来进行。这样，对于个体而言，他的自由就会总是服从于一种不可毁灭的规律的强制作用。与自然规律不同的是，这种规律是理性生物置于客观世界的、以自由为目的人类社会的规律，即法律制度。而人类社会中这种自由的整个表演过程也就是历史。

历史不与绝对的规律性相容，也不与绝对的自由相容。历史的理想是通过无限多的与历史理想相偏离的活动来实现的，即个别的历史事件虽然与历史理想相偏离，但全部的历史事件与这一理想相吻合。历史就是自由与必然的统一，人的行动虽然是自由的，但行动的结果受必然性支配，必然性在背后操纵着人的自由表演。

自由的行动者与符合必然性的事物之间的这种和谐是靠什么建立起来的呢？是靠凌驾于二者之上的某种更高的东西，它既不是主体也不是客体，更不可能同时是这二者，而只能是"绝对同一性"。绝对同一性同时是自由与必然的根据。历史不过是绝对本身的逐渐自我启示过程。这一过程分三个阶段：悲剧时期、自然时期和未来的天意时期。

（4）以先验唯心论为原则的目的论与艺术哲学。

自然界是在按照机械的规律在盲目地起作用，但是它同时又能在其产物中显示出某种合乎目的的特征来。自然界的这种盲目的合目的性正代表着有意识与无意识活动的某种原始同一性。不过这种原始同一性还不是那种其根据在自我自身中的同一性，后者既是前者的本原，也是我们灵魂的本质。既然如此，我们在理智本身中必然可以找出一种直观，通过它，自我在其中既表现为有意识的，又表现为无意识的。这样，先验哲学的全部问题（主观事物与客观事物的一致性问题）也就得到了最终的解决。这种直观也就是艺术直观。

艺术直观的产物是艺术品。艺术品的创造与自然界的创造有共通之处：二者都是有意识与无意识的结合；不过在实现方式上，二者的方向又正好相反：自然界的创造从无意识开始而以有意识结束，艺术创造则是从有意识开始而以无意识结束。艺术创造以有意识活动与无意识活动的分离与对立开始，以二者的最终绝对会合而结束。两种活动会合（绝对同一）的地方也就是最完善的自我达观。在这里，一切矛盾都得到了消除。

艺术哲学与整个哲学体系的关系如何呢？整个哲学发端于一个完全非客观的本原，即绝对同一体。对于它，我们不能加以描述，而只能直观。这种直观不是感性的而是理智的，因为它的对象不是客观事物而是非客观的绝对同一体。但是这种直观是纯粹内在的直观，它自身不能变自身为客观的东西；它若要变为客观的，就必须通过艺术直观，艺术直观是对理智直观的直观，是业已变得客观的理智直观。那么这样一来，艺术就成了哲学唯一真实而永恒的工具与证书，或者说，艺术是整个哲学的拱顶石。

中文版《先验唯心论体系》封面

总之，先验唯心论的整个体系是处在理智直观与艺术直观的两极之间的。前者是针对哲学家来说的，它为哲学家在哲学思考中所采取的特殊精神方向所必需，所以不会出现在通常的意识之中；后者是针对哲学家的对象来说的，它是业已变得客观的理智直观，故能在所有意识中出现。

先验哲学是自我直观的级次不断提高的过程，通过自我直观的一系列阶段，即从自我意识中最初级的直观开始，中间经历了一系列直观形式，最后达到最高级的艺术直观。先验哲学也就描绘出了一部自我意识的生动的发展史：从单纯质料到机体，再经过理性与任性到艺术中的自由与必然的最高统一。这一系列的阶段对于一切知识来说是不可移易的东西。

2. 同一哲学

严格说来，同一哲学是谢林对自己的自然哲学与先验哲学的总结与概括，因此，它们之间的关系是密不可分的。正是在这一意义上，有的学者也将《先验唯心论体系》纳入同一哲学中来。这涉及了谢林哲学的分期问题。我们认为，既然先验哲学能纳入同一哲学中来，那么自然哲学也同样能纳入进来，而这样做其实也就等于取消了分期。我们将同一哲学作为谢林哲学的一个独立的阶段，主要是出于两点考虑：第一，谢林的同一哲学并非是一个空架子，而是有具体内容的，1802 年至 1803 年，他先后发表了《布鲁诺》《论学院研究的方法》《艺术哲学》等重要著作，这些著作都是对 1801 年的所阐发的同一哲学体系的发挥。第二，谢林的同一哲学与先验哲学在实质上有着重要的差别。在先验哲学中，他主要是描述自我意识的历史过程，在这一过程的终端，绝对才达到自身；而在同一哲学中，他走向了"绝对唯心主义"，绝对同一性成了其阐述的根本出发点。他后来放弃了绝对唯心论，在哲学形态上由前期向后期转变，也正是由于有了这样一个同一哲学阶段的过渡。

谢林同一哲学体系的形成是在《先验唯心主义体系》出版后的不久。他后来在给朋友的一封信中声称，1801 年他"看到了哲学中光亮"。这个"光亮"指的是什么，谢林没有具体地说出来，不过从他 1801 年的著作来看，我们可以断定，出现在谢林心中的光亮不过是绝对同一性哲学的最后形成，或者说，他从先验论的立场走向了绝对唯心论的立场。1801 年 1 月，谢林在《思辨物理学杂志》上发表了《论真正的自然哲学概念》，其要旨是：主观性的东西不具有独立自在的性质，它是从客观性的东西中派生出来的，即自我是从自然界中引申出来的，自然界的活动要先于人的活动。不过，谢林在这篇文章中只是预告了他将要对自己的哲学作一个体系上的阐明。1801 年 5 月，谢林在《思辨物理学杂志》第二期上发表了《对我们的体系的阐述》一文，同一年黑格尔还发表了《论费希特与谢林哲学体系的差异》。所以，学术界认为，谢林对自己体系的阐述是受到同窗好友黑格尔的影响的。在《对我们的体系的阐述》一文中，谢林的理论高度无疑已超出了自然哲学与先验哲学的高度，此时他的出发点既不是客观的主－客体（自然），也不是主观的主－客体（自我），而是作为主观东西与客观东西尚未分离的一种本原状态——绝对同一性。尽管在谢林的自然哲学和先验哲学中就已经蕴含着同一性的思想，但真正以绝对同一性作为阐述的出发点，这还是第一次。他第一次以"绝对同一性哲学"来称呼自己的哲学体系。所以，这一次"哲学中光亮"的闪现对于谢林来说是十分重要的，因为这也意味着他在哲学界地位的确立，而这一年他才26岁。

接下来，谢林便顺着这一光亮的指引去一步步把他的新思想向前推进。1802年至1803年他的一系列哲学创作都是对1801年的体系的发挥。然而，随着1804年标志他前后期哲学转向的《哲学与宗教》的发表，谢林的整个同一哲学体系现在也已发挥到极致，《艺术哲学》成了它的终结，这正如《先验唯心论体系》在发挥至极致而以艺术来作为自己的结束语一样。此后，谢林在谈到1800年的《先验唯心论体系》时，显得有些满不在乎，他把这部论著只说成是一种哲学的"预备练习"。所以他在1809年出版的《哲学著作选集》中，也没有将这一论著收进去。对于谢林的这种转向，人们往往不理解：一个朝气蓬勃的富有青春气息的谢林怎么就逐步走向宗教了呢？其实，谢林既然从"绝对"中看到了哲学的新的方向，那么他的这种转向也就不过是他所采取的绝对立场的一种逻辑的延伸。关于这一点，我们可以在谢林1802年至1803年的《艺术哲学》中清楚地看到。

（1）绝对同一性。

如果说，谢林的自然哲学侧重于从客体到主体的演进，而先验哲学侧重于从主体到客体的回归，那么同一哲学则是对自然哲学和先验哲学的一个更高层次的综合。"同一"的思想虽然已显著地包含在自然哲学和先验哲学之中，但是它们还不能被看作是同一哲学，因为二者处于一种截然对立的状态之中。在《先验唯心论体系》中，谢林指出："作者试图用以达到自己从各个方面阐明唯心论的宗旨的手段，是把哲学的各个部分陈述为一个连续的序列，如实地陈述全部哲学，就是说，把全部哲学陈述为自我意识不断进展的历史，而那种具体表现在经验里的东西则仿佛不过是作为这部历史的纪念碑和证据之用。为了确切地周详地勾画出这部历史，关键在于不仅要精确地划分这一历史的各个时期，再把这些时期精确地划分为各个阶段，而且也要表现出它们是一个前后相继的序列，从而赋予整个历史以一种内在的联系……这种联系本来就是直观依次提高的一个阶序，通过这个阶序，才上升到了最高级次的自我意识。促使作者描述这联系的，主要是自然与理智的平行对应关系,谢林早已得出了这种关系,但要完整地描述它,单靠先验哲学或者单靠自然哲学都是不可能的,而只有靠这两门科学才有可能,正因为这样,这两门科学必然是两种永远对立的科学,二者决然不能变成一个东西。"在谢林看来,自然哲学要解决的问题在于阐述主观的东西来源于客观的东西,即客观世界为何向主观世界生成转化。不解决这一问题,客观的实在性就没有着落,科学理论就失去其确定性。先验哲学要解决的问题是观念的东西向现实世界转化并以此获得其实在性。不解决这一问题,意志就没有实在性,实践就没有确定性。特别在法国革命后,"善良意志"要建立道德王国的企图,到后来却受到严酷现实的无情嘲弄。谢林曾对此感叹道:"这种制度的景象就是深信法律神圣性的感情所能遇到的最可鄙的和最令人愤慨的景象。"观念的东西与现实的东西不能同一,这是时代提出的课题,谢林的同一哲学就是要从本原上探索二者的真实关系。

1810年,谢林在《斯图亚特讲演》中曾对自己的体系作了这样的总结:"我们不同于(1)笛卡儿,我们不赞成排斥同一的绝对二元论。(2)斯宾诺莎,我们不赞成排斥任何二元论的绝对同一。(3)莱布尼茨,我们不把实在的东西和观念的东西(A和B)溶合为单一观念的东西(A),而是确认二者在其统一中实在的对立。(4)唯物主义者,我们不把观念的东西和实在的东西整个地溶合为实在的东西(B)。当然持这种观点的只有崇尚精神的唯物主义者——物活论者。而在法国唯物主义者那里,A完全消失只留了B(原子者和机械论者),这同只保留了A的费希特截然相反。(5)康德和费希特,我们不认为观念的东西仅仅是主观的(在自我之中),相反,用某种完全实在的东西与观念的东西相对立——两种原则,它们的绝对同一就是上帝。"

这个本原也即"绝对同一性"或"绝对无差别",即主客体在未作区分之前的本原状态。谢林的同一哲学的发挥是从绝对理性主义立场出发的,因此,"绝对同一性"其实也就是绝对理性或绝对精神之别名。在他看来,理性就是宇宙大全本身,万物都存在于理性之内,理性之外无物存在。因为在理性之外,没有主体和客体,理性正是一切主体和客体由此派生的唯一本原。所以理性是绝对,哲学就是要从绝对的观点来认识事物,或者说,哲学就是关于事物在绝对中的知

识。在绝对中，事物超越了其有限性而返回到其无限的本原之中，这也就无所谓主体与客体的对立，从而归于无限。如果不从事物的本质（不从绝对）来看事物，那么事物不过是单个的、与自我僵硬对立的"对象"，那也就难逃"有限"之命运。在绝对中，同一性是最高的原则，存在既然包含在绝对之中，那么同一性当然也就是存在的最高原则。在谢林看来，没有离开主体的存在，也没有离开存在的主体，任何事物，实质上都是主客统一体，都折射着绝对的本原之光，都是绝对本原的体现。事物的差异，只是归诸事物所包含的主客成分多寡之差异。

（2）艺术哲学。

谢林曾被看作是浪漫派在哲学领域中的代表，之所以如此，一个主要的原因就是谢林在其前期哲学中将艺术确立为哲学的拱顶石。他说："艺术是哲学的唯一真实而且又永恒的工具和证书，这个证书总是不断重新确证哲学无法从外部表示的东西，即行动和创造中的无意识事物及其与有意识事物的原始同一性。正因为如此，艺术对于哲学家来说就是最崇高的东西。"谢林在哲学中抬高艺术的做法固然与其受浪漫派影响分不开，但谢林的艺术哲学在其前、后期哲学的转变中还起到了一种十分独特的作用，因为谢林在这一历程中经历了从先验唯心论向绝对唯心论的过渡，而绝对唯心论正是谢林走向启示哲学的合乎逻辑的桥梁。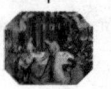

①《先验唯心论体系》中的艺术观。谢林的先验哲学是对"绝对"的自我意识的过程进行的描述。这个"绝对同一体"是一个非客观的本原性的东西，谢林把它看作是理解先验唯心论哲学的根本条件。对于这样一个完全是非客观存在的东西，我们如何来认识它呢？谢林指出，我们不能用描述的方法即不能通过概念来理解或言传这个非客观的绝对同一体，要对它进行认识，唯一的办法就是对之进行直观。这种直观当然不是感性的直观，而是理智直观。但是，理智直观也面临一个问题，既然绝对同一体是不可言传的，那么用理智直观来把握这个不可言传的东西，其客观性如何来确定呢？理智如何可以保证它所把握的东西就不是主观的幻想呢？用谢林的话说，这种理智直观其本身纯粹是"内在的直观"，它自己是不能变为客观的东西的，因此，这就需要对理智直观再进行直观，使主观的东西变成客观的东西。这也就是说，我们可以通过第二次直观来证明直观者直观到的不是"主观性的"自我本身，而是既非主观也非客观的绝对同一体。这第二

种直观也就是艺术的直观，他称为"美感直观"。艺术之所以能够直观绝对同一体，是因为它将先验哲学中的理智直观给"客观化"了。所以，谢林认为，主观事物与客观事物之完全和谐的原始根据，是由理智直观来表现其原始统一性，而这个原始根据正是经过了艺术作品才从主观事物中完全表露出来，并全部变为客观的。因此，"美感直观正是业已变得客观的理智直观"。

美感直观何以能使理智直观客观化呢？或者，为什么说美感直观具有理智直观所没有的客观性呢？我们知道，在康德那里，被认识的世界其实是知性所做出来的世界，也就是现象界；至于本体世界，我们无法知晓。费希特沿着康德高扬认识主体能动性的路子又向前大大地迈进了一步：其实自我所做出来的世界（自然界）并不是什么现象界，而毋宁就是世界自身（本体界），即这个世界本身具有实在性。那么这样一来，在费希特那里，世界本身就成了自我的产物（非我们），它与自我是统一在一起的。而说世界是自我的产物，这只能在世界是自我无意识的产物这一意义上而言的，因为当一切都划到自我的地盘之下时，自我有意识的产物只能是自我自身。因此，自我与非我们的关系，也就成了有意识的自我与无意识的自我的关系。对于费希特来说，二者的这种相互关系在认识领域和道德领域中是不一致的。在认识活动中，自我只是被动地接受非我们的刺激，在这种情况下，自我其实是将自身与非我们区分开来，并且与后者相比，它成了有限的东西（有限定的）；而在道德活动中，自我则可以按照自己的理想来改变世界（非我们），这样，非我们就成了被限定和被超越的对象成为有限的东西了。无论在认识领域，还是在道德领域，自我都不能与其无意识的产物（非我们）达到同一。但这与费希特知识学的第三原理所设定的自我与非我们的综合、主体与客体的同一是相抵牾的。谢林敏锐地觉察到这一问题，他所提出的解决方案是，假如我们这样来看待自我：它除了具有设定自我与非我们这两种能力以外，它还具有第三种能力，即它同时也知道自己正在设定自我与非我们，这样一来就可以达到自我的有意识与无意识的同一了。在谢林那里，这个第三能力的体现者便是艺术创造。因为真正的艺术创造，始于自我与非我们的矛盾，且这种矛盾在这里被经验化为一种内在的矛盾并最后通过艺术家的作品而表达了出来。

谢林注意到，艺术家们在进行艺术创作时，都被内心深处一种不可抑制的冲

动所驱使着，他认为这种冲动是有意识活动与无意识活动之间的矛盾所造成的，因此，一切美感创造活动都是以活动的一种对立为依据的。他说："激起艺术家的冲动的只能是自由行动中有意识事物与无意识事物之间的矛盾，同样，能满足我们的无穷渴望和解决关乎我们生死存亡的矛盾的也只有艺术。"既然客观的东西只是自我无意识地产生的东西，有意识地产生的东西只是主观的东西，"自我就其创作活动而言是有意识的，但就其产物来看则是无意识的"。那么艺术家的创作就其产物来看就会达到一种无意识的合目的性。比如说，艺术家想创作一幅关于太阳的画，于是他便有意识地去构思，这种构思是一种自由的行动，但不能直接产生出"客观"的东西来，他所构思出来的太阳、白云、高山、树木等都只是的主观构想，是非客观的。但是，艺术家最后创作出来的东西可能会达到一种效果，比如说，它表达了艺术家对光明的渴望或对美好生活的向往，而艺术家诸如此类的情感正好又体现了无限者的某些特征。谢林把这种无意识要做出来的东西称为真正客观的东西。这就是说，在艺术创作过程中，创作者其实已本能地将某种无限性置于自己作品之中去了，它们是创作者在创作之前没有打算要做出来的，而这正好体现了艺术家创作过程中深不可测的奥秘。谢林说："真正的艺术家虽然是极其深思熟虑地进行工作的，却不知不觉地把这种深不可测的奥秘迁移到自己的作品里去，无论是他自己还是任何其他人，都完全无法深入了解这种奥秘。"正因为如此，真正的艺术作品，才有作无限解释的可能性。

那么，艺术创作过程中为什么会将无限者置于其中而导致无意识的却是合目的性的产物来呢？谢林认为，这是因为创作活动本身并不是纯粹自由的或主观的活动，它本身要受到某种客观目的的制约，即创作活动其实是一种"自由与必然在其中得到绝对统一的行动"。谢林指出，如果说有意识与无意识的对立是一切艺术创造的开始，那么艺术创造的结束则是在一种对无限和谐的感受中画上句号的。这种感受本身就证明了不能把艺术作品中矛盾的解决完全归功于艺术家自己，而应归功于艺术家天赋本质中的恩赐。这种天赋本质既给艺术家带来了矛盾的痛苦，同时也仁慈地给艺术家带来了了却痛苦的天赋。这样一来，艺术家的创造就不是他纯粹个人的主观行为，而是被"客观事物"附着于身的。谢林说：

"客观事物也同样仿佛是不受艺术家的影响,即纯然客观地附加到艺术家的创造上去的。"这样,艺术家也就成了"不幸的人",因为他是被一种力量逼着与其他一切人分开,这种力量"逼着他谈吐或表现那些他自己没有完全看清、而有无穷含义的事情"。因此,他就"不能完成他自己愿意做的或打算做的事情,而是完成了那种影响着他的、不可理解的命运使他不得不做的事情"。在这一意义上,谢林干脆就把艺术称为对那个不可理解的力量的"唯一的、永恒的启示",而那种不是直接表现或不以反映的关系表现无限事物的作品,绝不是艺术作品。在这里,我们似乎已经听到了海德格尔的声音:不是我们说语言,而是语言通过我们在言说自身。

正因为艺术家是在受"客观事物"的驱使才进行艺术创作的,所以艺术活动才能够把理智活动不可能做的事给弄成是可能的东西,即它把绝对同一体所蕴含的无差别的矛盾统一通过艺术作品的形式表现了出来。如果从绝对同一体的角度来说,也就是绝对同一体通过艺术而将自身启示了出来。我们也可以说,哲学中对绝对同一体所作的理智直观现在借着艺术的创作活动而获得了客观的结果。也正是从这一意义上,谢林才把艺术作为哲学的拱顶石。他用浪漫派抒情式的笔调来描述哲学的对象:"我们所谓的自然界,就是一部写在神奇奥秘、严加封存、无人知晓的书卷里的诗……精神的内蕴就像透过词句一样,是透过感性世界闪现出来的,我们向往的理想境界就像透过迷雾一样,是透过感性世界闪现出来的……自然界对于艺术家不再是对于哲学家那样的东西了,就是说,自然界不再是在不断限定之下表现出来的理想世界了,或者说,不再仅仅是那个不在哲学家身外、而在哲学家心中的世界的残光反照了。"

②《艺术哲学》中的艺术观。1802年,谢林开始准备他的艺术哲学讲稿以便为下一年在耶拿大学进行讲演,在准备中,谢林广泛地争取了当时的著名艺术家的意见,如A.W.施奈格尔、E.施奈格尔、歌德、席勒、温克尔曼、K.莫里茨等人。谢林如此将自己的研究建立在别人的意见之上,这对他来说还是第一次,不过也是最后一次。谢林在给A.W.施奈格尔的一封信中,对"艺术理论"与"艺术哲学"作了一种区分。他说:"我们完全放弃阐述诸艺术的理论的想法,因为这种理论对哲学或多或少只是存在从属关系,从一定方面来看,即从思辨的

角度来看，须成为经验。存在现实的（经验的）事物，与之相应，也存在现实的（经验的）艺术；它是理论的对象。然而，既存在思辨对象，自在之物，又存在自在艺术。经验的艺术无非是这一艺术的体现；自在艺术亦即哲学与艺术的关联赖以确立者。由此你们不难看出，从这个意义上说来，艺术哲学与其说是艺术理论，毋宁说是宇宙哲学；其原因在于：艺术理论是某种特殊者——艺术哲学只是属艺术的高级反思范畴；在艺术哲学中，绝对没有经验艺术可言，而无非是涉及处于绝对者中之艺术的根源，因而艺术则被完全以神秘主义角度加以探讨……我们所导出的，与其说是艺术，不如说是以艺术为形态和形象的唯一的大全。不难理解，宇宙既作为有机的整体存在于绝对者中，又作为艺术的整体和艺术作品存在于绝对者中。音乐、文学、绘画——各种艺术，犹如整个艺术，在绝对者中有其自在存在。"从这种区分中我们可以看出，在《先验唯心论体系》中，谢林的出发点是自我（普遍的自我），艺术是自我之现实化的最高体现；而在《艺术哲学》中，谢林的出发点是"绝对"，自我只不过是绝对的一个方面而已；在《先验唯心论体系》中，自我是无所谓"美"的，美只存在于天才的艺术品之中；而在《艺术哲学》中，绝对则涵括一切，一切艺术形式都在绝对之中，美自然也不例外。不过，绝对中的这个美，并非经验之美，而是美自身。艺术理论所研究的对象是经验之美，艺术哲学的研究对象则是美自身。绝对中的美，它的任务是要把美的各种形态在绝对中的位置给揭示出来。在谢林那里，绝对作为一种"无差别"是在这一意义上而言的：绝对自身中所包含的具体内容都同时具有观念性与实在性，无意识的自然界与有意识的自我的差别在于它们所包含的观念性与实在性的比例的不同。但是对于绝对自身而言，绝对作为一个整体，观念的系列与实在的系列是等同的，或者说，绝对自身的观念性与实在性是无差别的。那么这样一来，在绝对的内部就有一个等级性的问题，也即所谓的"级次"问题：从最为僵死的自然物到纯粹的精神，观念的东西是越来越多的，实在的东西则越来越少。谢林与费希特不同，他从没有把自然本身看成是自我的产物。在他那里，自然不过是绝对中的一系列级次。艺术哲学之所以是认识绝对的工具，是因为艺术的各种形态正好与绝对的各个级次相对应，它们毋宁说就是在自身的级次（艺术形态）中构造了绝对。因此，在这里，艺术首先是作为绝对的级次来被理解的，艺术的具体形态与绝对的级次相对应，艺术的最高形态也就与绝对自身相关联。在谢林看来，艺术与绝对的关系，也就是外在与内在的关系，即在绝对那里是内在的东西，在艺术那里便显示为外在的东西。什么意思呢？绝对是观念的东西与实在的东西的原始的统一体，在这种统一体中，观念的与实在的尚未作出区分，因而在这里还无所谓观念与实在。艺术则是观念的东西与实在的东西分离以后形成的综合，因而它是二者的统一体。

谢林既然断言整个艺术在绝对中有其自在存在，那么揭示各种艺术形态在绝对中的位置并把它们看成是一个系统，也就成了他的《艺术哲学》的主要任务。

关于造型艺术。在谢林看来，绝对有两种表现形式：自然与心灵。自然是绝对处于有限中的形式，心灵是绝对处于无限或观念中的形式。与这两种形式相对应，艺术也表现为两种形式：造型艺术与语言艺术。造型艺术要表现有限状态下的绝对，它必然采取有限的形式，从音乐到绘画再到雕塑，这些形式逐渐上升，每一种都是在通过一种现实的形式去表现无限或观念的东西（绝对）。比如在表现尼俄伯的艺术形式中，她虽是一块冷冰冰的石头，但在这块僵死的石头中停顿着一个哭泣的生命，我们通过这凝固的石头依然能够听见尼俄伯那哀痛的哭声。不过另一方面，谢林又认为造型艺术都是一种通过中介的艺术形式，即它们将无限或观念的东西置于某种中介物之中，因此它们虽然与自然（绝对的有限形式）具有某种相似性，但只是对自然的模仿，而不是自然自身。

关于语言艺术。语言艺术是在观念中表现观念（绝对）的一种艺术形式。语言本身不是艺术，当语言用于表达个体的情感或交流时，它不具备艺术的特征。语言只有当它在表现或描述绝对时，它才是艺术。在这一意义上，散文算不上艺术，语言的艺术是诗。诗有三种形式：抒情诗、叙事诗、悲剧。

抒情诗是诗的实在的形式，因为抒情诗是在呈现着有限的、特定的个体。不过这个个体并不是经验的个体，而是直接面对绝对的个体：他在自身中寻求着普遍。抒情诗的主旋律是绝对的主体性或自由，不过，这种自由并不与必然一定对立，因为它既然将自由看作是绝对的，这样便不会有什么必然性在自身之外与自身相对立。所以，抒情诗的美就在于绝对的放纵。

叙事诗是诗的观念的形式，因为它不再言说个体，而在言说普遍，个体的经

310

历与命运只是普遍的一部分,英雄、半神或诸神成了叙事诗的主角,即神话故事成了叙事诗的主要素材。这样,叙事诗所叙说的故事就不是诗人主观的或武断的言说,而仿佛是诗人从绝对中听来的东西,它是整个时代主题的反映。与抒情诗对主体自由的高扬不同,叙事诗的主旋律是客观性或必然性。不过,由于这种必然性还不是与自由相抗争的必然性,即它还没有表现为命运。在荷马史诗中,我们看不到某个人或神与命运抗争的例子。在必然性的主宰下,人或神可以哭泣,但他们并没有想到要去与反抗命运。之所以如此,是因为在叙事诗中,自由还内在于必然性之中,它没有从必然性中分化出来并与必然性产生对抗。叙事诗的美就在于自由与必然性的这种神圣的无差别之中。

悲剧是诗的最高形式。在这里,自由与必然性都以各自完全的形态出现,其中,自由表现为道德的自由,必然性表现为命运。二者又都以绝对的形态出现,这样,其结果必然是绝对冲突的产生。这种冲突实际上构成了悲剧的最重要的特征,如果没有这种冲突,也就没有悲剧可言。因此,自由与命运在悲剧中又都必须表现为不可战胜的,因为一方胜利了,冲突也就停止了。所以谢林说:"悲剧的实质在于主体中的自由与客观者的必然的实际斗争;这一斗争的结局,并不是此方或彼方被战胜,而是两方既成为战胜者,又成为被战胜者。"自由与命运的冲突虽然是绝对的,但是另一方面,这一矛盾最终又必须要得以解决。这是如何可能的呢?谢林认为,矛盾的解决在于悲剧人物甘愿领受命运所注定之罪,"甘愿忍受因不可避免的罪愆而招致的惩罚,以期以其自由之丧失正是证实这一自由,并以捐生显示其自由意志"。谢林列举索福克勒斯的悲剧《俄狄浦斯王》来说明这一点:神谕昭示拉伊奥斯,他命中注定将死于其妻约卡斯塔所生的儿子之手。拉伊奥斯为了躲避厄运,在此子降生三天,便让人捆绑其足,弃于人迹罕至的山中。但一牧人在山中发现此婴儿,予以收留。后来,牧人又将此子送与科林斯一名门望族波吕波斯;此子因为脚肿,从此被称为"俄狄浦斯"。当他长大成人,有人在宴饮之时竟无礼地称他为"杂种",他便愤而离其养父养母。在德尔斐,他试图借助神谕探明其身世,但一无所获。不过,神谕向他昭示:他将杀父娶母,生育为世人所憎恶和不容的子女。俄狄浦斯闻之大惊,为了逃脱这一厄运,他远离了科林斯,决定前往绝无可能实现这一预言之地。但在赴忒拜的途中，他与父亲相遇，因争路发生口角，终于将父误杀。后又因杀死魔怪斯芬克斯而按忒拜城的议定当上了国王，且娶前任国王遗孀为妻，这遗孀也就是他的生母约卡斯塔。俄狄浦斯就这样不知不觉为其命运所制驭：完成了杀父娶母的神谕。谢林对此总结说："总之，我们看到自由与必然的争衡，确实只是发生于必然战胜意志、而自由在其自身领域居于优胜地位。"谢林认为，在悲剧的艺术形式中，矛盾的冲突与矛盾的解决都达到了极致，正因此，悲剧的美才是永不枯竭的，因为在完善的悲剧作品中，作为绝对之本质的最深的宁静与最痴迷的狂乱的同一性得到了象征性的表达。

谢林的艺术哲学在其前后期哲学转向中起了重要作用。在《先验唯心论体系》中，他把艺术看成是绝对之真实的启示。在《艺术哲学》中，他把艺术看成是在宇宙之中到处都存在、都力求达到的有限与无限的同一得以最后实现的场所。在1804年的《哲学与宗教》中，谢林放弃了这种绝对观念论的立场，在那里，绝对干脆为上帝所取代。这样，在1809年的《自由论文》中，有限与无限才被一条巨大的鸿沟所隔开，艺术只不过是有限精神的一种可有可无的创作，因为没有这种艺术创作，人类同样也能达到上帝。这其中的原因在于，上帝是否启示自身完全取决于上帝的意愿。正因如此，谢林逐渐失去了对艺术以及艺术哲学的兴趣。艺术哲学被启示哲学所代替也就是顺理成章的事情了。

十二、黑格尔的哲学思想

黑格尔（1770—1831），德国哲学家，出生于今天德国西南部符腾堡州首府斯图加特。许多人认为，黑格尔的思想象征着了19世纪德国唯心主义哲学运动的顶峰，对后世哲学流派如存在主义和马克思的历史唯物主义都产生了深远的影响。更有甚者，由于黑格尔的政治思想兼具自由主义与保守主义两者之要义，因此，对于那些因看到自由主义在承认个人需求、体现人的基本价值方面的无能为力而觉得自由主义正面临挑战的人来说，他的哲学无疑为自由主义提供了一条新的出路。

黑格尔的政治思想是西方近代资产阶级革命时期政治理论的终结，它深刻反映了资产阶级革命的基本政治要求,他的整体国家观对19世纪末、20世纪初的新自由主义产生过深远的影响。马克思通过对黑格尔法哲学的批判,揭示了国家与社会的真实关系,奠定了马克思主义国家学说的理论基础。

(一)思想精髓

黑格尔把绝对精神看作世界的本原。绝对精神并不是超越于世界之上的东西,自然、人类社会和人的精神现象都是它在不同发展阶段上的表现形式。因此,事物的更替、发展、永恒的生命过程,就是绝对精神本身。黑格尔哲学的任务和目的,就是要展示通过自然、社会和思维体现出来的绝对精神,揭示它的发展过程及其规律性,实际上是在探讨思维与存在的辩证关系,在唯心主义基础上揭示二者的辩证同一。

黑格尔

围绕这个基本命题,黑格尔建立起令人叹为观止的客观唯心主义体系,主要讲述绝对精神自我发展的三个阶段:逻辑学、自然哲学、精神哲学。黑格尔在论述每一个概念、事物和整个体系的发展中自始至终都贯彻了这种辩证法的原则。这是人类思想史上最惊人的大胆思考之一。恩格斯后来给其以高度的评价:"近代德国哲学在黑格尔的体系中达到了顶峰,在这个体系中,黑格尔第一次——这是他的巨大功绩——把整个自然的、历史的和精神的世界描写为处于不断运动、变化、转化和发展中,并企图揭示这种运动和发展的内在联系。"

(二)学说特色

黑格尔哲学是19世纪德国资产阶级的世界观体系。它集德国古典哲学之大成，具有百科全书式的丰富性，居于整个资产阶级哲学的高峰。它不仅反映了当时德国资产阶级的革命性与软弱性，也在一定程度上反映了当时整个西方资产阶级的特点。在黑格尔哲学中，表现了丰富的辩证法内容与保守体系的深刻矛盾。

黑格尔的著作以其覆盖面之深广而享有盛誉。他建立了一个庞大的体系来理解哲学的历史和人们身处的世界本身——在黑格尔，这个世界通常被看成是"一个历史的行进，其中每一个相续的运动都是为解决前一运动中的矛盾而出现的。"

20世纪，黑格尔哲学重新受到广泛重视。黑格尔研究成了国际现象，不同阶级、不同的学派，都提出自己的解释，从中引出自己的结论。东西方很少有哲学家和哲学派别不同黑格尔发生直接和间接的关系。黑格尔派或新黑格尔主义，成了历史现象。黑格尔哲学在发挥自己的作用，启发当代人的思想。在中国，黑格尔作为德国古典哲学中最有影响的一位哲学家，他的哲学也正在得到较以往更深入的研究。

（三）伦理思想

黑格尔集以往西方伦理思想之大成，特别是继承和发展了康德的伦理思想，建立了一个完整的理性主义伦理思想体系。黑格尔关于伦理的学说就是他的法哲学，其中包括抽象法、道德、伦理3个部分，中心是揭示自由理念的辩证发展过程。从哲学上看，黑格尔伦理思想的形式是唯心的，但其内容是现实的，方法是辩证的，它的成就对后世伦理思想，包括马克思主义伦理思想的形成和发展有着重要影响。

（四）美学思想

黑格尔的美学思想主要反映在他的《美学讲演录》一书中，这是他整个哲学体系的一个组成部分，也是他的哲学体系在美学和艺术领域中的具体表现。艺术的根本特点，是理念通过感性的形象来显现自己、认识自己，"美是理念的感性显现"成为黑格尔美学思想的核心。黑格尔分别对艺术的性质和特征、艺术发展

的历史类型和各门艺术的体系，进行既是逻辑的又是历史的分析。逻辑方面，他建立了一个庞大的有关艺术的唯心主义哲学体系；历史方面，他开创了艺术社会学的研究，展示了宏伟的历史观。黑格尔的美学思想在西方美学史的发展过程中，起了划时代的作用，成为古典美学的集大成者。

十三、费尔巴哈及其哲学思想

费尔巴哈（1804－1872），德国哲学家。费尔巴哈对基督教的批判在社会上产生了很大影响，他的某些观点在德国教会和政府的斗争中被一些极端主义者接受。对卡尔·马克思的影响也很大，虽然马克思并不赞同他观点中的机械论，马克思曾写过《费尔巴哈论纲》，批判他的形而上学唯物主义。

费尔巴哈先在黑森州的海得尔堡学习神学，受到当时教授的影响，对黑格尔的哲学感兴趣，不顾父亲的反对，到柏林跟随黑格尔学习哲学，两年后，他成为"青年黑格尔学派"的成员。

1828年，他到纽伦堡附近的埃尔兰根学习了两年自然科学，并任大学讲师，1830年匿名发表了第一部著作《论死与不朽》，抨击个人不朽的概念，拥护斯宾诺莎的人死后会被自然重新吸收的哲学。他的这种激进思想加上不善演讲，使他一直在学术界无法取得成功，并被永远驱逐出大学讲坛，只能依靠他妻子在一座瓷厂中的股份生活，居住在纽伦堡附近的勃鲁克堡。

1834年发表了《阿伯拉尔和赫罗伊丝》，1838年发表《比埃尔·拜勒》，1839年发表了《论哲学和基督教》，宣称"基督教事实上不但早已从理性中消失，而且也将从

费尔巴哈

人类生活中消失，它只不过是一个固定不变的概念"，公开反叛当时的观念。同时发表了《黑格尔哲学的批判》，对黑格尔的唯心论作了分析批判。1841年发表《基督教的实质》，重申对基督教的看法，认为人就是他自己的思考对象，将宗教归结为对无限的认识。宗教"不过是对于知觉的无限性的认识；或者说，在对无限的认识中，有意识的主体以其自身本能的无限性作为认识的对象"。也就是说，上帝不过是人的内在本性的向外投射。这本书的第一部分发挥了"宗教之真正的或人类学的本质"，论及上帝作为"理解的存在"、"道德的存在或法律"、作为"爱"等方面，都是为了适应人类的本性的各种不同的需要。在这本书的第二部分，费尔巴哈分析了"宗教之虚伪的或神学的本质"，认为把上帝看成是离开人的存在而存在，会使人相信启示和奇迹，不仅会"损坏和消除人类的最重要的感觉，对真理的追求"，而且相信宗教仪式的"圣餐"和献祭，导致"必然的结果是迷信和不道德"。他认为基督教的上帝只是一个幻象，论及到其他学科时，尤其是哲学，他认为黑格尔的哲学是伪宗教的，他提出一种机械论的唯物主义。他的这本书被翻译成英语和法语出版。

费尔巴哈不承认自己是无神论者，但这只是口头的，他的所谓有神论实际就是通常意义上的无神论，他称之为人道主义的神学，以人为上帝，是力图应用主观的感觉恢复所谓的神性。

在1848年到1849年间，德国各公国中出现的革命运动中，由于他对宗教的抨击，使许多革命党人将他看成英雄，但他自己从没有参加过政治活动，只作过一些演讲，全部精力用在写作上。但他明确地反对君主制度，认为"无限制的君主国乃是无道德的国家"，革命失败后，他公开责骂当时欧洲的反动局势，比作"空间略大的监狱"。1857年出版了《神统》。1860年由于他赖以为生的瓷厂倒闭，他只得离开在勃鲁克堡的家，搬到纽伦堡。只是由于朋友们的帮助，他才得以出版最后一本书《上帝、自由和不朽》。1870年他加入了德国社会民主党。由于长时间的精力消耗，仅两年后在纽伦堡去世。

费尔巴哈对反基督教的政论家有很大的影响，他的某些观点在德国教会和政府的斗争中被一些极端主义者接受。对卡尔·马克思的影响也很大，虽然马克思

并不赞同他观点中的机械论，马克思曾写过《费尔巴哈论纲》，批判他形而上学的唯物主义。

（一）关于人的学说

费尔巴哈由于把庸俗唯物主义同一般的唯物主义混为一谈，避免采用甚至反对"唯物主义"这个术语，因而将自己的哲学称作"人本主义"或"哲学中的人本主义原则"。人本主义又译人本学，意为人和学说。通常指人本学唯物主义，是一种把人生物化的形而上学唯物主义学说。

费尔巴哈认为，人是以自然界为基础的人与自然界是不可分割的物质统一体。人是自然界的产物，又是自然界的一部分，人的思维有时以自然界为内容、凭借身体和思维同自然界发生联系，凭着人的本质来认识自然界，实际上不过是自然界自己认识自己，因而是完全可能的。

人是以身体（肉体）为基础的灵魂与肉体，思维与存在的统一体。大脑是肉体，灵魂与大脑分不开，没有大脑活动便不能思维，二者有差别，又统一于人本身。所以，以人为基础的灵魂与肉体的统一实体，是正确理解思维与存在同一的前提。

人是以感性为基础的感性和理性的统一体。人首先是有感性，然后才有理性。因此，只有存在与本质结合，直观与思维结合，才有生活和真理。由于感性感觉是对客体的特性的反映，因此，只有以人的感性为基础的感性和理性的统一体，主体和思想才能找到通向客体和存在的道路。

人是以"类"为基础的"个体"与"类"的物质统一体。人与人的感觉和思想都是在与他人交往中产生，形成和证实的，但是你我之间交往有限，要解决认识中无限性和有限性的矛盾，就需要把个体和类统一起来，依靠世世代代相传的人类认识。

关于人的本质，费尔巴哈在不同地方有三种说法：一是人本身所同化的东西；二是两性关系，人的情欲；三是主要的，他认为人的绝对本质是理性，意志和心，所谓理性是认识之光，是思维力，所谓意志是品性之能量，是意志力，所谓心是爱，是心力。

（二）认识论

费尔巴哈认为，认识对象是客观事物及其本质。他指出，哲学是关于存在物的知识，事物的本质是怎样的，就必须怎样来思想，来认识它们。认识的起点和基础在于感觉，也就是经验。他非常强调感觉，感性认识的确实性、可靠性，但也不完全贬低理性认识的作用。

费尔巴哈坚持唯物主义可知论。他承认思维与存在具有同一性，并说："人的感官不多不少，恰好在世界的全体中认识世界之用"并批判了不可知论和唯心论。费尔巴哈认为，必须以人作为思维和存在统一的主体和基础，才能正确解决思维和存在何者为第一性，思维能否反映存在和如何反映存在，感性认识和理性认识的关系问题，以及解决认识中无限性和有限性的矛盾问题。

费尔巴哈认为，检验真理的标准是实践。列宁说，费尔巴哈"把人类实践的总和当作认识论的基础。"但是，列宁认为，费尔巴哈并不了解实践的科学含义。

（三）宗教思想

费尔巴哈是德国哲学史上第一个自觉的、公开地同基督教决裂的资产阶级思想家，他完成了德国资产阶级对传统宗教的批判。他批判宗教的目的就是要把神的本质还原为人的本质，把天国生活还原为现实生活，要人们相信自己，为追求现实生活而斗争。

费尔巴哈从三个角度批判了基督教：一是揭露了基督教的本质，指出，不是神创造了人，而是人创造了神，上帝是人们按照自己的本质幻想出来的；人对上帝的崇拜，实际上是对人的本质的崇拜。二是揭露了宗教产生的认识根源，指出宗教产生的基础是人的依赖感和利己主义。三是揭露了宗教的反动社会作用，指出宗教是科学的死敌。

在《论哲学和基督教》中，费尔巴哈认为人就是他自己的思考对象，将宗教归结为对无限的认识。宗教"不过是对于知觉的无限性的认识；或者说，在对无限的认识中，有意识的主体以其自身本能的无限性作为认识的对象"。也就是说，上帝不过是人的内在本性的向外投射。这本书的第一部分发挥了"宗教之真正的或人类学的本质",论及上帝作为"理解的存在"、"道德的存在或法律"、作为"爱"等方面,都是为了适应人类的本性的各种不同的需要。在这本书的第二部分,费尔巴哈分析了"宗教之虚伪的或神学的本质",认为把上帝看成是离开人的存在而存在,会使人相信启示和奇迹,不仅会"损坏和消除人类的最重要的感觉,对真理的追求",而且相信宗教仪式的"圣餐"和献祭,导致"必然的结果是迷信和不道德"。他认为基督教的上帝只是一个幻象。

 # 现代哲学

　　随着19世纪上半期欧洲工业革命的完成，许多国家的社会经济状况进到了资本主义高度发展的阶段。这时，资本主义固有的矛盾也日益暴露，特别是无产阶级和资产阶级的矛盾日益尖锐。资本主义大工业生产促进了自然科学的发展。细胞学说、能量守恒和转化定律、生物进化思想等的提出，极大地推进了人们的认识发展进程。面对社会的各种矛盾和自然界新的现象以及科学上的新发现，人们迫切需要理论的解释和哲学的概括。到了19世纪40年代，黑格尔学派已经解体，德国古典哲学已失去了它原有的光彩。但是，这一古典哲学仍然被叔本华、海涅、巴尔扎克、尼采等哲学家们所继承、利用、改造和发展。马克思和恩格斯批判地吸取了黑格尔哲学的合理内核和费尔巴哈哲学的基本内核，在以往哲学成果的基础上实现了哲学史上的伟大变革，创立了辩证唯物主义和历史唯物主义。19世纪40年代和后半叶，是马克思主义哲学的形成以及它在欧洲的传播和发展时期。

　　进入20世纪以后，西方传统史学受到了严峻的挑战。科学的发展使历史学的政治借鉴作用逐渐降低，人们由注重经验、注重过去转向重视科学、重视现实和未来，大量新兴学科排挤了古老的历史学。面临挑战，一些历史学家开始探索史学变革的道路，同时在世界整体化趋势的冲击下，史学整体研究的倾向越来越明显。此外，20世纪科学技术的飞速发展和无神论思想的广泛传播，给宗教带来严重的挑战，宗教在现代神学危机中产生出各种社会运动和新思潮。

20 世纪前的现代哲学

一、叔本华及其哲学思想

（一）叔本华生平

亚瑟·叔本华（1788—1860）生于但泽，父亲是个伏尔泰主义者，母亲是一个有文学志趣的女子；他厌恶母亲，他对妇女的轻视，当然至少有一部分是他和母亲的争吵造成的。

亚瑟·叔本华

1809 年，叔本华入格丁根大学，接触到康德哲学。两年之后，他进了柏林大学，主要学习科学；他听过费希特讲课，可是瞧不起他。

1819 年，《作为意志和表象的世界》出版。可是，在一年半的时间里只卖掉了 140 部，其余的全部报废，在学界也几乎毫无反响。1820 年，叔本华回到柏林，在柏林大学任哲学讲师。他极为反感黑格尔的哲学，而此时正是黑格尔哲学如日中天的时期。为了向黑格尔的权威地位挑战，他偏要选择在黑格尔授课的时间开课，结果以彻底的失败而告终，据说只有三个学生选了他的课。1831年，柏林爆发鼠疫，叔本华离开柏林，独处著述。从1831年起，叔本华定居于美因河畔的法兰克福。直到1851年他发表了最后一部著作《附录和补充》，他的哲学才开始受到人们的注意，一时兴起了叔本华热。1860年9月21日叔本华去世。

（二）叔本华的哲学思想

叔本华是个悲观主义者，他虽不像康德和黑格尔那样是十足学院派，然而也没完全处在学院传统以外。他说自己的哲学有三个来源，即康德、柏拉图和优婆尼沙昙（奥义书）；但是我们以为他得之于柏拉图的东西并不如他所想的那么多。由他开始，强调"意志"成为19世纪和20世纪许多哲学的特征；但是在他来讲，"意志"虽然在形而上学上是基本的东西，在伦理学上却是罪恶的，这是一种在悲观主义者才可能有的对立。

叔本华的著作除了《充足理由律的四重根》、《作为意志和表象的世界》和《附录和补充》之外，还有《论自然意志》、《伦理学的两个根本问题》等，其中，《作为意志和表象的世界》是他的代表作，最为集中地体现了他的哲学思想。

1. 作为表象的世界

哲学是什么？叔本华对此有独特的理解。在他看来，哲学是无前提的，哲学不假定任何东西为已知的，即不依赖于科学，相反，哲学倒要追问科学的根据。哲学开始于科学止步的地方，它是原初的、无前提的知识；同时，哲学还是最普遍的知识，它不可能来自比它更为普遍的知识。叔本华的哲学观表明了他对哲学和科学之间的根本差异的看法。在他看来，科学要问的是"为什么"，而哲学首先问"什么"。哲学的根本问题是"世界是什么"，同时，哲学必须是普遍性的知识，它将我们作为认识主体本来就有的直观知识抽象化、明晰化，这就是哲学的任务。

在谈及思想来源时，叔本华首推康德。在他看来，康德之后的德国古典哲学家费希特、谢林和黑格尔从根本上偏离了康德开创的道路，他们都是诡辩家，只有他自己的哲学才真正建立在康德哲学的基础之上。叔本华相信，康德的哲学能够使人的头脑产生根本的变化，它能够使人换一种眼光来看一切事物，能够帮助人们摆脱自然而然的、幼稚的实在论。显然，康德的哲学使他摆脱了素朴的实在论，而首先从主体和客体的依存性出发来看待世界。叔本华认为，康德的最大功绩是区分了现象和自在之物；康德发现，在事物和主体之间存在着居间的智力，它决定了我们只能认识现象。这个"居间的智力"指的就是康德所说的先验的认识能力，而这也是康德哲学对叔本华思想影响最大的地方。叔本华谈到表象和意志的区分，实际上对应的就是康德的现象和自在之物的区分。他谈到的充足理由律的四重根，也来自康德的直观形式和知性范畴。

叔本华认为，要探讨"世界是什么"这个问题，无论从客体还是主体出发，都是不完善的。他既不想从客体出发，也不想从主体出发，而是从表象出发。叔本华在其巨著《作为意志和表象的世界》中开宗明义地说："'世界是我们的表象'：这是一个真理，是对于任何一个生活着和认识着的生物都有效的真理；不过只有人能够将它纳入反省的、抽象的意识罢了。"在这种反省的哲学态度中，他就会明白，"他不认识什么太阳，什么地球，而永远只是眼睛，是眼睛看见太阳；永远只是手，是手感触着地球；就会明白围绕着他的这世界只是作为表象而存在着的；也就是说这世界的存在完全只是就它对一个其他事物的、一个进行'表象者'的关系来说的。这个进行'表象者'就是人自己"。显然，叔本华在这里重复了贝克莱的著名命题"存在即是被感知"。当然，有所不同的是，叔本华突出了身体的作用，比如，他提到手的触摸、眼睛的看，这和他后来能够引入作为意志的世界是紧密相关的。叔本华认为，主客分立是一种基本形式，作为表象的世界包含了主体和客体这两个半面；世界上的一切都以主体为条件，都是为着主体而存在；而主体本身则认识一切，却不为任何事物所认识，它"就是这世界的支柱，是一切现象，一切客体一贯的，经常作为前提的条件：原来凡是存在着的，就只是对于主体的存在"。

叔本华认为，主体和客体"存则共存，亡则共亡，双方又互为界限，客体的起处便是主体的止处"。这个界限就是他所谓的"充足理由律"。叔本华关于充足理由律的思想直接受到康德的先天认知条件（包括直观形式和知性范畴）思想的影响，他综合并改造了康德的理论，区分了四种形态的充足理由律：存在的理

由律、变化的理由律、行为的理由律和认识的理由律：外在和内在的感性，即空间和时间形式中的感知属于第一理由律，知性和因果属于第二理由律，自我意识和动机属于第三理由律，理性、认识的根据和逻辑属于第四理由律。叔本华对这四种理由律作了内涵丰富的分析。值得注意的是，叔本华强调，直观要依赖于知性，即因果律才得以可能，纯粹的感观感觉还算不上是直观。叔本华举了很多例子来说明这一点，比如两眼如何聚焦于一个事物，假象的产生，等等。

2. 作为意志的世界

叔本华认为，"世界作为表象"只是说出了真理的一半，世界绝不单单是表象，否则，"这世界在我们面前掠过，就必然和无实质的梦一样，就和幽灵般的海市蜃楼一样，不值我们一顾了"。世界还得是别的什么，在这一点上，叔本华深受康德哲学的影响。康德区分了现象和自在之物，主体通过直观形式和知性范畴能够认识现象界，自在之物则是不可知的。叔本华则要认识这个自在之物，他认为，这个自在之物就是意志，它才是世界的本质，通过反省思维，我们就可以"越过现象，直达自在之物，现象就叫作表象……一切客体，都是现象，唯有意志是自在之物"，"自在之物是什么呢？就是意志"。但是，如何来通达这一意志呢？叔本华认为，从外面寻找事物的本质，这当然是无济于事的，我们所要寻求的世界的本质根本不是表象，于是，如何通达作为世界的本质的意志，就成了一个极为重要的问题。叔本华选择了从人的身体入手。在他看来，如果人只是认识者，那么我们就只能认识作为表象的世界，但是，人是作为个体存在于世界之中的，也就是说，"认识毕竟是以一个身体为媒介而获得的。身体的感受，如已指出的，就是知性在直观这世界时的出发点"。

我们可以从两方面来讨论身体。一方面，我们可以将身体看成是表象之一，也就是说，是一种客体。在这种情况下，"身体作为真正的客体，作为空间中可以直观的表象，如同一切其他客体一样，就只能是间接认识的，是在身体的一部分作用于另一部分时认识的，如在眼睛看见身体，手触着身体时，应用因果律于此等作用而后认识的。从而，我们身体的形态，不是由普遍的肉体感觉就可了知的，却只能通过认识，只能在表象中，也就是在头脑中，自己的身体才显现为（在空间）展开的，肢体分明的，有机的（体）一个先天盲人就只能逐渐逐渐地、通过触觉所提供的张本，才能获得这样的表象"。叔本华称此客体为间接的客体。

另一方面，我们首先不是将自己的身体当成间接的客体，而是说，身体就是意志，是意志的客体性，和上述间接的客体相对，叔本华也称此意义上的身体为直接的客体，它是每个人都可以直接认识到的。意志的活动和身体的活动是一致的，"意志活动和身体的活动不是因果性的韧带联结起来的两个客观认识的不同的情况，不在因和果的关系中，却是二而一，是同一事物……身体的活动不是别的，只是客体化了的，亦即进入了直观的意志活动"。"可以说整个身体不是别的，而是客体化了的，即已成为表象了的意志"。反过来说，我们对意志的认识是和对身体的认识分不开的，而对意志和身体的关系的认识先于对其他表象之间的关系的认识。叔本华写道："因此，我们想使这种真理突出于其他一切真理之上，把它叫作最高意义上的哲学真理。人们可以用各种不同的方式来表达这一真理，可以说：我们的身体和我们的意志是同一事物；或者说：我们把它当作直观表象而称为我们的身体的东西，只要它是在一种完全不同的，没有其他可以比拟的方式下为我们所意识，我们就称之为我们的意志；或者说：我们的身体是我们的意志的客体性；或者说：如果把我们的身体是我们的表象（这一面）置之不论，那么，我们的身体就只还是我们的意志，如此等等。"身体是唯一的同时是意志和表象的客体，所以，它是世界上唯一真实的个体。为了说明身体和意志的关系，叔本华甚至借用了目的论来说明身体就是意志的客体化。身体和意志的相适应体现了某种目的性，身体的各部分完全和意志所宣泄的各主要欲望相契合，它们就是欲望的外在表现，比如，牙齿、食道、肠的输送就是客体化了的饥饿，生殖器就是性欲的外在表现，手脚则是意志的比较间接的要求的外在表现。

意志甚至是整个自然的内在本质。叔本华相信，我们甚至可以将对人的本质的认识推广到对整个自然的认识，从而把握整个自然的本质。叔本华提到各种程度的力，比如"植物中茁芽成长的力，结晶体所形成的力，使磁针指向北极的力，从不同金属的接触中产生的震动传达的力，在物质的亲和作用中趋避分合的力，最后还有在一切物质中起强大作用的重力，把石子向地球吸引，把地球向太阳吸引的力"。而根据所谓"用最优先的种来称呼属"的原则将意志扩展到整个自然，我们就可以称意志为一切自然的本质。这个原则的意思是，意志在人身上体现得最为明显，而人又对此有所意识。此外，叔本华强调，用意志涵盖力，而不是像往常的哲学那样用力来涵盖一切自然的本质，这是因为力的概念来自对客观世界也就是表象的认识，这实际上失去了对意志的认识，而对意志的认识恰恰是最直接的，在这里，认识者和被认识者完全合而为一。

叔本华注意到，意志就像康德的自在之物一样，理由律根本不适用于它，"主体和客体的关系"、时间、空间以及由于时空而得以可能的同一性和杂多性都不适用于意志，所以叔本华说，"意志作为自在之物是在具有各种形态的理由律的范围之外的，从而就简直是无根据的"。

意志本身是不可分的，这是因为，我们已经知道，杂多和同一只能适用于表象，适用于时空中的对象，而意志不是表象，它不在时空之中，所以这些范畴不适用于意志，"不能说在石头里面是意志的一小部分，在人里面是其大部分，因为部分与全体的关系是专属于空间的，只要人离开这一直观的形式说话，这种关系就再没有什么意义了。相反，这或多或少只管得着现象，即只管可见性、客观化"。在叔本华看来，既然理由律根本不适合于意志，动机、目的、因果关系等范畴当然也不适合于意志，所以，"意志自身在本质上是没有一切目的、一切止境的，它是一个无尽的追求"。

3. 理念与直观

但是，如何将意志和表象连接起来呢？叔本华通过"意志的客体化"的说法来解释意志和表象的关系。为了将这两者联结起来，叔本华需要一个中介因素。叔本华认为，意志的客观化是有无穷等级的，它们通过无数个体表现出来，"或是作为个体未曾达到的标准模式，或是作为事物的永久形式，它们本身是并不进入时间空间，不进入个体的这媒介的；而是在时间之外的，常住不变的，永久存在的，绝不是（后来才）变成的；同时这些个体则有生灭，永远在变，从不常住。（因此）我们说'意志客体化'的这些级别不是别的，而就是柏拉图的那些理念"。这样理念（相）就兼具了意志和表象的特征，但又和它们不同，它由此便将两者联结起来。

根据这种理念的等级化思想，叔本华重新为认识定位。他认为，认识是意志发展到某个阶段的产物。动物为了生存，需要主动去搜寻事物，也就是说，行为受到动机的指导,而为了这些动机就需要有认识,"所以认识是在意志客体化的这一级别上作为个体保存和种族延续所要求的一种辅助工具、(一种)'器械'而出现的",它的外在表现就是大脑。认识的出现使得作为表象的世界得以产生,伴随而来的就是各种理由律,也就是说,在此之前,只有盲目的意志在起作用。它虽然盲目,却是可靠的、准确无误的。理念的级别越低,就越没有个体性,并且也越加盲目地服从各种力及其规律。而随着认识的出现,表象世界也同时出现,现在就有了两个世界。一方面,认识为意志冲动"点燃了一盏明灯"。它使得意志产生了自我意识,能够主动地去指导自己的行为。另一方面,表象世界的出现也就给原本单一的意志世界构成干扰,具有认识能力的动物就会受到假象和幻觉的迷惑。人为了生存而需要更加复杂的认识能力,也就是说,不仅需要直观能力,还需要理性。总之,认识就是意志的工具,是维系个体存在和种族存在的工具之一。然而,叔本华对认识的论述同时也为认识摆脱意志的束缚提供了出路,这也是他后来提出"解脱之路"的基础。

  我们的认识通常只适用于个体事物,在时空中的事物,因为认识是为生命意志服务的,它总是需要通过个体的身体来进行,它所认识的也是个别的对象。那么,我们如何来认识在时空之外的、永恒不变的理念呢?叔本华认为:"从一般地认识个别事物过渡到认识理性,这一可能的、然而只能当作例外看的过渡,是在认识挣脱了它为意志服务的这关系时突然发生的。这正是由于主体已不再仅仅是个体的,而已是认识的纯粹而不带意志的主体了。这种主体已不再按理由律来推敲那些关系了,而是栖息于、浸沉于眼前对象的亲切观审中,超然于该对象和任何其他对象的关系之外。"这就需要认识者摆脱习常的认识方式,不根据理由律来追究事物的相互关系,因为这都是为意志服务的。这样,人们所要考察的就不再是事物的"何处"、"何时""何以""何用",而仅仅只是"什么"。

  叔本华认为,我们需要用一种特殊的直观来代替先前的理性,"使全部意识为宁静的观审恰在眼前的自然对象所充满,不管这对象是风景,是树木,是岩石,是建筑物或其他什么。人在这时,按一句有意味的德国成语来说,就是人们自失于对象之中了,也即是说人们忘记了他的个体,忘记了他的意志;他已仅仅只是作为纯粹的主体,作为客体的镜子而存在;好像仅仅只有对象的存在而没有

觉知这对象的人了，所以人们也不能再把直观者（其人）和直观（本身）分开来了，而是两者已经合一了；这同时即是整个意识完全为一个单一的直观景象所充满，所占据"。在这种主客合一的直观中，所直观到的就是理念，而直观者则是"认识的主体，纯粹的、无意志的、无痛苦的、无时间的主体"。反过来说，这也恰恰是对意志的真正的认识，因为理念就是意志的最完美的客体化。叔本华认为，这种对理念的认识就是艺术，它是摆脱了理由律来观察事物的方式，它是天才的任务。

4. 生命意志的肯定和否定

和其他意志主义哲学家不同，叔本华明确宣称，意志就是生命意志，因为意志所要的就是生命，生命就是意志的显现。个体注定有生灭，因为它是表象，它要符合时空、因果律等理由律。相反，大自然整体是不死的，因为作为整体的大自然是生命意志的客体化，生命意志不死，大自然就不死。人怕死，怕的不是死亡的痛苦，而是个体的毁灭。如果我们专注于总体性的问题，对世界的本质作哲学思考，我们就可以克服对死亡的恐惧。在叔本华看来，一方面，认识既可以肯定意志，并且为意志服务；另一方面，认识也可以否定意志，成为意志的清静剂，意志自愿取消自己。

叔本华认为，个体化程度是和理念的级别成正比的，到人这一阶段，个体化程度最高，而正是因为有了这种高度的个体化，有了认识，人才对自己的有限性，对自己的死亡有明确意识，从而产生了痛苦。"欲求和挣扎是人的全部本质，完全可以和不能解除的口渴相比拟。但是一切欲求的基地是需要、缺陷，也就是痛苦；所以，人从来就是痛苦的，由于他的本质就是落在痛苦的手心里。"也就是说，欲求得不到满足就会导致痛苦，而相反，当人获得了满足，却会因为失去了可欲之物而缺少欲求的对象。这时候，他就会感到空虚无聊，人的存在和生存本身就成为他不可忍受的重负，"所以人生是在痛苦和无聊之间像钟摆一样的来回摆动着；事实上痛苦和无聊两者也就是人生的两种最后成分"。在《作为意志和表象的世界》中，叔本华花了大量的篇幅渲染人生的痛苦，比如他说，工作日代表痛苦和困乏，休息日代表无聊和空虚，如果说地狱就是痛苦，那么天堂就是无聊。他还认为，相对于其他动物，人的自我保存和种族延续的任务格外沉重，

痛苦甚至让人渴望死亡，无聊则使生命、时间也成了负担。叔本华认为，爱和社交也不过是打发时间的手段。

那么，我们应当如何来摆脱意志所带来的痛苦呢？叔本华认为，意志的肯定就是不为任何认识所干扰的、常驻的欲求本身，就是对身体的肯定，就是自我保存和种族延续，最典型的证据就是性冲动，然而，对意志的肯定就意味着无尽的痛苦，要摆脱这种痛苦，就需要否定意志，摆脱意志对自身的控制。那么，如何来摆脱意志的控制呢？叔本华所提出的一些具体的途径是：研究哲学、进行艺术直觉以及各种宗教修行。

在艺术直觉中，"在外在因素或内在情调突然把我们从欲求的无尽之流中托出来，在认识甩掉了为意志服务的枷锁时，在注意力不再集中于欲求的动机，而是离开事物对意志的关系而把握事物时，即是不关利害，没有主观性，纯粹客观地观察事物，只就它们是赤裸裸的表象而不是就它们是动机来看而完全委心于它们时，在欲求的那第一条道路上永远寻求而又永远不可得的安宁就会在转眼之间自动地光临，而我们也就得到十足的怡悦了。这就是没有痛苦的心境"。这里需要的是自失，是忘却一切个体性。此外，禁欲、自愿的彻底贫困、忍受痛苦也是摆脱生命意志的道路，这些道路大致可以分为"认识痛苦"和"忍受痛苦"的道路，通过对痛苦的认识和体会来达到摆脱意志的控制；只要身体存在，生命意志所带来的痛苦就不会中断，所以需要坚持不懈的斗争。"要是一个人的意志不只是在一些瞬间，如美感的享受，而是永远平静下来了，甚至完全寂灭，只剩下最后一点闪烁的微光维持着这躯壳并且还要和这躯壳同归于尽，这个人的一生必然是如何的幸福。"对意志的否定体现了意志的自由，因为意志是生命意志，它追求生命，在它的客体化领域，即表象领域之中没有自由，只有必然性，只有承受意志保全和追求生命的控制。只有对意志的否定才能摆脱这种必然性，从而体现意志的自由。

二、海涅的哲学思想

亨利希·海涅（1797—1856），19世纪德国伟大诗人、哲学家和思想家，德国革命民主主义者的主要代表。被称为"察觉德国古典哲学的革命意义的第一人"。

1797年12月13日,海涅生于德国莱茵河畔的杜塞尔多夫城,父亲是一个不富裕的犹太商人。在故乡上完初中后,他即根据父母的意志于1815年在法兰克福一家银行当学徒,翌年得到他富有的伯父的资助,在汉堡开业经商。但他对此行不感兴趣,商店不久倒闭。1819年才上大学,先后在波恩大学、格丁根大学、柏林大学学习法律,1825年取得法学博士学位。在学校里,海涅也听过著名的浪漫主义文艺批评家施莱格尔的文学课和黑格尔的哲学课。他也经常出入文艺沙龙。求学期间,特别是离开学校后的几年内,海涅广泛游览了国内的许多名城胜地,并去英国、意大利等地旅行,这些旅游生活成为他早期创作的丰富题材。

海涅的犹太血统使他受到社会的歧视,他因此更能切身感受到社会的黑暗。而在海涅的童年时期,拿破仑的军队曾占领了他的家乡,实行了一些进步的民主改革,犹太人也获得了平等待遇。所以海涅始终崇尚法兰西的自由精神,很长时期内崇拜拿破仑,1813年拿破仑失败后,这一地区的人民重新处于普鲁士的封建统治之下,但海涅幼小心灵中萌发起来的民主思想的根苗不会枯萎了,这对他一生的思想发展和创作产生了深刻影响。

海涅的创作始于抒情诗歌。1821年出版的《诗集》汇集了1816年以来的诗作,它使海涅崭露头角。《诗集》中自然与爱情的主题占优势,但就是这些诗歌也反映出诗人被不合理社会压抑的痛苦,而这种痛苦往往是带有社会色彩的。随着时间的推移,海涅的民主精神日益觉醒,他逐渐从个人的抒情转向对社会的批判,从《歌集》中可以清楚看出这一发展线索。

海涅

海涅是在浪漫派诗歌的影响下开始创作的，但不久就在创作思想上与浪漫派的反动倾向划清了界线。他主张德国的文艺女神应该是"一个自由的、不矫揉造作的、真正德国的女孩子，不应该是苍白的尼姑和夸耀门阀的骑士小姐。"这里的批评是针对浪漫派文艺而发的。海涅的创作实践了自己的主张。他从民歌中吸收养料，又在民歌基础上加以提高。他早期作品虽然在情调、意境、词藻等方面带有浪漫派诗歌的某些痕迹，但它们的主要特点是朴素自然、感情真实、明朗活泼，确如自由欢跳的女孩子；它们短小精悍、节奏整齐、音调和谐，接近民歌，又比一般民歌更精美。

1824年至1828年，海涅根据他的旅行所得，写了四部著名的散文游记：《哈尔茨山游记》、《观念——勒·格朗特文集》、《英国断片》以及关于意大利的记叙，包括《从慕尼黑到热那亚的旅行》和《珞珈浴场》等。这几部游记反映了作者创作道路上的新的跃进，并显露了诗人兼备着思想家的特色。它们广泛地触及到当时德国乃至欧洲的社会现实，有着鲜明的社会批判内容，艺术上显示了作者的讽刺特长。

1830年法国7月革命给了海涅极大的鼓舞，写出了"我是剑，我是火焰"这样的革命颂歌。诗人的这种思想倾向显然与德国的统治者越来越不能相容了，1831年他开始了终生的流亡生活，迁居到他向往已久的巴黎，除中间因事短期回国两次外，直到逝世为止。在巴黎，他仍然"被普鲁士的间谍们包围着"，反动派把他"逼到尽头了"，这更坚定了他为推翻祖国的封建王朝、为自由信念而斗争的爱国、民主立场。

在巴黎期间，海涅同那里的各国进步知识界保持密切往来，经常同雨果、巴尔扎克、乔治桑、肖邦、罗西尼等著名文学家、艺术家，讨论彼此所关心的问题。除政治、文学外，在绘画、戏剧，特别是音乐方面他都有精辟的见解。《法兰西近况》、《论法国舞台》、《巴黎音乐通讯》等都是他在这方面留给我们的宝贵遗产。

30年代，海涅的革命民主主义思想渐趋成熟，创作上也发展到一个新的阶段，这个阶段的代表性著作是《论浪漫派》和《论德国宗教和哲学的历史》。18世纪末至19世纪初盛行于德国文坛的浪漫主义与欧洲其他国家不同，它的主要

倾向是消极的、反动的，它逃避现实，缅怀过去，追求梦幻，替封建复辟势力为虎作伥。海涅的民主主义思想越发展，他同德国浪漫派的对立越尖锐。如果说他在文艺思想上宣告与浪漫派决裂，那么他30年代写的《论浪漫派》则在政治上给了浪漫派以毁灭性的打击。他一针见血地指出：德国的浪漫派诗人不是"生活的诗人"，而是"死亡的诗人"。他认为，"诗人在他不离现实的大地时，是坚强有力的，只要他想入非非地在蓝色的空中翱翔，也就变得软弱无力了。"《论德国宗教和哲学的历史》不仅具有强烈的政论色彩，而且具有很高的学术价值；深邃的哲学思想和敏锐的政治远见，使它在人类思想史上占有不容抹杀的地位。这篇著作的杰出意义是它指出了德国古典哲学是未来德国政治革命的一种准备。恩格斯对海涅的这一独到见解给予很高评价，指出海涅是"察觉德国古典哲学的革命意义的第一人"。

海涅的一系列进步观点引起德国反动统治者的仇视和恐惧，1835年德国联邦议会公然决定，禁止海涅的著作在德国出版。

海涅是个不倦斗争的战士。在他同反动浪漫派作了坚决而有效的斗争之后，他的斗争重点就转向德国那些高喊革命口号，却并不明白革命的实际内容的资产阶级自由主义激进派，他不仅因此写了著名长诗《阿塔·特洛尔》，用一个愚蠢而爱讲空话的熊的形象来讽刺和批判激进派诗人的褊狭性，而且写了长篇政论《论路德维希·别尔纳》，对篡夺了法国七月革命胜利果实的大资产阶级表示了愤怒，指出这个阶级在对待人民态度上同贵族阶级没有什么区别。这一重要的政治观点使海涅的思想脉搏能够与时代的脉搏合拍；使他能够越过一般民主主义的界线而成为革命的民主主义者。

19世纪40年代，随着生产力的发展，德国无产阶级开始登上政治舞台，人民群众进一步觉醒，同欧洲许多国家一样，德国也孕育着一场革命。这时期海涅的思想和创作都达到他的高峰，成为杰出的政治诗人。这时期，有两个重要事件对海涅的影响是必须提及的，一是1843年年底开始的海涅与马克思的结识；二是1844年的西里西亚织工起义。海涅的政治诗集《时代的诗》中大部分都是在马克思的思想影响和直接帮助下以及工人运动的鼓舞下写成的，恩格斯认为其中有一些诗是"宣传社会主义的"。这部诗集成了1848年革命的先声。它们不仅洋溢着反封建的战斗激情，而且反映了无产阶级作为新兴阶级的觉醒。其中最有代表性的是《西里西亚的纺织工人》一诗。作者笔下的无产者不再是被饥饿和痛苦压倒了的形象，而是"咬牙切齿"的、自觉埋葬旧制度的掘墓人的形象。这在无产阶级诗歌史上还是第一次。恩格斯读到这首诗时非常兴奋，立即把它推荐给马克思，并说："德国当代最杰出的诗人亨利希·海涅也参加了我们的队伍。"全诗只有短短的二十五行，作者以高度的艺术概括，抓住了当时流行于普鲁士人中的、最能反映旧德意志的反动性的口号："国王和祖国与上帝同在"，层层加以揭露和批驳，全面否定了这个以"国王"为代表的专制统治及其以"上帝"为象征的反动意识形态，揭穿了在"祖国"幌子下统治阶级犯下的种种罪恶。诗的语言形象鲜明，节奏整齐有力，每一节的思想内涵都十分饱满。"我们织啊，我们织"这句副歌反复吟叹，增强了工人们"咬牙切齿"的形象。恩格斯对这首诗的艺术成就作了很高的评价，认为"这首歌的德文原文是我所知道的最有力的诗歌之一。"

1843年10月，海涅流亡十三年后，第一次回德国探望病中的母亲。他根据这次旅行所得，写出了他一生中的创作之冠《德国，一个冬天的童话》。海涅称他的这部长诗"是一个崭新的品种，它将显示出一种比那些最著名的政治鼓动诗更为高级的政治。"抨击封建贵族势力、批判资产阶级激进派、鞭挞资产阶级市侩的庸俗性，构成这部作品的主要内容。诗人善于捕捉那些能反映事物本质的特征，笔锋所向处处击中要害。例如，他看见普鲁士国徽上那只鹰，就联想到普鲁士统治者对诗人、对人民，正像这只凶鹰那样恶狠狠地向下俯视，于是他以无比的愤怒对这只鹰进行声讨，宣称它一旦落在诗人的手中，就把它系在长竿上，"唤来莱茵区的射鸟能手，来一番痛快的射击"。但作者没有停留在对不合理社会的全面、彻底的否定上，他还"制作"了革命理想的蓝图——"一首新的歌"献给德国人民，表示要在旧德意志被摧毁的废墟上，建立起人人"不再挨饿"的平等幸福的"天国"。在资产阶级进步文学中，这部长诗可以说是现实主义与浪漫主义结合的一个范例。

与丰富的内容相适应，《德国，一个冬天的童话》在艺术表现上多彩多姿，色调斑斓。辛辣的讽刺、鼓点式的节奏，增强了作品的战斗性；机智的譬喻、形象的语言、民间传统和个人奇妙幻想的穿插……这些独特的表现手法使长诗的思想性与艺术性达到完美的统一。马克思很重视海涅的这部长诗,亲自把它送给法国《前进报》发表。毫不奇怪,长诗出版后,在德国立刻遭到查禁。

青年时期,海涅的健康就不佳,1845年以后,日益恶化,至1848年全身瘫痪。这一年马克思回国创办《新莱因报》,曾约请海涅参加,海涅心有余而力不能。在此后的八年中,海涅在"床褥坟墓"中仍以顽强的毅力,用口授的方式,继续写出了大量诗集和散文作品,如1851年出版的、用谣曲形式写的故事诗集《罗曼采罗》等,仍不失战斗光彩。

1848年革命的失败,特别是资产阶级的背叛,给海涅带来极大的失望和愤怒。革命低潮时期的德国和欧洲现实,加上健康的原因,局限了他的思想发展,晚期作品中也流露了一些悲哀低沉的情绪。他一方面真心为无产阶级的胜利而祝福;但一方面他又对这种未来感到疑惧,认为无产阶级的胜利会使他心爱的人类文化遭到毁灭。1853年写的《自白》等都集中反映了他的这种矛盾。但作为革命民主主义者,海涅始终没有动摇他的信念,他晚年写的《决死的哨兵》最后一节可以看作他的又一"自白":"一个岗哨空子——伤口裂开。一个人倒下了,别人跟上来——我的心摧毁了,武器没有摧毁,我倒下了,并没有失败。"

三、巴尔扎克及其作品、思想

(一)巴尔扎克生平

巴尔扎克(1799—1850),19世纪法国和欧洲现实主义文学最杰出的代表之一,他的巨著《人间喜剧》以编年史的方式全面、真实、深刻地反映了19世纪上半叶法国的社会生活。恩格斯对他给予高度的评价,认为他是"现实主义大师"。他在世界文学史上占有非常重要的地位。同时,他的作品也充分地

巴尔扎克

体现了他的哲学思想。

巴尔扎克原名奥诺雷·巴尔沙，1799年5月20日诞生于法国杜尔城一个中等资产者家庭。他的祖父是农民，姓普通平民的姓——巴尔沙。1789年的法国大革命和拿破仑时代给富于进取精神的第三等级以发迹的机会，他的父亲因善于经营成了暴发户，并参与政治活动，为了附庸风雅，将平民姓氏"巴尔沙"改成中古骑士的姓氏"巴尔扎克"，又在姓氏前加上一个标志贵族门第的"德"。于是，巴尔扎克就有了一个"高贵"的出身。他出生不久就被寄养到乡下，7岁时起又被送到寄宿学校读书，一直到中学毕业。

1814年，巴尔扎克随父母迁居巴黎。1816年到1819年，他一面在大学攻读法律并旁听文学课程，一面在诉讼代理人和公证人事务所当见习生。从形形色色的案件中，他看到了巴黎这个花花世界的黑暗腐败和拜金主义之风制造的丑恶，这一段经历对他以后的文学创作有一定意义。大学毕业后，他不愿服从父母的意愿去当律师，而迷上了文学。经过抗争，父亲答应给他两年的文学创作试验期，每月给他120法郎维持生活的最低费用，如果不成功，则老老实实去当律师，否则自谋生计。巴尔扎克在巴黎贫民区租了一间狭窄、昏暗的小阁楼，开始了他的文学生涯。他在案头的一尊拿破仑雕像的底座上刻了一行字："他用宝剑没有完成的事业，我将用笔杆来完成。"雄心勃勃，立志要做"法国文坛上的拿破仑"。可是他呕心沥血写成的第一个作品——诗体悲剧《克伦威尔》失败了。为生活所迫，他转而写作迎合市井趣味的神怪、凶杀、言情、武侠小说，量多质劣，4年内，写了四五十种，用各种各样的化名发表。他自己后来说这些作品全是"地道的文艺垃圾"，"为了独立，我不得不采取这种可耻的办法：污染纸张"。他成名以后否认这些作品是自己写的，在《〈人间喜剧〉前言》中郑重声明："只有用我的名字发表的，我才承认是我的作品。"这一段时期，他虽然没有写出成功的作品，却经受了高强度的写作训练。

文学上的大量"生产"，没能使他摆脱经济困境。1825年，他又另谋生财之道，借钱经营工商业。他贩卖过铁路枕木，开过印刷厂和铸字厂，出版过法国古典作家的袖珍文集，还打算去开采一个古罗马时代就已经废弃了的银矿，但这些图谋均以失败告终。他负债累累，为了躲避债主，他不得不在贫民区里四处藏身。他在与商人、债主打交道的过程中，认识了他们的贪婪本相，领教了他们的盘剥手段。这一段生活经历，使他对资本主义社会的丑恶，特别是人与人之间赤裸裸的金钱关系有了更深切的体会，为他日后创作《人间喜剧》奠定了雄厚的生活基础。

1828年，巴尔扎克的淘金梦破灭以后，又回到了文学创作的道路上，创作态度变为认真严肃、精益求精，常常一天伏案劳作十五六个小时。这使他获得了成功。1829年，他首次用真名发表了长篇历史小说《舒昂党人》，这部作品具有鲜明的现实主义风格，是他走上创作成熟阶段的标志。此后20年间，是巴尔扎克创作的全盛时期，他以惊人的热情，惊人的毅力，惊人的速度和质量从事《人间喜剧》的创作，以这一系列小说在世界文学史上建造起了一座规模宏大的文学大厦，实现了他青年时代许下的宏愿：当法国文坛上的拿破仑。但长期过度的辛勤劳作损伤了他本来很健壮的身体，40多岁时他便患有多种疾病。51岁时，他赴俄国与通了18年信、当时已经孀居的俄国贵妇韩斯卡夫人结婚，但婚后仅五个月就心脏病发作，1850年8月18日与世长辞。当时法国文坛上的另一颗巨星雨果在他的葬礼上致悼词说："在最伟大的人物中间，巴尔扎克是第一等的一个；在最优秀的人物中间，巴尔扎克是最高的一个"，"他的一生是短促的，然而也是饱满的，作品比岁月还多"。

（二）巴尔扎克的思想与作品

巴尔扎克的思想十分复杂，充满了矛盾。这是风云激荡的时代的反映，也是他所受的家庭影响、所处的社会地位和所经历的生活道路的反映。巴尔扎克创作的时代，正是封建贵族同资产阶级反复较量、殊死拼搏，无产阶级开始登上历史舞台的时代。他亲身经历了19世纪法国历史上的拿破仑帝国、复辟的波旁王朝和七月王

巴尔扎克书房一角

朝几个重要时期。这一时期,共和与帝制、复辟与反复辟的斗争十分尖锐,各种思潮此起彼伏,社会矛盾错综复杂。受此影响,巴尔扎克的世界观里交织着王权与民主、革命与反动、唯心与唯物、科学与偏见等各种成分,正确的、错误的、进步的、保守的熔于一炉。他信仰启蒙主义思想,羡慕拿破仑的业绩;他倾向于资产阶级自由派,赞成共和,主张发展资本主义工商业和农业。他的哲学思想基本上是唯物主义的,对空想社会主义也有浓厚兴趣。这些是他世界观中进步的一面,也是主导的一面。与此同时,他又同情贵族,向往封建宗法制社会的田园牧歌式生活;受各种唯心主义思想的影响,相信当时流行的骨相学、占卜术;他同情劳苦大众的不幸,却又轻视他们,尤其反对工人的过激行动。这些也不可避免地影响到他的创作,但由于他的世界观中唯物主义的和民主主义、人道主义的思想占了主导地位,所以才创作出了《人间喜剧》中大量的优秀作品。

《人间喜剧》是巴尔扎克1829年以后创作的90多部小说的总称。所谓"人间",指巴尔扎克时代的法国社会,所谓"喜剧",指这个社会中形形色色的人生世相。它是19世纪上半叶法国的形象化历史。

巴尔扎克从1829年用真名发表《舒昂党人》起,就立志要当"法国社会的书记"。他非常赞赏英国作家司各特"把小说提高到历史哲学的地位"的追求,但又认为司各特还没有考虑到"把作品联系起来","编成一部完整的历史"。受此启发,他决心竭一生之努力,完成一部能从整体上反映他那个时代法国社会的巨著。1834年,他完成《高布赛克》、《欧也妮·葛朗台》和《夏培上校》等杰作后,开始计划将自己已经完成和将会写出的作品连接成一个有机的整体,并曾设想用《19世纪风俗研究》的总名,后又改称《社会研究》。1842年,他正式宣布了自己要把全部作品结为整体的宏大构思,将自己这部巨著的总名定为《人间喜剧》,并写下了著名的《〈人间喜剧〉前言》,详尽地阐述了自己的构思缘起、创作意图和现实主义的艺术观点。1845年,他与出版商签订合同时,开列了《人间喜剧》名下将要包括的137部小说的总目,但由于他过早去世,实际完成的是91部,其中有6部原未列出。

巴尔扎克采用了"分类整理"和"人物再现"的方法,使《人间喜剧》中的全部作品构成一个有机整体。所谓"分类整理",即将他的全部作品分成"风俗研究""哲学研究"和"分析研究"三大类。

"风俗研究"是《人间喜剧》的主体,从各个方面反映法国当代社会的生活,其中按不同的侧重点又分为"私人生活""外省生活""巴黎生活""政治生活""军旅生活""乡村生活"六个场景。巴尔扎克说,每个场景都"有它的意义,有它的旨趣,申述人生的一个时代"。

"哲学研究"的作品要少一点,其目的主要是探讨形形色色的"人间喜剧"产生的原因,追寻其形而上的意义。

"分析研究"类的作品最少,其意图是根据人道主义和"自然法则",分析社会生活中存在的乖戾现象。

所谓"人物再现",即同一人物出现在多部小说中,每一部小说描写这个人物的一个阶段或者一个侧面,众多作品联系起来就反映出这个人物的性格发展和命运遭遇的全过程。有人统计,《人间喜剧》写了2400多个人物,有400多个一再出现,有些重要人物甚至出现过二三十次。在90多部小说中,有70多部出现了再现性的人物。作为巴尔扎克压轴之作,到他去世后多年才出版的《交际花盛衰记》中,再现性人物竟多达150个。

由于以"分类整理"为纬,以"人物再现"为经,《人间喜剧》构成了一个包罗万象、序列井然,又能分能合的"小说网"。这种宏大的规模和巧妙的构思引起后来很多作家如左拉、哈代、福克纳等的赞叹和模仿。

巴尔扎克在《〈人间喜剧〉前言》中说:"法国社会将要做历史学家,我只能当它的书记:编制恶习和德行的清单、搜集情欲的主要事实、刻画性格、选择

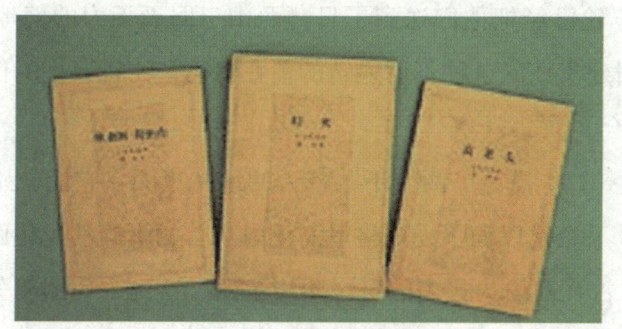

《人间喜剧》中译本

社会上的主要事件、结合几个性质相同的性格的特点糅合成典型人物。这样我也许可以写出许多历史学家忘记写了的那部历史，就是说风俗史。持之以恒，百折不挠，我也许可以完成一部描写19世纪法国的作品。"恩格斯在1888年致英国女作家哈克奈斯的一封信中，对巴尔扎克的作品作了精辟的论述："他在《人间喜剧》里给我们提供了一部法国'社会'特别是巴黎'上流社会'的卓越的现实主义历史，他用编年史的方式几乎逐年地把上升的资产阶级在1816年至1848年这一时期对贵族社会日甚一日的冲击描写出来，这一贵族社会在1815年以后又重整旗鼓，尽力重新恢复旧日法国生活方式的标准。他描写了这个在他看来是模范社会的最后残余怎样在庸俗的、满身铜臭的暴发户的逼攻之下逐渐灭亡，或者被这一暴发户所腐化；他描写了贵妇人（她们对丈夫的不忠只不过是维护自己的一种方式，这和她们在婚姻上听人摆布的方式是完全相适应的）怎样让位给专为金钱和衣着而不忠于丈夫的资产阶级妇女。在这幅中心图画的四周，他汇集了法国社会的全部历史，我从这里，甚至在经济细节方面（如革命以后动产与不动产的重新分配）所学到的东西，也要比从当时所有职业的历史学家、经济学家和统计学家那里学到的全部东西还要多。"巴尔扎克的自述和恩格斯的评价概括了《人间喜剧》的基本内容。

具体来说，巴尔扎克的作品特点主要表现在如下几个方面：

（1）反映封建贵族在资产阶级的逼攻下日益走向衰亡的历史过程。

法国大革命以后，封建贵族与资产阶级展开了长期的、反复的较量。波旁王朝复辟时期，贵族阶级也曾东山再起，卷土重来。但资本主义的发展和资产阶级的上升已是大势所趋，自恃门第高贵的贵族在资产阶级金钱势力的逼攻之下节节败退，历史的车轮已经把他们送到了日薄西山、回天无力的境地。《人间喜剧》形象地反映了封建贵族的这种不可逆转的覆亡命运，比较典型的作品有《古物陈列室》《苏城舞会》《农民》等。

《古物陈列室》中描写了两个不共戴天的沙龙集团，它们分别代表了两种对立的政治势力：一个是以德·爱斯格里翁侯爵为首的贵族沙龙集团，另一个是以"工商界领袖"古瓦西埃为代表的资产阶级集团。这两个集团明争暗斗，互相敌视。爱斯格里翁侯爵生活在大革命之后的法国，却死抱着古老的贵族传统不放，

自恃门第高贵，不屑与"没有根基"的资产阶级暴发户往来。他那些维护贵族尊严的言行在新的时代里显得迂腐不堪，因而他家的客厅被人戏称为"古物陈列室"。他与古瓦西埃的明争暗斗以他的失败而告终。他的独生子是个不肖子，一到巴黎，很快就在这个花花世界里堕落，为了捞取挥霍无度的生活所需的金钱，伪造支票，被古瓦西埃送上了法庭。最后爱斯格里翁侯爵被迫接受了古瓦西埃的条件，与古瓦西埃家族联姻，才免了儿子的牢狱之灾。小说中一贵族悲叹道："当我们是处在19世纪的时候，你们难道要留在18世纪的时代里吗？亲爱的孩子们，此后不会再有什么贵族了，拿破仑的民法已经毁坏了爵位，正如大炮已经轰倒了封建社会一般。只要您有钱，您就可以变得比现在高贵。"这实际上是巴尔扎克借人物之口发表的关于"时代易主"的议论。

《苏城舞会》写的是贵族小姐爱米莉年轻貌美，却满脑子贵族偏见，"将青春和热情全部迸发在对身份和门第的热爱上"，一心要嫁一个门当户对的丈夫。在一次舞会上她认识了一个风度翩翩的"贵族青年"，于是以心相许，坠入情网。但后来她发现，这个青年原来是个站柜台的商人，从此不复往来。韶华似水，许多年过去了，爱米莉仍没有找到如意郎君，最后只得与72岁的老舅公结婚，虽然总算当上了伯爵夫人，却葬送了自己的青春和爱情。

《农民》是巴尔扎克未能最后完成的一部遗作，却是《人间喜剧》中的一部重要作品。它描写了波旁王朝复辟时期资产阶级与农民联合起来跟封建贵族展开的较量。依附于复辟王朝的贵族蒙戈奈将军想按自己的意志治理领地艾格庄，重整旧秩序。他雇佣护林队长驱逐进入庄园捡枯枝、拾麦穗的农民，因而激起了农民的反抗。他们打死护林队长，还危及到蒙戈奈的生命。当地以高贝丹为首的三个暴发户早就垂涎于蒙戈奈的产业，他们互相勾结，蓄意赶走蒙戈奈，瓜分艾格庄。于是他们一方面派心腹打入艾格庄当管家，一方面挑动农民，激化矛盾。由于农民与资产者联合进攻，蒙戈奈走投无路，终于让出艾格庄，逃到巴黎去了。这场斗争的结局是企图卷土重来的封建贵族彻底失败，从此，资产阶级取代了贵族在农村的地位，成为庄园的主人。小说中，巴尔扎克指出，农民在斗争中起着决定性的作用；同时他也清醒地看到，农民虽然与资产阶级结成暂时的联盟击败了贵族，但并没有改变自己被奴役的地位，只是主人由封建贵族变成了资产阶级

而已。尽管巴尔扎克在这部小说中对失败的贵族表现出深切的同情，对一些农民的品质也有歪曲和丑化的地方，但他"对现实关系有深刻的理解"，对法国王政复辟时期错综复杂的社会斗争作了本质的反映，而且还描写了一位"像黄金一样纯洁，像钢铁一样坚强"的农民——老共和党人尼泽龙的形象。

（2）描写资产阶级的发家史。

巴尔扎克生活在资产阶级上升的时代，银行家、高利贷主和商人在社会经济中占支配地位。巴尔扎克的出身以及他一生被金钱追逐的艰难历程，使他对资产阶级非常熟悉。他在《人间喜剧》中通过描写形形色色的具有时代特征的资产者典型，表现了资本从高利贷资本向金融资本的演变，揭露了资产阶级用各种卑劣的手段进行残酷掠夺的罪恶发家史。这方面最有代表性的作品是《高利贷者》《欧也妮·葛朗台》和《纽沁根银行》。

《高利贷者》中的高布赛克是法国早期高利贷资产阶级的典型。他主要靠重利盘剥掠夺了大量的财富，成了"巴黎无人知晓的国王"。他的财力无声无息地控制着周围的一切，连显赫的贵族也经常成为他手中的玩物。高布赛克虽然贪婪、狠毒到了极点，但他不懂得财产可以在流通中增值，把一切都存放在家里。他死了以后，人们发现他家里货物成堆，很多已经霉烂变质。他不是为了个人生活需要而积累财富，他在银行里有几百万存款，却对别人装穷叫苦，过着叫花子一般的生活。高布赛克是资本原始积累时期的守财奴典型。

《欧也妮·葛朗台》中的葛朗台老头是原始积累向自由竞争过渡时期的资产者典型。他精明狡诈，善于窥测风向，投机倒把，他的活动范围比高布赛克广泛得多，发财致富的手段也比高布赛克高明得多。法国大革命前，他

巴尔扎克《欧也妮·葛朗台》插图

不过是外省索漠城一个普通的箍桶匠，大革命时期参加了共和党，不久又当上了区长，拿破仑执政时期还得过荣誉团十字勋章。他预计革命风潮过去以后，土地又会涨价，使用最低的价钱收买了他那个区里最好的土地，利用当区长之便牟取私利。他懂得资本必须在流通中增值，除了放高利贷外，还经营土地，种葡萄酿酒，搞证券交易和商业投机。他通过种种方式残酷地侵夺他人财富，最后积累了1700万法郎的家产，由大革命前的箍桶匠变成了索漠城的首富。他比高布赛克高明，却也和高布赛克一样吝啬，对妻子女儿非常刻薄，生活过得很差，表面上也装穷，害怕别人知道自己的财产。从这方面来看，他身上也还有旧式资产者的特点。

《纽沁根银行》中的纽沁根是法国七月王朝时期金融资产阶级的典型。他既是银行家，也有上议院议员的头衔，聚敛财富的手段比高布赛克和葛朗台老头更残酷，也更"高明"。他从商业投机中牟取资本，又通过资金的不断周转获取巨额利润。他钻法律的空子，用假倒闭、股票投机、买空卖空的卑鄙手段迫使成千上万的小生产者和商人倾家荡产，自己却从中大发横财。作为第三代资产者，他不但不像高布赛克和葛朗台一样装穷，而且摆阔气、讲排场，出入贵族沙龙，过着穷奢极欲、荒淫无耻的享乐生活。《人间喜剧》通过这样一些处于不同阶段中的资产者，形象地揭露了资本主义掠夺方式的发展史和资产阶级血腥的发家史。

（3）揭露资本主义社会"金钱主宰一切"的丑恶现实和人与之间的金钱关系。

法国大革命以后，特别是七月王朝金融资产阶级当政时期，拜金主义之风盛行，金钱成为支配社会的唯一力量，导致道德沦丧，情欲横流，人与人之间的关系完全变成了赤裸裸、冷冰冰的金钱关系。巴尔扎克在《人间喜剧》中浓墨重彩地描写出了这种丑恶的现象，并对之进行了深刻的揭露和猛烈的批判。他的每一部作品都几乎涉及了金钱制造的罪恶，因此有人说他"创造了金钱与买卖的史诗"。

他往往通过家庭、婚姻方面的丑剧，暴露人与人之间赤裸裸的金钱关系。《高利贷者》中雷斯多伯爵夫人严密监视临终的丈夫，伺机销毁遗产继承的文件以便剥夺女儿的财产。《夏培上校》写一个拿破仑时代的骑兵上校负了重伤，被误传阵亡，其妻带着他的财产改嫁给一个伯爵。他"死而复生"归来后，其妻为

了吞没他的财产,采用种种卑鄙手段让他永远放弃了真实身份,使他最后成了乞丐收容所里一个非人非鬼的可怜虫。《贝姨》中于洛男爵的家庭成员为了争夺钱财,钩心斗角,互相陷害。维多冷为了独吞岳父的遗产,竟与犯罪集团勾结,让其岳父母染上一种怪病,全身烂掉而死。《欧也妮·葛朗台》中的葛朗台老头只因女儿把私房钱给了情人,就把她关了起来,每天只给清水面包,他妻子也因此被逼得卧床不起。《夏培上校》中的律师但尔维的一段话概括了《人间喜剧》中这方面的内容:"我们当诉讼代理人的,只看见同样的卑鄙在翻来覆去地重演……我亲眼看到一个父亲给了两个女儿每年四万法郎进款,结果自己死在一个阁楼上,不名一文,那两个女儿理都没理他!我也看到烧毁遗嘱,看到做母亲的剥削儿女,做丈夫的偷盗妻子,做老婆的利用丈夫对她的爱情来杀死丈夫,使他们发疯或者变成白痴,为的是要跟情人消消停停过一辈子,我也看到一些女人有心教儿子吃喝嫖赌,促其短命,好让她的私生子多得一份家私。我看到的简直说不尽,因为我看到很多为法律治不了的事情。总而言之,凡是小说家自以为凭空造出来的丑史,和事实相比之下真是差得太远了。"

不仅家庭如此,整个社会也是一部由金钱开动的大机器,极端利己主义淹没了一切高尚的道德原则。司法界、政界,乃至文学、艺术、新闻等精神生产领域里的"神圣殿堂",通通是由金钱操纵。《人间喜剧》中揭露这方面丑恶的名作是《幻灭》,主人公吕西安从外省来到巴黎,希望以其诗才博取成功和荣耀,但他的幻想破灭了。他曾经心驰神往的巴黎原来是一个"出卖一切,制造一切,甚至制造成功"的世界,"黄金是这个世界里的人要顶礼膜拜的唯一力量"。在这里,文学的声誉无异于娼妓,"报界是一个地狱","艺术和荣誉"已不复存在,书店与交易所无异,戏院的喝彩声决定于用钱雇来的"一队队发臭的捧场人",报馆里充斥着一批寡廉鲜耻的"杀害思想与名誉"的刽子手。政界同

巴尔扎克《高老头》插图

样卑鄙龌龊,"不要以为政界比文坛干净,这两个世界都贿赂盛行"。总之,这样的世界里"样样要靠金钱来决定",人人都在拼命争夺金钱。吕西安在这个名利场里碰得头破血流,黄粱美梦化为泡影。在资本主义社会里,金钱每天都在制造罪恶,因此巴尔扎克在《高老头》中慨叹:"没有一个讽刺作家能写尽金银珠宝底下的丑恶。"

《人间喜剧》是封建贵族的衰亡史、资产阶级的发家史和资本主义金钱关系的丑恶史。这三者是有机地联系在一起,紧密地结合在一起的。巴尔扎克的同情是在贵族方面,但仍然如实地写出了他们的必然灭亡;他痛恨资产阶级的道德堕落,但也清楚地意识到了他们必然取代封建贵族;他怀念人与人之间温情脉脉的宗法式关系,但又无法回避情欲横流、尔虞我诈的现实;此外他还违背自己作为保王党人的偏见,对《农民》中的尼泽龙、《幻灭》中的克雷斯蒂安那样的"先献身于人类,再想到个人"的共和党人表示由衷的赞颂。《人间喜剧》是巴尔扎克矛盾世界观的产物,也是他在现实生活中不断对历史规律进行再认识的结果,是他的现实主义艺术原则的胜利。对此,恩格斯在致哈克奈斯的信中指出:"这样,巴尔扎克就不得不违反自己的阶级同情和政治偏见;他看到了他心爱的贵族们灭亡的必然性,从而把他们描写成不配有更好命运的人;他在当时唯一能找到未来的真正的人的地方看到了这样的人。这一切我认为是现实主义的伟大胜利,是老巴尔扎克最重大的特点之一。"

巴尔扎克的思想矛盾突出地表现在对待王权和宗教的态度上。1830年,法国七月革命推翻了1815年复辟的波旁王朝,建立了金融资产阶级当政的七月王朝。巴尔扎克却在1831年加入了保王党,表示拥护王权,推崇宗教的态度;1842年,他在《〈人间喜剧〉前言》中宣称:"我在两种永恒的真理照耀之下写作,那就是宗教和君主政体。当代发生的一切事情都证明二者的必要。"而实际情况是,他虽然参加了保王党,并不是一个真正的顽固守旧的保王党人。在大革命中获利的中产阶级家庭和个人青年时代的经历,都使他倾向于大革命,反感封建等级制森严的波旁王朝。1830年的七月革命曾给他带来希望,但革命后的现实又很快使他失望。金融资产阶级掌权后盛行起来的唯利是图的道德原则、金钱控制一切造成的道德沦丧和社会罪恶,使他深恶痛绝。通过对社会现实的深入

巴尔扎克塑像

观察和分析，他清楚地看到了七月王朝的腐败。于是他转而倾向于王权和贵族，肯定那种服从"天然尊长"的，淳朴的、温情脉脉的封建宗法式关系，回过头去将君主制理想化，企图"恢复那些过去存在的道德原则，因为这些道德原则是不朽的"。所以巴尔扎克拥护的王权，是一种理想化了的王权，是出于对金融资产阶级专政的七月王朝的强烈不满。他主张建立一个强有力的君主政体，在这个政体之下，贵族与资产阶级像英国那样结成联盟，以便抑制不断膨胀的大资产阶级势力。巴尔扎克也鼓吹天主教，但他不是一个真正的天主教徒，并不相信上帝；他是把宗教当成消灭资本主义罪恶的工具、稳定社会秩序的手段来提倡的。他认为"宗教的目的是压制坏倾向，发扬好倾向，宗教就是全部社会，它也许不是神的施舍，而是人的需要。"也即一方面可以遏止七月王朝时期情欲泛滥、道德沦丧的世风流弊，另一方面可以调和社会矛盾，其中包含了很多唯物主义、人本主义的成分，也有很强的实用主义、改良主义的意图。巴尔扎克的思想矛盾，充分体现在他的创作中。

四、尼采及其哲学思想

（一）尼采生平

尼采（1844—1900），德国著名哲学家，西方现代哲学的开创者，同时也是一位富有争议的哲学巨匠。

尼采1844年出生于普鲁士萨克森州一个乡村牧师家庭。尼采的父亲是普鲁士国王威廉四世亲自任命的牧师，但在尼采不满5岁时就因病早逝。尼采10岁时进入瑙姆堡文科中学就读，14岁时因成绩优异被推荐至普福塔文科中学，他热衷于古希腊文化，对诗和音乐也很感兴趣。尼采22岁时进入波恩大学学习神学，不久改学古典语言学。这时，他已经接触到了叔本华的著作，并抛弃了从小接受的基督教。1868年10月，尼采大学毕业。第二年2月，尼采凭借其出色的古典语言学成就，被推荐到巴塞尔大学任古典语言学副教授，一年后转为正教授。他任此职直到1879年年底。1879年，由于厌倦了教授生涯，并且疾病缠身，尼采辞去教职，开始了近十年的"漫游"生活。他到过瑞士、意大利和德国许多地方，寻求医疗，但他的健康状况日益恶化，精神病倾向日益明显。然而，在此期间，他的思想充满活力和创造力，他的哲学思想也渐趋成熟。1889年1月3日，尼采完全陷入疯狂，被送入疯人院。此后，尼采再也没有恢复神智。他先后由母亲和妹妹照料生活。1900年8月25日，尼采在魏玛病逝。

（二）尼采的哲学思想

一般来说，尼采的哲学思想经历了三个时期：第一时期是从1870年至1876年，在此期间，尼采深受德国音乐家瓦格纳和哲学家叔本华的影响；第二时期是从1877年至1882年，尼采深受实证主义的影响，并渐渐对叔本华和瓦格纳感到不满；第三时期是从1883年至1889年，在此期间，尼采的哲学思想进入独创阶段。尼采著作颇丰，其主要著作有：《悲剧的诞生》、《人性的、太人性的》、《快乐的科学》、《查拉图斯特拉如是说》、《超善恶》、《道德的谱系》、《偶像的黄昏》、《看哪这人》以及由他妹妹整理出版的遗稿《权力意志》。

1. 超人观

尼采认为：就像道德不在于仁爱而在于力量一样，人类奋斗的目标也不应该是全人类的整体的提高，而应是强者与优秀人物的发展。"最终目标不应是人类，而应是超人。"一个聪明人是不愿意去改善人类的。人类不能改善，人类甚至根本不存在——它仅仅是一个抽象概念。存在着的一切都是由无数蚂蚁似的个体

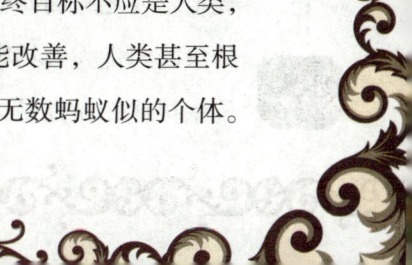

尼采

从整体看来，它更像一个巨型的试验场，在那里，每一个时代，成功的产品只有很少，而更多的都是次品；而一切试验的目的不是为了大众的幸福，而是为了类型的改良。如果没有更高级的类型出现，社会还不如彻底毁灭。社会就是发展强力，完善个人品格的工具。群体本身不是目的。"如果个人的作用只在于维修机器，那机器又是在干什么的呢？"机器——或称社会组织——自身就是目的，那岂不是滑稽透顶的笑话吗？

尼采起初好像希望产生某个新的种类；后来才想到在庸庸碌碌大众的泥坑中发现超人。他不能在自然选择的风险中产生，而能通过精心的培育和教养产生出来。因为生物的进化过程对超常卓著的个体总是存有偏见，大自然对自己的最佳作品也极端残酷。它倒是偏爱那些庸常无为之辈，并时时对他们呵护备至。自然中从杰出人物到碌碌众生的逆流是永恒的，持续不断的——少数最优秀人物被大多数人控制的现象循环往复地出现。超人生存繁衍，只能通过人类的从优选择，通过进行优生时的先见之明和高尚的教育。

让超凡脱俗之辈为爱情而结婚——英雄娶了个女奴，天才配了个女裁缝——这何等荒谬！在这个问题上叔本华错了。爱情与优生绝不是一回事。不能让坠入情海的人在那时作出影响他终生的决定。人不能同时得到爱情和智慧。我们应该规定恋人之间的海誓山盟是无效的，并将爱情视为通向婚姻的合法障碍。优秀人物只能与优秀人物联姻。把爱情留给那些低贱的人们吧。婚姻的目的不只是为了传宗接代，而且是为了人类的进化与发展。

"你这么年轻,却渴望生儿育女。请问你真敢生儿育女吗?你是胜利者吗?你征服自己了吗?你能够主宰自己的感情和品行吗?你结婚的渴望里有没有动物性的因素或要求?是恐惧孤寂?还是内心冲突?在我们看来你只有成为胜利者和自由者才有权利生育儿女。你应当将你的活生生的纪念碑树立在自己的胜利和自由的基础上,并超越自己。但是,在此之前,你必须使自己的身心强壮刚正,因为你不只是在延续自己,而且要延续得一代强于一代。男女双方应当将他的婚姻看成是神圣的结合,他们的意志将导致另一个意志。"

没有高贵的血统,绝不可能产生高贵的人。仅智力还不能让人高贵起来。正好相反,倒是需要某种东西让智力变得高贵。到底需要什么东西呢?高贵血统……(我们这里指的不是那些"老爷""大人"之类的家伙,或者《哥达年谱》,那是蠢驴的指称。)有了高贵的血统和按照优生原理进行的培育,产生超人的另一个要素就是一所严格的学校。在这种培养超人的学校中,品格的完美,是不言而喻的事,甚至不值得一提。在这里,没有享受,只有很多责任。在这里,肉体被训练得能默默地忍受痛苦,意志应学会对命令的服从。不允许有意志自由之类的胡说八道,也不允许以放纵和"自由"削弱身体和精神的元气。但是超人在这种学校里却要学会纵情欢笑,哲学家的等级就是依据他们笑的能力来划分的。"勇攀高峰的人面临一切悲剧都能开怀大笑。"超人的教育中不含有道德的可爱。意志要忍受禁欲的磨炼,但是肉体的享受不受谴责。"可爱的姑娘们,欢快地跳舞吧!谁都不会用邪恶的眼光打扰你们的兴致……脚长得漂亮的姑娘是人人喜爱的!"那就是超人,他们也喜爱漂亮的脚踝。有了这样的出身和教养,超人就会超越善恶。他的目的需要他"恶"的时候,他会毫不犹豫地实施恶的行动。他需要无畏,而不需要善。"什么是善?……勇敢就是善?凡是增加人的强力感、强力意志和强力本身就叫善。什么是恶?源自软弱的一切都是恶。"如果超人有了目的,他的显著特征也许就是酷爱冒险与奋争。他从不将自己的安危放在第一位。他会将幸福留给大众。"查拉图斯特拉爱好漂流远航之类的冒险,而厌弃没有危险的生活。"所以,一切的战争都是善的,无论现在战争的起因多么庸俗,多么微不足道。"一场战争能让任何事业变得神圣。"连革命也是善的。这并非就革命本身而言,因为再没有什么事情能比碌碌众生一跃而变成高贵的人更加可悲的了——

而是说在动荡的年代里，一些潜伏的伟大个体都显现出来，以前他们缺少足够的刺激或机会。在这种混乱年代会升起光华夺目的新星：拿破仑在法国大革命的暴风骤雨中出乎意料地崛起，威武强壮的伟大人物在风云变幻摧枯拉朽的文艺复兴运动中露出锋芒。而且数量那么可观，这在欧洲历史上闻所未闻。能力、智力与骄傲，三者融合在一起便造就了超人。只有具备伟大目标的激情才会在这个目标的引导下变成强力。伟大的目标又会将纠缠不清的欲望变成强力人物的人格。"让思想家去痛苦吧，他不是培育花草的园艺家而只是生长花草的土壤"。被自己的感情所左右的是什么人呢？是弱者，他不能自制，他怯懦无力，仰人鼻息。他是不协调的人，是颓废的人。约束自身，这是至关重要的。"谁要是不愿仅仅做一个碌碌无为之辈，他只需放弃享乐，不再纵容！有了目标，一个人可以因此而严格要求别人，更重要的是会严格要求自己。为了目标，除了出卖朋友，他会去做一切事情。"——这就是品质的最后证明，超人的最终定则。

只有将这样的人看作我们奋斗的目标和奖赏，我们才能够热爱生命，积极进取。"我们必须具备一个为了它能互敬互爱的目标"。让我们变成伟人吧，或者做伟人的奴仆和工具。无数欧洲人为了波拿巴目标自愿充当工具，高呼着他的名字饮弹沙场，欣然赴死，这是多么壮观的景象！我们当中也许有独具慧眼的人可能成为我们可敬而不可近的超人的预言家，可以为他的到来开辟道路。我们不分民族，不分时代，无论怎样隔离，都为这个目标共同奋斗吧。如果查拉图斯特拉知道世间还有这么多超人的热爱者的话，那么他就是在痛苦磨难中也会引吭高歌的。"你们这些孤独的人们，今天你们相互分离，总有一天，你们会成为一个民族，一个经过精心选择的民族将会在你们中间崛起，因为你们选择了自己。而超人也就会从这样的民族诞生。"

所以，贵族制是造就超人的必经途径。民主——"这个依人数多少来作决定的狂热症"——必须尽早予以连根拔除。对一些层次较高的人来说，首先要彻底摧毁基督教。基督教的胜利意味着民主的开端。"第一个基督徒生来就是一切特权的反抗者，他是为了'平等权利'生活着，不遗余力地奋斗着。"如果在今天他早就被流放到西伯利亚去了。"你们中间的最伟大者，让他做你们的奴仆吧。"这是对所有政治明智和清醒头脑的反动。确实，人们在福音书中可以感受到俄国

小说里的那种气氛，那些全都像是从陀思妥耶夫斯基那里剽窃来的。只有在下层人群中，只有在统治者已经腐化堕落到再不能进行统治的时代才会产生这种荒唐的奇思异想。"当尼禄和卡拉卡拉高居王位时，曾产生过卑贱者比高贵者更有价值这种咄咄怪事来。"

就像基督教征服欧洲标志着古老贵族的终结一样，条顿武士们扫荡欧洲，刚将阳刚的美德振兴起来，奠定了现代贵族的基础。这些贵族不被"道德"所累，"不受社会任何约束。"他们怀着野兽般的天真无邪，干尽了杀人、抢劫、纵火、酷刑等一系列令人毛骨悚然的罪恶勾当，带着骄横和坦然的神色像是狂欢乱舞的怪兽回来，仿佛这一切仅仅是小孩子的恶作剧罢了。就是这帮人充斥着德国、斯堪的纳维亚、法国、英国、意大利和俄国统治阶级。

一群嗜血好杀的金发碧眼猛兽，一个征服者和统治者的民族，凭借军队和组织的强力。肆无忌惮地把他们尖利可怕的爪牙伸向数量上占优势的民族……就是这群怪兽建立了国家。国家起源于契约的梦幻破灭了。一个天生就是统治者的人，就能主宰天下的人，一个带着粗野凶残的暴力登上历史舞台的人，怎么会把契约放在眼里？

这个威武雄壮的统治阶级已经首先让天主教对温柔的女性道德的赞美，其次让清教徒和贱民倡导的宗教改革思想，继而又让与劣等民族的通婚给破坏了。当天主教逐步腐化成为文艺复兴时贵族的非道德的文化时，宗教改革运动以复苏了犹太教的严厉和庄重将这种文化砸得粉碎。有谁最终知道或愿意知道文艺复兴到底是怎么回事？那就是对基督教价值的重估，就是尽心竭力，利用天性和全部才智创造出完全相反的价值观。贵族的价值最后将获得胜利。我们看到我们的面前出现了一种充满神奇的魅力和色彩斑斓的可能性……凯撒·博尔吉亚来作教皇，你知道我们的意思吗？

新教和啤酒使德国人的才智变得匮乏，现在又加上了瓦格纳的歌剧。结果现在的普鲁士人变成文化的最危险的敌人之一。"一有德国人在场，我们的消化系统就会出现问题。"就像吉本所说的，世界要消亡，那不需要别的，只需要时间——尽管是漫长的时间。同样，要在德国摧毁虚幻的妄想，也不需要别的，只需要更长的时间。"德国战胜了拿破仑，就像路德打败了教会一样，都是对文化的摧残。从那以后，德国就将自己的歌德们、叔本华们、贝多芬们抛在脑后，开始去崇拜"爱国者"。德意志至高无上——这大概就是德国哲学的结束。德国人天性的严肃和深沉似乎使人觉得他们还有战胜的希望。他们比法国人和英国人拥有更多的阳刚的美德。他们有毅力，有耐心，并且勤劳刻苦，因而创造了他们的文化、科学和军纪。能够看见整个欧洲对德国的军队满怀恐惧，那是多么令人欣慰呀。假如德国的组织能力同俄国潜在的人力物力资源结合起来，那么一个伟大的政治时代就会来临。"我们要想成为世界的主宰，就必然需要最精明的犹太金融家……我们必须无条件地同俄国联合。选择其他道路，不是被四面围剿，便是自取灭亡。"

困扰德国的烦恼是心智的呆滞，这是它为其性格的稳健付出的代价。德国人具备让法国人成为欧洲最优秀、最高贵的民族的那种悠久的文化传统。"我们只信任法国文化，除它之外，其他称为欧洲文化的东西全都是一种歪曲。"只要读一读蒙田、拉罗什富科……沃夫纳格、尚福尔，人们就会感到比别的民族的任何作家大师更接近先辈古风。"伏尔泰是思想家中的大师"，泰纳是所有活着的"史学家中的杰出者"。就连后来的法国作家福楼拜、布尔盖、法朗士在思路的清晰和语言的流畅方面都令欧洲其他作家难望其项背。"这些法国人的思想是多么的清晰明快，精确细致啊！"欧洲人高雅的情趣、情感和行为方式都是法兰西的功劳。但只限于古老的法兰西，只限于16、17世纪时的法国人。法国大革命摧毁了贵族制，也摧毁了文化的媒介和摇篮。今天法国人的灵魂显得比从前脆弱苍白。尽管如此，它依然具备许多优秀品质。"在法国，人们对所有的心理学和艺术问题都研究得精深而透彻，德国远远做不到这点……当德国作为政治大国而崛起时，法国在文化领域又占据了新的显要的地位。"

俄国是当今欧洲的金发猛兽。这个民族"死心塌地地听命于命运的摆布。这使他们在今天比我们西方人更优胜"。俄国因为没有"愚蠢的国会制"，所以有一个强大的政府。意志的力量在那里汇集积蓄着，现在它的澎湃气势急欲寻找一个宣泄口。因此，倘若俄国主宰了欧洲，是没有什么可奇怪的。关心欧洲前途的思想家在展望欧洲未来时总会把犹太人和俄国人视为发生的重大事件和战争中的最现实的角色。但是，意大利人是现有民族中最优秀最有活力的人。就像阿尔佛雷

夸耀的那样,"人类之树"在意大利生长得最茂盛,即使是最低下卑贱的意大利人也有男子汉的勃勃英气,也像贵族一样傲慢。"贫穷卑微的威尼斯船夫也比柏林的枢密大臣更有出息,因而也是一个更好的男子汉。"

最糟糕最差劲的要数英国人了。他们用民主的骗局腐蚀了法国人的心灵。"店主、基督教徒、牧人、女人、英国人和其他民主主义者都是一丘之貉。"英国人的功利思想和庸俗市侩是欧洲文化的最低点。只有残酷竞争的国家的人们才会将生活看成是一场单纯的求生存的竞争。只有在店主和船主的势力压倒贵族的国家里,才有可能捏造出民主来。这即是英国馈赠给现代世界的礼物,图谋害人的礼物。谁可以将欧洲从英国人手中营救出来,将英国人从民主的泥坑拯救出来呢?

2. 贵族论

尼采认为:民主暗示着毫无约束,暗示着有机体的各个部分都可以随心所欲,暗示着整体凝聚力的丧失,共生共存的瓦解,也暗示着自由和混乱将主宰一切。民主就是对平庸的推崇,对杰出人物的敌视。民主会扼杀伟人。伟人怎么能够在选举中向粗鄙下贱之徒卑躬屈膝呢?他们哪有什么机会?狗是狼的敌人,一般人是伟人的敌人,一般人憎恨自由精神,敌视所有叛逆和不甘屈膝的人,不崇拜非"正式党员"的人。这样的土壤怎么能够培育出超人?倘若一个民族的卓越人物,命运坎坷,默默无闻,这个民族何以能伟大呢?这样的社会只会毫无生气和个性。假如仅仅平面地——不是垂直地——效法模仿,那么成为理想和楷模的不是出类拔萃的杰出个人,而是庸碌众生。这必然导致人人相似,乃至男女不分,男人变成女人,女人变成男人。

男女平等是民主制和基督教义催熟的果实。"所谓男女平等,就是说男人不像男人,女人不像女人。十足的男子汉应挽救女人身上的女人味"。易卜生那个典型的老处女式的人物创造了"获得解放的女人"。"女人不是男人的肋骨做成的吗?"现在男人叹惜:"我们的那根肋骨有多虚弱啊!"女人由于"追求解放"而失去权力和威望。女人在波旁王朝时拥有的地位呢?男女平等是不可能的,因为他们之间的战争是没有止境的。没有胜利就谈不上和平。只有当一方完全服从另一方时和平才会降临。给女人讲平等是很不明智的。她并不仅仅满足于平等。如果男人是真正的男子汉的话,女人反而乐于服从。对女人来说,她的完美和幸福决定于她会不会做母亲。"女人的一切都是谜。而这谜只有一个答案：那就是生育儿女。""男人对于女人是一种工具，儿女才是她的目的。女人对于男人来说又是什么呢？……一个危险的玩物。""教育男人是为了让他们学会打仗的，教育女人是为了让她们怎样取悦勇士。其他一切都是荒唐的。"但是完美的女人是比完美的男人更高贵的一种人。但是那样的女人简直难得一见。男人给女人再多的温情也不为过。

　　女人通过婚姻而完善了自己，男人却因婚姻而变得鸡肠小肚、狭隘空虚，这是婚姻关系不和谐的一个原因。男人向女人求爱时说为了得到她宁愿抛弃世上的一切。一旦结了婚，果然履行前约。孩子呱呱坠地，男人就将世界忘掉。爱情的利他变成了家庭的利己。诚实与创新是独身者的奢华。"在最高级的哲学思维上，一切已婚的男人的哲学思维都是不可相信的。你们这种残暴无能也许可以为你们呼喊出平等来，为妻子儿女去挣面包、谋取安全和地位，我们觉得太不可思议了。随着孩子的降生，自己便死去的哲学家不在少数。一缕清风从房门的钥匙孔里钻进来，引诱我们说：'出来吧！'房门也乖乖地随之而开说：'去吧！'而我们却为儿女情长所捆系，无法挣脱。"

　　与男女平等一起来的是社会主义和无政府主义。它们都是民主的孩子。倘若平等的政治权力是合理的，那么为什么没有平等的经济权力呢？为什么到处都有领袖呢？有些社会主义者也许会称颂《查拉图斯特拉》，但他们的称赞是不受欢迎的。"有人一面传播我们的人生哲学，一面又去鼓吹什么平等……我们不愿人们将我们同这些平等的传教士相提并论。我们理解的正义是：'人本来就不平等'。""我们不希望同他们有什么共同之处。"大自然厌恶平等。它宠爱的是个体、阶级区别、种族优劣。社会主义与生物学法则南辕北辙，进化的过程就是劣等物种、种族、阶级或个人被优胜者利用的过程；整个生活就是一场剥削，并最终以其他生命为生。大鱼吃小鱼，全部奥秘，都在这里。

　　不管怎么说，奴隶还是要比他的现代主子——资产阶级高贵得多。19世纪文化低劣的标志就是有钱的商人竟然成为推崇和嫉恨的对象。但是这些商人也同他们的推崇者或嫉恨者一样是奴隶，他们是死守成规的木偶，忙忙碌碌的牺牲品。他们没有工夫去接受新思想，思考是他们的禁忌。他们没有能力获得精神上

的享受。因此他们便骚动不安，努力地去追求"幸福"：去建造从来都不是他们家的房屋。去追求粗俗下流的奢华享乐。去画廊观赏价格昂贵的"真品"，他们纵情寻欢，可这并未振奋或刺激心灵，反而腐蚀了心灵。看看这些富裕的人吧！他们得到了财富，却因此更加贫穷，他们接受了贵族制的一切戒条，但不能跨入作为回报的精神王国。"看看他们向上爬得多快啊，这些身手敏捷的猴子！他们互相践踏着向上爬，结果一个个跌入泥淖与深渊……成了通体铜臭的店主、不安分的野心家、邪恶污秽的生物。"这些人拥有财富，却不会合理运用，因为他们不能将财富使用在高贵的事物。"只有聪明人才应拥有财富。"其他人以财富本身为目的，争先恐后地追逐。看看"眼下各民族的疯狂吧，它们的欲望就是生产尽可能多的东西，成为最富有的人。"直到最终，人变成了凶猛的鹰隼，"他们等待时机，随时准备置对方于死地，却标榜友善睦邻……就是从垃圾废物里他们也要吸取那微不足道的利润"。今天，商业道德不过是海盗道德的改头换面。廉价购进，高价卖出"。这些人高喊放任自流。但正是这些人最需要监督和控制。也许一定程度的社会主义虽然危险，却是有一些道理的："我们必须从私人手中或私人公司手中夺取有利于聚集大量财富的流通和商业部门，尤其是金融市场，应将那些腰缠万贯的商人，像那些一文不名的乞丐一样，当作社会中最危险的人。"

　　介于资产阶级和贵族之间的是军人。在战场上耗尽了士兵，让他们在荣誉的麻醉下，愉快地捐躯的将军，也比让工人在机器旁为他的利润而耗尽生命的老板要高尚得多。看一看工人从工厂涌向沙场时，心情是多么欢欣舒畅吧。拿破仑不是凶残的屠夫，而是慈悲为怀的恩人。他将死亡和军人的荣耀一起奉送给人们，并不是让人们为钱财去耗尽生命。人们簇拥着，聚集在他的大旗下流血牺牲，因为他们宁愿捐躯沙场也不愿去忍受再去制作一百万颗纽扣时的单调乏味。"在历史上创造了男子汉，勇敢者压倒商人和庸人的荣誉总有一天要归之于拿破仑。战争对日渐软弱、贪图舒适、卑鄙无耻的民族是一剂绝妙的良药。它会激起在和平环境中腐烂了的天性。民主的娇柔软弱很有必要让战争和兵役来矫正"。"一个社会的本能最终使它放弃了战争和征服，这个社会也就堕落了。民主与店主的统治时机也就成熟了"。但是现代战争的起因一点也谈不上高尚；改朝换代，宗教的原因引起的战争比现在以武力解决商业争端要文雅一点。五十年内这些骚动不安的政府，（欧洲的民主国家）将为争夺世界市场，进行一场大战。不过也许这场疯狂的大战将会导致欧洲的统一，如果能达到这一目的，即便以一场商业战争作为代价，也不算很大。因为只有统一了欧洲，才能产生出那种优秀贵族的统治，欧洲才能获得拯救。

政治面临的难题就是阻止商人处于统治地位。因为这类人鼠目寸光，且具有政客的小肚鸡肠，明显缺少天生贵族的气质，他们无法被训练成见解超凡的政治家。超凡脱俗之辈具有神圣的统治权，也就是具有才能超群的权力。贱民也有自己的位置，不过不是君主的帝位。他在其适合的位置上是幸福的。他的美德就像领袖人物的美德一样是必需的。"深刻的思想家根本没有必要将平庸本身看做一种障碍。"勤劳节俭、循规蹈矩、绝对服从、适可而止，有了这些美德，平庸之人就会变得完美无缺了。不过仅仅是工具的完美罢了。"高度的文明就像一座基础稳固的金字塔；其先决条件就是以庸人群体作为坚实的底基。"无论什么时候，只要有人成为领袖人物，就必须有人成为追随者。大众将被迫，并且会心悦诚服地在卓越超群者的明智的指引领导下恪尽职守。

"只要有生物的地方就会有服从。所有生物都必须听命服从，其次，不能服从自身的意志就得服从他人的意志，这是自然的规律。再次，发号施令比听从命令更难。发号施令者不仅要承担听从命令者的重负——也很容易让这个重负给压垮——他的号令中还包含着辛苦和危险。生物只要发号施令，他们就得冒极大的危险。"

理想的社会应分成三个阶层："生产者（农民、无产者与商人）、行政人员（军人和各种机构的官员）和统治者。"统治者只需统治，他们不必在政府机构中行使职权。政府的实际工作也是很低贱的。统治者应是哲学家式的政治家，而不是政府官员。他们的权力就是对财政和军队的控制。但是他们的生活方式更像军人，而不像金融家。他们将又一次充当柏拉图所说的保卫者。柏拉图说得正确，哲学家是最高贵的人。他们除了拥有勇气和力量以外，还应有修养；既是学者又是将军，二者集于一身。他们之间相互敬重、情意相投、团结一致。"这些人应该严格地按照道德、习俗、尊严的准则来要求自己。尤其应该互相监督，自我约束。另一方面，在相互的交往中，在考虑问题时，独具一格，在待人接物，自尊和友谊等方面，他们应该表现出新的风貌。"

这种贵族会成为一个特权阶级，他们的权力可以世袭吗？基本上是这样的。只是偶尔要注入一些新鲜血液。但是没有什么能比模仿英国贵族与粗俗的富商通婚更能毒害削弱贵族阶级了。正是这种联姻毁灭了空前绝后的最伟大的统治机构——古罗马的贵族元老院。人的出生绝不是"偶然的"。它是大自然对婚姻判下的结果。只有经过世代精心甄选，经过合理的婚配之后，完美无缺的人才能出现。"一个人是什么，早已由他的祖先确定下来了"。

我们习惯了民主制，贵族制大概听起来不太顺耳吧？但是，不能容忍这个哲理的民族注定要毁灭。把这哲理看作无上的祝福的民族必然会成为世界的主人。只有这样的贵族才有远大目光，才有勇气将欧洲统一为一个国家，结束愚蠢的民族主义和渺小的小邦爱国心。让我们做"优秀的欧洲人吧"，做像拿破仑、歌德、贝多芬、叔本华、司汤达、海涅那样的欧洲人吧。我们过于长时间地四分五裂，残缺不全。我们本该是一个整体，却成了一盘散沙。伟大的文化怎么能从爱国主义的偏见和狭隘的地区主义的气氛中产生出来并发扬光大呢？渺小的政治时代已经过去，强制性的伟大政治时代将要来临。新的民族什么时候出现？新的领袖什么时候才会临世？统一的欧洲什么时候才会诞生？

（三）评论

"你们听说过我们的孩子们的事吗？

请与我们说说我们的花园；我们的快乐幸福与岛屿；我们的壮美的新生的民族。

我们曾经因为他们而一贫如洗，现在也因他们，我们变得富裕……

我们还有什么没有交出来呢？

我们为了实现那个愿望：那些孩子们，那些生命的种植园，那些用我们最高的意志和最大的希望培育成的生命之树……

我们还有什么不能交出的呢？"

这是尼采所写的一首优美的诗，的确，这与其说是哲学不如说是诗。我们知道其中不乏违情理之处，也明白这个人为了说服和矫正自我而偏离得太远；然而我们在每一行中都能读出他的痛苦，即使在对他产生怀疑的地方，我们也依然喜爱他。有时候我们可能厌倦伤感和臆想，却愿意品味怀疑和否定的苦涩；这时，尼采来了，好像拥挤在教堂的人们在冗长的礼拜仪式后，挤出了那沉闷的所在，感受到迎面而来的旷野和清爽的风。"知道怎样在我们的作品的空气中呼吸的人都能意识到，它就是高山上的风；令人振奋的风。呼吸它的人要有天赋的体魄，否则他很可能因此而丧命。"千万不要将麻醉剂误当成喂养婴儿的乳汁。

尼采说过，"总有这么一天，人们会说，海涅和我们是有史以来德国最伟大的，绝无仅有的艺术大师，所有杰出的德国人，即使他全力以赴也只能被我们远远甩在后面。"事实差不多正是这样。"我们的文风极富变化"，他说，每一个句子都是一支长矛，灵巧、遒劲、流畅的行文——正是剑客的风格：迅速、精彩，令凡夫俗子目不暇接。但是，重读他的著作，我们发觉这夺目的光彩中有一些东西是来源于夸张，来源于一种有趣的，但终究是神经质的自吹自擂，来源于对各种公认观念的随便颠倒，对各种美德的奚落及对各种邪恶的颂扬。我们看到，他像二年级大学生一样喜欢作骇人听闻之语；我们可以断定，当一个人对伦理道德抱有偏见时，要说出石破天惊之语非常容易。这些专横的断言，这些毫无遮掩的概括，这些再反复的预见，还有这些矛盾重重的观点——它们更多是与他本人的矛盾，而不是别人——表现出一种失去平衡，近于疯狂的心理。最终，这横溢的才华耗尽了我们的精力，拖垮了我们的神经，它就像在肉体上不断鞭打或交谈中高声的叫嚷一样令人不堪折磨。这些激烈的言辞里有一种日耳曼民族的咆哮，却没有丝毫的自制，而有所节制止是艺术的最高原则；同时，它还根本没有平衡、和谐和一种争论的文雅，而尼采对法国人的这些风度却又是那样地敬慕。虽然如此，这仍是一种遒劲的文体，它的热情和执着令我们折服。尼采并不证明什么，他只是预告和揭示；他凭着丰富的想象而不是逻辑来征服我们；他献给我们的不仅是一种哲学，也不仅是一首诗歌，而是一种新的信念，新的希望，新的宗教。

他的思想和他的风格，证明他是浪漫主义运动的产儿。他问道："一个哲学家，应该持之以恒要求自己什么？应当是超越自己的时代，变成'永恒'。"这就是追求尽善尽美的忠告，但他自己与其说是遵守了它，不如说是背离了它。他经受了时代洗礼，而且是完全的洗礼。他并没有认识到，他的超人的非道德主义和施蒂纳的不平衡个人主义正是一脉相承的，而极端个人主义又来源于费希特的

"绝对自我","绝对自我"则要上溯到康德的主观主义——正如叔本华诚实地声称的那样:"世界是我们的表象。"超人不仅是叔本华的"天才"、卡莱尔的"英雄"和瓦格纳的齐格弗里德;他看下去更像席勒的卡尔·莫尔,歌德的格茨。尼采从年轻的歌德那里得到的并不只是(超人)这样一个词,他对歌德后期奥林匹斯山的肃穆是那样心怀嫉妒地嘲笑讽刺。他的作品中充溢着浪漫的色彩与情调,其中"我们受苦"与海涅的"我们要死"一样频繁出现。他自称有一个是"神秘的,几近癫狂的心灵",并声称《悲剧的诞生》是"一个浪漫主义者的自白"。他写信对布兰代斯说:"我们担心我们太沉醉于音乐了,最终不得不成为浪漫主义者。""当作家的作品讲话时,作家本人必须沉默",但尼采总是不愿意沉默,他在每一页上都是以第一人称进行陈述。他赞美本能、个人和酒神,反对思维、社会和太阳神,这正好显示出他的一生中他的那个特殊时代在他身上烙下的印记。他对于那个时代的哲学,好比瓦格纳对于那个时代的音乐——代表了浪漫主义洪流的巅峰。他从社会的压抑下解放了并歌颂起叔本华的"意志"和"天才",正像瓦格纳打破悲怆奏鸣曲与第五第九交响乐的格局,解放了激情,使它挣脱古典音乐的束缚并予以弘扬。他是卢梭继承者中最后一个伟大的传人。

现在,让我们再沿着与尼采一起走过的路返回去,并将我们常常禁不住打断他讲话的一些反对意见告诉他,不管这反对是否有效。在晚年,他很有自知之明。认识到《悲剧的诞生》的新颖别致在多大程度上是无稽之谈。像维拉莫维茨·默伦多夫之类的学者们对这本书付之一笑,认为它超出了语言学的范畴。推溯出瓦格纳与埃斯库罗斯的一脉相承的关系,这是一位年轻的信徒在一座专横的上帝庙前所作的自我牺牲。谁会相信宗教改革是"酒神式的",也就是粗野的、非道德的、狂欢滥饮的大发酒疯;而文艺复兴又正好相反,显得宁静、节制、温文尔雅、是"太阳神式的"?谁又会怀疑"苏格拉底哲学是歌剧文化的根基"?对苏格拉底的攻击只是一个瓦格纳信徒对逻辑思维的藐视,对酒神的颂扬则是一个长期静坐的人对行动的崇拜(因而也是对拿破仑的推崇)和一个性格内向的单身汉对强力男人的酒兴和性欲的私下里的钦羡。

尼采认为前苏格拉底时代是希腊的黄金时代,这种看法或许有点道理。毫无疑问,伯罗奔尼撒战争削弱了伯里克利文化的经济和政治基础。然而,只知道苏格拉底瓦解人心的批评（就好像尼采自己主要不是起这种作用似的）；而忽视他对一个不是被哲学而是被战争、腐化和非道德摧毁了的社会所做的拯救工作，也是有点荒唐的。只有一个喜欢故作惊人之语的教授，才会将赫拉克利特那些晦涩、片言只语的教条凌驾于柏拉图完善的智慧和完美的艺术之上。尼采对柏拉图的斥责，正如他指责所有有恩于他的人一样——债主在欠债人看来绝不会是英雄。然而，尼采的哲学又是什么哲学呢？不过是忒拉叙马利科和卡立克利的伦理学以及柏拉图的苏格拉底式政治学而已。尽管尼采有较深的语言功底，他却从未真正领悟希腊人的精神，他从来没有记住这样一个教训，那就是，中庸之道与自知之明（正如德尔菲神庙的铭文和那些伟大哲人教导的那样），应当防范激情与欲望之人，而不是将其扑灭，太阳神应该限制酒神。有人将尼采描绘成一个异教徒，然而他不是：既不是伯里克利之类的希腊异教徒，也不是歌德那样的德国异教徒；他没有使这些人作为自强之术的那种心理平衡和自我克制。"我们要把安详宁静还给人们，它是一切高深修养的前提"，他写下这样的话。可是天哪，一个人怎能将自己都没有的东西送给别人呢？

在尼采的全部著作中，《查拉图斯特拉如是说》最不容易受到批评，一部分是因为它晦涩难懂，一部分是因为它那些无可争辩的优点使一切显著的缺点都显得微不足道。永恒轮回的论点，尽管对于"日神式的"斯宾塞和"酒神式的"尼采都是见惯不惊的，但它仍然令人抱有一种病态的幻想，即使到了生命的最后一刻，也还在作故弄玄虚的努力，想要重振对永生的信仰。无论哪一个评论家都清楚地看出他自相矛盾之处，因为他一面露骨地鼓吹利己主义（查拉图斯特拉"宣称自我神圣不可亵渎，自私自利是天赐本能"——分明是施蒂纳说教的回音），一面又号召人们为准备迎接超人而实行利他主义和自我牺牲。然而，读过这种哲学，谁还甘为奴仆，而不想成为超人呢？

至于《善恶之彼岸》和《道德的世系》里宣扬的伦理体系，也仅仅是一种富有刺激的夸夸其谈罢了。我们承认有引导人们更加勇敢，更加坚强的必要——几乎一切伦理哲学都是这样要求的，但是，要求人们变得更残忍、"更坏"。这不是多此一举的补充？并且，也没有多大的必要去抱怨道德是弱者限制强者的武器。强者不拘泥于道德，反而会更聪明地利用它：大多数道德的准则都是上层强

加给下层的。人们对美的颂扬和对恶的谴责是对权威的模仿。诚然，谦卑偶尔也应该受到嘲弄："我们乞求和屈从得太久了。"正像这位善良而沉郁的诗人所言。然而，在现代人身上，这种品质并没有显得过剩。在这个方面，尼采缺乏一种对哲学十分必要并且曾受到他称赞的历史感。不然，他就能看到，主张温顺与谦恭的说教对于野蛮人的放荡不羁、残暴好战的野性是一剂有效的救赎良药；这些野蛮的人在基督出世后的第一个千年里混战不息，几乎将人类文明彻底摧毁，而尼采正是不断地从这种文明中承接甘霖、寻求安慰。对权力和动乱的这种疯狂的强调，不正是一个狂热而动荡的时代反应吗？那种想象出的人人皆有的"强力意志"好像并不曾在印度人的沉寂、中国人的安详和中古时代农民自足的习俗中显现出来。强力的确是少数人崇拜的偶像，但绝大多数人更渴望安定与和平。

一般而言，无论哪个读者都能发现，尼采从未认识到社会本能的地位和价值，他以为利己主义和个人主义的冲动还需要哲学来强化：人们一定想知道，尼采怎么没有看到陷入自私混战的泥沼的欧洲都在忘掉文明的习俗与成就，而这些习俗与成就不仅令他极为敬慕，并且全依赖于人们之间的合作、社会和谐与自我克制。基督教的本质功能，就是通过不断灌输一种无比的温和文雅理想以缓和人类野蛮的天性。假如有的思想家担心，人们已经抛弃了利己主义并堕落进极端的基督教善心之中，那么，他只需看一看周围，就再也用不着疑虑重重了。

因为疾病和神经质造成的孤独，不得不与世人的愚蠢和平庸斗争，尼采最后竟觉得一切伟大的品德都只属于那些孤独者。为了反对叔本华将个体湮没于群体的极端，他却走到了要个人彻底脱离社会管束的另一个极端。因为爱情上的挫折，他对女人进行恶毒的攻击，这种态度对于哲学家而言是毫无价值的，对于一个男子汉而言则是违反本性的。他的寿命太短了，阅历太不丰富了，以至于他那些褊狭片面的真理没有完整成熟的智慧。活得足够长，他也许能够将他粗糙混乱的思绪梳理成一个和谐完美的体系。他有一句形容耶稣的话，来形容他自己也许更合适："他死得太早了；要不他会撤回他的主张，假若他能活到一个较成熟的年龄。高尚的他是会做出这种自我否定的！"可是死神另有安排。

那么，尼采还剩下什么呢？剩下的东西也足可让批评者们坐立不安。尼采遭到了每一个追求社会地位者的批驳，但他巍然耸立，仍是现代思想的里程碑和

德国散文的顶峰。当他预言未来的人们将把历史分为"尼采前"和"尼采后"两个时期时，他无疑是言过其实了。不过，他确实使人们对过去一直认为理所当然的制度和观念进行了批判性的回顾。今天依然可以说：他为研究希腊戏剧和哲学开辟了新的天地；他一开始就告诫人们瓦格纳的音乐中具有浪漫主义衰败的印记；他对人性的剖析就像外科医生的手术刀一样锋利准确，可能也同样可以治疗顽疾；他揭露了一些隐秘的道德根源，而现代思想家没有谁做过；他"在伦理学中倡导了一种从来没有被发觉的价值观——贵族政体"；他迫使人们不得不诚实认真地思考达尔文主义的道德意义；他创作出了他那个时代文学中最伟大的散文诗，而且（这一点最重要）他设想人类将最终超越人类自身。他虽说话尖刻，但句句都是难能可贵的诚挚之言。他的思想穿透当代人的心灵，就像凌利闪电劈开乌云，就像强劲的疾风扫荡蛛网。由于尼采的创作，欧洲哲学的领域的空气现在才能这样明静，这样清新。

毫无疑问，尼采紧张的思考过早地耗尽了他的生命力，与时代抗争使他失去心理上的平衡。"一个人与所处时代的道德体系对抗是极其可怕的事情，它会内外攻袭地……向他报复。"到了后期，尼采的作品越来越辛辣尖刻——他不仅抨击各种各样思想，也指责形形色色的人物，如瓦格纳、基督等。他写道："智慧的增长，可以精确地用辛辣尖刻的减少进行衡量。"然而他却说服不了他的笔。在精疲力竭的时候，他的笑声里也充斥着某种疯狂的东西。"或许我们最明白何以人是仅有的会笑的动物：因为只有他才能遇到难以忍受的痛苦，因此他被迫发明了笑声。"宿疾缠身和视力锐减是他精神崩溃的生理原因。他开始陷入偏执狂的极端情绪中，有时情绪高昂，有时沮丧。他将自己的一本书寄给泰纳，并附上一张条子告诉这位大评论家说，这是一部现有的最杰出的书。他的最后一本书《瞧，这个人》充斥着狂妄的自我吹捧，就像我们已经看见的那样，"瞧，这个人"！我们对这个人瞧得很清楚！

如果别人再多给他一点赏识，也许就可以事先阻止这种孤芳自赏式的自高自大，使尼采可以更真实、更理智地认识自己。但是，赏识来得太迟了。当差不多所有的人都蔑视他，都对他口诛笔伐的时候，只有泰纳给他写了一封充满赞美之言的信；还有，布兰代斯写信告诉尼采，他正在哥本哈根大学开设关于尼采的

"贵族的激进主义"的讲座课程；斯特林堡来信说，他正将尼采的思想运用到戏剧上。但最让他感动的，大概要数一位匿名的崇拜者寄来的一张400美元的支票了。但是，这点点微微的光明来临时，尼采的眼睛和心灵都近乎彻底失明。他早就绝望了。"我们的时代还没到来，"他写道："只有未来才属于我们。"

总之，尼采的哲学价值具有两重性，一方面，尼采继承了启蒙运动的精髓，反映了现代意识的觉醒。对人生价值的积极肯定，引发了人们对人生意义人生价值的思考，重新定位人生；对工具理性和工业文明的否定性批判，开启了现代非理性主义思潮。另一方面，对理性的批判，对传统的否定也存在着片面性，这正是后现代主义欣赏的一面。他的伦理思想反映了当时正在形成的垄断资产阶级的利益。

五、马克思及其哲学思想

（一）马克思生平

卡尔·马克思（1818—1883），生于德国莱茵省特里尔一个律师家庭，祖父列维·马克思是一名犹太人律法学家，他的父亲希尔舍·卡尔·马克思，后改名亨利希·马克思，生于1782年，同荷兰女子罕丽·普列斯堡结婚，生育多名子女，但从确定继承人的文件中发现，只有卡尔·马克思和三个女儿索菲亚、爱米尔、路易莎存活。

1830年10月，马克思进入特里尔中学。中学毕业后，进

卡尔·马克思

马克思和恩格斯共同商讨问题

入波恩大学,后转学到柏林大学,并于1841年完成柏林大学学业,同年另以论文《德谟克利特的自然哲学和伊壁鸠鲁的自然哲学之区别》申请获得耶拿大学博士。毕业后担任莱茵报主编,后辞职。期间认识了弗里德里希·恩格斯。1843年6月19日,马克思与生于1814年的贵族小姐燕妮结婚。

1845年12月宣布脱离普鲁士国籍。其后和恩格斯一起完成了《德意志意识形态》。书中批判了黑格尔的唯心主义,费尔巴哈唯物主义的不彻底。第一次系统地阐述了他们所创立的历史唯物主义,明确提出无产阶级夺取政权的历史任务,为社会主义由空想到科学奠定了初步理论基础。

(二) 马克思的哲学思想

马克思是德国政治哲学家及社会理论家,马克思主义创始人。主要著作有《资本论》、《共产党宣言》等。他是无产阶级的导师,共产主义运动的创始人。

马克思的哲学思想是个庞大的体系,限于篇幅,这里只做简单地介绍。

马克思认为,哲学是人的解放的头脑,也就是说,它是解放者(无产阶级)的精神武器。他认为社会主义的出现是历史的发展的必然趋势。为了证明它的合规律性,哲学作为人的解放的头脑就应当承担这样的一个任务。在《共产党宣言》中马克思主张在无产阶级和资产阶级的斗争所经历的各个发展阶段上,共产党人始终代表整个运动的利益。因此,在实践方面,共产党人是各国工人政党中最坚决的、始终起推动作用的部分;在理论方面,他们胜过其余的无产阶级群众的地方在于他们了解无产阶级运动的条件、进程和一般结果。

从阶级及阶级斗争的理论出发,马克思认为私有制社会中对立阶级之间的斗争具有不可调和的特点,统治阶级需要用暴力来镇压被压迫阶级的反抗。以保持阶级之间的平衡,把阶级关系维持在符合统治阶级利益的秩序和范围之内,那就是国家。这样,作为统治阶级统治工具的国家就应运而生。无产阶级要想获得自由的解放,就要必须团结起来,进行暴力革命,以推翻资产阶级的专政,建立起无产阶级专政或社会主义国家,直到消灭阶级和国家的共产主义高级阶段到来为止。

20 世纪的现代哲学

一、柏格森的哲学思想

柏格森(1859—1941),法国哲学家,文笔优美,思想富于吸引力,曾获诺贝尔文学奖,是 20 世纪最重要的法国哲学家。他影响了威廉·詹姆斯和怀特海,而且对法国思想也有相当大的影响。索莱尔是一个工团主义的热烈倡导者,写过一本叫《关于暴力之我见》的书,他利用柏格森哲学的非理性主义为没有明确目标的革命劳工运动找根据。不过,到最后索莱尔离弃了工团主义,成为君主论者。柏格森哲学的主要影响是保守方面的,这种哲学和那个终于发展到维希政府的运动顺利地取得了协调。但是柏格森的非理性主义广泛引起了人们完全与政治无关的兴趣,例如引起了萧伯纳的兴趣,他的《千岁人》就是纯粹柏格森主义。

（一）直觉、理智和绵延

不同于大多以往的哲学体系，柏格森的哲学是二元论的。他把世界分为生命和物质两个完全不同的部分。整个宇宙是向上攀登的生命和向下降落的物质两种相反方向运动的矛盾冲突。在世界开始时，生命便产生了巨大的活力冲动，它遇到物质的障碍，努力在物质中开辟一条路径，渐渐学会通过组织化来利用物质。因为物质强制它适应，生命部分地被物质征服了，但它仍保持着自由活动的能力。

直觉是本能的最佳状态，指那种无私的、自意识的、能够沉思自己对象并将该对象无限扩大的本能。理智或智力不是思考进化的，而是将生成表现为一连串状态。理智在空间上起分离作用，在时间上起固定作用。它的特征是没有能力理解生命。它的典型产物是几何学和逻辑学，适用于固体物质。理智的起源和物质物体的起源彼此相关，且在相互适应中发展起来。这个观点有理解的价值。其意思是：理智是看出各个事物彼此分离的能力，物质就是分离成不同事物的那种东西。不存在分离的固体事物，只有一个无尽头的生成之流。生成运动向上，称为生命；向下则称为物质。我们将宇宙想象为圆锥形，"绝对"位于圆锥的顶点，向上运动使事物结合在一起，向下运动则把事物分离开。生命向外观望是理智，理智是上升运动对下降运动的观察，其本身并非下降运动。

柏格森认为，将事物分离的理智是一种幻梦。理智是和空间联系在一起的。一些互相渗透的事物被看成分离的固体单元。所谓空间性就是分离性。具有分离作用的理智有几何学倾

柏格森

向。逻辑学是相互外在的概念遵循物质性的指引从几何学产生的结果。归纳和演绎背后都有空间直觉。本能或直觉是和时间联系在一起的。生命或精神的根本特征是时间。这里所谓的时间不是数学时间，即不是彼此独立的各个瞬间的均匀集合体。数学时间是空间的一个形式。对生命十分重要的时间是绵延。绵延概念是柏格森哲学的基本概念，是有必要了解又十分难懂的概念。

纯粹绵延是指这种意识形态形式，即当我们自我控制将生存的现在状态和以前的各种状态分离开时，我们的意识状态所呈现的形式。它将过去和现在结合成一个有机整体，并且体现于记忆中，因为在记忆中过去残存于现在中。

记忆论是柏格森很重要的理论。在《物质与记忆》中，他通过对记忆的分析，断定物质和精神都是实在的。记忆有两种根本不同的形式，运动机制的形式和独立回忆的形式。第二种记忆才称得上记忆。真正的记忆不是脑髓的功能，不是物质的发散。必须由精神来想象过去，必须由物质来体现过去。这里说的物质是具体知觉所掌握的物质，具体知觉占据一定的绵延，说物质是记忆的发散是比较真确的。记忆是一种绝对不依赖物质的能力。关于纯粹知觉的问题，柏格森采取了纯粹实在论的立场。他将知觉和知觉对象看成完全同一的，以致否定知觉属于精神的范畴。

现在我们讲述本能或直觉这个问题。直觉的根本特征在于，不像理智那样将世界分离成分立的事物，不是分析的而是综合的。它体会的是一种相互渗透过程中的多样性。在记忆中，过去存在于并渗透到现在里面。直觉能够理解这种过去和未来的融合。

柏格森的自由说及其对行动的赞扬和直觉的优点密切相关。他在《时间和自由意志》中阐述了这种观点，断定可能有真正的自由。

柏格森基本上只讲自己的见解，而不提这些观点所以成立的理由。因此我们在此只是阐述他的观点。

（二）空间论和时间论

空间论和时间论是柏格森哲学的两个基础。空间论对他指责理智是必需的。时间论对他证明自由，逃避威廉·詹姆士所谓的"封锁宇宙"，阐述有关物质和精神关系的观点是必要的。我们首先来谈比较简单的空间论。

空间论是柏格森哲学的最早部分，在《时间和自由意志》中有详细的论述。在第一章中，他论述了较大和较小暗含着空间的意思。他将较大者看成包含较小的事物，但他没有提出这种观点的理由。下一章中，他阐述了有关数的观念。他将数定义为单元集团或一与多的综合。柏格森混淆了有关数的三种不同概念：一是适用于个别数目的一般概念的数；二是种种个别的数；三是各种具体的数所适用的各种集团。他所定义作为单元集团的数是最后一种。十二使徒、以色列十二支族、十二月份都是单元集团，任何一个都不是"十二"这个数。"十二"这个数不是由十二个事物组成的集团，也不是所有集团共有的。

柏格森依据将某个特定集团和它的项数混淆起来，又将这个数和一般的数混淆起来，以此来使自己有关数的理论显得合理。我们识别了这种混淆后，就否定了他有关数的理论，也否定了所有抽象观念和逻辑都是由空间得出的理论。

柏格森反对理智的全部依据是，他设想的理智是依赖于将事物并列排在空间中的。他将个人习惯性当作思维习惯的必然性。他将理智看成包含空间的观点是错误的。柏格森反理智哲学的恶果是，如果这种哲学依靠理智发展壮大，便会喜欢坏思考而不喜欢好思考，声称所有困难都是不可解决的，将所有愚蠢的错误都看成理智的破产和直觉的胜利。

柏格森认为，任何一系列连续的状态都不能代表连续的东西，处在变化中的事物不属于任何状态。他认为变化是由一系列变化中的状态构成的。这种电影式的见解，是理智特有的、根本有害的。真正的绵延意味着过去和现在的彼此渗透，真正的变化只能由真绵延来解释。真绵延不是指各个静止状态所构成的数学继起。这就是柏格森的非"静的"而是"动的"宇宙观。现在我们用芝诺有关箭的观点来说明柏格森的立场。芝诺认为有箭而没有变化，柏格森认为有变化而没有箭。运动是由运动着的东西构成的，而不是由一些运动构成的。事物在不同的时间处在不同地点，无论时间多么靠近，地点仍是不同的。柏格森反对运动的观点，归根结底只是一种字眼游戏。

柏格森的绵延说和记忆理论紧密联系。记忆中的事物和现在混合在一起，过去和现在并非彼此完全外在的，而是在意识中混合起来。数学时间只是一个被动

的接收器，不做任何事，也就什么都不是。过去就是不再行动者，现在就是正在行动者。柏格森有关过去和现在的这种定义是没有意义的，只是词语的同义反复。他有关绵延和时间的所有理论都是以这个基本混淆为基础：将"回想"这个现在的行动同所回想的过去事件混淆起来。我们认识到这种混淆后，就可以忽略他的时间论了。

柏格森记忆论的底蕴是将现在的记忆行为和所记忆的过去的行为混淆起来。这个普遍的混淆破坏了他和大多数近代哲学家的思想，也模糊了过去和现在的区别。《物质和记忆》中的论述体现了这一点。柏格森所思考的是事物的实际和事物表现的区别，根本不考虑主体和客体的区别。在没有这种区别的地方，他借用观念论，但这是不幸的借用。

柏格森表现的所有混淆都是由于将主观和客观混淆造成的。但这个混淆并非柏格森特有的，而是很多唯心论者和唯物论者共有的。唯心论者将客观看成主观，唯物论者将主观看成客观。只要我们否定了这种同一，柏格森的整个哲学体系就会垮台。

柏格森大部分声望所依靠的那部分哲学，是不依据议论的，因此我们无法凭借议论将其推翻。

二、弗洛伊德的哲学思想

弗洛伊德（1856—1939），奥地利精神分析学家，精神分析学的创始人。其主要著作包括：《梦的解释》、《性欲理论三讲》、《精神分析引论》、《自我与伊底》。

弗洛伊德在西方评价极高，被称为三个伟大的犹太人（马克思、弗洛伊德和爱因斯坦）之一。他的精神分析学说包括如下几个部分：

第一，自由联想说。弗洛伊德认为人的一切活动都是由某种欲望驱动。人的欲望存在于无意识中，欲望受到压抑就可能得精神病。他企图通过自由联想，把潜藏在内心深处的一系列情感、一系列无意识的心理状态揭露出来，达到治疗精神病的目的。其探索无意识的操作程序是这样的：医生首先给病人催眠，再同处于梦幻状态的病人谈话,并通过谈话来发现病人的病源是什么。病人消除了恐惧,病也就自然而然好了。例如,有一次,弗洛伊德给一个青年治疗歇斯底里症。那位青年平时表现很正常,同一般人没有什么区别。但是如果给他一杯水,他就会歇斯底里大发作,甚至暴跳如雷。弗洛伊德通过催眠谈话,很快发现了青年的症结。原来这青年小时候去女房东家玩,看见猫在杯子里喝牛奶,于是感到十分恶心。这时候,女房东又拿起这杯牛奶给他喝,他屈于对权威的服从,不得不喝下了这杯令人恶心的牛奶。自此之后,他看见玻璃杯就发生恐惧。医生把这病原找了出来,对这青年进行心理安抚说:"这是区区一件小事,把杯子摔碎就行了。"如此这般,青年人消除了积累多年的内心恐惧,他的病也就好了。还有一位18岁的女中学生,她突然莫名其妙地失明了。可眼科医生左检查右检查,发现这女孩子眼睛很正常,没有什么毛病,于是就认定这女孩子失明的原因是因为大脑神经出了故障。心理医生同这女孩子谈过话以后,发现女学生读过大量医学书籍,越看越觉得自己浑身是病,由于她不停地自己恐吓自己,于是过了不久她的眼睛也瞎了。心理医生就对她采取针对性的心理治疗,先通过病人家属大造舆论,说这个病只有弗洛伊德能够治好。因为弗洛伊德拥有特效药,而且总共只保存了两支注射剂,全是美国进口的,一支价值1000美

弗洛伊德

元。这样吹来吹去，讲得神乎其神，极力造成病人对药物的迷信。后来，护士给她打了一针，女学生的眼病立刻就好了，什么都看得见了。其实，弗洛伊德叫护士打的仅仅是一支生理盐水！

第二，心理结构三系统论，这是弗洛伊德的前期思想。他说人的思维结构包括三个系统，或者三个层次。处于心理结构最上层的是意识。意识就是与感知有关的心理部分，是对政治法律道德的心理反映，有很强的社会性和理性。处于结构中层的是下意识，下意识从本质上说，是过去的人生经验，特点是可以召回，可以通过回忆而重新唤醒出来。下意识的作用主要表现在两个方面：一是充当警卫，压制无意识；二是压制人的兽性本能，防止这类本能所导致的犯罪和破坏。处于心理结构最下层的是无意识，无意识由人的原始冲动和被压抑的欲望组成，其核心就是里比多（无意识性欲，即性力）。无意识的特点是"双不"，不受理性支配，不可以用记忆召回。所以无意识只能通过梦幻才能表现。无意识理论是精神分析学说的核心，弗洛伊德强调无意识是人类意识的起源和基础，人的一切精神活动最终都是由无意识决定的。经过他的大力宣传，描写无意识特别是性意识里比多之类的东西也就成为现代主义最重要的内容之一。所以无意识理论对现代主义文学的影响是极其深刻的。

第三，人格结构三我论，这是弗洛伊德的后期思想。他认为人格由本我、自我和超我三部分组成。

一是本我。本我就是人类最原始的本能大汇集，本能则是本我的集中表现。本我原则是快乐原则，即凡是令人快乐的事情都可以干，而不必顾忌什么社会规范或者道德规范。本我为一切心理活动提供动力，从而构成人类心理活动的真正本源。

二是自我。自我是思想意识的基本结构部分，就像大梁一样牢牢地支撑着人类心理结构的大厦。从本质上说，自我由人类参与外部世界活动所积累的经验组成。自我原则是现实原则。自我的作用就是警卫作用，它限制人，规范人，让人们在法律道德许可的范围内活动。或者说，自我把本我放在现实条件下进行协调，它是穿了衣服化了妆的本我。

三是超我。超我是道德、宗教、法律一类社会制约力量。因为本我像熊熊烈火一样狂暴无比，力量太大，自我控制不了它，所以才需要超我来压制本我。这个人格结构三我论，促使现代主义作家大写自我和本我，极力挖掘人的本能，并以此来表现人性的本真。

第四，泛性论和俄狄浦斯情结，这也是弗洛伊德对现代主义文学的一大贡献。弗洛伊德认为，里比多是人类心理活动最基本的动力。里比多是人们从小就拥有的一种性欲，抑或说它就是人最基本的原欲，并构成了人类精神力和生命力的原动力。这种心理能量要求冲破法律、道德、宗教的压迫而得到宣泄，里比多受到压抑就会让人患上可怕的精神病。在人际关系中，里比多在子女对父母的挚爱方面表现得最为明显。例如，女儿爱父亲，儿子爱母亲。儿子结婚，媳妇夺去母亲的爱，这就必然引起母亲的心理反感，所以婆媳之间的关系也就很难搞好。与泛性论有关的就是俄狄浦斯情结。俄狄浦斯情结体现为人类对父母复杂性爱关系的矛盾感情。每一个人都不由自主地爱父母的一方，恨另一方，人们生来就是如此，可以说是人类的本性使然。例如哈姆莱特，他迟迟不愿意杀死克劳狄斯，这是因为对方杀了他的父亲，又爱上了他的母亲，这正是他想做而又不敢做的事情。很显然，克劳狄斯使得哈姆莱特最原始的欲望得到了畅快的宣泄，这正是哈姆莱特对克劳狄斯既爱又恨的心理原因。更令人称奇的是，弗洛伊德还运用俄狄浦斯情结来解释社会和法律的起源。他认为，人类由原始社会发展到父权社会，结果大大强化了父亲的权力。恣意妄为的父亲把所有女子占为己有，把所有的孩子看成自己的私有财产。这就必然引起孩子们的强烈不满，所以孩子对父亲的仇恨是命中注定的。后来，儿子们联合起来造反，他们把父亲打死，然后煮熟了吃掉，从而完成了权力的更替。这样一来，兄弟们的组织和联合这样一种社会结构方式也就产生了国家。接着兄弟们之间又发生了一个如何分配妇女和分配财产的问题，为了适应这种需要，人类社会也就产生了宗教和法律。他还用俄狄浦斯情结解释艺术起源，说艺术是性欲为了找到出路而得到宣泄的一种形式。例如意大利文艺复兴时代最伟大的画家达·芬奇，其母亲很漂亮，这种惊人的美丽很早就激发了达·芬奇的性欲。可社会规则又绝不可能允许儿子爱上母亲。儿子的性爱欲望受到社会压抑，也就不得不发泄到艺术创作方面，转化为受到社会赏识的艺术作品。这就是艺术的起源，所以艺术创造的原动力就是因为性力需要宣泄，而艺术创作就是性力宣泄的合法形式。达·芬奇的圣母像画得特别好，也正出于这种缘由。弗洛伊德还说人类有两种本能：一种是生的本能，包括选择配偶、保护子女、创造财富、从事生产劳动和建设等。生的本能最大特点就是创造，因而创造也是人的本性。另一种则是死的本能，包括侵略、破坏、自我毁灭、战争和起义等，死的本能最基本的表现就是破坏。这一点在孩子的恶作剧行为和成人的战争行为中表现得最为突出，例如有人竟然把折磨人或者枪毙人作为一种快乐，这显然是死的本能最明显的表现。

弗洛伊德的精神分析学说对后世哲学的影响是巨大的，但这一学说的局限性和负面效应也是极为明显的。弗洛伊德把人的本能看成是反社会的，把人和动物放在同一地位进行比较，这种做法显然是荒唐可笑的。他把性本能抬高到至高无上的地位，以至于现代主义文学大写性本能，这显然鼓励了文学创作的非道德化倾向，其恶劣影响也是有目共睹的。

三、海德格尔的哲学思想

马丁·海德格尔（1889—1976），德国哲学家，20世纪存在主义哲学的创始人和主要代表之一。出生于德国西南巴登邦弗赖堡附近的梅斯基尔希的天主教家庭，逝于德国梅斯基尔希。

马丁·海德格尔的父亲弗里德里希·海德格尔在当地镇上的天主教教堂任司事，母亲也是天主教徒。在天主教教会的资助下1903年至1906年到梅斯基尔希以南50公里外的康斯坦兹读中学，为将来的牧师职业做准备，1906年至1909年在弗赖堡的文科学校上学。在这六年里他学习了希腊文，此后，除战争年代外，他每日

马丁·海德格尔

必读希腊原著。他还学习了拉丁文。

（一）存在主义思想

海德格尔是存在主义哲学的创始人和主要代表之一。他在《存在与时间》一书中曾引用柏拉图的这段话："当你们用'存在着'这个词的时候显然你们早就很熟悉这究竟是什么意思，不过我们也曾相信懂得它，但是我们现在却茫然失措了"。然后他说柏拉图当时指出人人都熟悉的"存在"的意思其实并没有人真正懂得。这个问题直到2000年后的今天还没有解决，而他就是要来重新提出并解决这个"在"的意义的问题。

海德格尔认为，"在"的意义是已经具有的性质。也就是说，首先必须"在"，才有"在者"；绝不可能根本不"在"，就有了"在者"。要解决"在"的问题，必须追溯到一种"在者"，这种"在者"在究竟成什么样子还不明确时它的"在"已经明确了。

海德格尔认为只有"我"是这种"在者"，只有"我"是在成什么样都还不清楚的时候它的"在"已经恬然澄明了。因此，他认为"我"就是"在"，"在"就是"我"。往下，海德格尔就谈论"我"的"在"就是世界。

这里，海德格尔思想的核心是：个体就是世界的存在。在所有的哺乳动物中，只有人类具有意识到其存在的能力。他们不作为与外部世界有关的自我而存在，也不作为与世界上其他事物相互作用的本体而存在。人类通过世界的存在而存在，世界是由于人类的存在而存在。海德格尔还认为人类处于矛盾之中，他们预示到不可避免的死亡，死亡导致痛苦和恐怖的经验。他们不得不承认死亡是不可避免的，接着便是一切不复存在。我们的存在既不是我们自己造成的，也不是我们的选择。存在是强加给我们的，并将一直延续到我们去世。

海德格尔哲学对于现代存在主义心理学具有强烈的影响，特别是对 L. 宾斯万格心理学的影响尤深。他把海德格尔的世界之存在概念作为存在主义心理学的基本原则。他的存在主义思想对以后心理治疗的发展，亦产生了很大的启发作用。

（二）存在与时间

海德格尔开启了对存在的追问，莱布尼茨对此曾感叹道："意识到自己的存在，这是多么令人震惊啊！"海德格尔显然也被哲学的发问震撼到了，并坚持着哲学就是对"存在"的追问。

海德格尔在一些哲学杂志发表过论文，与当时著名的教师交往亲密，例如施耐德和李凯尔特，毕业时海德格尔考虑过专攻数学争取教师资格和专攻哲学留校工作或者继续哲学，最终还是进了哲学系，并倒向胡塞尔。

海德格尔由于受胡塞尔的《逻辑研究》很大影响，并称这本书有着非凡的魅力，虽然阅读时困难重重，但此书始终不离手。1912年在《为天主教德国的文学展望》上发表《逻辑新探》，此文把已被胡塞尔克服的心理主义问题选择为主题，可见胡塞尔对其影响之深。在施耐德指导的《心理主义的判断学说》成功取得"最优秀"的成绩后，顺利取得博士学位。

海德格尔对各种对象领域、构成"各种现实性的形式"的基本结构或框架进行考察这个意义上借用了司各特的语言，对"范畴"进行了讨论。在做无俸讲师时，邂逅了胡塞尔。后者相当赞叹海德格尔的才华，并称其为"现象学神童"，于此之前胡塞尔年长的朋友，马堡大学的那托普交友曾有意聘请海德格尔来自己这边讲课，但由于种种原因，始终未能如愿。20年曾计划招聘海德格尔为编外教授，四月初在胡塞尔的生日聚会上结识了雅斯贝斯，马堡大学在1922年2月正式打算招聘时，结果还是没有实现，九月在海德堡雅斯贝斯的私宅中与雅斯贝斯进行了一周的讨论，十月中旬编写成了《亚里士多德的现象学解释》（即《那托普手稿》）并送往马堡大学和哥廷根大学，这些发展非常重要，标志着《存在与时间》方法上的准备。

在1923年在托特瑙堡修建了山中小屋，并作为主要的写作场所，在24年发表了《时间概念》之后的1927年，《存在与时间》的第一部分问世，从此海德格尔名声大噪，毫无疑问地成为了德国哲学界的第一号人物。《存在与时间》成型时并不真正成熟，如果没有外部压力，海德格尔或许会推迟此书的出版，书中亦有不少草率、性急之处。

这里集中了海德格尔整个思想过程的许多问题，其中包括"本真状态与非本真状态"、"逻辑与判断"、"真理构成"、"先于理论认识的经验"、"事实性生命"、"此在的存在方式"、"时间性问题"等。

海德格尔开篇便重申对"存在意义"发问的必要性，从"存在"本身便是超越一切种属关系的，最普遍的概念，它似乎谁都懂得，但其意义确隐藏在晦暗中。从柏拉图开始，便错误地把存在等同于一切存在者，海德格尔则认为西方哲学在这一错误上越走越远。书中详细讨论了此在与世界，时间的问题，书中概括来说分为此在与世界，此在与时间，此在展开部分。

书中准备性叙述中，则规划了人类学与心理学还有生物学，进行了生存论的准备工作。并提出了"此在"的基本问题，"此在总是我的存在"即指人的存在，海德格尔为了避免传统形而上学的主体占优和人的对象化而选用此词。之后便马上提出此在总是"在世界之中存在"，并且详细讨论了世界与世界的各个环节。世界并不是物的单纯聚集，它并不是可以供我们直接观察的对象，我们总是属于世界。并讨论了笛卡儿的存在论，提出了用具和世内存在者，详细了讨论了人们对于物的用具性把握。

"此在"的展开样式则分为：情绪，言谈，领会。"此在"被抛之于世界，并总是非本真的沉沦与世界，在沉沦中与他人共在，依此海德格尔提出了众人的概念，我们总与其他人一起存在，并且在这种一起中参与大众的一切，然后丢失自己，被抛地筹划自身，接着就是沉沦的样式：闲言，好奇，两可。

尽管"此在"总是非本真的存在，但海德格尔提出了一个"畏"这一情绪，使得本真成为可能，畏没有具体对象，而是人类有限性的表现，此在的基本存在即为——操心。畏袭来，此在出离自身体，并意识到自己的有限性。畏在畏之中，它是无而且在无何有之乡，此在害怕沉沦，并有了本真状态。畏使此在看到了自身的终极——死。海德格尔详细地讨论了死的概念。

在书中最后一部分则讨论时间问题，批判了传统流俗的计数时间，结合时间性来讨论此在的生存状态，得出让人迷惑的概念"人即时间"，这主要体现在领会．沉沦等时间性的讨论，在这里，也引导出了海德格尔的历史观念。

总的来说，《存在与时间》一书用人的在场来探索存在的种种意义，此后分析的种种结论则导出了存在的"疏明之地",在这里存在者正题被把握,这光影纵横的存在场就是存在本身。不过存在本身的探索并没有就此结束。

《存在与时间》的第二部分由于种种原因,或许出于思想的触礁,海德格尔决定不再写下去。后期的思索基本都是对《存在与时间》的补充,主要见于《形而上学导论》《艺术作品的本源》《时间与存在》《根据的本质》《真理的本质》等。

在科学方面海德格尔有着很高的修养,可以和海森堡进行高层次的科学对话后期也对科学技术提出自己的批判,如《世界图像时代》《追问技术》等。海德格尔后期也宣称了哲学终结,这是自然也是出于他对哲学史的深刻研究,现在他的全集已经出了80多卷了,无疑是思想界的瑰宝,他用他的思想证明了他的一生。

四、罗素的哲学思想

(一)罗素简介

罗素(1872—1970)是20世纪英国哲学家、数学家、逻辑学家、历史学家,无神论或者不可知论者,也是20世纪西方最著名、影响最大的学者和和平主义社会活动家之一,罗素也被认为是与弗雷格、维特根斯坦一同创建了分析哲学。他与怀特海合著的《数学原理》对逻辑学、数学、集合论、语言学和分析哲学有着巨大影响。1950年,罗素获得诺贝尔文学奖,以表彰其"多样且重要的作品,持续不断的追求人道主义理想和思想自由"。

(二)20世纪哲学研究的特点

在20世纪的大部分时间里,英语世界中占主导地位的哲学运动被认为是分析哲学。分析哲学家们对传统的哲学问题采取的立场以及处理这些问题的方法都殊为不同。尽管如此,他们都同意哲学的中心任务就是通过语言分析来澄清概念;正是这一点把他们统一在一起。例如路德维希·维特根斯坦就说过,"哲学的目的是对思想的逻辑澄清",所以"哲学的结果不是得到一些哲学命题,而是使命题清楚"。这种探讨哲学的新方法既有消极方面又有积极方面。

在消极方面,对早期的分析哲学家而言,哲学家并不制定"哲学命题",这意味着哲学活动必定要给自己的活动范围设立一个界限。19世纪的唯心论哲学家,尤其是黑格尔主义者,曾经建构了关于整个宇宙的完整的思想体系。现在,分析哲学家们承担起的则是较为适度的任务,一个一个地处理问题。这些问题都是单个的、可解的,而且都可以放进一个单一的类别里:它们都是关于语言的用法和意义的问题。因此,哲学家的任务不再是探究实在的本性,建立那些试图说明宇宙的完整思想体系,也不再是构建关于行为的道德哲学、政治哲学和宗教哲学。这种别开一脉的哲学,"不是一种学说而是一种活动",而且就此而论它不可能产生"任何伦理命题"——维特根斯坦如是说。哲学家们不再认为自己有能力发现有某种独特形式的关于世界和人的本性的知识。发现事实是科学家的任务。在所有科学家都做完了他们的工作之后,就再没有留下任何事实需要哲学家们来发现了。

罗素

在积极方面，人们有这样一种新看法：哲学家们可以细心地揭示出那些由于对语言的不精确的使用而产生的复杂问题，从而作出名副其实的贡献。在讨论其研究结果的时候，科学家们使用的语言常常是误导性的，并且在某些方面是令人感到迷惑的。就是说，科学的语言含有逻辑上的模糊之处，这需要澄清。分析哲学家们还认为，严格的语言分析可以防止以某些方式来使用或者滥用语言——如同艾耶尔所说的那样，这些方式会使我们"得出虚假的推论，或者提出不合逻辑的问题，或者做出无意义的假定"。例如，我们常常使用有关民族的命题，好像民族就是人民。我们谈论物质的东西，好像我们相信在可见的现象"之下"或"背后"有某个物质世界。我们在使用"是"这个词的时候，把它与那些我们无论如何都不可能想要去推断其实存的事物相联系。艾耶尔说，我们请求哲学来消除在我们语言使用上的这些危险。分析哲学以这种方式与科学的事业紧密联系在一起。它不提供关于实在是怎样的命题，因而不是一门与科学相竞争的学科。相反，哲学的作用就是校对科学家的措词，检查科学文献以使之清晰，使之在逻辑上有意义。哲学家的职能既不是按照柏拉图、亚里士多德和黑格尔的方式提出庞大的思想体系，也不是告诉人们应该如何行事。相反，哲学家要分析陈述或命题，以便发现语言意义的基础和产生模糊的原因。

（三）罗素的逻辑原子主义

在20世纪初的一二十年里，几位黑格尔派哲学家仍然致力于建构唯心主义体系——其中最著名的有F.H.布拉德雷、伯纳德·鲍桑葵和J.E.麦克塔加特。在剑桥大学，伯特兰·罗素和乔治·爱德华·摩尔则对这股唯心主义潮流加以反抗。他们质疑这些黑格尔主义者对形而上学语言的滥用，怀疑这些对整个宇宙的解释究竟能有什么意义。尽管摩尔未必想放弃形而上学，但形而上学语言与所谓"常识"之间的反差让他感到特别困扰。例如，麦克塔加特的著名观念，"时间是非实在的"，在摩尔看来就是"怪诞到了家的"。这启发摩尔去分析语言——特别是从常识观点出发澄清日常语言。而罗素则是一位卓越的数学家，受过精确思想的训练。在他看来，比起数学语言来，形而上学语言是散漫而晦涩的。和摩尔一样，他也并不想要拒斥形而上学，但是他想使形而上学语言变得紧凑精练。摩尔致力于分析常识语言，罗素则试图分析"事实"，目的是发明一种新语言，即逻辑原子主义。这种新语言将具有数学的精确与严格，因为它要制定得与"事实"精确地对应。摩尔和罗素都没有放弃理解实在的尝试。不过，他们着手执行其任务的方式是在强调这样一个事实，即哲学并不关注发现，而是关注澄清，因此在某种意义上不是关注真理，而是关注意义。

罗素在哲学上的起点是他对数学的精确性的钦羡。因此他宣称："我们想加以倡导的那种哲学——我们称之为逻辑原子主义——是我们在思考数学原理的过程中所不能不接受的。"他想提出"某种逻辑学说和以这一学说为基础的某种形而上学"。罗素认为有可能建构一种逻辑，凭借它就可以从少数逻辑公理推演出整个数学。他与阿尔弗雷德·诺斯·怀特海一道，在他们合著的《数学原理》一书中进行了这项工作。罗素考虑，逻辑还可以形成一门语言的基础，这门语言能够准确地表达一切可以被清楚陈述的事情。于是，通过他的"逻辑原子主义"，世界就会对应于他专门建构的逻辑语言。新逻辑的全部词汇绝大部分将对应于世界之中的特殊对象。为了完成这项创立新语言的任务，罗素首先从分析一定的"事实"入手，把这些"事实"与"事物"加以区别。

罗素说："世界上的事物具有各种属性，处于各种各样的相互联系之中。它们具有这些属性和关系，这就是事实。"因此，"思考复合体的问题，必须从分析诸事实开始"。罗素的基本假定是，"既然事实拥有其组成部分，它们就必定在某种意义上是复合的，因而必定是可以分析的"。诸事实构成的复合体与语言的复合体相匹配。出于这个理由，分析的目标就是保证一切陈述都代表着它所对应的实在的一幅适当图画。

按照罗素的观点，语言是由诸语词的独特排列构成的，并且，语言之所以有意义，是因为这些语词准确地代表了事实。而语词又要被构成命题。罗素说："在一种逻辑上完备的语言中，命题中的语词会一一对应于相应事实的诸组成部分。"通过分析就会发现某些简单的语词；这些语词不可能再进一步分析成更基本的东西，因此只有知道了它们所表征的东西才能理解它们。比如，"红"这个语词就不能再进一步分析了，因而就被理解成一个简单的谓词。其他一些像这样简单的语词，指涉的都是特殊的事物，并且作为这些事物的符号，它们都是

专名。这样，语言具体地说是由语词组成的，而语词在其最简单形式上指称特殊事物及其谓词，例如，一支红玫瑰。命题陈述事实。当一个事实属于最简单的那种事实，它就被称为原子事实。陈述原子事实的命题被称为原子命题。如果我们的语言只是由这些原子命题组成的，那么它就仅仅等于一系列关于原子事实的报告。

如果我们把符号分配给我们的原子命题，语言具有的基本的逻辑结构就更明显了。比如，我们可用字母 p 来表示原子命题"我们累了"，用 q 来表示"我们饿了"。然后，我们可以用像"且""或"这样的逻辑连接词来把这两个原子命题联结在一起。结果就得到一个分子命题，例如，"我们又累又饿"这个分子命题可以用符号表示成表达式"p 且 q"。按照罗素的观点，不存在同整个命题"我们又累又饿"相对应的单个原子事实。那么，我们如何检验像这样的分子命题的真假呢？这个陈述的真假取决于组成它的部分即原子命题的真假。例如，如果"我们累了"为真，而且"我们饿了"也为真，那么，分子命题"我们又累又饿"也为真。简言之，我们用分子命题作出关于世界的陈述，分子命题则又由原子命题构成，而原子命题对应于原子事实。这种理想语言表达了关于世界可说的一切。

然而，当我们试图说明全称陈述例如"所有的马都有蹄"的时候，罗素的理论就有问题了。说"这匹马有蹄"，是一回事——我们把"马"和"蹄"这两个语词同有关这匹具体的马的原子事实相联系，以此来检查这个命题的真假。而宣称"所有的马都有蹄"则是另外一回事。我们怎样检验这种陈述的真假呢？按照逻辑原子主义，我们就应该把这个陈述分析成它的原子命题，并检验这些原子命题的真假。但不存在与"所有的马"相对应的原子事实，因为"所有的马"意味着不只是这匹马和那匹马，而是意味着所有的马这一普遍事实。

逻辑原子论的另一个问题就是，它不可能充分地说明它自己的理论。只有当命题最终以某种原子事实为基础时，才能有意义地陈述命题。可是，罗素不只是陈述原子事实：他试图言说"关于"事实的事情。也就是说，他尝试去描述语词和事实之间的关系，好像对它们的描述就可以不受逻辑原子主义原则的影响一样。而如果只有那些陈述事实的命题才是有意义的，那么，陈述"关于"事实的事情的语言则是无意义的。于是，这就会使得逻辑原子主义和大部分哲学成了无意义的。

可见，没有任何一种哲学思想是完美无缺的，它们都有其局限性。

五、胡塞尔的哲学思想

埃德蒙德·胡塞尔（1859—1938），德国哲学家，20世纪现象学学派创始人。他的大量著作有些发表于生前，有些出版于死后，有些仍在整理编辑中。

埃德蒙德·胡塞尔出生于普罗斯尼兹的莫拉维亚省，他的父母都是犹太人。在本省受过早期教育后，胡塞尔进入莱比锡大学，在那里，他从1876年至1878年学习了物理学、天文学和数学，并抽时间去听哲学家威廉·冯特的课。胡塞尔在柏林弗里德里希·威廉大学继续深造。

1881年，他进入维也纳大学，并与1883年在那里获得了哲学博士学位，其博士论文讨论的是"微积分的变分理论"。1884年至1886年，他听了弗兰兹·布伦塔诺的课，这些课尤其是其中关于休谟、密尔的课和对伦理学、心理学及逻辑学中的问题的研究对胡塞尔哲学的发展有着极其重大的影响。之后，胡塞尔听从布伦塔诺的建议，来到哈勒大学。

埃德蒙德·胡塞尔

1886年，他在那里成了卡尔·斯通普夫的助手，后者是一位心理学家，在他的指导下，胡塞尔撰写了自己的第一部著作《算术哲学》。他的《逻辑研究》发表于1900年。同年，他应邀到哥廷根大学任教，在那里的16年里他创获颇丰，写了一系列的著作，发展了他的现象学概念。由于他的犹太血统，1933年以后他被禁止参加学术活动，虽然南加利福尼亚大学聘他为教授，但他谢绝了。

1938年，在经受几个月的病痛折磨之后，他在布莱斯高的弗赖堡死于胸膜炎，终年79岁。

胡塞尔发展布伦塔诺的意识意向性学说，建立了从个人特殊经验向经验的本质结构还原的"描述现象学"。他提出了一套描述现象学方法，即通过直接、细微的内省分析，以澄清含混的经验，从而获得各种不同的具体经验间的不变部分，即"现象"或"现象本质"。这一方法又被称作本质还原法。胡塞尔倡导的早期现象学运动，主张在各人文学科内运用现象描述或本质还原法，从中获取较直接、较正确的知识。

胡塞尔试图借助描述现象学的悬置原则将一切有关客观与主观事物实在性的问题都存而不论，并把一切存在判断"加上括号"排除于考虑之外。他以为这一哲学立场既可避免当时自然科学中的经验论的"自然主义"，又可避免当时德国"精神科学"中的历史相对主义，从而在哲学研究中奠定具有普遍确定性的认识基础。胡塞尔现象学的研究对象侧重于意识本身，尤其是意向性活动或意向关系。意向关系既包括意向作用，又包括意向对象。

他认为，意向对象不是客观实体，意向作用也不是经验性活动，它们分别是聚结于意向关系体内的特定方面。他主要研究对象在意识中的显现方式，即对象的"透视性形变"、显现时的清晰度，以及意向关系体的统一化作用。胡塞尔后期现象学最终演变为更彻底的主观先验唯心主义。目标是使现象学还原深化为"纯粹意识"或"纯自我"，以便使知识的"客观性"或确定性建立在纯主观性的基础上。经过这一还原，一切经验性内容都将被排除，只留下"纯粹意识"或"先验意识"，包括所谓先验自我、意向作用和意向对象。他认为，先验自我是意识和意向结构的最深核心，同时也是推动心理活动和引发知识结构的总根源。

胡塞尔后期现象学所关注的中心课题是先验意识的构成作用及主体在其特殊视界内经验到的"生活世界"。他指出，从个人生活世界向人类共同世界的过渡，是通过所谓"主体间关系体"来完成的。胡塞尔因其在现象学中的先验唯心主义与彻底主观主义的立场、观点，使他在现象学学派内部不断受到批评。但他提出的一些分析方法，在20世纪初以来的西方哲学与人文科学中一直具有重要影响。

按照胡塞尔发表的七部著作，把他的思想分为四个阶段：

第一阶段是对数学和逻辑基础的研究。胡塞尔是数学博士，1883年随布伦坦诺学哲学，受其经验主义影响。胡塞尔1891年发表《算术哲学：心理和逻辑研究》，探讨数学、逻辑与心理学的关系，弗雷格对之严加批判，认为胡塞尔的观点受流行的心理主义思潮影响。胡塞尔本人也自觉有不妥之处，遂重新研究逻辑基础问题。

第二阶段创立了现象学。以《逻辑研究》（1900—1901）为标志，第一卷是对心理主义的批判，第二卷建立了"描述心理学方法"，实际上是现象学方法。

第三阶段把现象学发展为先验唯心论。《作为严格的哲学》（1910）已包含了方法论向本体论的过渡，《关于纯粹现象学和现象学哲学的观念》（第一卷于1913年出版，后两卷死后出版）、《形式的与先验的逻辑》（1929）、《笛卡儿的沉思》（1931）等书提出"现象学还愿"和"先验自我"对世界的构造。

第四阶段是向生活世界的转变。在《欧洲科学的危机与先验现象学》（前两部分于1936年出版）一书中，对自己的唯理智主义倾向做了自我批评，把现象归结为"生活世界"，而不是自我的创造物。

胡塞尔的哲学经历了几个阶段的演变。他最初的兴趣是逻辑学和数学，后来发展了早期的现象学，这种现象学主要关注的是知识论，再后来深入到为哲学和科学奠定普遍基础的现象学观念，最后他进入这样一个阶段，这时生活世界成了他的现象学的更突出的主题。因此，胡塞尔的哲学会在不同时期对不同学者产生不同的影响。

例如，马丁·海德格尔在1920年成了胡塞尔的助手，师从胡塞尔期间他熟悉了胡塞尔的逻辑学著作和早期的现象学著作。从1920年到1923年，海德格尔作为助手与胡塞尔共同为《不列颠百科全书》撰写了现象学的条目，海德格尔还整理了一些胡塞尔早期的讲演稿准备发表，甚至海德格尔在1923年离开弗赖堡，成了马堡大学的教授后，仍继续同胡塞尔保持着密切的联系。然后随着时间的推移，海德格尔发现很难同意胡塞尔思想的新发展，尤其是在先验现象学方面的发展。在海德格尔的主要著作《存在与时间》中，海德格尔批判了胡塞尔的方法和他独树一帜的自我观，到1928年秋天，海德格尔接替了胡塞尔在弗赖堡大学的教席时，他们的关系开始冷淡，最后走向终结。

与之类似，虽然萨特在弗赖堡大学研究现象学时，胡塞尔的著作对他很有影响，但萨特最终还是逐渐相信海德格尔对胡塞尔观点的改造在哲学上的更有意义。然而，1934年，萨特从德国一回到巴黎，便要梅洛·庞蒂注意胡塞尔的著作《现象学的观念》，并敦促他仔细研究。梅洛·庞蒂对胡塞尔现象学中的几个颇具特色的因素有着深刻的印象，这激发了他进一步研究胡塞尔的著作，他特别受到胡塞尔的《欧洲科学的危机》一书的影响。

胡塞尔对海德格尔、梅洛·庞蒂和萨特这些现象学和存在主义的主要代表人物的巨大影响，即使他们否定胡塞尔许多关键性的思想，但他们所完成的著作仍然打上了现象学的印记。

六、20世纪西方历史哲学的发展

（一）20世纪50年代中期以前的历史哲学

20世纪50年代中期以前，西方的史学思想主要出现两个流派，一个是思辨的历史哲学，另一个是分析的、批判的历史哲学。

思辨的历史哲学是20世纪以前传统历史哲学的继续和发展，主要代表人物是斯宾格勒和汤因比。德国学者斯宾格勒在20世纪初创立了"文化形态史学"，其代表作《西方的没落》是一部以比较文化形态学为理论体系的历史哲学著作。

斯宾格勒反对把世界历史看作是以西欧为中心的单线向上发展的过程，认为世界历史就是人类八个文化的传记，其中七个已经死亡，只有西方文化还存在，

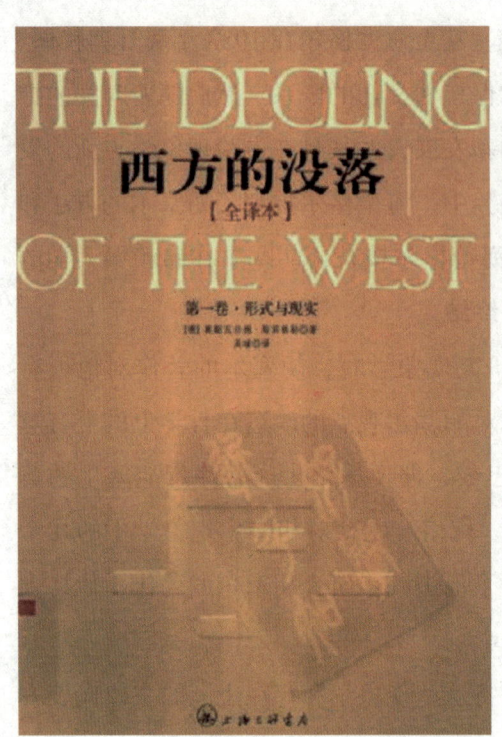
斯宾格勒代表作《西方的没落》中译本之一

汤因比《历史研究》中译本之一

但已经走向没落。他把文化看作一种有机体,具有生命的周期,历经青春、生长、成熟、衰败等阶段,强调用"比较形态学"或"文化形态学"的方法研究世界历史,将世界历史上存在过的各种高级文化作形态学上的比较,找出各种文化在其生命周期中表现出来的形态上的相似性和共同性,以此来理解各种文化,并预测西方文化的前途。

英国历史学家汤因比先后出版了12卷本的巨著《历史研究》,进一步发挥了斯宾格勒的文化形态史观。他认为历史研究的最小单位是文明,六千年的世界历史中共存在过26个不同的文明,各个文明在哲学意义上是平行的、同时代的。他认为,产生文明的环境不是安逸的,而是困难的,挑战与应战是文明起源的规律,社会发展和文明进步是人类不断选择和创造的结果。

(二)20世纪50年代中期以后的历史哲学

分析的、批判的历史哲学是20世纪的产物,代表人物有意大利哲学家克罗齐和英国历史学家科林伍德。克罗齐历史理论的一个基本观点是历史即哲学,他一改传统史学研究历史发展过程的做法,主要研究史学的性质、功用和意义,也不像思辨的历史学家那样重点研究人如何创造历史,而是讨论人怎样研究历史。他认为,历史事实离不开历史学家的思考,一切历史都是当代史,因为只有当历史被提升为关于永恒的现在的知识时,历史才表现为与哲学是一体的,只有现在生活中的兴趣才能使人去研究过去的事实。科林伍德更强调历史哲学就是对历史思维所做的哲学上的探讨,认为任何历史现象背后都隐藏着思想,"一切历史都是思想史",历史学家应在现实的基础上对过去的思想进行重新思考、复活和再现,研究历史归根到底是去弄清隐藏在历史行动背后的人的思想动机。

50年代中期以后,史学研究转入了现代化和科学化的新轨道,理论历史科学迅速兴起,探索和变革成为历史科学的主旋律,史学界逐渐脱离旧的史学模式,历史研究的总体水平明显提高。在这一阶段里,各种相关学科,如人类学、社会学、经济学、心理学、数学、系统论等学科的理论与方法,被运用于历史研究,进行跨学科的、"科学式"的或"法则归纳式"的研究。在方法论上,开创了计量史学、比较史学、心理史学、口述史学等新的史学研究方法。历史研究的领域急剧扩大,历史学家的视野向纵横两方面大大拓展,历史研究的对象不仅延伸到人类漫长的史前史时期,而且突破原来的界线一直延伸到当代,历史研究的空间范围突破欧洲中心论的框框,成为真正全世界的历史,历史研究的内容向纵深发展,除政治事件和杰出人物外,一些历史学家把视野扩大到包括地理、经济、文化、艺术、社会心理等在内的其他各个领域,力图创作出包罗万象的"总体史",同时也催生了许多新的历史分支学科,如人口史、生态史、社会心理史、气候史等。

年鉴学派在这一时期影响较大。法国两位历史学家费弗尔和布洛赫在1929年共同创办了《经济社会史年鉴》,年鉴学派由此得名。"二战"后,该派最著名的学者是法国的布罗代尔(1902—1985),他接替费弗尔成为学术带头人后,一方面组建跨学科的教学、科研和学术交流机构,同时主持出版了体现"总体史研究"精神的著作《地中海与腓力二世时代的地中海世界》和《15至16世纪的物

质文明：经济和资本主义》两本著作。布罗代尔的理论和实践丰富了年鉴学派的体系，对当代西方史学有重要影响。

另一个影响较大的史学流派是社会科学派，该派认为"历史能够而且应该作为一门社会科学来进行研究"，并自觉地促进历史与相邻学科的整体化，"应用各种可能的方法，尤其要鼓励在历史教学和研究中选择并应用相邻学科、特别是社会科学的有关理论和方法，来提高历史解释的质量"。1954年，美国社会科学理事会发布了名为《历史研究中的社会科学》的第64号公告，标志着社会科学派的诞生。70年代该派取得长足发展，已拥有了一系列的新刊物，如《历史与理论》、《社会史杂志》等，作为探索和宣传的园地。

马克思主义历史学说对史学界的影响进一步增强。马克思主义诞生以后，长期以来受到资产阶级思想家的顽强抵抗。但是20年代末世界经济大危机的爆发，证明了马克思的历史判断的正确性。从此，即使那些否定马克思主义历史观点的历史学家们，"也不得不用马克思主义的观点来重新考虑自己的观点"。法国年鉴学派奠基人就明显受到过马克思主义历史观点的影响。

20世纪50年代中期以后，"马克思主义深入到了西方思维之中"，对欧美各派史学的影响明显加强了。这种影响在法国史学中表现得特别明显，以致法国历史科学委员会在1965年发表的工作总结中说："一个作者在思想上不求助于《资本论》，就根本无法谈论作为今日法国史学的标志的各种变动。"布罗代尔比年鉴学派的奠基人更加认真地阅读了马克思的著作，尤其是《资本论》。在联邦德国，菲舍尔及其领导的汉堡学派、阿本德罗特及其领导的马尔堡学派，都受到过马克思主义历史学说的重大影响。美国激进派史学和英国"新社会史"的形成及其学术成就，都同马克思主义历史观点的影响有着密切的联系。当代欧美史学加强了经济史研究，经济因素在历史中的作用受到高度重视，马克思主义历史理论的许多观点、概念和方法在历史研究中被广泛运用。在美国，70年代以来还出现了研究和出版马克思著作的热潮，大学里开设了数百种马克思主义课程。

马克思主义史学的大本营在苏联。十月革命胜利后，苏联史学界确立了马克

思主义的指导思想和方法论，开拓了如革命运动史、阶级斗争史等新的研究领域，并对一系列历史问题作出新的评价。二次大战以后，苏联史学界进一步发生变化，五六十年代重新展开"亚细亚生产方式"和"俄国农民战争"等问题的讨论，批判了"欧洲中心论"，并在深入研究的基础上出版了一大批大部头的集体著作，如13卷本《世界通史》、12卷本《第二次世界大战史》、12卷本《苏联史》和6卷本《苏联共产党史》。但由于特殊的历史原因，这些著作大多观点陈旧，理论教条，给人一种刻板说教的感觉。近年来随着社会政治情况的变化，也出现了一些运用新的方法和手段的史学派别，如数量方法派、比较方法派等。

七、20世纪基督教哲学的发展

现代基督教的潮流是基督教神学适应自然科学的发展，修改已经被自然科学击败的神学理论和教义。早在19世纪末，罗马教皇就提出要对旧教义进行"推陈出新"的修改，用新的东西丰富和完善旧的东西，用新的科学成果来论证神学理论。1936年，罗马教皇在梵蒂冈正式成立了"罗马教廷科学院"，1952年又专门发表一个关于人种起源的"通谕"，承认人的身体是从动物进化而来的，但还是坚持人的精神是属于上帝的。现代神学还进一步利用现代自然科学成果，来为这种说法作出新的论证。1951年，神学家们根据"大爆炸"宇宙学，提出宇宙是由上帝创造的"初始原子"膨胀而成的说法，从而证明上帝的存在。有的神学家还提出生物的遗传物质基因是上帝创造的，遗传物质核酸的"遗传中心法则"是上帝的法则，以便证明人是上帝创造的。80年代，罗马教廷对于历史上教会迫害意大利科学家伽利略的历史作了平反，承认这是"教会发展史中不可磨灭的污点"。但是，现代神学家的这一切努力，都是为了更有效地证明上帝的存在，利用现代自然科学的成果为其信仰作新的论证。

20世纪基督教产生了很多现代思潮，以改善自身的处境，适应形势发展的需要。

1. "基督教社会主义"

"基督教社会主义"思潮产生于马克思主义诞生不久,但是盛行于20世纪。这种思潮企图把基督教同社会主义结合起来,提出基督教教义是共产主义思想的渊源,认为耶稣是"共产主义的先驱者"。这种思潮的盛行,反映出某些开明的神学家已经意识到社会主义的真理性,从而接受了社会主义的某些影响。

2. "新正统派神学"

"新正统派神学"是二次大战以后西方社会动荡的产物,以反对自由派神学著称,坚持正统基督教神学。它强调"原罪论",认为世界危机正是上帝对人的惩罚和否定,人的得救,只能靠上帝之爱的无限恩典,若自我努力,则适得其反。

3. "激进的世俗神学"

"激进的世俗神学"又称"上帝已死神学",60年代起风行于欧美。这种神学认为,作为维持种族歧视和其他不合理现状的上帝是已经死去的上帝,处于后宗教时期的人们,可以把《圣经》的观点作非宗教的解释,基督教也可被视为世俗的、非宗教的基督教。他们主张从西方历史的发展和宗教的心理象征上来解释宗教,满足现代社会的需要。

4. "普世神学"

"普世神学"不仅要求基督教内部的新教、天主教和东正教之间实行联合和协作,同时要求基督教、伊斯兰教、佛教、印度教、犹太教、神道教等各教际之间进行对话和商讨,把神学的全部遗产视为各教际和教派的共同财富。普世神学发端于1948年,那年成立了"世界基督教协进会"。1961年希腊正教会加入该协会,1965年罗马天主教会向世界开放,该运动取得进一步的成果。

5. "历史神学"

"历史神学"是在斯宾格勒历史观的基础上发展起来的,它提出了文明历史都不可避免地衰败的历史循环论,并用基督教的神学观点来阐明历史的意义和本质,要求人们把西方文明复兴的希望寄托于基督精神的再生。

6. "新托马斯神学"

"新托马斯神学"是现代天主教的官方神学思潮,它把宗教与科学相调和,把神学与哲学相混杂,把信仰与理性相妥协,把创世说与进化论相补充,把本体论与存在论相结合,用这种办法来改变传统神学,以求达到理性服从信仰、科学服从宗教、哲学服从神学的传统目的。